BEST KOREAN
SHORT STORIES
COLLECTION

대한민국
베스트 단편
소설모음집

Janet Park
editor
Eunsil Cha
co-editor

ISBN 9791188195107

NEW AMPERSAND PUBLISHING

table of contents

<동백꽃>
김유정

오늘도 또 우리 수탉이 막 쫓기었다. 내가 점심을 먹고 나무를 하러 갈 양으로 나올 때이었다. 산으로 올라서려니까 등뒤에서 푸드득푸드득, 하고 닭의 횃소리가 야단이다. 깜짝 놀라서 고개를 돌려보니 아니나다르랴, 두 놈이 또 얼리었다.

점순네 수탉(은 대강이가 크고 똑 오소리같이 실팍하게 생긴 놈)이 덩저리 작은 우리 수탉을 함부로 해내는 것이다. 그것도 그냥 해내는 것이 아니라 푸드득 하고 면두를 쪼고 물러섰다가 좀 사이를 두고 또 푸드득 하고 모가지를 쪼았다. 이렇게 멋을 부려 가며 여지없이 닭아 놓는다. 그러면 이 못생긴 것은 쪼일 적마다 주둥이로 땅을 받으며 그 비명이 킥, 킥 할 뿐이다. 물론 미처 아물지도 않은 면두를 또 쪼이어 붉은 선혈은 뚝뚝 떨어진다.

이걸 가만히 내려다보자니 내 대강이가 터져서 피가 흐르는 것같이 두 눈에서 불이 번쩍 난다. 대뜸 지게 막대기를 메고 달려들어 점순네 닭을 후려칠까 하다가 생각을 고쳐먹고 헛매질로 떼어만 놓았다.

이번에도 점순이가 쌈을 붙여 났을 것이다. 바짝바짝 내 기를 올리느라고 그랬음에 틀림없을 것이다.

고놈의 계집애가 요새로 들어서서 왜 나를 못 먹겠다고 고렇게 아르렁거리는지 모른다. 나흘 전 감자 조각만 하더라도 나는 저에게 조금도 잘못한 것은 없다.

계집애가 나물을 캐러 가면 갔지 남 울타리 엮는 데 쌩이질을 하는 것은 다 뭐냐. 그것도 발소리를 죽여 가지고 등뒤로 살며시 와서,

"애! 너 혼자만 일하니?"

하고 긴치 않은 수작을 하는 것이다.

어제까지도 저와 나는 이야기도 잘 않고 서로 만나도 본 척 만 척하고 이렇게 점잖게 지내던 터이련만 오늘로 갑작스레 대견해졌음은 웬일인가. 황차 망아지만 계집애가 남 일하는 놈보구.

"그럼 혼자 하지 떼루 하디?"

내가 이렇게 내배앝는 소리를 하니까,

"너 일하기 좋니?"

또는,

"한여름이나 되거든 하지 벌써 울타리를 하니?"

잔소리를 두루 늘어놓다가 남이 들을까 봐 손으로 입을 틀어막고는 그 속에서 깔깔댄다. 별로 우스울 것도 없는데 날씨가 풀리더니 이놈의 계집애가 미쳤나 하고 의심하였다. 게다가 조금 뒤에는 제 집께를 할금할금 돌아보더니 행주치마의 속으로 꼈던 바른손을 뽑아서 나의 턱밑으로 불쑥 내미는 것이다. 언제 구웠는지 아직도 더운 김이 홱 끼치는 굵은 감자 세 개가 손에 뿌듯이 쥐었다.

"느 집엔 이거 없지?"

하고 생색 있는 큰소리를 하고는 제가 준 것을 남이 알면은 큰일 날 테니 여기서 얼른 먹어버리란다. 그리고 또 하는 소리가,

"너 봄감자가 맛있단다."

"난 감자 안 먹는다, 너나 먹어라."

나는 고개도 돌리려지 않고 일하던 손으로 그 감자를 도로 어깨너머로 쑥 밀어 버렸다. 그랬더니 그래도 가는 기색이 없고 뿐만 아니라 쌔근쌔근 하고 심상치 않게 숨소리가 점점 거칠어진다. 이건 또 뭐야, 싶어서 그때서야 비로소 돌아다보니 나는 참으로 놀랐다. 우리가 이 동리에 들어온 것은 근 삼 년째 되어 오지만 여태껏 가무잡잡한 점순이의 얼굴이 이렇게까지 홍당무처럼 새빨개진 법이 없었다. 게다 눈에 독을 올리고 한참 나를 요렇게 쏘아보더니 나중에는 눈물까지 어리는 것이 아니냐. 그리고 바구니를 다시 집어 들더니 이를 꼭 악물고는 엎어질 듯 자빠질 듯 논둑으로 횡허케 달아나는 것이다.

어쩌다 동리 어른이,

"너 얼른 시집가야지?"

하고 웃으면,

"염려 마서유. 갈 때 되면 어련히 갈라구!"

이렇게 천연덕스레 받는 점순이었다. 본시 부끄럼을 타는 계집애도 아니려니와 또한 분하다고 눈에 눈물을 보일 얼병이도 아니다. 분하면 차라리 나의 등허리를 바구니로 한번 모질게 후려쌔리고 달아날지언정.

그런데 고약한 그 꼴을 하고 가더니 그 뒤로는 나를 보면 잡아먹으려고 기를 복복 쓰는 것이다.

설혹 주는 감자를 안 받아 먹은 것이 실례라 하면, 주면 그냥 주었지 '느 집엔 이거 없지'는 다 뭐냐. 그러잖아도 저희는 마름이고 우리는 그 손에서 배재를 얻어 땅을 부치므로 일상 굽실거린다. 우리가 이 마을에 처음 들어와 집이 없어서 곤란으로 지낼 제 집터를 빌리고 그 위에 집을 또 짓도록 마련해 준 것도 점순네의 호의였다. 그리고 우리 어머니 아버지도 농사 때 양식이 달리면 점순네한테 가서 부지런히 꾸어다 먹으면서 인품 그런 집은 다시없으리라고 침이 마르도록 칭찬하곤 하는 것이다. 그러면서도 열일곱씩이나 된 것들이 수군수군하고 붙어다니면 동리의 소문이 사납다고 주의를 시켜 준 것도 또 어머니였다. 왜냐하면 내가 점순이하고 일을 저질렀다가는 점순네가 노할 것이고, 그러면 우리는 땅도 떨어지고 집도 내쫓기고 하지 않으면 안 되는 까닭이었다.

그런데 이놈의 계집애가 까닭 없이 기를 복복 쓰며 나를 말려죽이려고 드는 것이다.

눈물을 흘리고 간 담날 저녁 나절이었다. 나무를 한짐 잔뜩 지고 산을 내려오려니까 어디서 닭이 죽는 소리를 친다. 이거 뉘 집에서 닭을 잡나, 하고 점순네 울 뒤로 돌아오다가 나는 고만 두 눈이 똥그래졌다. 점순이가 저희 집 봉당에 홀로 걸터앉았는데 이게 치마 앞에다 우리 씨암탉을 꼭 붙들어 놓고는,

"이놈의 닭! 죽어라, 죽어라."

요렇게 암팡스레 패주는 것이 아닌가. 그것도 대가리나 치면 모른다마는 아주 알도 못 낳으라고 그 볼기짝께를 주먹으로 콕콕 쥐어박는 것이다.

나는 눈에 쌍심지가 오르고 사지가 부르르 떨렸으나 사방을 한번 휘돌아보고야 그제서 점

4

순이 집에 아무도 없음을 알았다. 잡은 참 지게 막대기를 들어 울타리의 중턱을 후려치며,

"이놈의 계집애! 남의 닭 알 못 낳으라구 그러니?"

하고 소리를 빽 질렀다.

그러나 점순이는 조금도 놀라는 기색이 없고 그대로 의젓이 앉아서 제 닭 가지고 하듯이 또 죽어라, 죽어라, 하고 패는 것이다. 이걸 보면 내가 산에서 내려올 때를 겨냥해 가지고 미리부터 닭을 잡아 가지고 있다가 너 보란 듯이 내 앞에 쥐지르고 있음이 확실하다.

그러나 나는 그렇다고 남의 집에 뛰어들어가 계집애하고 싸울 수도 없는 노릇이고 형편이 썩 불리함을 알았다. 그래 닭이 맞을 적마다 지게 막대기로 울타리나 후려칠 수밖에 별도리가 없다. 왜냐하면 울타리를 치면 칠수록 울섶이 물러앉으며 뼈대만 남기 때문이다. 하나 아무리 생각하여도 나만 밑지는 노릇이다.

"야, 이년아! 남의 닭 아주 죽일 테야?"

내가 도끼눈을 뜨고 다시 꽥 호령을 하니까 그제야 울타리께로 쪼르르 오더니 울 밖에 섰는 나의 머리를 겨누고 닭을 내팽개친다.

"에이, 더럽다! 더럽다!"

"더러운 걸 널더러 입때 끼고 있으랬니? 망할 계집애년 같으니!"

하고 나도 더럽단 듯이 울타리께를 힝하니 돌아 내리며 약이 오를 대로 다 올랐다. 라고 하는 것은 암탉이 풍기는 서슬에 나의 이마빼기에다 물찌똥을 찍 깔겼는데 그걸 본다면 알집만 터졌을 뿐 아니라 골병은 단단히 든 듯싶다.

그리고 나의 등뒤를 향하여 나에게만 들릴 듯 말 듯한 음성으로,

"이 바보 녀석아!"

"애! 너 배냇병신이지?"

그만도 좋으련만,

"애! 너 느 아버지가 고자라지?"

"뭐? 울 아버지가 그래 고자야?"

할 양으로 열벙거지가 나서 고개를 홱 돌리어 바라봤더니 그때까지 울타리 위로 나와 있어야 할 점순이의 대가리가 어디 갔는지 보이지를 않는다. 그러다 돌아서서 오자면 아까에 한 욕을 울 밖으로 또 퍼붓는 것이다. 욕을 이토록 먹어 가면서도 대거리 한마디 못 하는 걸 생각하니 돌부리에 채어 발톱 밑이 터지는 것도 모를 만치 분하고 급기야는 두 눈에 눈물까지 불끈 내솟는다.

그러나 점순이의 침해는 이것뿐이 아니다.

사람들이 없으면 틈틈이 제 집 수탉을 몰고 와서 우리 수탉과 쌈을 붙여 놓는다. 제 집 수탉은 썩 험상궂게 생기고 쌈이라면 홰를 치는 고로 으레 이길 것을 알기 때문이다. 그래서 툭하면 우리 수탉이 면두며 눈깔이 피로 흐드르하게 되도록 해놓는다. 어떤 때에는 우리 수탉이 나오지를 않으니까 요놈의 계집애가 모이를 쥐고 와서 꾀어 내다가 쌈을 붙인다. 이렇게 되면 나도 다른 배차를 차리지 않을 수 없다. 하루는 우리 수탉을 붙들어 가지고 넌지시 장독께로 갔다. 쌈닭에게 고추장을 먹이면 병든 황소가 살모사를 먹고 용을 쓰는 것처럼 기운이 뻗친다 한다. 장독에서 고추장 한 접시를 떠서 닭 주둥아리께로 들이밀고 먹여 보았다. 닭도 고추장에 맛을 들였는지 거스르지 않고 거진 반 접시 턱이나 곧잘 먹는다. 그리고 먹고 금세 용을 못 쓸 터이므로 얼마쯤 기운이 들도록 홰 속에다 가두어 두었다. 밭에 두엄을 두어 짐 져내고 나서 쳐 참에 그 닭을 안고 밖으로 나왔다. 마침 밖에는 아무도 없고 점순이만 저희 울 안에서 헌옷을 뜯는지 혹은 솜을 터는지 웅크리고 앉아서 일을 할 뿐이다.

나는 점순네 수탉이 노는 밭으로 가서 닭을 내려놓고 가만히 맥을 보았다 두 닭을 여전히 벌리어 쌈을 하는데 처음에는 아무 보람이 없다. 멋지게 쪼는 바람에 우리 닭은 또 피를 흘리고 그러면서도 날갯죽지만 푸드득푸드득 하고 올라 뛰고 뛰고 할 뿐으로 제법 한번 쪼아 보도 못 한다.

그러나 한번은 어쩐 일인지 용을 쓰고 펄쩍 뛰더니 발톱으로 눈을 하비고 내려오며 면두를 쪼았다. 큰 닭도 여기에는 놀랐는지 뒤로 멈씰하며 물러난다. 이 기회를 타서 작은 우리 수

5

닭이 또 날쌔게 덤벼들어 다시 면두를 쪼니 그제는 감때사나운 그 대강이에서도 피가 흐르지 않을 수 없었다.

옳다 알았다, 고추장만 먹이면은 되는구나, 하고 나는 속으로 아주 쟁그라워 죽겠다. 그때에는 뜻밖에 내가 닭쌈을 붙여 놓는 데 놀라서 울 밖으로 내다보고 섰던 점순이도 입맛이 쓴지 눈살을 찌푸렸다.

나는 두 손으로 볼기짝을 두드리며 연방,

"잘한다! 잘한다!"

하고 신이 머리끝까지 뻗치었다.

그러나 얼마 되지 않아서 나는 넋이 풀리어 기둥같이 묵묵히 서 있게 되었다. 왜냐하면 큰 닭이 한번 쪼인 앙갚음으로 호들갑스레 연거푸 쪼는 서슬에 우리 수탉은 찔끔 못하고 막 곯는다. 이걸 보고서 이번에는 점순이가 깔깔거리고 되도록 이쪽에서 많이 들으라고 웃는 것이다.

나는 보다못하여 덤벼들어서 우리 수탉을 붙들어 가지고 도로 집으로 들어왔다. 고추장을 좀더 먹였더라면 좋았을 걸 너무 급하게 쌈을 붙인 것이 퍽 후회가 난다. 장독께로 돌아와서 다시 턱밑에 고추장을 들이댔다. 흥분으로 말미암아 그런지 당최 먹질 않는다.

나는 하릴없이 닭을 반듯이 누이고 그 입에다 궐련 물부리를 물리었다. 그리고 고추장 물을 타서 그 구멍으로 조금씩 들이부었다. 닭은 좀 괴로운지 킥킥 하고 재채기를 하는 모양이나 그러나 당장의 괴로움은 매일같이 피를 흘리는 데 댈 게 아니라 생각하였다.

그러나 한 두어 종지 가량 고추장 물을 먹이고 나서는 나는 그만 풀이 죽었다. 성성하던 닭이 왜 그런지 고개를 살며시 뒤틀고는 손아귀에서 뻐드러지는 것이 아닌가. 아버지가 볼까봐서 얼른 홰에다 감추어 두었더니 오늘 아침에서야 겨우 정신이 든 모양 같다.

그랬던 걸 이렇게 오다 보니까 또 쌈을 붙여 놓으니 이 망할 계집애가 필연 우리집에 아무도 없는 틈을 타서 제가 들어와 홰에서 꺼내 가지고 나간 것이 분명하다.

나는 다시 닭을 잡아다 가두고 염려는 스러우나 그렇다고 산으로 나무를 하러 가지 않을 수도 없는 형편이었다.

소나무 삭정이를 따며 가만히 생각해 보니 암만해도 고년의 복쟁이를 돌려놓고 싶다. 이번에 내려가면 망할년 등줄기를 한번 되게 후려치겠다 하고 싱둥겅둥 나무를 지고는 부리나케 내려왔다.

거지반 집에 다 내려와서 나는 호드기 소리를 듣고 발이 딱 멈추었다. 산기슭에 널려 있는 굵은 바윗돌 틈에 노란 동백꽃이 소보록하니 깔리었다. 그 틈에 끼어 앉아서 점순이가 청승맞게시리 호드기를 불고 있는 것이다. 그보다도 더 놀란 것은 그 앞에서 또 푸드득푸드득 하고 들리는 닭의 홰소리다. 필연코 요년이 나의 약을 올리느라고 또 닭을 집어 내다가 내가 내려올 길목에다 쌈을 시켜 놓고 저는 그 앞에 앉아서 천연스레 호드기를 불고 있음에 틀림없으리라.

나는 약이 오를 대로 다 올라서 두 눈에서 불과 함께 눈물이 퍽 쏟아졌다. 나무 지게도 벗어 놓을 새 없이 그대로 내동댕이치고는 지게 막대기를 뺏치고 허둥지둥 달려들었다.

가까이 와보니 과연 나의 짐작대로 우리 수탉이 피를 흘리고 거의 빈사 지경에 이르렀다. 닭도 닭이려니와 그러함에도 불구하고 눈 하나 깜짝 없이 고대로 앉아서 호드기만 부는 그 꼴에 더욱 치가 떨린다. 동리에서도 소문이 났거니와 나도 한때는 걱실걱실히 일 잘하고 얼굴 예쁜 계집앤인 줄 알았더니 시방 보니까 그 눈깔이 꼭 여우새끼 같다.

나는 대뜸 달려들어서 나도 모르는 사이에 큰 수탉을 단매로 때려 엎었다. 닭은 푹 엎어진 채 다리 하나 꼼짝 못하고 그대로 죽어 버렸다. 그리고 나는 멍하니 섰다가 점순이가 매섭게 눈을 홉뜨고 닥치는 바람에 뒤로 벌렁 나자빠졌다.

"이놈아! 너 왜 남의 닭을 때려죽이니?"

"그럼 어때?"

하고 일어나다가,

"뭐 이 자식아! 누 집 닭인데?"

하고 복장을 떼미는 바람에 다시 벌렁 자빠졌다. 그리고 나서 가만히 생각하니 분하기도

6

하고 무안도 스럽고 또 한편 일을 저질렀으니 인젠 땅이 떨어지고 집도 내쫓기고 해야 될는지 모른다.

나는 비슬비슬 일어나며 소맷자락으로 눈을 가리고는 얼김에 엉 하고 울음을 놓았다. 그러다 점순이가 앞으로 다가와서,

"그럼, 너 이 담부턴 안 그릴 테냐?"

하고 물을 때에야 비로소 살 길을 찾은 듯싶었다. 나는 눈물을 우선 씻고 뭘 안 그러는지 명색도 모르건만,

"그래!"

하고 무턱대고 대답하였다.

"요 담부터 또 그래 봐라, 내 자꾸 못살게 굴 테니."

"그래 그래, 인젠 안 그럴 테야."

"닭 죽은 건 염려 마라. 내 안 이를 테니."

그리고 뭣에 떠다밀렸는지 나의 어깨를 짚은 채 그대로 퍽 쓰러진다. 그 바람에 나의 봄뚱이도 겹쳐서 쓰러지며 한창 피어 퍼드러진 노란 동백꽃 속으로 폭 파묻혀 버렸다.

알싸한 그리고 향긋한 그 냄새에 나는 땅이 꺼지는 듯이 온 정신이 고만 아찔하였다.

"너 말 마라?"

"그래!"

조금 있더니 요 아래서,

"점순아! 점순아! 이년이 바느질을 하다 말구 어딜 갔어?"

하고 어딜 갔다 온 듯싶은 그 어머니가 역정이 대단히 났다.

점순이가 겁을 잔뜩 집어먹고 꽃 밑을 살금살금 기어서 산 아래로 내려간 다음 나는 바위를 끼고 엉금엉금 기어서 산 위로 치빼지 않을 수 없었다.

출전:조광7(1936.5)

7

<봉별기 (逢別記)>
김혜경

1

스물세 살이요----삼월이요---

-각혈이다. 여섯 달 잘 기른 수염을 하루 면도칼로 다듬어 코밑에 다만 나비만큼 남겨 가지고 약 한 제 지어 들고 B라는 신개지(新開地) 한적한 온천으로 갔다. 게서 나는 죽어도좋았다.

그러나 이내 아직 기를 펴지 못한 청춘이 약탕관을 붙들고 늘어져서는 날 살리라고 보채는 것은 어찌하는 수가 없다. 여관 한등(寒燈) 아래 밤이면 나는 늘 억울해했다.

사흘을 못 참고 기어이 나는 여관 주인영감을 앞장세워 밤에 장고소리 나는 집으로 찾아갔다. 게서 만난 것이 금홍(錦紅)1)이다.

　"몇 살인구?"

체대(體大)가 비록 풋고추만하나 깡그라진 게집이 제법 맛이 맵다. 연여섯 살? 많아야 열아홉 살이지 하고 있자니까,

　"스물한 살이에요."

　"그럼 내 나인 몇 살이나 돼뵈지?"

　"글쎄 마흔? 서른아홉?"

나는 그저 흥! 그래 버렸다. 그리고 팔짱을 떡 끼고 앉아서는 더욱더욱 점잖은 체했다. 그냥 그 날은 무사히 헤어졌건만.

이튿날 화우(畵友) K군2)이 왔다. 이 사람인즉 나와 농하는 친구다. 나는 어쩌는 수 없이 그 나비 같다면서 달고 다니던 코밑수염을 아주 밀어 버렸다. 그리고 날이 저물기가 급하게 또 금홍이를 만나러 갔다.

　"어디서 뵌 어른 같은데."

　"엊저녁에 왔던 수염 난 양반, 내가 바루 아들이지. 목소리꺼지 닮었지?"

하고 익살을 부렸다. 주석이 어느덧 파하고 마당에 내려서다가 K군의 귀에 대고 나는 이렇게 속삭였다.

"어때? 괜찮지? 자네 한번 얼러 보게."

"관두게, 자네나 얼러 보게."

"어쨌든 여관으로 끌구 가서 짱껭뿡을 해서 정허기루 허세나."

"거 좋지."

그랬는데 K군은 측간에 가는 체하고 피해 버렸기 때문에 나는 부전승으로 금홍이를 이겼다. 그날 밤에 금홍이는 금홍이가 경산부라는 것을 감추지 않았다.

"언제?"

"열여섯 살에 머리 얹어서 열일곱 살에 낳았지."

"아들?"

"딸."

"어딨나?"

"돌 만에 죽었어."

지어 가지고 온 약은 집어치우고 나는 전혀 금홍이를 사랑하는 데만 골몰했다. 못난 소린 듯하나 사랑의 힘으로 각혈이 다 멈췄으니까.

나는 금홍이에게 놀음채를 주지 않았다. 왜? 날마다 밤마다 금홍이가 내 방에있거나 내가 금홍이 방에 있거나 했기 때문에————

그 대신————

우(禹)라는 불란서 유학생의 유야랑(遊冶郎)3)을 나는 금홍이에게 권하였다. 금홍이는 내 말대로 우씨와 더불어 '독탕'에 들어갔다. 이 '독탕'이라는 것은 좀 음란한 설비였다. 나는 이 음란한 설비 문간에 나란히 벗어 놓은 우씨와 금홍이 신발을 보고 언짢아하지 않았다.

나는 또 내 곁방에 와 묵고 있는 C라는 변호사에게도 금홍이를 권하였다. C는 내 열성에 감동되어 하는 수 없이 금홍이 방을 범했다.

그러나 사랑하는 금홍이는 늘 내 곁에 있었다. 그리고 우, C 등등에게서 받은 십 원 지폐를 여러 장 꺼내 놓고 어리광 섞어 내게 자랑도 하는 것이었다.

그러자 나는 백부님4) 소상 때문에 귀경하지 않으면 안 되게 되었다. 복숭아꽃이 만발하고 정자 곁으로 석간수가 졸졸 흐르는 좋은 터전을 한군데 찾아가서 우리는 석별의 하루를 즐겼다. 정거장에서 나는 금홍이에게 십 원 지폐 한 장을 쥐어 주었다. 금홍이는 이것으로 전당잡힌 시계를 찾겠다고 그러면서 울었다.

  2

금홍이가 내 아내가 되었으니까 우리 내외는 참 사랑했다. 서로 지나간 일은 묻지 않기로 하였다. 과거래야 내 과거가 무엇 있을 까닭이 없고 말하자면 내가 금홍이 과거를 묻지 않기로 한 약속이나 다름없다.

금홍이는 겨우 스물한 살인데 서른한 살 먹은 사람보다도 나았다. 서른한 살 먹은 사람보다도 나은 금홍이가 내 눈에는 열일곱 살 먹은 소녀로만 보이고 금홍이 눈에 마흔 살 먹은 사람으로 보인 나는 기실 스물세 살이요, 게다가 주책이 좀 없어서 똑 여남은 살 먹은 아이 같다. 우리 내외는 이렇게 세상에도 없이 현란(絢亂)하고 아기자기하였다.

부질없는 세월이————일년이 지나고 팔월, 여름으로는 늦고 가을로는 이른 그 북새통에————금홍이에게는 예전 생활에 대한 향수가 왔다.

나는 밤이나 낮이나 누워 잠만 자니까 금홍이에게 대하여 심심하다. 그래서 금홍이는 밖에 나가 심심치 않은 사람들을 만나 심심치 않게 놀고 돌아오는————즉 금홍이의 협착(狹窄)한 생활이 금홍이의 향수를 향하여 발전하고 비약하기 시작하였다는 데 지나지 않는 이야기다.

그런데 이번에는 내게 자랑을 하지 않는다. 않을 뿐만 아니라 숨기는 것이다,

이것은 금홍이로서 금홍이답지 않은 일일밖에 없다. 숨길 것이 있나? 숨기지 않아도 좋지. 자랑을 해도 좋지.

나는 아무 말도 하지 않는다. 나는 금홍의 오락의 편의를 돕기 위하여 가끔 P군 집에 가 갔다. P군은 나를 불쌍하다고 그랬던가싶이 지금 기억된다. 나는 또 이런 것을 생각하지 않았던 것도 아니다. 즉 남의 아내라는 것은 정조를 지켜야 하느니라고!

9

금홍이는 나를 내 나태한 생활에서 깨우치게 하기 위하여 우정 간음하였다고 나는 호의로 해석하고 싶다. 그러나 세상에 흔히 있는 아내다운 예의를 지키는 체해본 것은 금홍이로서 말하자면 천려(千慮)의 일실(一失)이 아닐 수 없다.

이런 실없는 정조를 간판삼자니까 자연 나는 외출이 잦았고 금홍이 사업에 편의를 돕기 위하여 내 방까지도 개방하여 주었다. 그러는 중에도 세월은 흐르는 법이다.

하루 나는 제복(題目) 없이 금홍이에게 몹시 얻어맞았다. 나는 아파서 울고 나가서 사흘을 들어오지 못했다. 너무도 금홍이가 무서웠다.

나흘 만에 와보니까 금홍이는 때묻은 버선을 윗목에다 벗어 놓고 나가 버린 뒤였다.

이렇게도 못나게 홀아비가 된 내게 몇 사람의 친구가 금홍이에 관한 불미한 가십을 가지고 와서 나를 위로하는 것이었으나 종시 나는 그런 취미를 이해할 도리가 없었다.

버스를 타고 금홍이와 남자는 멀리 과천 관악산으로 가는 것을 보았다는데 정말 그렇다면 그 사람은 내가 쫓아가서 야단이나 칠까 봐 무서워서 그런 모양이니까 퍽 겁쟁이다.

3

인간이라는 것은 임시 거부하기로 한 내 생활이 기억력이라는 민첩한 작용을 하지 않았기 때문에 두 달 후에는 나는 금홍이라는 성명 삼 자까지도 말쑥하게 잊어버리고 말았다. 그런 두절된 세월 가운데 하루 길일을 복(卜)하여 금홍이가 왕복엽서처럼 돌아왔다. 나는 그만 깜짝 놀랐다.

금홍이의 모양은 뜻밖에도 초췌하여 보이는 것이 참 슬펐다. 나는 꾸짖지 않고 맥주와 붕어 과자와 장국밥을 사먹여 가면서 금홍이를 위로해 주었다. 그러나 금홍이는 좀처럼 화를 풀지 않고 울면서 나를 원망하는 것이었다. 할 수 없어서 나도 그만 울어 버렸다.

"그렇지만 너무 늦었다. 그만해두 두 달 지간이나 되지 않니? 헤어지자, 응?"

"그럼 난 어떻게 되우, 응?"

"마땅헌 데 있거든 가거라, 응."

"당신두 그럼 장가나우? 응?"

헤어지는 한에도 위로해 보낼지어다. 나는 이런 양식 아래 금홍이와 이별했더니라. 갈 때 금홍이는 선물로 내게 베개를 주고 갔다.

그런데 이 베개 말이다.

이 베개는 이인용(二人用)이다. 싫대도 자꾸 떠맡기고 간 이 베개를 나는 두 주일 동안 혼자 베어 보았다. 너무 길어서 안됐다. 안됐을 뿐 아니라 내 머리에서는 나지 않는 묘한 머릿기름 땟내 때문에 안면(安眠)이 적이 방해된다.

나는 하루 금홍이에게 엽서를 띄웠다.

'중병에 걸려 누웠으니 얼른 오라'고.

금홍이는 와서 보니까 참 딱했다. 이대로 두었다가는 역시 며칠이 못 가서 굶어죽을 것같이만 보였던가 보다. 두 팔을 부르걷고 그날부터 나가서 벌어다가 나를 먹여살린다는 것이다.

"오-케이."

인간 천국----그러나 날이 좀 추웠다. 그러나 나는 대단히 안일하였기 때문에 재채기도 하지 않았다.

이러기를 두 달? 아니 다섯 달이나 되나 보다. 금홍이는 홀연히 외출했다.

달포를 두고 금홍의 홈식(향수)을 기대하다가 진력이 나서 나는 기명집물(器皿什物)을 두들겨 팔아 버리고 이십일 년 만에 집으로 돌아갔다.

와보니 우리집은 노쇠했다. 이어 불초 이상(李箱)은 이 노쇠한 가정을 아주 쑥밭을 만들어 버렸다. 그 동안 이태 가량----

어언간 나도 노쇠해 버렸다. 나는 스물일곱 살이나 먹어 버렸다.

천하의 여성은 다소간 매춘부의 요소를 품었느니라고 나 혼자는 굳이 신념한다.

그 대신 내가 매춘부에게 은화를 지불하면서는 한 번도 그네들을 매춘부라고 생각한 일이 없다. 이것은 내 금홍이와의 생활에서 얻은 체험만으로는 성립되지 않는 이론같이 생각되나 기실 내 진담이다.

이 땅에서의 생존을 계속하기가 자못 어려울 지경에까지 이르렀다. 나는 하여간 허울 좋게 말하자면 망명해야겠다.

어디로 갈까. 나는 만나는 사람마다 동경으로 가겠다고 호언했다. 그뿐 아니라 어느 친구에게는 전기 기술에 관한 전문 공부를 하러 간다는 둥, 학교 선생님을 만나서는 고급 단식 인쇄술을 연구하겠다는 둥, 친한 친구에게는 내 오 개 국어에능통할 작정일세 어쩌구, 심하면 법률을 배우겠소까지 허담을 탕탕 하는 것이다.

웬만한 친구는 보통들 속나 보다. 그러나 이 헛선전을 안 믿는 사람도 더러는 있다. 하여간 이것은 영영 빈빈털터리가 되어 버린 이상의 마지막 공포에 지나지 않는 것만은 사실이겠다.

어느 날 나는 이렇게 여전히 공포(空砲)를 놓으면서 친구들과 술을 먹고 있자니까 내 어깨를 툭 치는 사람이 있다. '긴상' 이라는 이다.

"긴상5) (이상도 사실은 긴상이다), 참 오래간만이슈. 건데 긴상 꼭 긴상 한번 만나 뵙자는 사람이 하나 있는데 긴상 어떡허시려우."

"거 누군구. 남자야? 여자야?"

"여자니까 일이 재미있지 않느냐 그런 말야."

"여자라?"

"긴상 옛날 오쿠상(아내)."

금홍이가 서울에 나타났다는 이야기다. 나타났으면 나타났지 나를 왜 찾누?

나는 긴상에게서 금홍이의 숙소를 알아 가지고 어쩔 것인가 망설였다. 숙소는 동생 일심(一心)이 집이다.

드디어 나는 만나 보기로 결심하고 그리고 일심이 집을 찾아가서,

"언니가 왔다지?"

"어유― 아제두, 돌아가신 줄 알았구려! 그래 자그마치 인제 온단 말씀유, 어서들오슈."

금홍이는 역시 초췌하다. 생활전선에서의 피로의 빛이 그 얼굴에 여실하였다.

"네놈 하나 보구져서 서울 왔지 내 서울 뭘 허려 왔다디?"

"그러게 또 난 이렇게 널 찾아오지 않었니?"

"너 장가갔다더구나."

"애 디끼 싫다. 기 육모초 겉은 소리."

"안 갔단 말이냐 그럼?"

"그럼."

당장에 복침이 내 면상을 향하여 날아 들어왔다. 나는 예나 다름이 없이 못나게 웃어 주었다.

술상을 보아 왔다. 나도 한 잔 먹고 금홍이도 한 잔 먹었다. 나는 영변가를 한마디하고 금홍이는 육자배기를 한마디했다.

밤은 이미 깊었고 우리 이야기는 이게 이 생(生)에서의 영이별이라는 결론으로 밀려갔다. 금홍이는 은수저로 소반전을 딱딱 치면서 내가 한 번도 들은 일이 없는구슬픈 창가를 한다.

"속아도 꿈결 속여도 꿈결 굽이굽이 뜨내기 세상 그늘진 심정에 불질러 버려라 운운."

출전:여성9(1936.12)
주 해
1) 금홍 : 이상이 23세 때 황해도 배천 온천에서 만나 동거생활을 했딘 술집 여자.
2) K군 : 구본웅(1906~1953). 서양화가. 곱추의 몸으로 예술을 통해 생의 희열을 찾으 려 했으며, 입체주의의 영향을 받아 지적이고 분석적인 화풍을 지녔었다. 이상과 는 매우 깊은 친구로 이상의 초상화를 그린 것이 남아 있다.
3) 유야랑 : 방탕을 일삼는 화류남.
4) 백부님 . 김연필(金演弼)을 빌림. 그의 실부는 김연창(金演昌)이있음.
5) 긴상 : 이상의 본명은 김해경이니 김씨다. 긴상은 일본말로 김씨를 가리키는 말.

<물레방아>
나도향

1

덜컹덜컹 홈통에 들었다가 다시 쏟아져 흐르는 물이 육중한 물레방아를 번쩍 쳐들었다가
쿵 하고 확 속으로 내던질 제 머슴들의 콧소리는 허연 겻가루가 켜켜 앉은 방앗간 속에서
청승스럽게 들려 나온다.

솰 솰 솰, 구슬이 되었다가 은가루가 되고 댓줄기같이 뻗치었다가 다시 쾅 쾅 쏟아져
청룡이 되고 백룡이 되어 용솟음쳐 흐르는 물이 저쪽 산모퉁이를 십 리나 두고 돌고,
다시 이쪽 들 복판을 오 리쯤 꿰뚫은 뒤에 이 방원(芳源)이가 사는 동네 앞 기슭을 스쳐
지나가는데 그 위에 물레방아 하나가 놓여 있다.

물레방아에서 들여다보면 동북간으로 큼직한 마을이 있으니 이 마을의 가장 부자요, 가장
세력이 있는 사람으로 이름을 신치규(申治圭)라고 부른다. 이 방원이라는 사람은 그 집의
막실(幕室)살이를 하여 가며 그의 땅을 경작하여 자기 아내와 두 사람이 그날그날을 지내
간다.

어떠한 가을밤 유난히 밝은 달이 고요한 이 촌을 한적하게 비칠 때 그 물레방앗간 옆에
어떠한 여자 하나와 어떤 남자 하나가 서서 이야기를 하는 소리가 들리었다.

그 여자는 방원의 아내로 지금 나이가 스물두 살, 한창 정열에 타는 가슴으로 가장
행복스러울 나이의 젊은 여자요, 그 남자는 오십이 반이 넘어 인생으로서 살아올 길을 다
살고서 거의 거의 쇠면의 구렁이를 향하여 가는 늙은이다.

그의 말소리는 마치 그 여자를 달래는 것같이,

"애, 내 말이 조금도 그를 것이 없지? 츤네 할멈에게도 자세한 말을 들었을 터이지마는
너 생각해 보아라. 네가 허락만 하면 무엇이든지 네가 하고 싶다는 것은 내가 전부 해줄
터이란 말야. 그까짓 방원이녀석하고 네가 몇백 년 살아야 언제든지 막실 구석을 면하지
못할 터이니. 허허, 사람이란 젊어서 호강해 보지 못하면 평생 호강 한 번 하여 보지
못하고 죽을 것이 아니냐. 내가 말하는 것이 조금도 잘못하는 것이 없느니라! 대강 너의

말을 쉰네 할멈에게 듣기는 들었으나 그래도 너에게 한 번 바로 대고 듣는 것만 못해서 이리로 만나자고 한 것이다. 너의 마음은 어떠냐? 어디 허허, 내 앞이라고 조금도 어떻게 알지 말고 이야기해 봐, 응?"

이 늙은이는 두말할 것 없이 신치규다. 그는 탐욕스러운 눈으로 방원의 계집을 들여다보며 한 손으로 등을 두드린다.

새침한 얼굴이 파르족족하고 기다란 눈썹과 검푸른 두 눈 가장자리에 예쁜 입, 뾰로통한 뺨이며 콧날이 오똑한데다가 후리후리한 키에 떡벌어진 엉덩이가 아무리 보더라도 무섭게 이지적(理智的)인 동시에 또는 창부형(娼婦型)으로 생긴 여자이다.

계집은 아무 말이 없이 서서 짐짓 부끄러운 태를 지으며 매혹적인 웃음을 생긋 웃고는 고개를 돌렸다. 그 웃음이 얼마나 짐승 같은 신치규의 만족을 사게 되었으며, 또는 마음을 충동시켰는지 희끗희끗한 수염이 거의 계집의 뺨에 닿도록 더 가까이 와서,

"응? 왜 대답이 없니? 부끄러워서 그러니? 그렇게 부끄러워할 일은 아닌데."

하고 계집의 손을 잡으며,

"손도 이렇게 예쁜 줄은 여태까지 몰랐구나. 참 분결 같다. 이렇게 얌전히 생긴 애가 방원 같은 천한 놈의 계집이 되어 일평생을 그대로 썩는다는 것은 너무 가엾고 아깝지 않으냐? 얘."

계집은 몸을 돌리려고 하지도 않고 영감이 하는 대로 내버려두며 눈으로 땅만 내려다보고 섰다가 가까스로 입을 떼는 듯하더니,

"제 말야 모두 쉰네 할멈이 여쭈었지요. 저에게는 너무 분수에 과한 말씀이니까요."

"온, 천만의 소리를 다 하는구나. 그게 무슨 소리냐. 너도 아다시피 내가 너를 장난삼아 그러는 것도 아니겠고 후사(後嗣)가 없어 그러는 것이니까 네가 내 아들이나 하나 나주렴. 그러면 내 것이 모두 네 것이 되지 않겠니? 자아, 그러지 말고 오늘 허락을 하렴. 그러면 내일이라도 방원이란 놈을 내쫓고 너를 불러들일 터이니."

"어떻게 내쫓을 수가 있어요."

"허어, 그것이 그리 어려울 것이 무엇 있니. 내가 나가라는데 제가 나가지 않고 배길 줄 아니?"

"그렇지만 너무 과하지 않을까요?"

"무엇? 저런 생각을 하니까 네가 이 모양으로 이때까지 있었지. 어떻단 말이냐? 그런 것은 조금도 염려하지 말구. 자! 또 네 서방에게 들킬라, 어서 들어가자."

"먼저 들어가세요."

"왜?"

"남이 보면 수상히 알게요."

"무얼 나하고 가는데 수상히 알 게 무어야. 어서 가자."

계집은 천천히 두어 걸음 따라가다가,

"영감!"

하고 무춤하고 서 있다.

"왜 그러니."

계집은 다시 말이 없이 서 있다가,

"아니에요."

하고,

"먼저 들어가세요."

하며 돌아선다. 영감이 간이 달아서 계집의 손을 잡으며,

"가자, 집으로 들어가자."

그의 가슴은 두근거리는지 숨소리가 잦아진다. 계집은 손을 빼려 하며,

"점잖으신 어른이 이게 무슨 짓이에요."

하면서도 그의 몸짓에는 모든 것을 허락한다는 뜻이 보였다. 영감은 계집의 몸을 끌어안더니 방앗간 뒤로 돌아들어 섰다. 계집은 영감 가슴에 안겨서 정욕이 가득한 눈으로 그를 보면서,

13

"영감."
말 한마디 하고 침 한 번 삼키었다.
"영감이 거짓말은 안 하시지요."
"아니."
그의 말은 떨리었다. 계집은 영감의 팔을 한 손으로 잡고 또 한 손으로는 방앗간 속을
가리켰다.
"저리로 들어가세요."
영감과 계집은 방앗간에서 이삼십 분 후에 다시 나왔다.
2
사흘이 지난 뒤에 신치규는 방원이를 자기 집 사랑 마당 앞으로 불렀다.
"얘."
방원은 상전이라 고개를 숙이고,
"네."
공손하게 대답을 하였다.
"네가 그간 내 집에서 정성스럽게 일을 한 것은 고마운 일이지마는……."
점잔과 주짜를 빼면서 신치규는 말을 꺼내었다. 방원의 가슴은 이 '마는'이라는 말
뒤에 이어질 말을 미리 깨달은 듯이 온 전신의 피가 가슴으로 모여드는 듯하더니 다시
터럭이라는 터럭은 전부 거꾸로 일어서는 듯하였다.
"오늘부터는 우리집에 사정이 있어 그러니 내 집에 있지 말고 다른 곳에 좋은 곳을
찾아가 보아라."
아무 조건도 없다. 또한 이곳에서도 할 말이 없다. 죽으라고 하면 죽는 시늉이라도 해야
하는 것이다. 주인은 돈 가지고 사람을 사고 팔 수도 있는 것이다.
방원은 가슴이 답답하였다. 자기 혼자몸 같으면 어디 가서 어떻게 빌어먹더라도 살 수가
있지마는 사랑하는 아내를 구해 갈 길이 막연하다. 그는 고개를 굽히고, 허리를 굽히고,
나중에는 마음을 굽히어 사정도 하여 보고 애걸도 하여 보았다. 그러나 그것은 헛된
일이다. 주인의 마음은 쇠나 돌보다도 더 굳었다.
그는 하는 수 없이 자기 아내에게 그 이야기를 하였다. 그리고 아내더러 안주인 마님께
사정을 좀 하여 얼마간이라도 더 있게 하여 달라고 하여 보라 하였다. 그러나 아내는
방원의 말을 들을 리가 없었다. 도리어,
"그러면 어떻게 한단 말이오. 이제부터는 나를 어떻게 먹여살릴 터이오?"
"너는 그렇게도 먹고 살 수 없을까 봐 겁이 나니?"
"겁이 나지 않고. 생각을 해보구려. 인제는 꼼짝할 수 없이 죽지 않았소?"
"죽어?"
"그럼 임자가 나를 데리고 이곳까지 올 때에 무어라고 하였소. 어떻게 해서든지 너
하나야 먹여살리지 못하겠느냐고 하였지요."
"그래."
"그래, 얼마나 나를 잘 먹여살리고 나를 호강시켰소. 여태까지 이태나 되도록 끌구
돌아다닌다는 것이 남의 집 행랑이었지요?"
"얘, 그것을 내가 모르고 하는 말이냐? 내가 하려고 하지 않아서 그렇게 된 것이냐?
차차 살아가는 동안에 무슨 일이든지 생기겠지. 설마 요대로 늙어 죽기야 하겠니?"
"듣기 싫소! 뿔 떨어지면 구워 먹지 어느 천년에."
방원이는 가뜩이나 내어쫓기고 화가 나는데 계집까지 그리하니까 속에서 열화가 치밀어
올라왔다.
"이 육시를 하고도 남을 년! 왜 남의 마음을 긁컹거리니."
"왜 사람에게 욕을 해."
"이년아, 욕 좀 하면 어떠냐?"
"왜 욕을 해!"
계집이 얼굴이 노래지며 대든다.

"이년이 발악인가?"

"누가 발악야. 계집년 하나 건사 못 하는 위인이 계집보고 욕만 하고 한 게 무어야? 그래 은가락지 은비녀나 한 번 사주어 보았어? 내가 임자 하자고 하는 대로 하지 않은 것은 없지!"

"이년아! 은가락지 은비녀가 그렇게 갖고 싶으냐. 이 더러운 년아."

"무엇이 더러워? 너는 얼마나 정한 놈이냐!"

계집의 입 속에서는 '놈' 소리가 나오기 시작한다.

"이년 보게! 누구더러 놈이래."

하고 손길이 계집의 낭자를 휘어잡더니 그대로 집어 들고 두어 번 주먹으로 등줄기를 후리었다.

"이 주릿대를 안길 년!"

발길이 엉덩이를 두어 번 지르니까 계집은 그대로 거꾸러졌다가 다시 일어났다. 풀어 헤뜨린 머리가 치렁치렁 끌리고 씰룩한 눈에는 독기가 섞이었다.

"왜 사람을 치니? 이놈! 죽어라 죽어, 어디 죽여 보아라, 이놈 나 죽고 너 죽자!"

하고 달려드는 계집을 후려서 거꾸러뜨리고서,

"이년이 죽으려고 기를 쓰나!"

방원이가 계집을 치는 것은 그것이 주먹을 가지고 하는 일종의 농담이다. 그는 주먹이나 발길이 계집의 몸에 닿을 때 거기에 얻어맞는 계집의 살이 아픈 것보다 더 찌르르하게 가슴 한복판을 찌르는 아픔을 방원은 깨닫는 것이다. 홧김에 계집을 치는 것이 실상은 자기의 마음을 자기의 이빨로 물어뜯는 것이나 다름이 없는 것이다. 때리는 그에게는 몹시 애처로움이 있고 불쌍함이 있는 것이다. 그러나 자기의 화풀이를 받아 주는 사람은 아직까지도 계집밖에는 없었다. 제일 만만하다는 것보다도 가장 마음놓고 화풀이할 수 있음이다. 싸움한 뒤, 하루가 못 되어 두 사람이 베개를 나란히 하고 서로 꼭 끼고 잘 때에는 그렇게 고맙고 그렇게 감격이 일어나는 위안이 또다시 없음이다. 계집을 치고 화풀이를 하고 난 뒤에 다시 가슴을 에는 듯한 후회와 더 뜨거운 포옹으로 위로를 받을 그때에는 두 사람 아니라 방원에게는 그만큼 힘있고 뜨거운 믿음이 또다시 없는 까닭이다.

계집은 일부러 소리를 높여서 꺼이꺼이 운다.

온 마을 사람이 거의 귀를 기울였으나,

"응, 또 사랑 싸움을 하는군!"

하고 도리어 그 싸움을 부러워하였다. 옆집 젊은것이 와서 싱글싱글 웃으면서 들여다보며,

"인제 고만두라구."

하며 말리는 시늉을 한다. 동네 아이들만 마당 앞에 죽 늘어서서 눈들이 뚱그래서 구경을 한다.

3

그날 저녁에 방원은 술이 얼근하여 돌아왔다. 아까 계집을 차던 마음은 어느덧 풀어지고 술로 흥분된 마음에 그는 계집의 품이 몹시 그리워져서 자기 아내에게 사과를 할 마음까지 생기었다. 본시 사람이 좋고 마음이 약하고 다정한 그는 무식하게 자라난 까닭에 무지한 짓을 하기는 하나 그것은 결코 그의 성격을 말하는 무지함이 아니다. 그는 비척거리면서 집으로 향하는 길에 거슴츠레하게 풀린 눈을 스르르 내리감고 혼잣소리로,

"빌어먹을놈! 나가라면 나가지 무서운가? 제 집 아니면 살 곳이 없는 줄 아는 게로군! 흥, 되지 않게 다 무엇이냐? 돈만 있으면 제일이냐? 이놈, 네가 그러다가는 이 주먹 맛을 언제든지 볼라. 그대로 곱게 돼질 줄 아니?"

하고 개천 하나를 건너뛴 후에,

"돈! 돈이 무엇이냐."

한참 생각하다가,

"에후."

한숨을 쉬고 나서,

"돈이 사람 죽이는구나! 돈! 돈! 흥, 사람 나고 돈 났지 돈 나고 사람 났니?"

또 징검다리를 비척비척하고 건넌 뒤에,

"고 배라먹을년이 왜 고렇게 포달을 부려서 장부의 마음을 긁어 놓아!"

그의 목소리에는 말할 수 없이 다정한 맛이 있었다. 그는 자기 계집을 생각하면 모든 불평이 스러지는 듯이, 숙였던 고개를 쳐들어 하늘을 보면서,

"허어, 저도 고생은 고생이지."

하고 다시 고개를 숙인 후,

"내가 너무해, 너무 그럴 게 아닌데."

그는 자기 집에 와서 문고리를 붙잡고 잡아 흔들면서,

"애! 자니! 자!"

그러나 대답이 없고 캄캄하다.

"이년이 어디를 갔어!"

그는 문짝을 깨어져라 하고 닫힌 후에 다시 길거리로 나와 그 옆집으로 가서,

"여보 아주머니! 우리집 색시 어디 갔는지 보았소?"

밥들을 먹던 옆엣집 내외는,

"어디서 또 취했소그려! 애 어머니가 아까 머리 단장을 하더니 저 방아께로 갑디다."

"방아께로?"

"네."

"빌어먹을년! 방아께로는 무얼 먹으러 갔누!"

다시 혼자 방아를 향하여 가면서 혼자 중얼거린다.

그는 방앗간을 막 뒤로 돌아서자 신치규와 자기 아내가 방앗간에서 나오는 것을 보았다.

"아!"

그는 너무 뜻밖의 일이므로 아무 말도 하지 못하고 그대로 한참이나 멀거니 서서 보기만 하였다.

그의 눈에서는 쌍심지가 거꾸로 섰다. 열이 올라와서 마치 주홍을 칠한 듯이 그의 눈은 붉어지고 번개 같은 광채가 번뜩거리었다.

그는 한참이나 사지를 떨었다. 두 이가 서로 맞쳐서 달그락달그락 하여졌다. 그의 주먹은 부서질 것같이 단단히 쥐어졌었다.

계집과 신치규는 방원이 와 선 것을 보고서 처음에는 조금 간담이 서늘하여졌으나 다시 태연하게 내려앉았다. 일이 이렇게 되었으매 할 대로 하라는 뜻이다.

방원은 달려들어서 계집의 팔목을 잡았다. 그리고 이를 악물고 부르르 떨었다.

"나는 네가 이럴 줄은 몰랐다."

계집은,

"무얼 이럴 줄을 몰라?"

하며 파란 눈을 흘겨보더니,

"나중에는 별꼴을 다 보겠네. 으례 그럴 줄을 인제 알았나? 놔요! 왜 남의 팔을 잡고 요모양야. 오늘부터는 나를 당신이 그리 함부로 하지는 못해요! 더러운 녀석 같으니! 계집이 싫다고 그러면 국으로 물러갈 일이지 이게 무슨 사내답지 못한 일야! 놔요!"

팔을 뿌리쳤으나 분노가 전신에 가득 찬 그는 그렇게 쉽게 손을 놓지 않았다.

"애! 네가 이것이 정말이냐?"

"정말 아니구 비싼 밥 먹고 거짓말할까?"

"네가 참으로 환장을 하였구나!"

"아니 누구더러 환장을 했대? 온 기가 막혀 죽겠지! 놔요! 놔! 왜 추근추근하게 이 모양야? 놔."

하고서 힘껏 뿌리치는 바람에 계집의 손이 쑥 빠지었다. 계집은 손복을 주무르면서 암상맞게 돌아섰다.

이때까지 이 꼴을 멀찌가니 서서 보고 있던 신치규는 두어 발자국 나서더니 기침 한번을 서투르게 하고서,

"애! 네가 술이 취하였으면 일쯕 들어가 자든지 할 것이지 웬 짓이냐? 네 눈깔에는 아무것도 보이는 것이 없단 말이냐? 너희 연놈이 싸우는 것은 너희 연놈이 어디든지 가서 할 일이지 여기 누가 있는지 없는지 눈깔에 보이는 것이 없어?"

짐짓 소리를 높여 호령을 하였다.

"엣, 괘씸한 놈!"

눈깔을 부라리었다. 방원은 한참이나 쳐다보고서 말이 없었다. 생각대로 하면 한주먹에 때려 눕힐 것이지마는 그래도 그의 머릿속에는 아까까지의 상전이라는 관념이 남아 있었다. 번갯불같이 그 관념이 그의 입과 팔을 얽어 놓았다. 어려서부터 오늘날까지 남을 섬겨 보기만 한 그의 마음은 상전이라면 모두 두려워하는 성질을 깊이깊이 뿌리를 박아 놓았다. 그러나 오늘부터는 신치규가 자기의 상전도 아니요, 자기가 신치규의 종도 아니다. 다만 똑같은 사람으로 마주 섰을 뿐이다. 아니다, 지금부터는 신치규는 방원의 원수였다. 그의 간을 씹어 먹어도 오히려 나머지 한이 있는 원수다.

신치규는 똑바로 쳐다보는 방원을 마주 쳐다보며,

"똑바루 보면 어쩔 터이냐? 온 세상이 망하려니까 별 해괴한 일이 다 많거든. 어째 이놈아?"

"이놈아?"

방원은 한걸음 들어섰다. 나무같이 힘센 다리가 성큼 하고 나설 때 신치규는 머리끝이 으쓱하였다. 쇠봉둥이 같은 두 주먹이 쑥 앞으로 닥칠 때 그의 가슴은 덜컥 내려앉았다.

"네 입에서 이놈아라는 소리가 나오니? 이 사지를 찢어 발겨도 오히려 시원치 못할 놈아! 네가 내 계집을 뺏으려고 오늘 날더러 나가라고 그랬지?"

"어허, 이거 그놈이 눈깔이 삐었군. 애, 나는 먼저 들어가겠다. 너는 네 서방하고 나중 들어오너라!"

신치규는 형세가 위험하니까 슬금슬금 꽁무니를 빼려고 돌아서서 들어가려 하니까 방원은 돌아서는 신치규의 멱살을 잔뜩 쥐어 한 팔로 바싹 치켜 들고,

"이놈, 어디를 가? 네가 이때까지 맛을 몰랐구나?"

하며 한번 집어쳐 땅바닥에다가 태질을 한 뒤에 그대로 타고 앉아서 복줄떠를 누르니까, 마치 뱀이 개구리 잡아먹을 적 모양으로 깩깩 소리가 나며 말 한마디도 하지 못한다.

"이놈, 너 죽고 나 죽으면 고만 아니냐?"

하고 방원은 주먹으로 사정없이 닥치는 대로 들이 팬다. 나중에는 주먹이 부족하여 옆에 있는 모루돌멩이를 집어서 죽어라 하고 내리친다. 그의 팔, 그의 온몸에는 끓어오르는 분노가 극도에 달하자 사람의 가슴속에 본능적으로 숨어 있는 잔인성(殘忍性)이 조금도 남지 않고 그대로 나타났다. 그의 눈은 마치 펄떡펄떡 뛰는 미끼를 가로차고 앉은 승냥이나 이리와 같이 뜨거운 피를 보고야 만족하다는 듯이 무섭게 번쩍거렸다. 그에게는 초자연(超自然)의 무서운 힘이 그의 팔과 다리에 올라왔다.

이 꼴을 보는 계집은 무서웠다. 끔찍끔찍한 일이 복전에 생길 것이다. 그의 맥이 풀린 다리는 마음대로 놓여지지 아니하였다.

"아! 사람 살류! 사람 살류!"

적적한 밤중의 쓸쓸한 마을에는 처참한 여자 목소리가 으스스하게 울리었다. 이 소리를 들은 방원은 더욱 힘을 주어서 눈을 딱 감고 죽어라 내리 짓찧었다. 뼈가 돌에 맞는 소리가 살이 을크러지는 소리와 함께 퍽퍽 하였다. 피 묻은 돌이 여기저기 흩어지고 갈가리 찢긴 옷에는 살점이 묻었다.

동네 편 쪽에서 수군수군하더니 구두 소리가 나며 칼소리가 덜거덕거리었다. 방원의 머리에는 번갯불같이 무엇이 보이었다. 그는 손에 주먹을 쥔 채 잠깐 정신을 차려 그쪽으로 귀를 기울였다.

"순검."

그는 신치규의 배를 타고 앉아서 순검의 구두 소리를 듣자 비로소 자기가 무슨 짓을 하였는지 깨달았다.

그는 미친 사람처럼 일어났다. 그리고는 옆에 서서 벌벌 떠는 계집에게로 갔다.

17

"애! 가자! 도망 가자! 너하고 나하고 같이 가자! 자! 어서, 어서!"

계집은 자기에게 또 무슨 일이 있을까 하여 겁을 내어 도망을 하려 한다. 방원은 계집을 따라가며,

"애! 애! 네가 이렇게도 나를 몰라주니? 내가 너를 어떻게 생각하는지 알지를 못하니? 자! 어서, 도망 가자, 어서 어서, 뒤에서 순검이 쫓아온다."

계집은 그대로 서서 종종걸음을 치며,

"싫소! 임자나 가구려! 나는 싫어요, 싫어."

"가자! 응! 가!"

그는 미친 사람처럼 계집의 팔을 붙잡고 끌었다. 그때 누구인지 그의 두 팔을 마치 형틀에 매다는 것같이 꽉 뒤로 껴안는 사람이 있었다.

"이놈아! 어디를 가?"

그는 뒤를 돌아보지 않고도 그가 누구인지 알았다. 그는 온 전신에 맥이 풀리어 그대로 뒤로 자빠지려 할 때 어느덧 널판 같은 주먹이 그의 뺨을 사정없이 갈겼다.

"정신 차려."

"네."

그는 무의식하게 고개가 숙여지고 말소리가 공손하여졌다.

땅바닥에서는 신치규가 꿈지럭거리며 이리저리 뒹군다. 청승스러운 비명이 들린다.

방원은 포승 지인 채, 계집은 그대로 주재소로 끌려가고, 신치규는 머슴들이 업어 들였다.

4

석 달이 지났다. 상해죄(傷害罪)로 감옥에서 복역을 하던 방원은 만기가 되어 출옥을 하였다. 그러나 신치규는 아무 일 없이 자기 집에서 치료하고 방원의 계집을 데려다 산다.

신치규는 온몸이 나은 뒤에 홀로 생각하였다.

'죽는 줄 알았더니 그래도 이렇게 살아 있으니!'

하고 얼굴에 흠이 진 곳을 만져 보며,

'오히려 그놈이 그렇게 한 것이 나에게는 다행이지, 얼굴이 아프기는 좀 하였으나! 허어.'

'어떻게 그놈을 떼어 버릴까 하고 그렇지 않아도 걱정을 하던 차에 잘되었지. 그놈 한 십 년 감옥에서 콩밥을 먹었으면 좋겠다.'

방원은 감옥 속에서 생각하기를 나가기만 하면 연놈을 죽여 버리고 제가 죽든지 요정을 내리라 하였다.

집에서 내어쫓기고 계집까지 빼앗기고, 그것을 생각하면 이가 갈리고 치가 떨리었다. 그것이 모두 자기가 돈 없는 탓인 것을 생각하매 더욱 분한 생각이 났다.

'에 더러운 년.'

그는 홍바지에 쇠사슬을 차고서 일을 할 때에도 가끔 침을 땅에다 뱉으면서 혼자 중얼거리었다.

'사람이 이러고서야 살아서 무엇 하나. 멀쩡한 놈이 계집 빼앗기고 생으로 콩밥까지 먹으니…….'

그가 감옥에서 나올 때에는 감옥소를 다시 한번 둘러보고, 내가 여기서 마지막으로 목숨을 잃어버리든지 그렇지 않으면 내가 내 손으로 내 복을 찔러 죽든지, 무슨 요정이 날 것을 생각하고, 다시 온몸에 힘을 주고 쓸쓸한 웃음을 웃었다.

그는 이백 리나 되는 길을 걸어서 계집이 사는 촌에를 왔다.

그러나 아무도 그를 아는 척하는 사람이 없었다. 전에 친하게 지내던 사람들도 그를 보고 피해 갔다.

마치 문둥병자나 마찬가지 대우를 하였다. 감옥에서 나온 뒤로부터는 더욱 이 세상이 차디차졌다. 자기가 상상하던 것보다도 더 무정하여졌다. 그는 하는 수 없이 밤이 될 때까지 그 근처 산속으로 돌아다녔다. 그래서 깊은 밤에 촌으로 내려왔다. 그는 그 방앗간을 다시 지나갔다. 석 달 전 생각이 났다. 자기가 여기서 잡혀갔다는 것을 생각할 때 더욱 억울하고 분한 생각이 치밀어 올라왔다. 그는 한참이나 거기 서서 그때 일을

생각하고 봄서리를 친 후에 다시 그전 집을 찾아갔다.

날이 몹시 추워지고 눈이 쌓였다. 옷은 입은 것이 가을에 입고 감옥에 들어갔던 그것이므로 살을 에이는 듯한 것이로되 그는 분한 생각과 흥분된 마음에 그것도 몰랐다.

'연놈을 모두 처치를 해버려?'

혼자 속으로 궁리를 하다가,

'그렇지, 그까짓 것들은 살려 두어 쓸데없는 인생들이야.'

하면서 옆구리에 지른 기름한 단도를 다시 만져 보았다. 그는 감격스런 마음으로 그것을 쓰다듬었다.

그는 신치규의 집 울을 넘어 들어갔다. 그의 발은 전에 다닐 적같이 익숙하였다. 그는 사랑을 엿보고 다시 뒤로 돌아서 건넌방 창 밑에 와 섰다. 귀를 기울였으나 아무 말도 들리지 않았다. 그는 손에 칼을 빼들었다. 그리고는 일부러 뒤 창문을 달각달각 흔들었다.

"그 뉘?"

하고 계집의 머리가 쑥 나오며 문이 열리었다. 그는 얼른 비켜 섰다. 문은 다시 닫혀지고 계집은 들어갔다.

방원의 마음은 이상하게 동요가 되었다. 어여쁜 계집의 복소리가 오래간만에 귀에 들릴 때, 마치 자기가 감옥에서 꿈을 꿀 적 모양으로 요염하고도 황홀하게 그의 마음을 꾀는 것 같았다. 그는 꿈속에 다시 만난 것 같고 오래간만에 그를 만나 보매 모든 결심은 얼음같이 녹는 듯하였다. 그래도 계집이 설마 나를 영영 잊어버리랴 하고 옛날의 정리를 생각할 때 그것이 거짓말이 아니고 무엇이랴는 생각이 났다.

아무리 자기를 감옥에까지 가게 하였다 하더라도 그는 감히 칼을 들어 죽이려는 용기가 단번에 나지 않아서 주저하기 시작했다.

'아니다, 다시 한 번만 물어 보자!'

그는 들었던 칼을 다시 집고 생각하였다.

'거짓말이다. 거짓말이다! 그럴 리가 없다.'

그는 반신반의하였다.

'그렇다. 한 번만 다시 물어 보고 죽이든 살리든 하자!'

그는 다시 문을 달각달각 하였다. 계집은 이번에 다시 문을 열고 사면을 둘러보더니 헌 짚신짝을 신고 나왔다.

"뉘요?"

그는 방원이 서 있는 집 모퉁이를 돌아서려 할 제,

"내다!"

하고 입을 틀어막고 칼을 가슴에 대었다.

"떠들면 죽어!"

방원은 계집의 입을 수건으로 틀어막고 결박을 한 후 들춰업고서 번개같이 달음질하였다. 그는 어느결에 계집을 업어다가 물레방아 앞에 내려놓은 후 결박을 풀었다. 그리고 한숨을 쉬었다.

"나를 모르겠니?"

캄캄한 그믐밤에 얼굴을 바짝 계집의 코앞에 들이대었다. 계집은 얼굴을 자세히 보더니,

"아!"

소리를 지르더니 뒤로 물러섰다.

"조금도 놀랄 것이 없다. 오늘 네가 내 말을 들으면 살려 줄 것이요, 그렇지 않으면 이것이야?"

하고 시퍼런 칼을 들이대었다. 계집은 다시 태연하게,

"말요? 임자의 말을 들으렬 것 같으면 벌써 들었지요, 이때까지 있겠소? 임자도 남의 마음을 알지요. 임자와 나와 이 년 전에 이곳으로 도망해 올 적에도 전남편이 나를 죽이겠다고 칼로 허리를 찔러 그 흠이 있는 것을 날마다 밤에 당신이 어루만지었지요? 내가 그까짓 칼쯤을 무서워서 나 하고 싶은 짓을 못 한단 말이오? 흥, 이게 무슨 비겁한 짓이오, 사내자식이. 자! 찌르려거든 찔러 보아요. 자, 자."

계집은 두 가슴을 벌리고 대들었다. 방원은 너무 계집의 태도가 대담하므로 들었던 칼이 도리어 뒤로 움찔할 만큼 기가 막혔다. 그는 무의식하게,

"정말이냐?"

하고 한걸음 더 가까이 나섰다.

"정말이 아니고? 내가 비록 여자이지마는 당신같이 겁쟁이는 아니라오! 이것이 도무지 무엇이오?"

계집은 그래도 두려웠던지 방원의 손에 든 칼을 뿌리쳐 땅에 떨어뜨리었다.

이 칼이 땅에 떨어지자 방원은 여태까지 용사와 같이 보이던 계집이 몹시 비겁스럽고 더러워 보이어 다시 칼을 집어 들고 덤비었다.

"에잇! 간사한 년! 어쩔 터이냐? 나하고 당장에 멀리멀리 가지 않을 터이냐? 자아, 가자!"

그는 눈물이 어린 눈으로 타일러 보기도 하고 간청도 하여 보았다.

"자아, 어서 옛날과 같이 나하고 멀리멀리 도망을 가자! 나는 참으로 나의 칼로 너를 죽일 수는 없다!"

계집의 눈에는 독이 올라왔다. 광채가 어두운 밤의 번개같이 번쩍거리며,

"싫어요. 나는 죽으면 죽었지 가기는 싫어요. 이제 나는 고만 그렇게 구차하고 천한 생활을 다시 하기는 싫어요. 고만 물렸어요."

"너의 입으로 정말 그런 말이 나오느냐? 너는 나를 우리 고향에 다시 돌아가지도 못하게 만들어 놓고 나의 모든 것을 다 잃어버리게 한 후에 또 나중에는 세상에서 지옥이라고 하는 감옥소까지 가게 하였지! 그러고도 나의 맨 마지막 원을 들어주지 않을 터이냐?"

"나는 언제든지 당신 손에 죽을 것까지도 알고 있소! 자! 오늘 죽으나 내일 죽으나 언제든지 죽기는 일반, 이렇게 된 이상 나를 죽이시오."

"정말이냐? 정말이야?"

"정말요!"

계집은 결심한 뜻을 나타내었다. 방원의 손은 떨리었다. 그리고 그는 눈을 꽉 감고,

"에, 여우 같은 년!"

하고 칼끝을 계집의 옆구리를 향하고 힘껏 내밀었다. 계집은 이를 악물고,

"사람 죽인다!"

소리 한 번에 그 자리에 거꾸러졌다. 칼자루를 든 손이 피가 몰리는 바람에 우루루 떨리더니 피가 새어 나왔다. 방원은 그 칼을 빼어 들더니 계집 위에 거꾸러져서 가슴을 찌르고 절명하여 버렸다.

출전:조선문단11(1925.9)

<약한 자의 슬픔>
김동인

1

가정교사 강 엘리자베트는 가르침을 끝낸 다음에 자기 방으로 돌아왔다. 돌아오기는 하였 지만 이제껏 쾌활한 아이들과 마주 유쾌히 지낸 그는 찜찜하고 갑갑한 자기 방에 돌아와서 는 무한한 적막을 깨달았다.

'오늘은 왜 이리 갑갑한고? 마음이 왜 이리 두근거리는고? 마치 이 세상에 나 혼자 남아 있 는 것 같군. 어찌할꼬. 어디 갈까. 말까. 아. 혜숙이한테나 가보자. 이즈음 며칠 가보지도 못 하였는 데.'

그의 머리에 이 생각이 나자, 그는 갑자기 갑갑하던 것이 더 심하여지고 아무래도 혜숙이 한테 가보여야 될 것같이 생각된다.

"아무래도 가보여야겠다."

그는 중얼거리고 외출의를 갈아입었다.

'갈까? 그만둘까?'

그는 생각이 정키 전에 문 밖에 나섰다. 여학생간에 유행하는 보법(步法)으로 팔과 궁둥이 를 전후좌우로 저으면서 엘리자베트는 길로 나섰다.

그는 파라솔을 받은 후에 손수건을 코에 대어서 쏘는 듯한 콜타르 내음새를 막으면서 N통, K정 등을 지나서 혜숙의 집에 이르렀다.

그리 부자라 할 수는 없지마는, 그래도 경성 중류민의 열에는 드는 혜숙의 집은 굉대(宏大) 하 지는 못하지만 쏜쏜차고 정차기는 하였기.

그 집의 방의 배치를 익히 아는 엘리자베트는 들어서면서 파라솔을 접어서 마루 한편 끝에 놓 은 후에,

"너무 갑갑해서 놀러 왔다 애."

하면서 혜숙의 방으로 뛰어들어갔다. 그는 들어서면서, 혜숙이가 동모(同某) S와 무슨 이 야기 를 열심으로 하다가 자기 온 것을 알고 뚝 그치는 것을 알았다.

'S는 원, 무엇 하러 왔노.'

그는 이유 없는 질투가 마음에서 끓어 나오는 것을 깨달았다.

'흥, 혜숙이는 S로 인하여 나한테 놀러도 안 오는구만. 너희끼리만 잘들 놀아라.'

혜숙이가 한 번도 자기게 놀러 와 본 때가 없으되 엘리자베트는 이렇게 생각하였다.

"아, 엘리자베트 왔니. 우린 이제것 네 이야기 하댔다. 그새 왜 안 왔니?"

혜숙이와 S는 동시에 일어나면서, 혜숙이는 엘리자베트의 왼손, S는 바른손을 잡고 주좌 (主座)에 끌어다 앉히었다.

엘리자베트는, 아직 십구 세의 소녀이지만 재주와 용자(容姿)로 모든 동창들에게 존경과 일종의 시기를 받고 있었다. 그는 재주로 인하여 아직 통학중이지만 K남작의 집에 유(留) 하면서 오후에는 그 집 아이들에게 학과의 복습을 시키고 있었다.

"내 이야기라니 무슨? 내 숭들만 실컷 보고 있었니?"

엘리자베트는, 앉히는 자리에 앉으면서 억지로 성난 것을 감추고 농담 비슷하니 물었다.

혜숙과 S는 의논하였던 것같이 잠깐 서로 낯을 향하였다가 웃음을 억지로 참느라 입을 비죽하니 하고 머리를 돌이켰다.

"내 이야기라니 무슨?"

"네 이야기라니. 저 - 그만두자."

혜숙이가 감춰 두자 엘리자베트는 더 듣고 싶었다. 그는 차차 노기를 외면에 나타내게 되었다.

"내 이야기라니 무엇이야 애? 안 가르쳐 주면 난 가겠다."

"네 이야기라니. 저-"

혜숙이는 아까와 같은 말을 한 후에 S와 또 한번 마주 향하여 보았다.

"그럼 난 간다."

하고 엘리자베트는 일어서려 하였다.

"애, 가르쳐 줄라. 참말은 네 이야기가 아니고 저---- 이환(利煥) 씨 이야기."

말이 끝난 뒤에 혜숙이는 또 한번 S와 낯을 향하였다.

혜숙의 말을 들은 엘리자베트는 노기와 부끄러움과 모욕을 당했다는 감을 함께 머금고 낯을 붉히고 머리를 숙였다.

엘리자베트가 매일 통학할 때에 N봉 꺾어진 길에서 H의숙(義塾) 제모를 쓴 어떤 청년과 만나게 되었다. 만나기 시작한 지 닷새에 좀 정답게 생각되고, 열흘에 그를 만나지 못하면 섭섭하게 생각되고, 이십 일에 연애라 하는 것을 자각하고, 일 삭 만에 그 청년의 이름을 탐지하였다. '그도 나를 생각하겠지' 하는 생각과 '웬걸, 내게는 주의도 안 하더라' 하는 생각이 그 후부터는 항상 그의 마음속에서 쟁투하고 있었다. 연애를 하는 사람은 아무도 그렇거니와 엘리자베트도 연애---- 짝사랑 [片戀] 이던----를 안 후부터는 벗들과 함께 있을 때는 아뭏지도 않지만, 혼자 있을 때는 염세의 생각과 희열의 생각이 함께 마음속에서 발하여 공연히 심장을 뛰놀리며 일어섰다, 앉았다, 밖에 나갔다, 들어왔다, 일도 없는데 이환이와 만나게 되는 길에 가 보았다, 이와 같이 날을 보내게 되었다. 그러다가 아무게도 통사정할 사람이 없는 엘리자베트는 혜숙에게 이 말을 다 고백하였다.

이와 같은, 사람의 비밀을 혜숙이는 S에게 알게 하였다 할 때는 그는 성이 났다.

처녀가 학생에게 사랑을 한다 하는 것이 그에게는 부끄러웠다.

둘----혜숙과 S----이서 내 숭을 실컷 보았겠거니 할 때에 그는 모욕을 당했다 생각하였다. 혜숙과 S가 서로 낯을 보고 웃을 때에 이 생각이 더 심하였다.

그리고, 이와 같은 비밀을 혜숙에게 고백하였다 할 때에, 엘리자베트는 자기에게 대하여서 도 성을 안 낼 수가 없었다.

'이건 자기를 믿고 통사정을 하였더니 이런 말을 광고같이 떠들춘단 말인가. 이 세상에 믿을 만한 사람이 누구인고? 아, 부모가 살아 계시면…….'

살아 있을 때는, 자기를 압박하는 것으로 유일의 오락을 삼던 부모를 빨리 죽기를 기다리던 그도, 부모에게 대하여, 지금은 유일의 믿을 만한 사람이고 유일의 의뢰할 만한 사람이라는 생각이 났다. 그리고 혜숙에게 대하여서는 무한한 증오의 염이 난다.

그러면서도, 그는 한 바람을 품고 있었다. 이것----이환과 자기의 새----이것이 이제 화제가 되는 것을 그는 무서워하고 피하려 하면서도 그것이 화제가 되기를 열심으로 바라고 있다. 좀더 상세히 알고 싶었다.

자기 말을 듣고 엘리자베트가 성을 낸 것을 빨리 알아챈 혜숙이는, 화제를 바꾸려고 학과 이야기를 시작하였다.

"너 기하 숙제 해보았니? 난 암만해두 모르겠두나."

'아차!'

엘리자베트는 속으로 고함을 쳤다. 그의 희망은 끊어졌다.

'내가 성을 낸 것을 알고 혜숙이는 이렇게 돌려다 대누나.'

하면서도 성을 억지로 감추고 낯에 화기를 나타내고 대답하였다.

"기하? 해보지는 않았어도 해보면 되겠지."

"그럼 좀 가르쳐 주렴."

기하책을 갖다 놓고 셋은 둘러앉아서 기하를 토론하기 시작하였다. 한 이십 분 동안 기하를 푸는 새에 엘리자베트의 머리에는 혜숙과 S의 우교(友交)에 대한 시기도 없어지고, 혜숙에게 대한 증오도 없어지고, 동창생에 대한 애정과 동성에 대한 친밀한 생각만 나게 되었다.

복습을 필한 후에 셋은 잠깐 무언으로 있었다. 그 동안 혜숙은 무슨 말을 할 듯 할 듯 하면서도 다만 빙긋 웃기만 하고 말은 못 발하고 있었다.

'무슨 말이든 빨리 하렴.'

엘리자베트는 또 갑자기 희망을 품고 심장을 뛰놀리면서 속으로 명령하였다.

엘리자베트가 듣고 싶어하는 것을 보고 혜숙이는 안심한 듯이 말을 시작한다.

"애─ 애─"

이 말만 하고 좀 말하기가 별(別)한 듯이 잠깐 말을 멈추었다가 또 시작한다.

"이환 씨느으으은 S의 외사촌 오빠란다."

이 말을 들은 엘리자베트는 갑자기 마음이 무거워지는 것을 깨달았다. 그 가운데는 부끄러움도 섞여 있었다. 갑자기 이환이와 직접 대면한 것같이 형용할 수 없는 별한 부끄러움이 엘리자베트의 마음을 지나갔다. 그러면서도 그는 좀더 똑똑히 알려고,

"거짓말!"

하고 혜숙이를 쳐다보았다.

"거짓말은 왜 거짓말이야. S한테 물어 보렴. 이 애 S야, 그렇지?"

엘리자베트는 머리를 S 편으로 돌려서 S의 대답을 기다렸다. 이환이가 S의 외사촌이라는 것은 팔구분은 믿으면서도……

S는 다만 웃고 있었다.

'모욕당했다. 집으로 가고 말아야지.'

엘리자베트는 이렇게 속으로 고함을 치고도 일어나지는 않았다. 그는 S에게서 이환의 소식을 듣고 싶었다. 그리고 '오빠도 너를 사랑한다더라'란 말까지 듣고 싶었다.

"응, 그렇지 애?"

하는 혜숙의 소리에 S는 그렇단 대답만 하였다. 그리고 의미 있는 듯한 웃음을 머금고 엘리자베트를 들여다보았다.

'S의 웃음. 의미 있는 듯한 웃음. 무슨 웃음일꼬? 거짓말? 이환 씨가 S의 오빠라는 것이 거짓말이 아닐까? 아니! 그것은 참말이다. 그러면 무슨 웃음일꼬? 이환 씨는 나 같은 것은 알 아도 안 보나? 아! 무엇? 아니다. 그도 나를 사랑한다. 그리고 S에게 고백하였다. 아, 이환 씨는 날 사랑한다. 결혼! 행복!'

그는 자기게 이익한 데로만 생각을 끌어가다가 대담하게 되어서 머리를 들면서, 결심한 구조(口調)로 말을 걸었다

"애, S야."

"엉?"

경멸하는 듯이 S는 대답하였다. 이 소리에, 엘리자베트의 용기가 대부분은 꺾어졌다.

"너……."

그는 차마 그 뒤는 말을 발하지 못하여 우물우물하다가 예상도 안한 딴말을 묻고 말았다.

"기하 다 했니?"

"기하라니? 무슨?"

S는 대답 겸 물어 보았다.

"내일 숙제."

"이 애 미쳤나 부다."

엘리자베트는 왜인지 가슴에서 뜩 하는 소리를 들었다. S는 말을 연속하여 한다.

"이제 우리 하지 않았니?"

"응?…… 참…… 다 했지……."

S는 '다 알았소이다' 하는 듯이 교활한 웃음을 머금고 엘리자베트의 그리스 조각을 연상시키는 빰과 복의 윤곽을 들여다보았다.

'모욕을 당했다.'

엘리자베트는 또 이렇게 생각지 않을 수 없었다.

'집으로 가고 말아야지.'

이 생각을 할 때에 그는 아까 집에서 혜숙의 집에 가야겠다 생각할 때에, 참지 못하게 가고 싶던 그와 동 정도로 집으로 돌아가고 싶었다.

그는, 어쩔 수 없이 가고 싶은 고로,

"난 간다."

소리만 지르고. 동무들이 '왜 가니?' '더 놀다 가럼' 등 소리는 귓등으로도 듣지 않고 팔과 궁둥이를 저으면서 나섰다.

2

늦은 봄의 저녁빛은 따뜻하였다.

도회의 저녁은 더 번잡하였다.

시멘트 인도는 무수히 통행하는 사람의 발로 인하여 처르럭처르럭 때가닥때가닥 하는 소리를 시끄럽도록 내면서도 평안히 누워 있었다.

어떤 때는 사람의 위를 짧게 비추었다, 사람이 다 통과한 후에는 도로 길게 비추었다 하는, 자기와 함께 나아가는 자기 그림자를 들여다보면서 엘리자베트는 본능적으로 발을 움직였다.

'아! 잘못하였군. 그 애들은 내가 나선 다음에 웃었겠지. 잘못하였어? 그럼 어찌하여야 하노? S를 얼려야지. 얼려? 응. 얼린 후엔 들어야지. 무엇을. 무엇을? 그것을 말이지. 그것이 라니? 아— 그것이라니? 모르겠다. 사탄아 물러가거라. S가 이환 씨의 누이이고. S가 혜숙의 동무이고. 또 내 동무이고. 이환 씨는 동무의 오빠이고. 사람이 다니고. 전차. 아이고 무엇이 무엇인지 모르게 되었다. 왜 웃단 말인가? 왜? 우스우니깐 웃지. 무엇이 우스워. 참 무엇이 우스울까?'

그는 또 한번 웃었다. 그렇지만, 이 웃음은 기뻐서 웃는 것도 아니고 즐거워서 웃는 것도 아니다. 다만 우스워서 웃는 것이다. 그가 왜 우스운지 그 이유를 해석하려고, 혼돈된 머리로 생각하면서, 발은 본능적으로 차차 집으로 가까이 옮겨 놓았다.

꾸부러진 길을 돌아설 때에, 그는 아직껏 보고 오던 자기 그림자를 잃어버린 고로 잠깐 멈칫 섰다가, 또 한번 해석지 못한 웃음을 웃고 다시 걷기 시작하였다.

그가 집에 들어설 때는, 다섯시 반 좀 지난 후 K남작은 방금 저녁을 먹고 처와 아이들이 저녁을 먹을 때이다. 조선의 선각자로 자임하는 남작은, 내외의 절(節)과 안방 사랑의 별은 폐하였지만 남존여비의 생각은 아직껏 확실히 지켜 왔다.

엘리자베트는, 먹기 싫은 밥을 두어 술 먹은 후에 자기 방으로 돌아와서 아직 어둡지도 않았는데 전등을 켜고 책궤상 머리에 가 앉았다.

아무 작용도 아니 하는 눈을 공연히 밀거니 뜨고, 책상을 오르간으로 삼고 다뉴브 곡을 뜯으면서, 그는 머리를 동작시키고 있었다. 웃음. S. 이환. 결혼. 신혼여행. 노후의 안락. 또는 거기는 조금도 상관없는 다른 공상이 속속이 그의 머리에 왕래하였다.

끝없이 나는 공상을 두 시간 동안이나 한 후에, 이제껏, 희미하니 아물아물 기어가는 것같이 보이던 벽의 흑점이 똑똑히 보이기 시작할 때에, 그는 자리를 펴고 자고 싶은 생각이 났다.

아까 저녁 먹을 때에 남작의,

24

"오늘 밤에는 회(會)가 있는 고로 밤 두시쯤 돌아오겠다."

는 말을 들은 엘리자베트는, 별로 안심이 되어 자리를 펴고 전나체가 되어 드러누웠다. 몇 가지 공상이 또 머리에서 왕래하다가 그는 잠이 들었다.

한참 자다가, 열한시쯤, 자기를 흔드는 사람이 있는 고로 그는 눈을 번쩍 떴다. 전등 아래, 의관을 한 남작이 그를 들여다보고 있었다. 엘리자베트는 갑자기 잠이 수천 리 밖에 퇴산(退散)하는 것을 깨달았다. 그는 남작의 자기를 들여다보는 눈으로, 남작의 요구를 깨달았다. 하고 겨우 중얼거렸다.

"부인이 아시면?"

'아차!'

그는 속으로 고함을 쳤다.

'부인이 모르면 어찌한단 말인가?…… 모르면?…… 이것이 허락의 의미가 아닐까? 그러면 너는 그것을 싫어하느냐? 물론 싫어하지. 무엇? 싫어해? 내 마음속에, 허락하려는 생각이 조금도 없냐아…… 허락하면 어쨌냐? 그래도…….'

일순간에 그의 머리에 이와 같은 생각이 전광과 같이 지나갔다.

"조용히! 아까, 두시에야 돌아오겠다고 하였으니깐 모르겠지요."

남작은 말했다.

이제야 엘리자베트는 아까 남작이 광고하듯이 지껄이던 소리를 해석하였다. 그러고, 두 번째 거절을 하여 보았다.

"부인이 계시면서두……?"

'아차!'

그는 또 속으로 고함을 안 칠 수가 없었다.

'부인이 없으면 어찌한단 말인가?…… 이것은 허락의 의미가 아닐까……?'

남작은 대답 없이 엘리자베트를 뚫어지게 들여다보고 있었다.

"왜 그리 보세요?"

그는 남작의 시선을 피하면서, 별한 웃음————애걸하는 웃음————거러지의 웃음을 웃으면서 돌아누웠다.

'아차!'

그는 세 번째 고함을 속으로 발하였다.

'이것은 매춘부의 웃음, 매춘부의 행동이 아닐까……?'

몇 번 거절에 실패를 한 엘리자베트는 마지막에는 자기에게 대하여서도 정이 떨어지게 되었다. 그는 뉘게 대하여선지는 모르면서도 모르는 어떤 자에게 골이 나서, 봄을 꼬면서 좀 날카롭게, 그래도 작은 소리로 말했다.

"싫어요 싫어요."

남작은 역시 대답이 없었다.

엘리자베트는, 갑자기 방 안이 어두워지는 것을 알았다. 남작이 불을 끈 것이다. 그 후에는 남작의 의복 벗는 소리만 바삭바삭 났다.

엘리자베트는 정신이 아득하여지고 말았다.

정신이 아득하여진 엘리자베트는, 한참 있다가 거기서 직수면상태로 들어서 폭 잠이 들었다가, 다섯시쯤, 동편 하늘이 좀 자홍색을 띠어 올 때에 무엇에 놀란 것같이 움쭉 하면서 눈을 떴다. 회색 새벽빛을 꿰어서, 먼트고메리회사제 벽지가 눈에 드는 동시에, 그의 머리에는 남작이 생각났다. 곁에 사람의 기척이 없는 고로 남작이 돌아갔을 줄은 확신하면서도, 만일 있었다는 하는 의심이 나는 고로, 그는 가만가만 머리를 그편으로 돌렸다. 거기는 남작이 베느라고 갖다 놓았던 책이 서너 권 두껍이 있었다.

'그럼 저편 쪽에 있지. 저런 픅 빅에 쪽 붙어 서서, 날 놀래려고 준비하고 있지.'

엘리자베트는 흥미 절반, 진정 절반으로 이런 생각을 하고 갑자기 남작이 숨기 전에 발견하려고 머리를 돌이켰다. 거기는 차차 흰빛으로 변하여 오는 새벽빛에 비친 벽지의 모양만 보였다.

'어느 틈에 또 다른 편으로 뛰었군!'

하면서 그는 남작을 잡느라고 이편 저편으로 머리를 획획 돌리다가,

'일어나야 순순히 나올 터인가 원.'

하면서 벌떡 일어나 앉아서 의복을 입기 시작하였다. 속곳, 바지로서 버선까지 신는 동안 에, 그의 머리에는 남작을 잡으려는 생각은 없어지고 엊저녁 기억이 차차 부활키 시작하였 다.

'내 속이 왜 그리 약단 말인고? 정신이 아득하여질 이유가 어디 있어? 아무래도 그렇게 되겠 으면 정신이나…… 아- 지금 남작은 무엇 하고 있노.'

그는 자기가 남작에 대하여서도 애정을 가지게 된 것을 깨달을 때에, 차라리 놀랐다. 마음 속에 서는 또 적막의 덩어리가 뭉쳐 나왔다. 그는 무한 울고 싶었다. 그는 시계를 보았다. 아직 다섯 시 십삼분이다.

'울 시간이 넉넉하지.'

이 생각을 할 때에 그는 참지 못하고 꼬꾸라져서 흘룩 느끼기 시작하였다.

'남작은 아내가 있는 사람이다. 아내가 있는 사람에게…… 내 전정(前程)은 어떠할까…….'

울음이 끝나기까지 한참 운 그는, 눈물이 자연히 멎은 후에 머리를 들었다. 아침 햇빛은 눈 이 시도록 방 안을 들이쪼이고 있었다.

밝은 햇빛을 본 연고인지 실컷 운 연고인지, 엘리자베트는, 오랫동안 벼르던 원수를 갚은 것같 이 별로 속이 시원한 고로, 일어서서 세수를 하러 갔다.

세수를 한 후에 그는, 거기서 잠깐 주저치 않을 수가 없었다. 밥을 먹으러 가나. 안 가나. 밥은 먹어야겠고. 거기는 남작이 있겠고…….

그러다가 그는, 필사적 용기를 내고 밥을 먹으러 갔다. 거기는 남작은 없었지만 그는 부인 과 아이들에게도 할 수 있는 대로 낯을 안 보이게 하고 밥을 먹었다. 그런 후 자기 방에 와 서 이부자 리를 간지피고 책보를 싸가지고 학교로 향하였다.

정문 밖에 나선 그는, 또 한번 주저치 않을 수가 없었다. 이 길로 가나. 저 길로 가나. 이 길 로 가면 이환이를 만나겠고. 저 길로 가면 대단히 멀고.

그의 마음속에는 쟁투가 일어났다. 자기에 대하여 애정을 나타내지도 않는 이환의 앞을, 복수 겸으로 유유히 지나갈 때의 자기의 상쾌를 그는 상상하여 보았다. 이환이는 그 일을 모르겠지 만, 이렇게 하는 것이 엘리자베트에게는 한 쾌락----만약 엘리자베트에게 복수할 마음이 있 다 하면---- 에 다름없었다. 그렇지만 그는 이환이를 사랑하였다. 문자 그대 로 '자기 몸과 동 정도로 그를 사랑'하였다. 이러한 엘리자베트는 그런 참혹한 일을 행할 수가 없었다.

'이 길로 갈까? 저 길로 갈까?'

그는 생각이 정키 전에 어느덧 먼 길---- 안 만나게 되는 길---- 편으로 발을 옮겨 놓았 다.

학교에서도 엘리자베트는 성가신 일일을 보내고 하교 후 곧 집으로 돌아왔다.

3

단조하고도 복잡한 엘리자베트의 생활은 여전히 연속하여 순환되고 있었다. 아침 깨어서 는 학교에 가고. 하학 후에는 아이들과 마주 놀고. 자고----다만 전보다 변한 것은 평균 일 주 이 회의 남작의 방문을 받는 것이라.

대개는, 엘리자베트가 예기한 날 남작이 왔다. 남작이 오리라 생각한 날은, 엘리자베트는 열심 으로 남작을 기다렸다. 그렇지만 그 방은 남작 부인의 방과 그리 멀지 않은 고로 남작 이 와도 그리 말은 사 괴지 못하였다. 엘리자베트는 그것으로 남작이 와 있을 동안은 너무 갑갑하여 빨 리 돌아가기를 기다렸다. 치만 일단 남작이 돌아가고 보면 엘리자베트는, 남작 이 좀더 있지 않는 것을 원망하고 무한한 적막을 깨달았다.

만약 엘리자베트가 예기한 날 남작이 오지를 않으면 그는 어찌할 줄 모르게 속이 타고 질 투를 하였다.

그렇지만, 이보다 더 큰 고통이 엘리자베트에게 있었다. 때때로 이환의 생각이 나는 것이 다. 그런 때는,

'자기도 나를 생각지 않는데, 내가 그러면 뭘 한가.'

'내가 자기와 약혼을 했댔나.'

등으로 자기를 위로하여 보았지만, 대개는 '변해(辯解)'를 '미안(未安)'이 쳐 이겼다. 그

26

릴 때는 문자 그대로 '심장을 잘 들지 않는 칼로 베어 내는 것' 같았다. 그렇게 되면 그는 꼬꾸 라져서 장시간의 울음으로 겨우 자기를 위로하곳 하였다.

그는 부인에게 대하여서도 미안을 감(感)하였다.

"남편을 가로앗았는데 왜 미안치를 않을까."

그는 때때로 중얼거렸다.

그러는 새에도, 학교에는 열심으로 상학(上學)하였다. 학교에도 무한한 혐오의 정과 수치 의 염이 나지마는, 집에 있으면 더 큰 고통을 받는 그는 일종의 위안을 얻느라고 상학하였 다.

그 동안 시절은 바뀌었다. 낮잠 잘 오고 맥이 나는 봄시절은, 비 많이 오는 첫여름으로 변 하였다.

4

엘리자베트와 남작의 첫 관계가 있은 후, 다섯 번 일요일이 찾아왔다.

오후 소아주일학교(小兒主日學校) 교사인 엘리자베트는 소아 교수와 예배를 필한 후에 아 이들 틈을 꿰면서 예배당을 나섰다.

벌걸고 누런 장마때 저녁해는 절벅절벅하는 길을 내리쪼이고 있었다. 북편 하늘에는 비를 준비하는 검은 구름이 걸려 있었다.

엘리자베트가 예배당 정문을 나설 때에,

"너 이즈음 학교에 왜 다른 길로 다니니?"

하는 혜숙의 소리가 그의 뒤에서 났다.

엘리자베트는 돌아보지도 않고 속으로 다만,

'다른 길로 학교엘 다녀? 다른 길로 학교엘 다녀?'

하면서 집으로 향하였다. 남작 집 정문을 들어서려 하다가 그는 우뚝 섰다. 혜숙의 말이 이 제야 겨우 해석되었다.

'응 다른 길로 학교엘 다닌다니 내가 다른 길로 학교를 다닌다는 뜻이로군.'

그는 별한 웃음을 웃고 자기 방으로 향하였다.

자기 방에 들어서서 책보를 내어던지고 앉으려 하다가 그는 또 한번 꼿꼿 섰다. 사지가 꼿꼿 하여지는 것을 깨달았다. 십여 초 동안 이와 같이 꼿꼿이 섰던 그는 그 자리에 꼬꾸라 졌다. 그의 가슴에서는 무슨 덩어리가 뭉쳐서 나오다가, 목에서 잠깐 회전하다가 그 덩어 리가 코와 입으로 폭발하곳 한다. 그럴 때마다 눈에서는 눈물이 푹푹 쏟아지고 가슴은 싹 싹 베어내는 것같이 아팠다.

그에게는, 두 달 동안 봄이 안 난 것이 생각이 났다. 잉태! 엘리자베트에게 대하여서는 이 것이 '죽으라' 는 명령보다도 혹독한 것이다.

그는 잉태가 무섭지는 않았다. 그렇지만, 그의 미래———— 희미하고 껌껌한 그의 '생' 가운 데, 다만 한 줄기의 반짝반짝하게 보이는 가는 (細한) 광선————이러한 미래를 향하고 미 끄러져서 나아가던 그는 잉태로 인하여 그 미래를 잃어버렸다. 기(其) 미래는 없어졌다.

엘리자베트의 울음은 이것을 깨달은 때에 나오는 진정의 울음이다. 심장 복판 가운데서 나 오는 참눈물이다.

이렇게 한참 운 그는 눈물 주머니가 다 마른 후에 겨우 머리를 들고 전등을 켰다. 눈이 붉 어지고 눈두덩이 부은 것을 스스로 깨달을 수가 있었다. 그는 자기 배를 내려다보았다. 그 의 눈에는 보통보다 곱 이상이나 크게 보였다.

'첫 배는 그리 부르지 않는다는데. 게다가 달 반밖에는 안 되었는데.'

하고 그는 다시 보았다. 조금도 부르지를 않았다.

'그래도 안 부를 수가 있나?'

하고 그는 또다시 보았다. 보통보다 삼 곱이나 크게 보였다.

쾅쾅 하는 아이의 발소리가 이럴 때에 엘리자베트의 방으로 가까이 온다. 엘리자베트는 빨 리 어두운 편으로 향하였다. 문이 열리며 여덟 살 된 남작의 아들이 나타나서, 엘리자베트 에게 저녁을 재촉하였다. 저녁을 먹으러 가기가 싫은 엘리자베트는 안 먹겠다고 대답할 수 밖에는 없었다.

아이가 돌아간 뒤에 엘리자베트는 중얼거렸다.

'꼭 좋은 때 울음을 멈추었군. 좀더 울었더면 망신할 뻔했다.'

조금 후에 부인은 친절하게 죽을 쑤어다가 그에게 주었다. 죽을 먹고 죽그릇을 돌려보낸 후에, 아까 울음으로 얼마 속이 시원하여지고 원기까지 좀 회복한 엘리자베트는 남작과 이환 두 사람을 비교하기 시작하였다. 그는 마음속에 두 사람을 그린 후에 어느 편이 자기에게 더 가깝고 더 사랑스러운고 생각하여 보았다. 사랑스럽기는 이환이가 더 사랑스럽지만, 가깝기는 아무래도 남작이 더 가까운 것같이 생각된다.

이와 같은 결단은 그의 구하는 바를 채우지를 못하였다. 그는, 사랑스러운 편이 더 가깝고 가까운 편이 더 사랑스럽기를 원하였다. 그렇지만 사랑과 가까움은 평행으로 나가서 아무 데까지 가도 합하지를 않았다. 그는 평행으로 나가는 사랑스러움과 가까움이 어디까지나 나가는가를 알려고, 마음속에 둘을 그려 놓고 그 둘을 차차 연장시키면서, 눈알을 구울려서 그것들을 따라가기 시작하였다.

둘은 종시 합하지 않았다. 끝까지 평행으로 나갔다. 사랑스러움과 가까움은, 끝까지 분립(分立)하여 있었다.

여기 실패한 엘리자베트는 다시 다른 생각으로 그것을 보충하리라 생각하였다.

사랑스러운 편이 자기게 더 정다울까 가까운 편이 더 정다울까, 그는 생각하여 보았다. 어떻든, 둘 가운데 하나는 정다워야만 된다고, 그는 조건을 붙였다. 그렇지만 엘리자베트는 여기서도 만족한 결론을 얻지 못하였다.

아까 생각과 이번 생각이 혼돈되어 나온 결론은 다른 것이 아니다.

'사랑스러운 편이, 물론 자기게 더 가깝다'는 것이다.

'그렇게 되면, 정다운 편은 어느 편인고?'

그는 생각하여 보았지만, 머리가 어지러운 것이 완전한 해결을 얻지 못하게 되었다.

엘리자베트는 속이 답답하여졌다.

자기에게는 '사랑스러움'과 '가까움'이 온전히 분립하여 있는 것을 안 엘리자베트는, 어느 편이 자기게 더 정다울지를 알지 못하게 되었다. 둘이 동 정도로 정답다 하는 것은, 엘리자베트 자기가 생각하여 보아도 있지 못할 일이다. 남작과 이환 새에는 어떤 차이가 있었다.

두 번째 생각도 실패로 돌아갔다.

두 번이나 실패를 한 엘리자베트는, 이번은 직접 당인(當人)으로 어느 편이 자기게 더 정답게 생각되는가 자문하여 보았다.

이환이가 더 정답다 생각할 때에도 마음에 얼마의 가책이 있고, 그러니 남작이 더 정답다 생각할 때에는 더 큰 아픔이 마음에서 일어난다. 그는 억지로 생각의 끝을 또 다른 데로 옮겼다.

엘리자베트는 맨 처음 생각을 다시 하여 보았다. 이번도, 사랑스러움은 이환의 편으로 갔다.

'이환이가 더 사랑스럽고, 사랑스러운 편이 자기게 더 가까우니까, 이환이가 자기게 물론 더 가깝다. 따라서, 정다움도 이환의 편으로 간다.'

그는 억지로 이렇게 해결하였다.

이렇게 해결은 하였지만, 또 한 의문이 있었다.

'그러면, 가깝던 남작은 어쩌 되는가.'

그는 생각하여 보았다. 맨 첫번과 같이 역시 남작은 자기게는 더 친밀하게 생각되었다. 그럼 이환이는……?

이환에게 대한 미안이 마음속에 떠올라오기 시작하였다. 그는 속이 타서 팔을 꼬면서 허리를 젖혔다. 그때에 벽에 걸린 캘린더가 그의 시선과 마주쳤다. 캘린더는 다른 사건을 엘리자베트의 머리에 생각나게 하였다. 이 절박한 새 사건은 이환의 생각을 머리에서 내어쫓기에 넉넉하였다. 오늘 밤에는 남작이 오리라 하는 생각이다. 이 생각이 엘리자베트에게 잉태를 생각나게 하였다. 남작이 오면 모든 일————잉태와 거기 대한 처치————을 다 말하리라 엘리자베트는 생각하였다. 그리고, 남작에게 할 말을 생각하기 시작하였다.

말은 짧지마는, 이 말을 남작에게 하는 것은 엘리자베트에게 큰 부끄러움에 다름없었다. 그는 자기에게 부끄럽지 않고 남작이 알아들어야 된다는 조건 아래서 할 말을 복안하여 보았다. 한 번 지어서 검열한 후 교정을 가하고 두 번 하고 세 번 네 번 하여 보았지만 자기 뜻대로 되지를

28

않았다.

이렇게 한참 생각할 때에 문이 열리며 남작이 들어왔다. 엘리자베트의 복안은 남작을 보는 동시에 쪽쪽이 헤어지고 말았다. 그는 다만, 남작에게 매어달려 통쾌히 울고, 남작이 아프도록 한번 꼬집어 주고 싶었다. 남작의 '아이고' 소리 '이 야단났구면' 소리를 듣고 싶었다. 그는 이 생각을 억제하느라고 손으로 '해변의 곡'을 뜯기 시작하였다.

둘은 전과 같이 서로 마주 흘겨만 보고 있었다.

엘리자베트에게는 싸움이 일어났다.

'말할까말까. 할까. 말까. 어찌할꼬.'

이러다가 갑자기 무의식히.

"선생님."

하고 남작을 찾은 후에 자연히 머리가 수그러지는 것을 깨달았다. 남작은 찾았는데 그 뒷 말을 어찌할꼬. 이것이 엘리자베트의 마음에 일어난 제일 큰 문제이다. '해변의 곡'을 뜯던 손도 어느 틈에 멎었다. 엘리자베트는 자기가 어디 있는지도 똑똑히 의식지 못하리만큼 마음이 뒤숭숭하였다. 낯도 홀끈홀끈 단다.

"네?"

남작은 대답하였다.

남작이 대답한 것을 엘리자베트는 속으로 원망하였다. 남작이 엘리자베트 자기가 부른 소리를 못 들었으면 좋겠다 하는 희망을 엘리자베트가 품는 동시에 남작은 엘리자베트의 부름에 대답을 한 것이다.

엘리자베트는 나가지도 못하고 물러서지도 못할 지경에 이르렀다. 자기가 부르고 남작이 대답을 하였으니 설명을 하여야겠고 그러니 그 말을 어찌 하노? 그러다가 그는 갑자기 울기 시작하였다.

'이 울음에서 얼마의 효과가 나타나리라.'

엘리자베트는 울면서 생각하였다.

"왜 그러오."

남작은 놀란 소리로 물었다.

"아—아 어찌할까요?"

"무엇을?"

엘리자베트는 대답 대신으로 연속하여 울었다.

한참이나 혼자 울다가 그는 입술을 꽉 물었다. 아까 대답을 못 한 자기를 책망하였다.

남작이 '왜 그러는가' 물을 때가 대답하기는 절호의 기회인 것을, 그 기회를 비게 지나 보낸 엘리자베트는 자기를 민하다 생각하지 않을 수가 없었다. 그리고 다시 그런 기회를 기다려 보았지만. 남작은 아무 말 없이 가만히 있었다.

'좀더 심히 울면 남작이 무슨 말을 하겠지' 생각하고, 엘리자베트는 좀더 빨리 어깨를 젓기 시작하였다.

"아 왜 그러오."

남작은 이것을 보고 물었다.

엘리자베트는 대답을 또 못 하였다.

'무엇이라고 대답할꼬' 생각하는 동안에 기회는 지나갔다. 이제는 대답을 못 하겠고 아까는 대답을 못 하였으니 다시 기회를 기다려 보자 엘리자베트는 생각하고, 기회를 다시 기다리기 시작하였다.

'그러니 이번 물을 때에는 무엇이라 대답할까?'

엘리자베트는 울면서 생각하여 보았다.

이때에 남작의 세 번째 물음이 이르렀다.

"아 왜 그런단 말이오?"

"잉태."

대답을 한 후에 엘리자베트는 자기의 용기에도 크게 놀랐다. 이 말이 이렇게 쉽게 평탄하게 나올 것이면, 아까는 왜 안 나왔는고 하는 생각이 엘리자베트의 머리에 지나갔다.

"잉태!?"

남작은 놀란 복소리로 엘리자베트의 말을 다시 하였다. 제일 어려운 말----잉태란 말을 하여 넘기고, 남작의 놀란 소리까지 들은 엘리자베트는, 갑자기 용기가 몇 배가 많아지는 것을 깨달았다. 그 뒷말은 술술 잘 나왔다.

"병원에---- 가서---- 떨어쳤으면…… 어……."

남작은 대답이 없었다. 남작이 대답을 안 하는 것을 본 엘리자베트는 마음속에 갑자기 한 무서움이 떠올라왔다. 난 모른다 하고 돌아서지나 않을 터인가? 이것이 엘리자베트에게는 제일 무서움에 다름없었다. 훌쩍훌쩍 소리가 더 빨리 나오기 시작하였다.

이것을 본 남작은 성가신 듯이 물었다.

"원 어찌하란 말이요? 그리 울면."

"어떻게든…… 처치……."

엘리자베트는 겨우 중얼거렸다. 남작의 성낸 말을 들은 때는 엘리자베트의 용기는 다 도망 하고 말았다.

"처치라니, 어떤?"

"글쎄…… 병원……."

"벼엉원?…… 응!…… 양반이 그런……."

엘리자베트는 '그러리라' 생각하였다.

'그래도 남작이라고 존경까지 받는 사람이 낙태 일로 병원이라니.' 그는 갑자기 설움이 더 나왔다. 가는 소리를 내어 울기 시작하였다.

이것을 본 남작은 좀 불쌍하게 생각났던지 정답게 말하였다.

"우니 할 수 있소? 자 어떻게 하잔 말이오?"

이 말을 들은 엘리자베트는 일변 기쁘고도 일변은 더 섧고 억지도 쓰고 싶었다. 그는 날카롭게 말했다.

"모르겠어요 볼라요. 전 아무래도 상것이니깐."

"그러지 말구. 어쩌잔 말이오?"

"볼라요 볼라요. 저 같은 것은 사람이 아니니깐."

"조용히! 저 방에서 듣겠소."

"들어두 볼라요."

엘리자베트는 소리를 내어 울기 시작하였다.

"에-익!"

하고 남작은 벌떡 일어섰다.

엘리자베트도 우떡덕 정신을 차리고 머리를 들었다. 그는 정신이 없어졌다. 자기 뇌를 누 가 빼어 간 것같이 마음속이 텡텡 비게 되면서 통통거리며 걸어나가는 남작의 뒷모양을 눈 이 멀거니 보고 있었다.

남작이 나가고 문을 닫는 소리가 엘리자베트의 귀에 들어올 때에, 그의 머리에는, 한 생각 이 번갯불과 같이 번쩍 지나갔다.

한참이나 멀거니 그 생각을 하고 있다가 또 엎드며 울기 시작하였다. 아까 실컷 운 그는 이 번에는 눈물은 안 나왔지만, 가슴에서, 배에서, 머리에서 나오는 이 참울음은 눈물을 대신 키에 넉넉하였다. 그가 아까 혜숙의 말의 의미와 나온 곳을 이제야 겨우 온전히 깨달았다.

'내가 다른 길로 다니는 것을 혜숙이가 어찌 알까? 어찌 알까? 혜숙이는 이것을 알 수가 없 다. 이환! 그가 알고 이것을 S에게 말하였다. S는 이것을 혜숙에게 말하였다. 혜숙은 이것 을 내게 물었다. 그렇다! 이렇게밖에는 해석할 수가 없다. 무론 그렇지! 그러면 그도 내게 주의를 한 거 지? 이 말을 S에게까지 한 것을 보면 그도---- 내게…… 그도---- 내게… … 그도…… 남 작. 남작은 내 말을 듣고 도망하였지. 아니 도망시켰지. 아니 도망했지. 남 작은…… 남작의…… 이환 씨. 전에 본 S의 웃음. 응. 그 전날 그는 S에게 고백하였다. 그것 을 고것이, 고것들이. 고, 고, 고것들이…… 어찌 되나. 모두 어찌 되나. 나와 남작, 나와 이 환 씨. 이환 씨와 S. S와 남작. S. 혜숙이. 남작과 이환 씨. 모두 어찌 되나?'

그의 차차 혼돈되어 가는 머리에도 한 가지 생각은 꼭 들어붙어서 떠나지를 않았다. 그는 이환이를 사랑하였다. 이환이도 그를 사랑하였다. (엘리자베트는 이것을 의심치 않게 되었다.) 그렇지만, 그들에게는 서로 사랑을 고백할 만한 용기가 없었다. 그것으로 인하여, 그들은, 각각 자기 사랑은 짝사랑 [片戀] 이라 생각하였다. 그것을 짝사랑이라 생각한 엘리자베트는 그렇게 쉽게 봄을 남작에게 허락하였다. 그리하여, 그의 사랑----거반 성립되어 가던 그의 사랑----신성한 동애(童愛)----귀한 첫사랑은 파괴되었다. 육(肉)으로 인하여 사랑은 파멸되었다. 사랑치 않던 사람으로 인하여 참애인을 잃었다. 엘리자베트의 울음에는 당연한 이유가 있었다.

'모, 모, 봄으로 인하여…… 참사랑……을…… 아- 이환 씨…… S와 혜숙이. 고것들도 심하지. 우우 왜 당자에겐…… 그 이…… 그-그 이야기를 안 해…… 남작이. 아- 잉태.'

일단 멎어 가던 그의 울음이 이 생각이 머리에 지나갈 때에 또다시 폭발하였다. 눈물도 조금씩 나기 시작하였다.

이와 같이 한참 운 그는, 두 번째 울음이 멎어 갈 때에 맥이 나면서 그 자리에 엎딘 채로 잠이 들었다.

5

하루 종일 벼르기만 하고 올 듯 올 듯하면서도 오지 않던 비가 이튿날 새벽부터는 종시 내리붓기 시작하였다.

서울 특유의, 독으로 내리붓는 것 같은 비는, 이삼 정(丁) 앞이 잘 보이지 않도록 좔좔 소리를 내며 쏟아진다.

서울 장안은 비로 덮였다. 비로 쌌였다. 비로 찼다.

그 비 가운데서도 R학당에서는 모든 과목을 다 한 후에 오후 두시에 하학하였다.

엘리자베트는 책보를 싸가지고 학교를 나섰다.

그가 혜숙의 곁을 지나갈 때에 혜숙이 찾았다.

"애 엘리자베트야!"

"응?"

대답하고 엘리자베트는 마음이 뜨끔하였다.

'혜숙이는 모든 일을 다 알리라.'

그는 이와 같은 허황한 생각을 하였다.

"너 이즈음 왜 우리집에 안 오니?"

"분주하여서……."

엘리자베트는 거짓말을 하면서도 안심을 하였다.

'혜숙이는 모른다.'

"무엇이 분주해?"

혜숙이가 물었다.

"그저 이 일두 분주하구 저 일두 분주하구…… 분주 천지루다."

엘리자베트는 이와 같은 거짓 대답을 하면서도 그의 마음속에는 한 바람 [希望] 이 있었다. 그는 달반이나 못 간 혜숙의 집에 가보고 싶었다. 혜숙이가 억지로 오라면 마지못하여 가는 체하고 끄을려 가고 싶었다.

혜숙이는 엘리자베트의 바람을 이루어 주지를 않았다. 아무 말도 안 하였다.

엘리자베트는 혜숙의 주의를 끄을려고 혼잣말 비슷이 중얼거렸다.

"너무 분주해서……."

"분주할 일은 없겠구만……."

혜숙이는 이 말만 하고 자기 갈 길로 향하였다.

엘리자베트는 혜숙의 행동을 원망하면서 마지못하여 집으로 향하였다.

엘리자베트의 자존심은 꺾이었다. 혜숙이가 엘리자베트 자기를 꼭 혜숙의 집에 끌고 가야만 바른 일이라 생각한 엘리자베트의 미릿생각 [豫想] 은 헛데로 돌아갔다. 그렇지만 혜숙을 원망하는 것은 부끄러운 일이라 엘리자베트는 생각하였다.

'내가 혜숙이를 위해서 났나?'

엘리자베트는 이렇게 자기를 위로하여 보았지만, 부끄러운 일이든 무엇이든 원망은 원망 대로 있었다. 이러다가,

'내가 혜숙이로 인하여 이 지경에 이르지 않았는가? 그것을…….'

할 때에 엘리자베트의 원망은 다른 의미로 바뀌었다. 그는 혜숙의 집에 못 간 것이 다행이 라 생각하였다. 그러는 가운데도 가고 싶은 생각이 온전히 없어지지 않았다. 그의 마음속에서는, '가고 싶은 생각'과 '갔다는 안 된다는 생각'이 다투기 시작하였다. 본능적으로 길 을 골라 짚으면서, 비가 오는 편으로 우산을 대고 마음속의 싸움을 유지하여 가지고 집에 까지 왔다. 그는 우산을 놓고 비를 떤 다음에 자기 방에 들어왔다.

멀끔히 치워 놓은 자기 방은 역시 전과 같이 엘리자베트에게 큰 적막을 주었다. 방이 이렇 게 멀끔할 때마다 짐짓 여기저기 널어 놓던 엘리자베트도 오늘은 혜숙의 집에 갈까말까 하 는 번민으 로 인하여 그렇게 할 생각도 없었다. 그는 책상머리에 가 앉았다.

책상 위에는 어떤 낯선 종이가 한 장 엘리자베트를 기다리고 있었다. 엘리자베트는 빨리 종이를 들었다. 가슴이 뛰놀기 시작한다…….

'원 무엇인고……?'

그는 종이를 들고 한참 주저하다가 눈을 종이편으로 빨리 떨어쳤다.

'오후 세시 S병원으로.'

남작의 글씨로다 엘리자베트는 생각하였다. 남작에 대한 애경(愛敬)의 생각이 마음속에 떠 올 라오기 시작하였다. 이 글 한 줄은 엘리자베트로서 남작에 대한 원망과 혜숙의 집에 갈 까말까 의 번민을 다 지워 버리기에 넉넉하였다.

'역시 도망시킨 것이로군.'

그는 어젯밤 일을 생각하고 속으로 중얼거렸다. 어젯밤에 남작에게 병원에 데려다 달라고 청하 기는 하였지만 갑자기 남작 편에서 꺾어져서 오라 할 때에는 엘리자베트는 못 가겠다 생각하였 다. 이 '부정'은 엘리자베트로서 무의식적 일어서서 병원으로 향하게 하였다. 그 는 '못 가 겠다 못 가겠다' 속으로 중얼거리면서 문 밖에 나서서 내리붓는 비를 겨우 우산으 로 막으면서 아랫동이 모두 흙투성이가 되어서 전차 멎는 곳(停留場)까지 갔다. 그는 자기 가 어디로 가는지 똑똑히 알지 못하였다. 꿈과 같이 걸었다.

엘리자베트는 멎는 곳에서 잠깐 기다려서, 오는 전차를 곧 잡아탔다. 비가 너무 와서 밖에 나가 는 사람이 적었던지 전차 안은 비교적 승객이 없었다. 이 승객들은 엘리자베트가 올라 탈 때에 일제히 머리를 새 나그네 편으로 향하였다. 엘리자베트는 빈자리를 찾아 앉아서 차 안을 둘러 보았다. 그는 자기 편으로 향한 모든 눈에서, 노파에게서는 미움, 젊은 여자에 게서는 시기, 남 자에게서는 애모를 보았다. 이 모든 눈은 엘리자베트에게 한 쾌감을 주었 다. 그는 노파의 미워 하는 것이 당연하다 생각하였다. 젊은 여자의 시기의 눈은 엘리자베 트에게 이김의 상쾌를 주었 다. 남자들의 애모의 눈이 자기를 볼 때에는 엘리자베트는 약한 전류가 염통을 지나가는 것같이 묘한 맛이 나는 것이 어째 하늘로라도 뛰어올라가고 싶었 다. 그는 갑자기 배가 생각난 고로 할 수 있는 대로 배를 작게 보이려고 움츠러뜨렸다.

차장이가 와서 엘리자베트에게 돈을 받은 후에 뚱 소리를 내고 도로 갔다.

남자들의 시선은 가끔 엘리자베트에게로 날아온다. 그들은 몰래 보느라고 곁눈질하는 것 도 엘 리자베트는 다 알고 있었다. 남자들이 자기를 볼 때마다 엘리자베트는 자기도 그편을 보아 주고 싶었다. 치만 종시 실행은 못 하였다.

이럴 동안 전차는 S병원 앞에 멎었다. 엘리자베트는 섭섭한 생각을 품고 전차를 내렸다. 어떤 시선이 자기를 따라온다 그는 헤아렸다. 비는 보스럭비로 변하였다.

수레에서 내린 그는 마음의 무거워지는 것을 깨달았다. 그는 집으로 돌아가고 싶었다. 병 원에 는 차마 못 들어갈 것같이 생각되었다. 집 편으로 가는 전차는 없는가 하고 그는 전차 선로를 쭉 보았다. 그의 보이는 범위 안에는 전차가 없었다. 할 수 없이 그는 병원으로 들 어가서 기다리는 방(待合室)으로 갔다.

고지기(受付)한테 가서 주소 성명 연세 들을 기입시킨 후에 방을 한번 둘러다 볼 때에 엘리 자 베트의 눈에는 한편 구석에 박혀 있는 남작이 보였다. 엘리자베트는 다른 곳에서 고향 사람이 나 만난 것같이 별로 정다워 보이는 고로 곧 남작의 곁으로 갔다. 그렇지만 둘은 역 시 말은 사괴지

아니하였다. 엘리자베트는 눈이 멀거니 벽에 붙어 있는 파리떼를 보고 있었다. 몇 사람의 순번 이 지나간 뒤에 사환아이가 나와서,

"강 엘리자베트 씨요."

할 때에 엘리자베트는 우덕덕 일어섰다. 가슴이 뚝뚝 하는 소리를 내었다.

'어찌하노.'

그는 속으로 중얼거리면서 무의식히 사환아이를 따라서 진찰실로 들어갔다. 남작도 그 뒤 를 따 랐다.

석탄산과 알코올 내음새에 낯을 찡그리고 엘리자베트는 교자에 걸어앉았다.

의사는 무슨 약병을 장난하면서 머리를 숙인 채로 물었다.

"어디가 아프시오?"

엘리자베트는 대답을 못 하였다. 제일 어찌 대답할지를 몰랐고, 설혹 대답할 말을 알았대도 대 답할 용기가 없었고, 용기가 있다 하더라도 부끄러움이 '대답'을 허락지 않을 터이다.

"그런 것이 아니라----"

남작이 엘리자베트의 대신으로 대답하려다가 이 말만 하고 뚝 그쳤다.

의사는 대답을 요구치 않는 듯이 약병을 놓고 청진기를 들었다. 엘리자베트는 갑자기 부끄러 움도 의식지를 못하리만큼 머리가 어지러워지기 시작하였다. 그의 눈은 보지를 못하였다. 그의 귀는 듣지를 못하였다. 그의 설렁거리는 마음은 다만 '어찌할꼬 어찌할꼬' 하는, 엘리자베트 자기도 똑똑히 의미를 알지 못할 구(句)만 번갈아 하고 있었다.

의사는 엘리자베트에게로 와서 저고리 자락을 열고 청진기를 거기 대었다. 의사의 손이 와 닿을 때에 엘리자베트는, 무슨 벌레를 모르고 쥐었다가 갑자기 그것을 안 때와 같이 몸을 옴쭉하였 다. 그러면서도 엘리자베트는 의사의 손에서 얼마의 온미(溫味)를 깨달았다. 이성 의 손이 살에 와 닿는 것은, 엘리자베트와 같은 여성에게 대하여서는 한 쾌락에 다름없었 다. 엘리자베트가 이 쾌미를 재미있게 누리고 있을 때에 의사는 진찰을 끝내고 의미 있는 듯이 머리를 끄덕거리며 남작에게로 향하였다. 남작은 의사에게 눈짓을 하였다.

어렴풋하게나마 이 두 사람의 짓을 본 엘리자베트는 이제껏 연속하고 있던 '어찌할꼬' 뒤 로 무겁 큰 부끄러움이 떠올라오는 것을 깨달았다. 그러는 가운데도 그는 희미하니 한 가 지 일을 생각하였다.

'내가 대합실에 가서 기다리고 있으면, 뒷일은 남작이 다 맡겠지.'

그는 일어서서 기다리는 방으로 나왔다. 그 방에 있던 모든 사람의 눈은 일제히 엘리자베 트의 편으로 향하였다. 모두 내 일을 아누나 엘리자베트는 생각하였다. 아까 전차에서 자 기게로 향 한 눈 가운데서 얻은 그 쾌미는, 구하려도 구할 수가 없었다. 이 모든 눈 가운데 서 큰 고통과 부 끄러움만 받은 그는 한편 구석에 구겨앉아서 치마 앞자락을 들여다보기 시 작하였다. 거기는 불 에 타진 조그마한 구멍 하나가 엘리자베트의 눈이 오기를 기다리고 있었다. 그는 이 구멍이 공 연히 미워서 손으로 빡빡 비비다가 갑자기 별한 생각이 나는 고로 그것을 뚝 그쳤다.

'이 세상이 모두 나를 학대할 때에는 나는 이 구멍 안에 숨겠다.'

그는 생각하였다. 이럴 때에 그 구멍 안에는 어떤 그림자〔幻影〕가 움직이기 시작하였다. 첫번 에는 흐릿하던 것이, 차차 똑똑히까지 보이게 되었다.

때는 사 년 전 '춘삼월 호시절', 곳은 우이동. 피고 우거지고 퍼진 꽃 사이를 벗들과 손목을 마주잡고 웃으며 즐기며 또는 작은 소리로 곡조를 맞추어서 노래를 부르며 희희낙락 다니 던 자 기 추억이 그림자로 변하여 그 구멍 속에 나타났다. 자기 일행이 그 구멍 범위 밖으로 나가려 할 때에는 활동사진과 같이 번쩍 한 후 일행은 도로 중앙에 와 서곳 한다.

엘리자베트의 눈에는 눈물이 핑 돌았다.

그때의 엘리자베트와 지금의 엘리자베트 사이에는 해와 흙의 다름이 있다. 그때에는 순전 한 처 녀이고 열닉한 분홍빛 탄미자(歎美者)이던 그가 지금은……? 싫든지 좋든지 죽음의 갈흑색의 '삶' 안에서 생활치 않을 수 없는 그로 변하였다.

'때'도 달라졌다. 십 년 동안 평화로 지낸 지구는, 오스트리아 황자(皇子)의 죽음으로 말미 암아 러시아가 동원을 한다, 도이치가 싸움을 하련다, 잉글리시가 어떻다, 프랑스가 어떻 다, 매 일 이런 이야기가 신문에 가뜩가뜩 차게 되었다.

엘리자베트의 주위도 달라졌다. 그의 모든 벗은 다 쪽쪽이 헤어졌다. R은 동경서 미술공부를 한다. 또 다른 R은 하와이로 시집을 갔다. T는 여의가 되었다. 그 밖에 아직 공부하는 사람도 몇이 있기는 하지만은 대개는 주부와 교사가 되었다. 주부 된 벗 가운데는 벌써 두 아이의 어머니 된 사람까지 있다. 그들 가운데 한둘밖에는, 지금은 엘리자베트를 만나도 서로 모른 체하고 말도 안 하고 심지어 슬슬 피하게까지 되었다.

그러는 가운데 혜숙이----그는 엘리자베트의 어렸을 때부터의 벗이다. 둘은 같은 소학에서 졸업하고 같이 R학당에 입학하였다가 엘리자베트가 부상(父喪)에 연속하여 모상(母喪)으로 일년 학교를 쉬는 동안에 혜숙이도 연담(緣談)으로 일년을 쉬게 되고, 엘리자베트가 도로 상학게 될 때에 혜숙이도 파혼으로 학교에 다니게 되었다. 혜숙이는 엘리자베트에게는 유일한 벗이다. 불에 타진 구멍 속에 나타난 그림자 가운데서도 엘리자베트는 혜숙이와 제일 가까이 서서 걸었다.

추억의 눈물이 엘리자베트의 치마 앞자락에 한 방울 뚝 떨어졌다.

눈물로써, 슬프고 섦고 원통하고도 사랑스럽고 즐겁고 회포 많은 그 그림자가 가리운 고로, 엘리자베트는 눈물을 씻고 다시 그 구멍을 들여다보았다. 그 구멍에는, 참예술적 활인 화(活人畵), 정조(情調)로 찬 그림자는 없어지고 그 대신으로 갈포바지가 어렴풋이 보인다. 엘리자베트는 소름이 쭉 끼쳤다. 자기가 지금 어디를 무엇 하러 와 있는지 그는 생각났다.

엘리자베트는 머리를 들고 방을 둘러보았다. 어떤 복에 붕대를 한 남자와 어떤 아이를 업고 봄을 찌긋찌긋하던 여자가 자기를 보다가 자기 시선과 마주친 고로 머리를 빨리 돌리는 것밖에는 엘리자베트의 주의를 받은 자도 없고 엘리자베트에게 주의하는 사람도 없다. 그는 갑갑증이 일어났다. 너무 갑갑한 고로 자기 손금을 보기 시작하였다. 손금은 그리 좋지 못하였다. 자식금도 없고 명금도 짧고 부부금도 나쁘고 복(福)금 대신으로 궁(窮)금이 위로 빠져 있었다.

이 나쁜 손금도 엘리자베트의 마음을 괴롭게 하지 못하였다. 그의 심리는 복잡하였다. 텡 텡 비었다. 그는 슬퍼하여야 할지 기뻐하여야 할지 알지 못하였다. 그 가운데는, 울고 싶은 생각도 있고 웃고 싶은 생각도 있고 뛰놀고 싶은 생각도 있고 죽고 싶은 생각도 있었다. 이 복잡한 심리는 엘리자베트로서 아무 편으로도 치우치지 않게 마음이 텡텡 빈 것같이 되게 하였다.

이제 자기에게는 절대로 필요한 약이 생긴다 할 때에 그는 기쁘지 않을 수가 없었다.

자기의 경우를 생각할 때에 그는 슬퍼하지 않을 수가 없었다.

혜숙이와 S를 생각할 때에…….

엘리자베트가 손금과 추억 및 미릿생각들을 복잡히 하고 있을 때에 남작이 와서 그에게 약을 주고 빨리 병원을 나가고 말았다.

약을 받은 뒤에 엘리자베트는 마음이 두근거리기 시작하였다. 그는 약을 병째로 씹어 먹고 싶도록 애착의 생각이 나는 또 한편에는 약에게 이 위에 더없는 저주를 하고 태평양 복판 가운데 가라앉히고 싶었다. 그러는 가운데도 그에게는 집으로 돌아가고 싶은 생각이 났다. 그는 일어서서 몰래 가만히 기지개를 한 후에 허둥허둥 병원을 나서서 전차로 집에까지 왔다.

6

저녁 먹은 뒤에 처음으로 약을 마실 때에 엘리자베트에게는 한 바라는 바가 있었다. 그의 조급한 성격과 미래에 대한 희망이 낳은 바람은 다른 것이 아니다. 약의 효험이 즉각으로 나타났으면…… 하는 것이다.

이 바람은 벌써 차차 엘리자베트의 머리에 공상으로서 실현된다.

그는 생각하여 보았다.

이제 남작 부인이 죽는다. 그때에는 엘리자베트는 남작의 정실이 된다.

'조선 제일의 미인, 사교계의 꽃이 이 나로구나.'

엘리자베트는 눈을 번뜩거리며 생각한다.

이환이는 어떤 간사한 여성과 혼인한다. 이환의 아내는 이환의 재산을 모두 없이한 후에 마지막에는 자기까지 도망하고 만다. 그리고 이환이는 거러지가 된다. 어떤 날 엘리자베트 자기가 자동차를 타고 어디 갈 때에 어떤 거러지가 자동차에 친다. 들고 보니 이환이다.

'그렇게 되면 어찌 되나.'

엘리자베트는 스스로 물어 보고 깜짝 놀랐다. 자기의 사랑의 전부가 어느덧 남작에게로 옮 겨 왔다.

그는 자기의 비열을 책망하는 동시에 아까 그런 공상에 대한 부끄러움과 증오 놀람 절망 들의 생각이 마음에 떠올랐다. 그 가운데도 가느나마 그에게는 희망이 있다. 앞에 때가 있 다. 약의 효험은 얼마 후에야 나타난다더라 엘리자베트는 생각하고 좔좔 오는 장마비 소리 에 귀를 귀울 이고 자기 바람의 나타남을 기다리고 있었다. 그렇지만 바람은 종시 그 밤은 나타나지는 않았 다.

이튿날, 하기 시험 준비 날, 엘리자베트는 시험 준비도 안 하고 하루 종일 누워서 약의 효 험을 기다리고 있었다. 약의 효험은 그날도 안 나타났다.

사흘째 되는 날도 효험은 없었다. 시험하러 가지도 않았다.

이렇게 대엿새 지난 후에 엘리자베트는 자기 건강상의 변화를 발견하였다. 모든 복잡하고 성가 신 일로 말미암아 음식도 잘 안 먹히고 잠도 잘 안 오던 그가, 지금은 잠도 잘 오고 입 맛도 나게 된 것 을 깨달았다. 그때야 그는 그것이 낙태제(落胎劑)가 아니고 건강제인 것을 헤아려 깨달았 다. 그렇지만 약은 없어지도록 다 먹었다.

마지막 번 약을 먹은 뒤에 전등을 켜고 엘리자베트는 생각하여 보았다. 병원 사건 이후로 남작 은 한 번도 저를 찾아오지 않았다. 엘리자베트는 '그것이 당연한 일이라' 생각하였다. 그리 근심도 아니 났다. 시기도 아니 하였다. 다만 오지 않아야 된다. 그는 생각하였다. 왜 오지 않 아야만 되는가 자문할 때에 그에게 거기 응할 만한 대답은 없었다. 이 '오지 않 는다'는 구는 엘리자베트로서 자기가 근 두 달이나 혜숙의 집에 안 갔다는 것을 생각하게 하였다.

'이러다는 이환 씨 생각이 나겠다.'

이와 같은 생각이 나는 고로 그는 곧 생각의 끝을 다른 데로 옮겼다. 이와 같이 이 생각에 서 저 생각, 또 다른 생각 왔다갔다할 때 문이 열리며 남작 부인이 낯에는 '어찌할꼬' 하는 근심을 띠고 들어왔다.

"어찌 좀 나으세요?"

"네, 좀 나은 것 같아요."

대답하고 엘리자베트는 자기가 무슨 병이나 앓던 것같이 알고 있는 부인이 불쌍하게 생각 났다.

부인은 말을 할 듯 할 듯하면서 한참이나 우물거리다가,

"그런데요."

하고 첫말을 내었다.

"네."

엘리자베트는 본능적으로 대답하였다.

부인의 낯에는 '말할까말까' 하는 표정이 똑똑히 나타나 있었다. 그러다가 입을 또 연다.

"아까 복손이(남작의 아들 이름) 어른이 들어와 말하는데요……."

엘리자베트는 마음이 뜨끔하였다. 부인은 말을 연속한다.

"선생님은 이즈음 학교에도 안 가시고 그 애들과도 놀지 못하신다구요. 게다가 병까지 나 셨다 구, 얼마 좀 평안히 나가서 쉬시라고. 자꾸 그러래는수."

부인의 낯에는 말한 거 잘못하였다 하는 표정이 나타났다.

말을 다 들은 엘리자베트는 벌떡 일어섰다. 그는 무엇이 어찌 되는지는 모르고 무의식히 자기 행리(行李)를 꺼내어 거기에 자기 책을 넣기 시작하였다. 그의 손은 본능적으로 움직 였다.

엘리자베트의 행동을 물끄러미 보던 부인은 물었다.

"이 밤에 떠나시려구요? 어디로?"

엘리자베트는 우덕덕 정신을 차렸다. 그의 배에서는 뜻없이 큰 소리의 웃음이 폭발하여 나 온 다. 놀라는 것같이, 우스운 것같이. 부인도 따라 웃는다.

한참이나 웃은 뒤에 둘은 함께 웃음을 뚝 그쳤다. 엘리자베트는 웃음 뒤에 울음이 떠받쳐 올라 왔다. 자연히 가는 소리의 울음이 그의 복에서 나온다.

이것을 본 부인은 갑자기 미안하여졌던지 엘리자베트를 위로한다.

"울지 마십쇼. 얼마든 여기 게세요. 제가 말씀 잘 드릴 테니……."

"아니, 전 가겠어요."

"어디, 갈 곳이 있어요?"

"갈 곳이……."

"있어요?"

"에서 한 사십 리 나가서 오촌모(五寸母)가 한 분 계세요."

"그렇지만…… 이런 데 계시다가…… 촌……."

부인의 눈에도 이슬이 맺힌다.

"제가 말씀…… 잘 드릴 것이니…… 그냥 계시지요."

"아니야요. 저 같은 약한 물건은 촌이 좋아요, 서울 있어야……."

부인의 눈에서는 눈물이 한 방울 뚝 떨어진다.

"서울 몇 해 있을 동안에…… 갖은 고생 다 하고…… 하던 것을 부인께서 구해 주셔서……."

부인의 눈에서는 눈물이 뚝뚝 치마 앞자락에 떨어진다.

"참 은혜는…… 내일 떠나지요."

엘리자베트는 눈물을 씻고 머리를 들었다.

"내일!? 며칠 더 계시……."

"떠나지요."

"이 장마때……."

"……."

"장마나 걷은 뒤에 떠나시면……."

"그래두 떠나지요."

7

이튿날 아침 열시쯤 엘리자베트의 탄 인력거는 서울 성밖에 나섰다.

해는 떴지마는 보스럭비는 보슬보슬 내리붓고 엘리자베트의 맞은편에는 일곱 빛이 영롱한 무지개가 반원형으로 벌리고 있다.

비와 인력거의 셀룰로이드창을 꿰어서 어렴풋이 이 무지개를 바라보면서, 엘리자베트는 뜨거운 눈물을 뚝뚝 떨어뜨리고 있었다. 어젯밤에, 남작 부인에게 자기 같은 약한 것에게는 촌이 좋다고 밝히 말하기는 하였지만, 그래도 반생 이상을 서울서 지낸 엘리자베트는 자기 둘째 고향을 떠날 때에 마음에 떠나기 설운 생각이 없지 못하였다.

뿐만 아니라 서울에 자기 사랑 이환이가 있고 자기에게 끝없이 동정하는 남작 부인이 있지 않으냐, 엘리자베트는 부인의 친절이 준 돈을 만져 보았다.

이렇게 서울에게 섭섭한 생각을 가진 엘리자베트는 몸은 차차 서울을 떠나지만 마음은 서울 하늘에서만 떠돈다. 어젯밤에 밤새도록 잠도 안 자고 내일은 꼭 서울을 떠나야 한다고 생각하여, 양심이 싫다는 것을 억지로 그렇게 해결까지 한 그도, 막상 서울을 떠나는 지금에 이르러서는, 만약 자기가 말할 용기만 있으면 이제라도 인력거를 돌이켜서 서울로 향하였으리라 생각지 않을 수가 없었다. 치만 그에게는 그리할 용기가 없었다. 아니, 제일 말하기가 싫었고 인력거꾼에게 웃기우기가 싫었다. 그러는 것보다도, 그는 말은 하고 싶었지만, 마음속의 어떤 물건이 그것을 막았다. 그는 입술을 악물었다.

인력거는 바람에 풍겨서 한편으로 기울어졌다가 이삼 초 뒤에 도로 바로 서서 다시 앞으로 나아간다. 장마때 바람은 윙! 소리를 내면서 인력거 뒤로 달아난다.

엘리자베트의 머리에는, 갑자기 '생각날 듯 생각날 듯하면서 채 생각나지 않는 어떤 물건'이 떠올랐다. 그는 생각하여 보았다. 한참 동안 이것저것 생각하다가 남작, 그는 가렵고도 가려운 자리를 찾지 못한 때와 같이 안타깝고 속이 타는 고로 살눈썹을 부들부들 떨었다. '남작'이 자기 생각의 원몸에 가까운 것 같고도 채 생각나지 않았다.

'남작이 고운가 미운가. 때릴까 안을까. 오랠까 쫓을까.'

그는 한참이나 남작을 두고 이리저리 생각하다가 탁 눈을 치뜨면서 주먹을 꼭 쥐었다. 이제야 겨우 그 원몸이 잡혔다.

"재판!"

그는 중얼거렸다.

그렇지만 남작을 걸어서 재판하는 것은 엘리자베트에게는 큰 문제에 다름없었다. 남작 부 인에 게 얻은 위로금이 재판 비용으로는 넉넉하겠지만, 자기를 끝없이 측은히 여기는 부인 에게 남편 이 잘못한 일을 알게 하는 것은 엘리자베트에게는 차마 못 할 일이다. 이 일을 알 면 부인은 제 남편을 어찌 생각할까, 엘리자베트 자기를 어찌 생각할까. 남작 집안의 어지 러움―――― 엘리 자베트는 한숨을 후― 하니 내쉬었다. 그것뿐이냐, 서울에는 자기 사랑 이

환이가 있다. 만약 재판을 하면 그 일이 신문에 나겠고, 신문에 나면 이환이가 볼 것이다. 이환 이가 이 일을 알면 자기를 어떻게 생각할까, 또 몇백 명 동창은 어떻게 생각할까, 세상 은 어떻 게 생각할까.

"재판은 못 하겠다."

그는 중얼거렸다.

그렇지만 남작의 미운 짓을 볼 때에는, 엘리자베트는 가만 있지 못할 것같이 생각된다. 자 기는 남작으로 인하여 모든 바람과 앞길을 잃어버리지 않았느냐. 자기는 남작으로 인하여 바람과 앞 길 밖에 사랑과 벗과 모든 즐거움까지 잃어버리지 않았느냐. 그런 후에 자기는 남작으로 인하 여 서울과는 온전히 떠나지 않으면 안 되지 않게 되었느냐. 이와 같은 남작 을…… 이와 같은 죄 인을…….

"아무래도 재판은 하여야겠다."

그는 다시 중얼거렸다.

그러면서도 그는 자기로도 재판을 하여야 할지 안 하여야 할지 똑똑히 해결치를 못하였다. 하겠 다 할 때에는 갑(甲)이 그것을 막고, 못 하겠다 할 때에는 을(乙)이 금하였다.

'집에 가서 천천히 생각하자.'

그는 속이 타는 고로 억지로 이렇게 마음을 먹고 생각의 끝을 다른 데로 옮겼다.

이 생각에서 떠난 그의 머리는 걷잡을 새 없이 빨리 동작하였다. 그의 머리는 남작에서 S, 이환, 혜숙, 서울, 오촌모, 죽은 어버이들로 왔다갔다하였다. 한참 이리 생각한 후에 그의 흥분하였던 머리는 좀 내려앉고 몸이 차차 맥이 나면서 그것이 전신에 퍼진 뒤에 머리와 가슴이 무한 상쾌 하게 되면서 눈이 자연히 감겼다. 수레의 흔들리 는 것이 그에게는 양상 스러웠다.

조을지도 않은 채 깨지도 않고 근덕근덕하면서 한참 갈 때에 우루룩 우뢰 소리가 나므로 그는 눈을 번쩍 떴다. 하늘은 전면이 시커멓게 되고 그 새에서는 비의 실이 헬 수 없이 많이 땅에까 지 맞닿았다. 비 곁에 또 비 비 밖에 비 비 위에 구름 구름 위에 또 구름이라 형용 할 수밖에 없 는 이 짓은, 엘리자베트에게 큰 무서움을 주었다.

'저 무지한 인력거꾼 놈이…….'

그는 온몸을 부들부들 떨었다.

사면은 다만 어두움뿐이고 그 큰 길에도 사람 다니는 것 하나도 보이지 않았다. 툭툭툭툭 하는 인력거의 비 맞는 소리, 물 괸 곳에 비 오는 소리, 외앵 하고 달아나는 장마때 바람 소리, 인력 거꾼의 식식거리는 소리, 자기의 두근거리는 가슴 소리―――― 엘리자베트의 떨림은 더 심하여 졌다.

그는 떨면서도 조그만 의식을 가지고 구원의 길이 어디 있지나 않은가 하고 셀룰로이드창 을 꿰 어서 앞을 내어다보았다. 창을 꿰고 비를 꿰고 또 비를 꿰어서 저편 한 이십 간 앞에 조그마한 방성 하나가 엘리자베트의 눈에 띄었다.

"아!"

그는 안심의 숨을 내어쉬었다.

'저것이 만약?'

그는 갑자기 생각난 듯이 눈을 비비고 반만큼 일어서서 뚫어지게 내어다보았다. 가슴은 뚝 뚝 소리를 낸다…….

어렴풋이 보이는 그 방성에 엘리자베트는 싱싱을 사하여 모기 시작하였다. 앞집만 보일 때 에는 상상으로 뒷집을 세우고 그것이 보일 때에는 또 상상의 집을 세워서 한참 볼 때에 그 방성은 자 기가 오촌모의 있는 마을로 엘리자베트의 눈에 비쳤다.

엘리자베트는 털썩 주저앉았다. 온몸이 흥분하여 피곤하여지고 가슴이 뛰노는 고로 서 있 을 힘 이 없었다. 가슴과 복 뒤에서는 뚝뚝 소리를 더 빨리 더 힘있게 낸다.

가뜩이나 더디게 걷던 인력거가 방성 어구에 들어서서는 더 느리게 걷는다…….

엘리자베트는 흥분한 눈으로 가슴을 뛰놀리면서 그 방성을 보았다. 길에 사람 하나 없다. 평화의 이 촌은 작년보다 조금도 달라진 것이 없다. 작년에 보던 길 좌우편에만 벌려 있던 이십여 호의 집은 역시 내게 상관 있나 하는 낯으로 엘리자베트를 맞는다.

그 방성 맨 끝, 뫼 바로 아래 있는 엘리자베트의 오촌모의 집에 인력거는 닿았다. 비의 실은 그냥 하늘과 땅을 맞맨 것같이 보이면서 힘있게 쪽쪽 내리쏜다.

엘리자베트는 인력거에서 내렸다.

세 시간 동안이나 앉아서 온 그의 다리는 엘리자베트의 자유로 되지 않았다. 그는 취한 것 같이 비츨비츨하며 마치 구름 위를 걷는 것같이 허둥허둥 낮은 대문을 들어섰다. 비는 용서 없이 엘리자베트의 머리에서 가는 모시저고리 치마 구두로 내리쏜다.

대문 안에 들어선 엘리자베트는 어찌할지를 몰라서 담장에 몸을 기대고 우두커니 서 있었다. 그때에 마침 때좋게 오촌모가 무슨 일로 밖에 나왔다.

"아주머니!"

엘리자베트는 무의식히 고함을 치고 두어 발자국 나섰다.

오촌모는 늙은 눈을 주름살 많은 손으로 비비고 잠깐 엘리자베트를 보다가,

"엘리자베트냐."

하면서 뛰어와서 마주 붙들었다.

"어떻게 왔냐? 자 비 맞겠다. 아이구 이 비 맞은 것 봐라. 들어가자. 자, 자."

"인력거가 있어요."

하고 엘리자베트는 땅에 발이 닿지 않는 것 같은 걸음으로 허둥허둥 인력거꾼에게 짐을 들여오라 명하고, 오촌모와 함께 어둡고 낮고 시시한, 내음새나는 방 안에 들어왔다.

"전엔 암만 오래두 잘 안 오더니, 어찌 갑자기 왔냐?"

오촌모는 눈에 다정한 웃음을 띠고 물었다.

엘리자베트는 진리 있는 거짓말을 한다.

"서울 있어야 이젠 재미두 없구 그래서……."

"으응!"

오촌모는 말의 끝을 높여서 엘리자베트의 대답을 비인(非認)한다.

"네 상에 걱정빛이 뵌다. 무슨 걱정스러운 일이라도 있냐?"

'바로 대답할까.'

엘리자베트가 생각하는 동시에 입은 거짓말을 했다.

"걱정은 무슨 걱정이오. 쯧."

엘리자베트는 혀를 가만히 찼다. 왜 거짓말을 해…….

"그래두 젊었을 땐 남 모르는 걱정이 많으니라."

'대답할까.'

엘리자베트는 갑자기 생각했다. 가슴이 뛰놀기 시작한다. 치만 기회는 또 지나갔다. 오촌모는 딴 말을 꺼낸다.

"그런데 너 점심 못 먹었겠구나. 채려다 주지, 네 촌밥 먹어 봐라. 어찌 맛있나."

오촌모는 나갔다.

"짐 들여왔습니다."

하는 인력거꾼의 소리가 나므로 엘리자베트는 나가서 짐을 찾고 들어와 앉아서, 밖을 내어다보았다.

뜰 움푹움푹 들어간 데마다 물이 고였고 물 고인 데마다 비로 인하여 방울이 맺혀서 떠다니다가는 없어지고, 또 새로 생겨서 떠다니다가는 없어지곳 한다. 초가집 지붕에서는 누릴고 붉은 처마물이 그치지 않고 줄줄 흘러내린다.

한참이나 눈이 멀거니 뜰을 바라보고 있을 때에 오촌모가 밥과 달걀, 반찬, 김치 등 간단한 음식을 엘리자베트를 위하여 차려 왔다.

엘리자베트는 점심을 먹은 뒤에 또 뜰을 내어다보기 시작하였다. 뜰 한편 구석에는 박 넌 줄이 하나 답답한 듯이 웅크러뜨리고 있었다.잎 위에는 빗물이 고여 있다가 바람이 불 때마다 잎이

기울어지며, 고였던 물이 땅에 쭈루룩 쏟아지는 것이 엘리자베트의 눈에 똑똑히 보였다. 그 잎들 아래는 허옇고 푸른 크담한 박 하나가 잎이 바람에 움직일 때마다 걸핏걸핏 보였다.

박 넌출 아래서 머구리가 한 마리 우덕덕 뛰어나왔다. 본래부터 머구리를 무서워하던 엘리자베트는 머리를 빨리 돌렸다. 머구리에게 무서움을 가지는 동시에 엘리자베트의 머리에는 아깟걱정이 떠올랐다.

그는 낯을 찡그리고 한숨을 후 내어쉬었다.

이것을 본 오촌모는 물었다.

"왜 그러냐? 한숨을 다 짚으면서…… 네게 아무래두 걱정이 있기는 하구나."

엘리자베트는 마음이 뜨끔하였다. 그러면서도, 이 기회 넘겼다가는…….

"아주머니!"

그는 흥분하고 떨리는 소리로 오촌모를 찾았다.

"왜, 왜 그러냐? 이야기 다 해라."

"서울은 참 나쁜 뎁디다그려……."

엘리자베트는 울기 시작하였다.

"자, 왜?"

"하―아!"

엘리자베트는 울음이 섞인 한숨을 쉬었다.

"아 왜 그래?"

"아― 어찌할까요."

"무엇을 어찌해. 자 왜 그러느냐?"

"난 죽고 싶어요."

엘리자베트는 쓰러졌다.

"딴소리한다. 왜 그래? 자 이야기해라."

오촌모는 얼른다.

엘리자베트는 끊었다 끊었다 하면서 무한 간단하게 자기와 남작의 새를 이야기한 뒤에, 재 판하겠단 말로 말을 끝내었다.

"너 같은 것이 강가(姜家) 집에……."

엘리자베트의 말을 들은 오촌모는 성난 소리로 책망하였다.

괴로운 침묵이 한참 연속하였다. 아주머니의 책망을 들을 때에 엘리자베트는 울음 소리까지 그쳤다.

한참 뒤에. 오촌모는 엘리자베트가 불쌍하였던지 이제 방금 온 것을 책망한 것이 미안하였던지 말을 돌린다.

"그래두 재판은 못 한다. 우리는 상것이고 저편은 양반이 아니냐?"

아직 채 작정치 못하고 있던 엘리자베트의 마음이 이 말 한마디로 온전히 작정되었다. 그는 아주머니의 말을 우쩍 반대하고 싶었다.

"재판에두 양반 상놈이 있나요?"

"그래두 지금은 주먹 천지란다."

엘리자베트는 눈살를 찌푸렸다. 양반 상놈 문제에 얼토당토 않은 주먹을 내어놓는 아주머니의 무식이 그에게는 경멸스럽기도 하고 성도 났다. 그렇지만 그 말의 진리는 자기의 지낸 일로 미루어 보아도 그르달 수가 없었다. 그래도 재판은 꼭 하고 싶었다.

"그래두 해요!"

"그리 하고 싶으면 하기는 해라마는……."

"그럼 아주머니!"

"왜."

"이 동리에 면소가 있나요?"

"응 있다. 무엇 하려구?"

"거기 가서 재판에 대하여 좀 물어 보아 주시구려……."

"싫다야…… 그런 일은."

"그래두…… 아주머니까지…… 그러시면……."

엘리자베트의 낯은 울상이 되었다. 이것이 불쌍하게 보였던지 오촌모는 면서기를 찾아갔다.

이튿날 엘리자베트는 남작을 걸어서, 정조 유린에 대한 배상 및 위자료로서 5천 원, 서생 아(庶生兒) 승인, 신문상 사죄광고 게재 청구 소송을 경성지방법원에 일으켰다.

8

늘 그치지 않고 줄줄 내리붓던 비는 종시 조선 전지(全地)에 장마를 지웠다.

엘리자베트가 있는 마을 뒷뫼에서도 간직하여 두었던 모든 샘이 이번 비로 말미암아 터져서 개골가에 있는 집 몇은 집채같이 흘러내려오는 물로 인하여 혹은 떠내려가고 혹은 무너졌다.

매일 흰 물방울을 안개같이 내면서 왈왈 흘러내려가는 물을 보면서 엘리자베트는 몇 가지 일로 느끼고 있었다. 그 가운데는 반성도 없지 않았다.

이번 이와 같이 큰 재판을 일으킨 것이 엘리자베트의 뜻은 아니다. 법률을 아는 사람이 '그리하여야 좋다'는 고로 엘리자베트는 으쓱하여서 그리할 뿐이다. 그에게는 서생아 승인으로 넉넉하였다.

"에이 썅."

그는 만날 이 일이 생각날 때마다 혀를 차며 중얼거렸다.

서울을 떠난 것도 그의 느낌의 하나이다. 차라리 반성의 하나이다. 오촌모는 '에이구 내 딸 에이구 내 딸' 하며 크담한 엘리자베트의 궁둥이를 두드리며 사랑하였고, 엘리자베트는 여왕과 같이 가만히 앉아서 모든 일을 오촌모를 부려먹었지만, 그것만으로 그는 만족지를 못 하였다.

그는 낮고 더럽고 답답하고 덥고 시시한 냄새 나는 촌집보다 높고 정한 서울집이 낫고, 광복바지 입고 상투 틀고 낮이 시꺼먼 원시적인 촌무지렁이들보다 맥고모자에 궐련 물고 가는 모시두루마기 입은 서울 사람이 낫다. 굵은 광당포치마보다 가는 모시치마가 낫고, 다 처진 짚신보다 맵시나는 구두가 낫다. 기름머리에 맵시나게 차린 후에 파라솔을 받고 장안 큰거리를 팔과 궁둥이를 저으면서 다니던 자기 모양을 흐린 하늘에 그려 볼 때에는, 엘리자베트는 자기에게도 부끄럽도록 그 그림자가 예뻐 보였다.

장마는 걷혔다.

장마 뒤의 촌집은 참 분주하였다. 모를 옮긴다 김을 맨다 금년 추수는 이때에 있다고, 각 집이 모두 늙은이 젊은이 할 것 없이 나서서 활동을 한다. 각 곳에서 중양가(重陽歌)의 처량한 곡조, 농부가의 웅장한 곡조가 일어나서 뫼로 반향하고 들로 퍼진다.

자농(自農) 밭 몇 떼기와 뒤뜰에 터앝을 가진 엘리자베트의 오촌모의 집도 꽤 분주하였다. 자농 밭은 삯을 주어서 김을 매고 터앝만 오촌모 자기가 감자와 파 이종을 하기로 하였다.

뻔뻔 놀고 있기가 무미도 하고 갑갑도 한 고로, 엘리자베트는 아주머니를 도와서 손에 익지 않은 일을 하고 있었다.

첫번에는 일하기가 죽게 어려웠지마는, 좀 연습된 뒤에는 땀으로 온몸이 젖고 몸이 곤하여 진 뒤에 나무 그늘 아래서 상추쌈에 고추장으로 밥을 먹고 얼음과 같은 찬 우물물을 마시는 것은 참 엘리자베트에게는 위에 없는 유쾌한 일이 되었다. 첫번에는 심심끄기로 시작하였던 일을 마지막에는 쾌락으로 하게 되었다.

그러는 새에도 틈만 있으면 그는 집 뒤 뫼에 올라가서 서울을 바라보고 한숨을 짓고 있었다.

보얀 여름 안개로 둘러싸여서 아침 햇빛을 간접으로 받고 보얗게 반짝거리는 아침 서울, 너무 강하여 누렇게까지 보이는 여름 햇빛을 정면으로 받고 여기저기서 김을 무럭무럭 내는 낮 서울, 새빨간 저녁놀을 받고 모든 유리창은 그것을 몇십 리 밖까지 반사하여 헬 수 없는 땅 위의 해를 이루는 저녁 서울, 그 가운데 우뚝 일어서 있는 푸른 남산, 잿빛 삼각산, 먼지로 싸인 큰거리, 울긋불긋한 경복궁, 동물원, 공원, 한강, 하나도 엘리자베트에게 정답게 생각 안 나는 것이 없고, 느낌 안 주는 것이 없었다.

'아- 내 서울아, 내 사랑아

나는 너를 바라본다

붉은 눈으로 더운 사랑으로……

아침 해와 저녁 놀, 잿빛 안개

40

흩어진 더움 아래서, 나는 너를
아― 나는 너를 바라본다.
천 년을 살겠냐 만 년을 살겠냐.
내 목숨 다하기까지, 내 삶 끝나기까지,
나는 너를 그리리라.'
처량한 곡조로 엘리자베트는 부르곳 하였다.

엘리자베트는 한 자리를 정하고 뫼에 올라갈 때에는 언제든지 거기 앉아 있었다. 뒤에는 큰 소나무를 지고 그 솔그늘 아래 꼭 한 사람이 앉아 있기 좋으리만한 바위가 하나 있었다. 그것이 엘리자베트의 정한 자리다.

그 바위 두어 걸음 앞에서 여남은 길 되는 절벽이 있었다.

이 절벽을 내려다볼 때마다 그의 마음속에는 한 기쁨이 움직였다.

종시 재판날이 왔다.

9

재판 전날, 엘리자베트는 오촌모와 함께 서울로 들어와서 재판소 곁 어떤 객줏집에 주인을 잡았다.

서울을 들어설 때에 엘리자베트는, 한 달밖에는 떠나 있지 않았으되 그렇게 그리던 서울이 므로 기쁨의 흥분으로 몸이 죽게 피곤하여져서 부들부들 떨면서 객줏집에 들었다.

'혜숙이나 만나지 않을까, 이환 씨나 만나지 않을까, S 혹은 부인이나 혹은 남작이나 만나 지 않을까.'

그는 반가움과 무서움과 바람으로 머리를 푹 숙이고 곁눈질을 하면서 아주머니와 함께 거 리들을 지나갔다. 할 수 있는 대로는 좁은 길로……

그는 하룻밤 새도록 모기와 빈대와 흥분, 걱정 들로 말미암아 잠도 잘 못 자고, 이튿날 낮 이 뚱뚱 부어서 제시간에 재판소에 들어왔다.

아주머니는 방청석으로 보내고 자기 혼자 원고석(原告席)에 와 앉을 때에는, 엘리자베트는 자기도 어찌 되는지를 모르도록 마음이 뒤숭숭하였다. 염통은 한 분(分) 동안에 여든일곱 번이나 뛰놀고 숨도 한 분 사이에 스무 번 이상을 쉬게 되었다. 땀은 줄줄 기왓골에 빗물 흐르듯 흘러서 짠물이 자꾸 눈과 입으로 들어온다. 서울 들어오느라고 새로 갈아입은 엘리자베트의 빈사저고 리와 바지허리는 땀으로 소낙비 맞은 것보다 더 젖게 되었다.

세 분쯤 뒤에 그는 마음을 좀 진정하여 장내를 둘러보았다.

방청석에는 아주머니 혼자 낮에 근심을 띠고 눈이 둥그래져 서 있었고 피고석에는 남작이 머리를 저편으로 돌리고 있었다.

남작을 볼 때에 그는 갑자기 죄송스러운 생각이 났다.

'오죽 민망할까. 이런 데 오는 것이 남작에게는 오죽 민망할까? 내가 잘못했지, 재판은 왜 일으켜? 남작은 나를 어찌 생각할까? 또 부인은……?'

그는 이제라도 할 수만 있으면 재판을 그만두고 싶었다. 짐짓 자기가 남작에게 져주고 싶 기까지 하였다.

그는 머리를 좀더 돌이켰다. 거기는 남작의 대리인 변호사가 엄연히 앉아 있었다. 만장을 무시하는 낯으로 자기 혼자만이 재판을 좌우할 능력이 있다는 낯으로 변호사는 빈 재판 석을 둘러보고 있었다.

변호사를 볼 때에 엘리자베트는 남모르게,

"아!"

하는 절망의 소리를 내었다. 자기의 변론이 어찌 변호사에게 미칠까, 그의 머리에는 똑똑 히 이 생각이 떠올랐다. 남작에 대한 미움이 마음속에 솟아났다. 자기들 끝까지 지우려 고 변호사까지 세운 남작이 어찌 아니꼽지를 않을까. 그는 외면한 남작을 흘겨보았다.

판사, 통변, 서기 들이 임석하고 재판은 시작되었다. 규정의 순서가 몇이 지나간 뒤에 원고 의 변론할 차례가 이르렀다. 규정대로 사는 곳과 이름 들을 물은 뒤에 엘리자베트는 변론 하여야 하게 되었다. 엘리자베트는 벌떡 일어서서 묻는 말에는 대답하였지만 변론은 나오 지를 않았다.

41

재판소가 빙빙 도는 것 같고 낯에서는 불덩이가 나올 것 같았다. 그러다가,
　'이래서는 안 되겠다. 용기를 내어야지.'
생각할 때에 얼마의 용기가 회복되었다.
그는 끊었닷 끊었닷 하면서 자기의 청구를 질서 없이 설명하였다.
　"더 할 말은 없냐?"
엘리자베트의 말이 끝난 뒤에 주석판사가 물었다.
　"없어요."
엘리자베트는 말이 하기 싫은 고로 겨우 중얼거리고 앉았다.
　'겨우 넘겼다.'
엘리자베트는 앉으면서 피로운 숨을 내어쉬면서 생각하였다.
피고의 변론할 차례가 되었다. 변호사는 일어서서 웅장한 큰 소리로, 만장을 누르는 소리로, 장내가 웅웅 울리는 소리로 말하기 시작하였다.
원고의 말은 모두 허황하다. 그 증거가 어디 있는가? 있으면 보고 싶다. 잉태하였다 하니 거짓 말인지도 모르거니와, 설혹 잉태하였다 하여도 그것이 남작의 자식인 증거가 어디 있는가? 자기 자식이니까 떨어뜨리려고 병원에 데리고 갔다 원고는 말하지만, 주인이 자기 집에 가정교사가 병원에 좀 데려다 달랄 때 데려다 줄 수가 없을까? 피고가 자기 일이 나타날까 저퍼서 원고를 내어쫓았다 원고는 말하지마는 다른 일로 내어보냈는지 어찌 아는가? 원고는 당시에는 학교에도 안 가고 가정교사의 의무도 다하지 않고 게다가 탈까지 났으니, 누구가 이런 식객을 가만 두기를 좋아할까? 어떻든 원고에게는 정신이상이 있는 것을 잊어서는 안 된다.
엘리자베트는 변호사가 '원고의 말은 허황하다' 할 때에 마음이 뜨끔하였다. '남작의 자식인지 어찌 알까' 할 때에 가슴에서 '툭' 하는 소리를 들었다. 병원 이야기가 나올 때에 머리가 어지러워지는 것을 깨달았다. 그 후에는 어찌 되는지 몰랐다. 청각은 가졌지만 듣지는 못하였다. 다만 둥둥 하는 사람의 말소리가 한 백 리 밖에서 나는 것같이 들렸을 뿐이고 아무것도 의식지를 못하였다. 유도에 복 끼운 때와 같이 온몸이 양상스러워지는 것이 구름을 타고 하늘을 떠다니는 것 같았다.
그가 바롯 의식상태로 들기 비롯한 때는 판사가 '더 할 말이 없느냐'고 물을 때이다.
판사의 묻는 말을 똑똑히 알아듣지 못하고 또 말하기도 싫은 엘리자베트는 다만,
　"네."
하고 대답할 수밖에는 없었다. 그런 뒤에는 그의 눈앞에는 검은 물건이 왔닷갔닷 움직움직 하는 것만 보였다. 무엇인지는 똑똑히 알지 못하였다.
한참 있다가 판결은 났다. 원고의 주장은 하나도 증거가 없다. 그런 고로 원고의 청구는 기각한다.
이 말을 겨우 알아들은 엘리자베트는 가슴에서 두 번째 '툭' 하는 소리를 들었다. 그 뒤에는 정신이 아득하여지고 말았다.
몇 시간 동안을 혼미상태로 지낸 후에 겨우 정신이 좀 드는 때는 그는 이상한 방 안에 앉아 있었다. 껌껌한 그 방은 사면 침척(尺) 두 자밖에는 안 되었다. 뿐만 아니라 그 방은 들썩들썩 움직인다.
　'흥 재미있구나!'
그는 생각하였다.
그렇지만 이와 같은 한가한 생각이 그의 머리에 오랫동안 머물지를 못하였다. 높이 세 치, 길이 다섯 치쯤 되는 조그만 구멍으로 자기 아주머니가 보일 때에 엘리자베트는 펄떡 정신을 차렸다. 그때야 그는 자기 있는 곳은 보교(步轎) 안이고, 벌써 아주머니의 집에 다 이르렀고, 아까 판결받은 것이 생각났다.
보교는 놓였다.
엘리자베트는 우덕덕 보교에서 뛰어내리다가 꼬꾸라졌다. 발이 저린 것을 잊고 뛰어내리던 그는 엎드러질 수밖에는 없었다.
　"에구머니!"
아주머니는 엘리자베트가 또다시 기절을 한 줄 알고 고함을 치며 뛰어왔다.

엘리자베트는 '죽어라' 하고 발이 저린 것을 참고 일어서서 뛰어 방 안에 들어와 꼬꾸라졌다.
그는 울음도 안 나오고 웃음도 안 나왔다. 다만,
  '야단났구만, 야단났구만.'
생각만 하였다.
그렇지만 어디가 야단나고 어떻게 야단났는지는 그는 몰랐다. 다만, 어떤 큰 야단난 일이 어느 곳에 있기는 하였다.
오촌모가 들어와 흔드는 것도 그는 모른 체하고 다만 씩씩거리며 엎디어 있었다.
  '야단, 야단.'
그의 눈에는 여러 가지 환상이 보인다. 네모난 사람, 개, 우물거리는 모를 물건, 뫼보다도 크게도 보이고 주먹만하게도 보이는 검은 어떤 물건, 아주머니, 연필---- 이것이 모두 합 하여 그에게는 야단으로 보였다.
오촌모가 펴준 자리에 누워서도 그는 이런 그림자들만 보면서 씩씩거리며 있었다.

10
이튿날 아침.
엘리자베트는 눈을 번쩍 뜨고 방 안을 둘러보았다. 아주머니는 방 안에 없었다. 부엌에서 덜컹거리는 고로 거기 있나 보다 그는 생각하였다.
전에는 그리 주의하여 보지 않았던 그 방 안의 경치에서 병인의 날카로운 눈으로 그는 새 로운 맛있는 것을 여러 가지 보았다.
제일 눈에 뜨이는 것은, 담벽 사면에 붙인 당지들이다. 일본 포속(布屬)들에서 꺼내어 붙인 듯한 그 당지들을 엘리자베트는 흥미의 눈으로 하나씩 하나씩 건너보았다.
그 다음에 보인 것은 천장 서까래 틈에 친 거미줄들이다. 엘리자베트는 그 가운데 하나를 자세히 보았다. 그가 보고 있는 동안에 윙 하니 날아오던 파리가 한 마리 그 줄에 걸렸다. 거미줄은 잠깐 흔들리다가 멎고 어디 있댔는지 보이지 않던 거미가 한 마리 빨리 나와서 파리를 발로 움킨다. 파리는 깃을 벌리고 도망하려 애를 쓰기 시작하였다. 거미줄은 대단 히 떨렸다. 그렇지만 조금 뒤에 파리는 죽었는지 거미줄의 흔들림은 멎고 거미 혼자서 발 발 파리를 두고 돌아다닌다. 엘리자베트는 바르륵 떨면서 머리를 돌이켰다.
  '저 파리의 경우와…… 내 경우가, 어디가 다를까? 어디가……?'
엘리자베트가 움직일 때에 파리가 한 마리 윙 나타났다. 그 파리의 날기를 기다리고 있었던지 다른 파리들도 일제히 웅– 날았다가 도로 각각 제자리에 앉는다…….
엘리자베트는 눈을 감았다. 상쾌한 졸음이 짜르륵 엘리자베트의 온몸에 돌았다. 엘리자베트는 승천(昇天)하는 것 같은 쾌미를 누리고 있었다.
이때에 오촌모가 샛문을 벌컥 열며 들어왔다.
엘리자베트는 눈을 번쩍 떴다. 오촌모는 들어와서 물에 젖은 손을 수건에 씻은 뒤에 엘리 자베트의 머리곁에 와 앉았다.
  "좀 나은 것 같으냐?"
  "무엇 낫지 않아요."
  "어디가 아파? 어젯밤 새도록 헛소릴 하더니……."
  "헛소리까지 했어요?"
엘리자베트는 낮에 적적한 웃음을 띠고 묻는 대답을 하였다.
  "그런데 어디가 아픈지는 일정하게 아픈 데가 없어요. 손복 발복이 저리저릿하는 것이 온 몸이 다 쏘아요. 꼭…… 첫봄할 때……."
  "왜 그런고…… 원."
  "왜 그런지요……."
잠깐의 침묵이 생겼다.
  "앗!"
좀 후에 엘리자베트는 작은 소리로 날카로운 부르짖음을 내었다. 낮에는 무한 괴로움이 나 타

43

났다.
"왜 그러냐!?"
오촌모는 놀라서 물었다.
"봤다는 안 되어요."
엘리자베트는 억지로 웃으면서 말했다.
"그럼 보지 않을 것이니 왜 그러냐?"
"묻지두 말구요!"
"묻지두 않을 것이니 왜 그래?"
"그럼 안 묻는 거인가요?"
"그럼 그만두자…… 그런데 미음 안 먹겠냐?"
"좀 이따 먹지요."
엘리자베트는 괴로운 낯을 하고 팔과 다리를 꼬면서 앓는 소리를 내고 있다가 참다 못하여 억지로 말했다.
"아주머니 요강 좀 집어 주세요."
오촌모는 근심스러운 낯으로 물끄러미 엘리자베트를 들여다보다가 말없이 요강을 집어 주었다.
엘리자베트는 요강을 타고 앉았다. 나올 듯 나올 듯하면서도 나오지 않는 오줌은 그에게 큰 아픔을 주었다. 한 십 분 동안이나 낯을 무한 찡글고 있다가 내어놓을 때는 그 요강은 피오줌으로 가득 찼다.
"피가 났구나!"
오촌모는 놀란 소리로 물었다.
"……네."
"떨어지려는 것이로구나."
"그런가 봐요."
말은 끊어졌다.
엘리자베트의 마음은 무한 설렁거렸다. 그 가운데는 저픔과 반가움이 섞여 있었다.
"깨를 어떻게 먹으면 올라붙기는 한다더라만……."
잠깐 후에 아주머니가 말을 시작했다.
"그건 올라붙어 무엇 해요."
엘리자베트는 낯을 찡글고 대답하였다.
"그래도 낙태로 죽는 사람 있너니라……."
엘리자베트는 대답을 하려다가 말이 하기 싫은 고로 그만두었다.
말은 또 끊어졌다.
엘리자베트는 '죽어두 좋아요'라고 대답하려 하였다.
'죽으면 뭘 하나.'
그는 병적으로 날카롭게 된 머리로 생각하여 보았다.
'내게 이제 무엇이 있을까? 행복이 있을까? 없다. 즐거움은? 그것도 없다. 반가움은? 물론 없지. 그럼 무엇이 있을까? 먹고 깨고 자는 것뿐———— 그 뒤에는? 죽음! 그 밖에 무엇이 있을까? 아무것도 없다. 그것뿐으로도 살 가치가 있을까? 살 가치가 있을까? 아, 아! 어떨까? 없다! 그러면? 나 같은 것은 죽는 편이 나을까? 물론. 그럼 자살? 아!'
'자살? (그는 사지를 부들부들 떨었다.) 모르겠다. 살아지는 대로 살아 보자. 죽는 것도 무섭지 않고, 사는 것도 싫지도 않고————'
이때에 오촌모가 말을 시작했다.
"내가 가서 물어 보고 올라."
"그만두세요."
그는 우덕덕 놀라면서 무의식히 날카롭게 말하였다.
"그래두 내 잠깐 다녀오지."
아주머니는 일어서서 밖으로 나갔다.

아주머니가 나간 뒤에 그는 또 생각하여 보았다.

내 근 이십 년 생애는 어떠하였는가? 앞일은 그만두고 지난 일로…… 근 이십 년 동안이나 살면서, 남에게, 사회에게 이익한 일을 하나라도 하였는가? 벗들에게 교과를 가르친 일-- --이것뿐! 이것을 가히 사회에 이익한 일이라 부를 수가 있을까? (그는 입술을 부들부들 떨었다.) 응! 하나 있다! '표본!' (그는 괴로운 웃음을 씩- 웃었다.) 이후 사람을 경계할 만한 내 사적! 곧 '표본!' 표본생활 이십 년…… 아……!

그러니 이것도 내가 표본이 되려서 되었나? 되기 싫어서도 되었지. 헛데로 돌아간 이십 년, 쓸데없는 이십 년, '나'를 모르고 산 이십 년, 남에게 깔리어 산 이십 년. 그 동안에 번 것은? 표본! 그 동안에 한 일은? 표본!

그는 피곤하여진 고로 눈을 감았다. 더움과 추움이 그를 쏘았다. 그는 추워서 사지를 보들 보들 떨면서도 이마와 모든 틈에는 땀을 줄줄 흘리고 있었다. 아래는 수만 근 되는 추를 단 것같이 대단히 무거웠다.

괴로움과 한참 싸우다가 오촌모의 돌아옴이 너무 더딘 고로 그는 그만 잠이 들었다.

자는 동안에 여러 가지 그림자가 그의 앞에서 움직였다. 네모난 사람이 어떤 모를 물건을 가지고 온다. 그 뒤에는 개가 따라온다. 방성 뒷산에서 뫼보다도 큰 어떤 검은 물건이 수없이 많이 흐늘흐늘 날아오다가, 엘리자베트의 있는 방 앞에 와서는 주먹만하게 되면서 그의 품속으로 뛰어들어온다. 하나씩 하나씩 다 들어온 다음에는 도로 하나씩 하나씩 흐늘흐늘 날아 나가서 차차 커지며 뫼만하게 되어 도로산 가운데서 쓰러져 없어진다. 다 나갔다는 도로 들어오고 다 들어왔다는 도로 나가고, 자꾸자꾸 순환되었다. 엘리자베트는 앓는 소리를 연발로 내며 이 그림자들을 보고 있었다.

이렇게 무서운 그림자를 한참 보고 있을 때에,

"애 미음 먹어라."

하는 오촌모의 소리가 나는 고로 눈을 번쩍 떴다.

그는 미음 그릇을 들고 들어오는 아주머니를 관찰하기 시작하였다. '저런 큰 그릇을 원 어찌 들고 다니노? 키도 댓자밖에는 못 되는 노파가…….'

오촌모가 미음 그릇을 놓은 다음에 엘리자베트는 그것을 먹으려고 엎디었다. 아픔이 온몸에 쭉 돌았다…….

"숟갈이 커서 어찌 먹어요?"

그는 놋숟갈을 보고 오촌모에게 물었다. 그는, '숟갈이 커서 들지를 못하겠다'는 뜻으로 한 말이다.

"어제두 먹던 것이 커?"

엘리자베트는 안심하고 숟갈을 들었다. 그것은 뜻밖에 크지도 않고 무겁지도 않았다. 그는 곁에 놓인 흰 가루를 미음에 치고 먹기 시작하였다.

"아이고 짜다."

그는 한 술 먹은 뒤에 소리를 내었다.

"짜기는 왜 짜? 사탕가루를 많이 치구……."

병으로 날카롭게 된 그의 신경은 그의 자유로 되었다. 마치 최면술에 피술자(被術者)가 시술자(施術者)의 명령을 절대로 복종하여, 단 것도 시술자가 쓰다 할 때에는 쓰다 생각하는 것과 같이 그의 신경도 절대로 그의 명령을 좇았다. 흰 가루를 소금이라 생각할 때에는 짜게 보였으나 사탕가루라 생각할 때에는 꿀송이보다도 더 달았다. 그렇지만 그의 신경도 한 가지는 복종치를 않았다. 아픔이 좀 나았으면 하는 데는 조금도 순종치를 않았다.

미음을 먹는 동안에 오촌모가 투덜거렸다.

"스무 집이나 되는 동리 가운데서 그것 아는 것이 하나두 없단 말인가 원……."

"무엇이요?"

엘리자베트는 미음을 삼키고 물었다.

"그 올라붙는 방문 말이루다. 원 깨를 어쩐대든지……."

엘리자베트는 성이 나서 대답을 안 하였다.

미음을 다 마신 다음에 돌아누우려다가 그는,

45

"읽!"

소리를 내고 그 자리에서 꼬꾸라졌다. 어디가 아픈지 똑똑히 모를 아픔이 온몸을 쿡 쏘았다. 정신까지 어지러웠다.

　"어찌? 더하냐?"

　"물이 쏟아져요."

엘리자베트는 똑똑한 말로 대답하였다.

　"어째?"

　"바람이 부는지요?"

　"애 정신채레라."

엘리자베트는 후덕덕 정신을 차리면서,

　"내가 원 정신이 없어졌는가?"

하고 간신히 천장을 향하고 누웠다. 천장에는 소가 두 마리 풀을 뜯어 먹고 있었다. 엘리자 베트는 무서워서 부들부들 떨리 시작하였다. 두 마리의 소는 싸움을 시작했다.

　'떨어지면……?' 생각할 때에 한 마리는 그의 배 위에 떨어졌다. 일순간 뜨끔한 아픔 뒤에 는 아뭇도지도 않았다.

　'읽' 소리를 내고 그는 다시 천장을 보았다. 소는 역시 두 마리지만 이번은 춤을 추고 있다.

　"표본생활 이십 년!"

그는 중얼거리고 담벽을 향하여 돌아누웠다. 거기서는 남작과 이환과 도야지와 파리가 장 거리 경주를 하고 있었다.

　'흥! 재미있다. 누구가 이길 터인고?'

그는 생각하였다.

조금 있다가 그는 생각난 듯이 수군거렸다.

　"표본생활 이십 년!"

11

그가 눈을 아무 데로 향하든지 어떤 그림자는 거기 벌려 있었다. 그가 자든지 깨든지 어떤 그림자는 거기서 움직였다. 이렇게 엘리자베트는 사흘을 지냈다.

그러는 동안 다함이 없는 철학이 감추어 있는 것 같고도 아무 뜻이 없는 헛말 같이도 생각 되는 말구가 흔히 무의식히 그의 머리에 떠올랐다.

　'표본생활 이십 년!'

그는 이 말을 여러 번 거푸 하였다.

이렇게 사흘째 되는 저녁, 복거리 낮보다도 더 훈훈 타는 저녁, 등과 사지 맨끝에서 시작하 여 짜르륵 온몸에 도는 추위의 쾌미를 역증으로 받으면서 잠과 깸의 가운데서 돌던 엘리자 베트는 오촌모의 소리에 놀라 흠칠 하면서 깨었다.

　"왜 그리 앓는 소리를 하나? (혼자말로) 탈인지 무엇인지 낫지두 않구."

　"아ー 유ー 죽겠다아ー 하아ー"

엘리자베트는 눈을 감은 채로 아주머니의 소리 나는 편으로 돌아누우면서 신음했다. 그렇 지만 그에게는 아프리라 생각하는 데서 나온 아픔밖에는 아픔이 없었다.

　"왜 그래? 참 앓는 너보다두 보는 내가 더 속상하다. 후!"

오촌모도 한숨을 쉰다.

　"아이구 덥다!"

오촌모는 빨리 부채를 집어서 엘리자베트를 부치면서 말했다.

　"내 부쳐 줄 것이니 일어나서 이 오미잣물을 마세 봐라."

오미자라는 소리를 들은 그는 귀가 버썩하였다. 어렸을 때부터 오미자를 좋아하던 그는 이 불 속에서 꿈질꿈질 먹을 준비를 시작하였다. 오늘은 그의 머리는 똑똑하여졌다. 그림자가 안 보였 고 아픔도 덜어졌다.

오촌모는 자기도 한 숟갈 떠먹어 본 뒤에 권한다.

　"아이구 달다. 자 먹어 봐라."

엘리자베트는 눈을 뜨고 엎디어서 오미잣물을 마셨다. 새콤하고 단 가운데도 말할 수 없는 아름다운 내음새를 가진 오미잣물은 병인인 엘리자베트에게 위에 없는 힘을 주었다. 그는 단숨에 한 사발이나 되는 물을 다 마셔 버렸고 도로 누웠다.

　"맛있지?"

　"네."

　"그런데 어떠냐, 아프기는?"

엘리자베트는 다만 씩 웃었다. 다 큰 것이 드러누워서 다 늙은 아주머니를 속상케 함에 대한 미안과, 크담한 것이 '읅읅' 앓는 부끄러움이 합하여 낳은 웃음을 그는 다만 감추지 않고 정직하게 웃은 것이다.

　"오늘은 정신 좀 들었냐? 며칠 동안 별한 소릴, 어떠런 소릴 하던지?…… 응!…… 응! 무얼 '표분 생활 이십 년' 이라던지?"

　"표본생활 이십 년!"

엘리자베트는 생각난 듯이 무의식히 소리를 내었다.

　"응! 그 소리 그 소리!"

오촌모도 생각난 듯이 지껄였다.

　"아이 덥다!"

엘리자베트는 이불을 차 던지고 고함을 쳤다.

　"응, 부처 주지."

어느덧 부채질을 멈추었던 오촌모는 다시 부치기 시작했다.

속에서 나오는 태우는 듯한 더움과 밖에서 찌르는 무르녹이는 듯한 더위와 사늘쩍한 부채 바람이 합하여, 엘리자베트의 몸에 쪼르륵 소름이 돋게 하였다. 소름 돋을 때와 부채의 시원한 바람의 쾌미는 그에게 졸음이 오게 하였다. 그는 구름 타고 하늘에 올라가는 맛으로 잠과 깸의 가운데서 떠돌고 있었다.

몇 시간 지났는지 몰랐다. 무르녹이기만 하던 날은 소낙비로 부어 내린다. 그리 덥던 날도 비가 오면서는 서늘하여졌다. 방 안은 습기로 찼다. 구팡에 내려져서 튀어나는 물방울들은 안개비와 같이 되면서 방 안으로 몰려 들어온다.

그는 눈을 번쩍 떴다. 어느덧 역한 내음새 나는 모기장이 그를 덮었고 그의 곁에는 오촌모가 번뜻 누워서 답답한 코를 구르고 있었다. 위에는 불티를 잔뜩 앉히고 그 아래서 숨찬 듯이 할락할락하는 석유 램프는 모기장 밖에서 반딧불같이 반짝거리며 할딱거리고 있었다.

　'가는 목숨으로라도 살아지는 껏 살아라.'

그 램프는 소곤거리는 것 같다.

엘리자베트는 일어나서 요강을 모기장 밖에서 들여왔다.

한참 타고 앉았다가 '악' 소리를 내고 그는 엎으러졌다. 가슴은 뛰놀고 숨도 씩씩하여졌다. 마음은 무한 설렁거렸다. 맥도 푹 났다.

한참 엎디어 있다가 그는 생각난 듯이 벌떡 일어나서 요강을 내어놓고 번갯불과 같이 빨리 그 속에 손을 넣어서 주먹만한 핏덩이를 하나 꺼내었다.

　'내 것.'

그의 머리에 번갯불과 같이 이 생각이 지나갔다.

그의 머리에는 모순된 두 가지 생각이 일어났다.

　'내 것.'

참 자식에 대한 사랑이 그 핏덩어리에게 일어났다.

　'이것 때문에…….'

그는 그 핏덩이에 대하여 무한한 미움이 일어났다.

　'이것들 저 아니꼬운 남자의 껏. 너는 이것 때문에…….'

이 두 가지 생각의 반사작용으로 그는 핏덩이를 힘껏 단단히 쥐었다. 거기는 미움이 있고 사랑이 있었다.

그는 그 핏덩이를 씹어 먹고 싶었다. 거기도 미움이 있고 사랑이 있었다.

그는 그것을 쥔 채로 드러누웠다. 맥이 나서 앉아 있을 힘이 없었다.

드러누운 그에게는 얼토당토 않은 딴 생각이 두어 가지 머리에 났다. 이것도 잠깐으로 끝 나고 잠이 들었다.

이삼 푼의 잠이 그를 슬치고 지나간 뒤에 그는 눈을 번쩍 뜨면서 무의식히 중얼거렸다.

"표본생활 이십 년!"

그 다음 순간 그에게는 별한 생각이 머리에 떠올랐다.

'약한 자의 슬픔!'

'천하에 둘도 없는 명언이루다.'

그는 생각하였다.

그는 이 문제를 두고 논문 비슷이, 소설 비슷이 하나 지어 보고 싶은 생각이 났다. 그는 생 각하여 보았다.

자기의 설움은 약한 자의 슬픔에 다름없었다. 약한 자기는 누리에게 지고 사회에게 지고 '삶'에게 져서, 열패자(劣敗者)의 지위에 이르지 않았느냐?! 약한 자기는 이환에게 사랑을 고 백지 못하고 S와 혜숙에게서 참말을 듣지 못하고 남작에게 저항치를 못하고 재판석에서 좀더 굳세게 변론치를 못하여 지금 이 지경을 이르지 않았느냐?!

'그렇지만 이것은 밖이 약한 것이다. 좀더 깊이, 안으로!'

그는 생각하였다.

자기의 아직까지 한 일 가운데서 하나라도 자기게서 나온 것이 어디 있느냐? 반동(反動) 안 입 고 한 일이 어디 있느냐? 남작 집에서 나온 것도 필경은 부인이 좀더 있으라는 반동 에서 나온 것이 아니냐? 병원 안에 들어간 것도 필경은 집으로 돌아올 전차가 안 보임에 있지 않으냐? 병 원으로 향한 것도 그렇다. 재판을 시작한 것은? 오촌모가 말리는 반동을 받았다! 모든 일이 다 그렇다!

"이십세기 사람이 다 그렇다!"

그는 힘있게 중얼거렸다.

"어떻든…… 응! 그렇다! 문제는 '이십세기 사람'이라고 치고, 첫줄을 '약한 자의 슬픔' 으로 시작하여 마지막 줄을 '현대 사람의 다의 약함'으로 끝내자."

그는 자기 짓던 글을 생각하고 중얼거렸다.

'표본생활 이십 년이란 구는 꼭 넣어야겠다.'

그는 생각하였다. 그리고 글을 속으로 생각하기 시작하였다.

이리 짓고 저리 지어서, 이만하면 완전하다 생각할 때 그는 마지막 구를 소리를 내어서 읽었다.

"현대 사람 다의 약함!"

그런 다음에는 그의 머리에 한 공허가 생겼다. 그 공허가 가슴으로 퍼질 때에 그는 맥이 나 고 발끝과 손끝에서 그 공허가 일어날 때에 그는 눈을 감았다. 눈이 무한 무거워졌다. 그 공허가 온 몸에 퍼질 때에 그는 '후―' 숨을 내어쉬면서 잠이 들었다.

12

"저런! 원 저런!"

이튿날 아침 엘리자베트에게 어젯밤 변동을 듣고 눈이 둥그래져서 그 핏덩이를 들여다보 며 오 촌모는 지껄었다.

엘리자베트는 탁 그 핏덩이를 빼앗아서 이불 아래 감춘 뒤에 낯을 붉히며 이유 없이 씩 웃 었다.

"어떻든 네 속은 시원하겠다. 밤낮 떨어지면 떨어지면 하더니――――"

오촌모는 비웃는 듯이 입살을 주었다.

아깟번에 웃은 엘리자베트는 이번에도 웃지 않으면 안 되게 되었다. 그는 억지로 입과 눈 으로만 일순간의 웃음을 웃은 뒤에 곧 낯을 도로 쪽 폈다. 그리고 미안스러운 듯이 오촌모 의 낯을 들여다보았다. 오촌모의 낯에는 가련하다는 표정이 똑똑히 보였다.

'역시 가련한 것이루구나!'

그는 속으로 고함을 쳤다.

'그것도 내 것이 아니냐!?'

어머니가 자식에게 가지는 육친의 정다움이 엘리자베트의 마음에 일어났다. 그는 몰래 손 을 더듬어서 접적접적하고 흐늘거리는 그 핏덩이를 만져 보았다.

'어디가 엉덩이구 어디가 머리 편인고?'

하고 그는 손가락으로 핏덩이를 두드리고 쓸어 주고 있었다. 차디찬 핏덩이에서도 엘리자베트는 다스한 맛이 올라오는 것을 깨달았다.

'사람이란 이런 것이루다.'

그는 생각하였다.

물끄러미 한참 그를 들여다보던 오촌모는 도로 전과 같은 사랑의 낯이 되며 생각난 듯이 말했다.

"잊었댔다. 오늘은 장날이 되어서 서울 잠깐 들어갔다 와야겠다. 무엇 먹고 싶은 것은 없냐? 있으면 말해라. 사다 줄 거니…….."

"없어요."

엘리자베트는 팔딱 정신을 차리며 무의식히 중얼거렸다. '서울' 소리를 듣고 그는 갑자기 가슴이 뛰놀기 시작하였다.

'저런 노파가 다 서울을 다니는데 내가 어찌…….'

그는 오촌모를 쳐다보면서 생각하였다. 그러다가 갑자기 오촌모를 찾았다.

"아주머니!"

"왜?"

"서울 들어가세요?"

그의 목소리는 흥분으로 떨렸다.

"응."

엘리자베트는 비쭉하여졌다. 오촌모의 '응'이란 대답뿐은 그를 만족시키지 못하였다. '응, 들어가겠다'든지 '응, 다녀올란다'든지 좀더 친절히 똑똑히 대답 안 한 오촌모가 그에게는 밉게까지 보였다.

그렇지만 그의 정조(情調)는 그의 비쭉한 것을 뚫고 위에 올라오기에 넉넉하였다. 그는 좀더 힘있게 떨리는 소리로 오촌모를 찾았다.

"아주머니!"

"왜?"

오촌모는 또 그렇게 대답하였다.

"나두 함께 가요!"

"어딜?"

"서울!"

"딴소리한다. 넌 편안히 누워 있어야다."

오촌모의 낯에는 무한한 동정이 나타났다.

"그래두…… 가구 싶어요!"

그의 눈에는 눈물이 고였다.

"내 다 구경해다 줄 거니 잘 누워 있거라. 너 다 나은 다음에 한번 들어가 실컷 돌아다니자. 그래두 지금은 못 간다."

"길 다 말랐어요?"

그는 뚱딴짓소리를 물었다.

"응, 소낙비니깐 땅 위로만 흘렀지 속은 안 뱄더라."

"뒤뜰 호박두 익었지요 인제. 메칠 동안 나가 보지두 못해서…….."

그의 목소리는 자못 떨렸다.

"아까 가보니깐 아직 잘 안 익었더라."

심산 빛은 뺏었댔나. 소쯤 위에 엘리사베트는 빌리는 소리노 빌렀나.

"아― 서울 가보구…….."

"걱정 마라. 이제 곧 가게 되지."

"아주머니!"

"왜 그러냐?"

49

"그 애들이 아직 날 기억할까요?!"

"그 애덜이라니?"

"함께 공부하던 애들이요."

"하하! (한숨을 쉬고) 걱정 마라. 거저 걱정 마라. 내가 있지 않냐? 인젠 그깟것들이 무엇에 쓸데가 있어? 나하구 이렇게 편안히 촌에서 사는 것이 오죽 좋으냐! 아무 걱정 없이…… 지난 일은 다 꿈이다, 꿈이야! 잊구 말어라."

'강한 자!'

엘리자베트는 속으로 고함을 쳤다.

'아주머니는 강한 자이고 나는 약한 자이고…… 그 사이에 무슨 차별이 있을꼬?!'

"내 다녀올 것이니 편안히 누워 있거라."

오촌모는 말하면서 봇짐을 들고 나간다.

"무얼 사다 줄꼬 원. 복숭아나 났으면 사다 줄까. 우리 딸을……."

엘리자베트는 자기 생각만 연속하여 하였다. 스스로 알지는 못하였으나 어떤 회전기(廻轉 期) 위기 앞에 선 그는 산후(産後)의 날카로운 머리를 써서 꽤 똑똑한 해결을 얻을 수가 있었다.

'그렇다! 나도 시방은 강한 자이다. 자기의 약한 것을 자각할 그때에는 나도 한 강한 자이 다. 강한 자가 아니고야 어찌 자기의 약점을 볼 수가 있으리요?! 어찌 알 수가 있으리요?! (그의 입에는 이김의 웃음이 떠올랐다.) 강한 자라야만 자기의 약한 곳을 찾을 수가 있다.

약한 자의 슬픔! (그는 생각난 듯이 중얼거렸다.) 전의 나의 설움은 내가 약한 자인 고로 생 긴 것밖에는 더 없었다. 나뿐 아니라, 이 누리의 설움, 아니 설움뿐 아니라 모든 불만족, 불 평 들이 모두 어디서 나왔는가? 약한 데서! 세상이 나쁜 것도 아니다! 인류가 나쁜 것도 아 니다! 우리 가 다만 약한 연고인밖에 또 무엇이 있으리요. 지금 세상을 죄악세상이라 하는 것은 이 세상이, 아니! 우리 사람이 약한 연고이다! 거기는 죄악도 없고 속임도 없다. 다만 약한 것!

약함이 이 세상에 있을 동안 인류에게는 싸움이 안 그치고 죄악이 안 없어진다. 모든 죄악 을 없이하려면은 먼저 약함을 없이하여야 하고, 지상낙원을 세우려면은 먼저 약함을 없이 하여야 한 다.

만일 약한 자는, 마지막에는 어찌 되노? ……이 나! 여기 표본이 있다. 표본생활 이십 년 (그는 생각난 듯이 웃으면서 중얼거렸다.) 나는 참 약했다. 일 하나라도 내가 하고 싶어서 한 것이 어 디 있는가! 세상 사람이 이렇다 하니 나도 이렇다, 이 일을 하면 남들은 나를 어 찌 볼까 이런 걱 정으로 두룩거리면서 지냈으니 어찌 이 지경에 이르지 않았으리요! 하고 싶은 일은 자유로 해 라. 힘써서 끝까지! 거기서 우리는 사랑을 발견하고 진리를 발견하리 라!

'그렇지만 강한 자가 되려면은……!'

그는 생각하여 보았다.

'내가 너희에게 새 계명을 주노니 사랑하라!' (그는 기쁨으로 눈에 빛을 내었다.) 그렇다! 강 함을 배는 태(胎)는 사랑! 강함을 낳는 자는 사랑! 사랑은 강함을 낳고, 강함은 모든 아름 다움 을 낳는다. 여기, 강하여지고 싶은 자는, 아름다움을 보고 싶은 자는, 삶의 진리를 알 고 싶은 자 는, 인생을 맛보고 싶은 자는 다 참사랑을 알아야 한다.

만약 참 강한 자가 되려면은? 사랑 안에서 살아야 한다. 우주에 널려 있는 사랑, 자연에 퍼 져 있는 사랑, 천진난만한 어린아이의 사랑!

'그렇다! 내 앞길의 기초는 이 사랑!'

그는 이불을 차고 벌떡 일어나 앉았다. 그의 앞에는 끝없는 넓은 세계가 벌여 있었다. 누리 에 눌리어 살던 그는 지금은 그 위에 올라섰다. 그의 입에는 온 우주를 처누른 기쁨의 웃음 이 떠올 랐다.

출전:창조1~2(1919.2~3)

<운수 좋은 날>
현진건

새침하게 흐린 품이 눈이 올 듯하더니 눈 은 아니 오고 얼다가 만 비가 추적추적 내리는 날이었다. 이날이야말로 동소문 안에서 인력거꾼 노릇을 하는 김첨지에게는 오래간만에도 닥친 운수 좋은 날이었다.

문안에(거기도 문밖은 아니지만) 들어간답시는 앞집 마마님을 전찻길까지 모 셔다 드린 것을 비롯으로 행여나 손님이 있을까 하고 정류장에서 어정어정하며 내리는 사람 하나하나에게 거의 비는 듯한 눈결을 보내고 있다가 마침내 교원인 듯한 양복쟁이를 동광학 교(東光學校)까지 태 워다 주기로 되었다.

첫 번에 삼십 전, 둘째 번에 오십 전----아침 댓바람에 그리 흉치 않은 일이었다. 그야말 로 재수가 옴붙어서 근 열흘 동안 돈 구경도 못 한 김첨지는 십 전짜리 백동화 서 푼, 또는 다섯 푼 이 찰깍 하고 손바닥에 떨어질 제 거의 눈물을 흘릴 만큼 기뻤다. 더구나 이날 이 때에 이 팔 십 전이라는 돈이 그에게 얼마나 유용한지 몰랐다. 컬컬한 목에 모주 한 잔도 적 실 수 있거니와 그보다도 않는 아내에게 설렁탕 한 그릇도 사다 줄 수 있음이다.

그의 아내가 기침으로 쿨룩거리기는 벌써 달포가 넘었다. 조밥도 굶기를 먹다시피 하는 형 편이니 물론 약 한 첩 써본 일이 없다. 구태여 쓰려면 못 쓸 바도 아니로되 그는 병이란 놈 에게 약을 주어 보내면 재미를 붙여서 자꾸 온다는 자기의 신조(信條)에 어디까지 충실하였 다. 따라서 의사에게 보인 적이 없으니 무슨 병인지는 알 수 없으되 반듯이 누워 가지고 일 어나기는 새로 모로도 못 눕는 걸 보면 중증은 중증인 듯. 병이 이도록 심해지기는 열흘 전에 조밥을 먹고 체한 때문이다. 그때도 김첨지가 오래간만에 돈을 얻어서 좁쌀 한 되와 십 전짜리 나무 한 단을 사다 주었더니 김첨지의 말에 의지하면 그 오라질 년이 천방지축으 로 냄비에 그 끓였다 마음 은 급하고 불길은 달지 않아 채 익지도 않은 것을 그 오라질 년이 숟가락은 고만두고 손으로 움 켜서 두 뺨에 주먹덩이 같은 혹이 불거지도록 누가 빼앗 을 듯이 처박질하더니만 그날 저녁부 터 가슴이 땡긴다. 배가 캥긴다고 눈을 홉뜨고 지랄병 을 하였다. 그때 김첨지는 열화와 같이 성 을 내며,

"에이, 오라질 년, 조랑복은 할 수가 없어, 못 먹어 병, 먹어서 병! 어쩌란 말이야! 왜 눈을 바루 뜨지 못해!"

하고 앓는 이의 뺨을 한 번 후려갈겼다. 흡뜬 눈은 조금 바루어졌건만 이슬이 맺히었다. 김 첨지의 눈시울도 뜨끈뜨끈하였다.

이 환자가 그러고도 먹는 데는 물리지 않았다. 사흘 전부터 설렁탕 국물이 마시고 싶다고 남편을 졸랐다.

"이런 오라질 년! 조밥도 못 먹는 년이 설렁탕은. 또 처먹고 지랄병을 하게."

라고, 야단을 쳐보았건만, 못 사주는 마음이 시원치는 않았다.

인제 설렁탕을 사줄 수도 있다. 앓는 어미 곁에서 배고파 보채는 개똥이(세살먹이)에게 죽을 사줄 수도 있다----팔십 전을 손에 쥔 김 첨지의 마음은 푼푼하였다.

그러나 그의 행운은 그걸로 그치지 않았다. 땀과 빗물이 섞여 흐르는 목덜미를 기름주머니가 다된 왜복 수건으로 닦으며, 그 학교 문을 돌아 나올 때였다. 뒤에서 "인력거!" 하고 부르는 소리가 난다. 자기를 불러 멈춘 사람이 그 학교 학생인 줄 김첨지는 한 번 보고 짐작 할 수 있었다. 그 학생은 다짜고짜로,

"남문 정거장까지 얼마요."

라고 물었다. 아마도 그 학교 기숙사에 있는 이로 동기방학을 이용하여 귀향하려 함이리라. 오늘 가기로 작정은 하였건만 비는 오고, 짐은 있고 해서 어찌할 줄 모르다가 마침 김첨지 를 보고 뛰어나왔음이리라. 그렇지 않으면 왜 구두를 채 신지 못해서 질질 끌고, 비록 고구 라 양복일망정 노박이로 비를 맞으며 김첨지를 뒤쫓아 나왔으랴.

"남문 정거장까지 말씀입니까."

하고 김첨지는 잠깐 주저하였다. 그는 이 우중에 우장도 없이 그 먼 곳을 철벅거리고 가기 가 싫었음일까? 처음 것 둘째 것으로 고만 만족하였음일까? 아니다 결코 아니다. 이상하게도 꼬리를 맞물고 덤비는 이 행운 앞에 조금 겁이 났음이다. 그리고 집을 나올 제 아내의 부탁이 마음이 켕기었다----앞집 마마님한테서 부르러 왔을 제 병인은 그 뼈만 남은 얼굴 에 유일의 샘물 같은 유달리 크고 움푹한 눈에 애걸하는 빛을 띠우며,

"오늘은 나가지 말아요. 제발 덕분에 집에 붙어 있어요. 내가 이렇게 아픈데……."

라고, 모기 소리같이 중얼거리고 숨을 걸그렁걸그렁하였다. 그때에 김첨지는 수롭지 않은 듯이,

"아따, 젠장맞을 년, 별 빌어먹을 소리를 다 하네. 맞붙들고 앉았으면 누가 먹여 살릴 줄 알아."

하고 훌쩍 뛰어나오려니까 환자는 붙잡을 듯이 팔을 내저으며,

"나가지 말라도 그래, 그러면 일찍이 들어와요."

하고, 목메인 소리가 뒤를 따랐다.

정거장까지 가잔 말을 들은 순간에 경련적으로 떠는 손 유달리 큼직한 눈 울 듯한 아내의 얼굴이 김첨지의 눈앞에 어른어른하였다.

"그래 남문 정거장까지 얼마란 말이요?"

하고 학생은 초조한 듯이 인력거꾼의 얼굴을 바라보며 혼자말같이,

"인천 차가 연한 점에 있고 그 다음에는 새로 두 점이든가."

라고 중얼린다.

"일 원 오십 전만 줍시오."

이 말이 저도 모를 사이에 불쑥 김첨지의 입에서 떨어졌다. 제 입으로 부르고도 스스로 그 엄청난 돈 액수에 놀랐다. 한꺼번에 이런 금액을 불러라도 본 지가 그 얼마 만인가! 그러자 그 돈벌 용기가 병자에 한 염려를 사르고 말았다. 설마 오늘 내로 어떠랴 싶었다. 무슨 일 이 있더라도 제일 제이의 행운을 곱친 것보다도 오히려 갑절이 많은 이 행운을 놓칠 수 없 다 하였다.

"일 원 오십 전은 너무 과한데."

이런 말을 하며 학생은 고개를 기웃하였다.

"아니올시다. 잇수로 치면 여기서 거기가 시오 리가 넘는답니다. 또 이런 진날은 좀 더 주서 야지요."

하고 빙글빙글 웃는 차부의 얼굴에는 숨길 수 없는 기쁨이 넘쳐흘렀다.

"그러면 달라는 로 줄 터이니 빨리 가요."

관한 어린 손님은 이런 말을 남기고 총총히 옷도 입고 짐도 챙기러 갈 데로 갔다.

그 학생을 태우고 나선 김첨지의 다리는 이상하게 거뿐하였다. 달음질을 한다느니보다 거의 나는 듯하였다. 바퀴도 어떻게 속히 도는지 구른다느니보다 마치 얼음을 지쳐 나가는 스케이트 모양으로 미끄러져 가는 듯하였다. 언 땅에 비가 내려 미끄럽기도 하였지만.

이윽고 끄는 이의 다리는 무거워졌다. 자기 집 가까이 다다른 까닭이다. 새삼스러운 염려가 그의 가슴을 눌렀다. "오늘은 나가지 말아요. 내가 이렇게 아픈데" 이런 말이 잉잉 그의 귀에 울렸다. 그리고 병자의 움쑥 들어간 눈이 원망하는 듯이 자기를 노리는 듯하였다. 그러자 엉엉하고 우는 개똥이의 곡성을 들은 듯싶다. 딸국딸국 하고 숨 모으는 소리도 나는 듯싶다.

"왜 이리우. 기차 놓치겠구먼."

하고 탄 이의 초조한 부르짖음이 간신히 그의 귀에 들어왔다. 언뜻 깨달으니 김첨지는 인력거를 쥔 채 길 한복판에 엉거주춤 멈춰 있지 않은가.

"예, 예."

하고, 김첨지는 또다시 달음질하였다. 집이 차차 멀어 갈수록 김첨지의 걸음에는 다시금 신이 나기 시작하였다. 다리를 재게 놀려야만 쉴새없이 자기의 머리에 떠오르는 모든 근심과 걱정을 잊을 듯이.

정거장까지 끌어다 주고 그 깜짝 놀란 일 원 오십 전을 정말 제 손에 쥠에 제 말마따나 십 리나 되는 길을 비를 맞아 가며 질척거리고 온 생각은 아니하고 거저나 얻은 듯이 고마웠다. 졸부나 된 듯이 기뻤다. 제 자식뻘밖에 안 되는 어린 손님에게 몇 번 허리를 굽히며,

"안녕히 다녀옵시요."

라고 깍듯이 재우쳤다.

그러나 빈 인력거를 털털거리며 이 우중에 돌아갈 일이 꿈밖이었다. 노동으로 하여 흐른 땀이 식어지자 굶주린 창자에서, 물 흐르는 옷에서 어슬어슬 한기가 솟아나기 비롯하매 일 원 오십 전이란 돈이 얼마나 괜찮고 괴로운 것인 줄 설리히 느끼었다. 정거장을 떠나는 그의 발길은 힘 하나 없었다. 온몸이 옹송그려지며 당장 그 자리에 엎어져 못 일어날 것 같았다.

"젠장맞을 것, 이 비를 맞으며 빈 인력거를 털털거리고 돌아를 간담. 이런 빌어먹을 제 할미를 붙을 비가 왜 남의 상판을 딱딱 때려!"

그는 몹시 화증을 내며 누구에게 반항이나 하는 듯이 게걸거렸다. 그럴 즈음에 그의 머리엔 또 새로운 광명이 비쳤나니 그것은 '이러구 갈 게 아니라 이 근처를 빙빙 돌며 차 오기를 기다리면 또 손님을 태우게 되는지도 몰라' 란 생각이었다. 오늘 운수가 괴상하게도 좋으니까 그런 요행이 또 한번 없으리라고 누가 보증하랴. 꼬리를 굴리는 행운이 꼭 자기를 기다리고 있다고 내기를 해도 좋을 만한 믿음을 얻게 되었다. 그렇다고 정거장 인력거꾼의 등쌀이 무서우니 정거장 앞에 섰을 수는 없었다. 그래 그는 이전에도 여러 번 해본 일이라 바로 정거장 앞 전차 정류장에서 조금 떨어지게 사람 다니는 길과 전찻길 틈에 인력거를 세워 놓고 자기는 그 근처를 빙빙 돌며 형세를 관망하기로 하였다. 얼마 만에 기차는 왔고 수십 명이나 되는 손이 정류장으로 쏟아져 나왔다. 그 중에서 손님을 물색하는 김첨지의 눈엔 양머리에 뒤축 높은 구두를 신고 망토까지 두른 기생 퇴물인 듯 난봉 여학생인 듯한 여편네의 모양이 띄었다. 그는 슬근슬근 그 여자의 곁으로 다가들었다.

"아씨, 인력거 아니 타시랍시요."

그 여학생인지 만지가 한참은 매우 때깔을 빼며 입술을 꼭 다문 채 김첨지를 거들떠보지도 않았다. 김첨지는 구걸하는 거지나 무엇같이 연해연방 그의 기색을 살피며,

"아씨, 정거장 애들보담 아주 싸게 모셔다 드리겠습니다. 이 어디신가요."

하고 추근추근하게도 그 여자의 들고 있는 일본식 버들고리짝에 제 손을 얹었다.

"왜 이래, 난 귀치않게."

소리를 벽력같이 지르고는 돌아선다. 김첨지는 어랍시요 하고 물러섰다.

전차는 왔다. 김첨지는 원망스럽게 전차 타는 이를 노리고 있었다. 그러나 그의 예감(豫感)은 틀리지 않았다. 전차가 빡빡하게 사람을 싣고 움직이기 시작하였을 제 타고 남은 손 하나가 있었다. 굉장하게 큰 가방을 들고 있는 걸 보면 아마 붐비는 차 안에 짐이 크다 하여 차장에게 려

53

내려온 눈치였다. 김첨지는 어섰다.

"인력거를 타시랍시요."

한동안 값으로 승강이를 하다가 육십 전에 인사동까지 태워다 주기로 하였다. 인력거가 무 거워지매 그의 몸은 이상하게도 가벼워졌고 그리고 또 인력거가 가벼워지니 몸은 다시금 무 거워졌건만 이번에는 마음조차 초조해 온다. 집의 광경이 자꾸 눈앞에 어른거리어 인제 요 행을 바랄 여유도 없었다. 나무 등걸이나 무엇 같고 제 것 같지도 않은 다리를 연해 꾸짖으 며 질팡갈팡 뛰는 수밖에 없었다. 저놈의 인력거꾼이 저렇게 술이 취해 가지고 이 진땅에 어찌 가노, 라고 길 가는 사람이 걱정을 하리만큼 그의 걸음은 황급하였다. 흐리고 비 오는 하늘은 어둠침침하게 벌써 황혼에 가까운 듯하다. 창경원 앞까지 다다라서야 그는 턱에 닿 은 숨을 돌리고 걸음도 늦추잡았다. 한 걸음 두 걸음 집이 가까워 갈수록 그의 마음조차 괴 상하게 누그러웠다. 그런데 이 누그러움은 안심에서 오는 게 아니요 자기를 덮친 무서운 불

행을 빈틈없이 알게 될 때가 박두한 것을 두리는 마음에서 오는 것이다. 그는 불행에 다닥 치기 전 시간을 얼마쯤이라도 늘이려고 버르적거렸다. 기적(奇蹟)에 가까운 벌이를 하였다는 기쁨을 할 수 있으면 오래 지니고 싶었다. 그는 두리번두리번 사면을 살피었다. 그 모양은 마치 자기 집----곧 불행을 향하고 달아가는 제 다리를 제 힘으로는 도저히 어찌할 수 없 으니 누구든지 나를 좀 잡아 다고, 구해 다고 하는 듯하였다.

그럴 즈음에 마침 길가 선술집에서 그의 친구 치삼이가 나온다. 그의 우글우글 살찐 얼굴에 주홍이 덧는 듯, 온 턱과 뺨을 시커멓게 구레나룻이 덮였거늘 노르탱탱한 얼굴이 바짝 말라 서 여기저기 고랑이 패고 수염도 있어야 턱밑에만 마치 솔잎 송이를 거꾸로 붙여 놓은 듯한 김첨지의 풍채하고는 기이한 상을 짓고 있었다.

"여보게 김첨지, 자네 문안 들어갔다 오는 모양일세그려. 돈 많이 벌었을 테니 한잔 빨리 게."

뚱뚱보는 말라깽이를 보던 말에 부르짖었다. 그 목소리는 몸집과 딴판으로 연하고 싹싹하였 다. 김첨지는 이 친구를 만난 게 어떻게 반가운지 몰랐다. 자기를 살려 준 은인이나 무엇같 이 고맙기도 하였다.

"자네는 벌써 한잔한 모양일세그려. 자네도 오늘 재미가 좋아 보이."

하고 김첨지는 얼굴을 펴서 웃었다.

"아따, 재미 안 좋다고 술 못 먹을 낸가. 그런데 여보게, 자네 왼몸이 어째 물독에 빠진 새 앙쥐 같은가. 어서 이리 들어와 말리게."

선술집은 훈훈하고 뜨뜻하였다. 추어탕을 끓이는 솥뚜껑을 열 적마다 뭉게뭉게 떠오르는 흰 김 석쇠에서 뻬지짓뻬지짓 구워지는 너비아니구이며 제육이며 간이며 콩팥이며 북어며 빈 떡……이 너저분하게 늘어놓인 안주 탁자에 김첨지는 갑자기 속이 쓰려서 견딜 수 없었다. 마음 로 할 양이면 거기 있는 모든 먹음먹이를 모조리 깡그리 집어삼켜도 시원치 않았다 하되 배고픈 이는 위선 분량 많은 빈떡 두 개를 쪼이기도 하고 추어탕을 한 그릇 청하였 다. 주린 창자는 음 식맛을 보더니 더욱더욱 비어지며 자꾸자꾸 들이라 들이라 하였다. 순식 간에 두부와 미꾸리 든 국 한 그릇을 그냥 물같이 들이켜고 말았다. 셋째 그릇을 받아 들었 을 제 데우던 막걸리 곱배기 두 잔이 더웠다. 치삼이와 같이 마시자 원원이 비었던 속이라 찌르를 하고 창자에 퍼지며 얼굴 이 화끈하였다. 눌러 곱배기 한 잔을 또 마셨다.

김첨지의 눈은 벌써 개개 풀리기 시작하였다. 석쇠에 얹힌 떡 두 개를 숭덩숭덩 썰어서 볼 을 불룩거리며 또 곱배기 두 잔을 부어라 하였다.

치삼은 의아한 듯이 김첨지를 보며,

"여보게 또 붓다니, 벌써 우리가 넉 잔씩 먹었네, 돈이 사십 전일세."

라고 주의시켰다.

"아따 이놈아, 사십 전이 그리 끔찍하냐. 오늘 내가 돈을 막 벌었어. 참 오늘 운수가 좋았느 니."

"그래 얼마를 벌었단 말인가."

"삼십 원을 벌었어, 삼십 원을! 이런 젠장맞을 술을 왜 안 부어…… 괜찮다 괜찮다, 막 먹어 도 상관이 없어. 오늘 돈 산더미같이 벌었는데."

"어, 이 사람 취했군, 그만두세."

"이놈아, 그걸 먹고 취할 내냐, 어서 더 먹어."

하고는 치삼의 귀를 잡아 치며 취한 이는 부르짖었다. 그리고 술을 붓는 열다섯 살 됨직한 중가리에게로 달려들며,

"이놈, 오라질 놈, 왜 술을 붓지 않어."

라고 야단을 쳤다. 중가리는 희희 웃고 치삼을 보며 문의하는 듯이 눈짓을 하였다. 주정꾼이 이 눈치를 알아보고 화를 버럭 내며,

"에미를 붙을 이 오라질 놈들 같으니, 이놈 내가 돈이 없을 줄 알고."

하자마자 허리춤을 훔칫훔칫하더니 일 원짜리 한 장을 꺼내어 중가리 앞에 펄쩍 집어던졌다. 그 사품에 몇 푼 은전이 잘그랑 하며 떨어진다.

"여보게 돈 떨어졌네, 왜 돈을 막 끼었나."

이런 말을 하며 일변 돈을 줍는다. 김첨지는 취한 중에도 돈의 거처를 살피는 듯이 눈을 크게 떠서 땅을 내려다보다가 불시에 제 하는 짓이 너무 더럽다는 듯이 고개를 소스라치자 더욱 성을 내며,

"봐라 봐! 이 더러운 놈들아, 내가 돈이 없나, 다리뼉다구를 꺾어 놓을 놈들 같으니."

하고 치삼의 주위 주는 돈을 받아,

"이 원수엣돈! 이 육시를 할 돈!"

하면서 풀매질을 친다. 벽에 맞아 떨어진 돈은 다시 술 끓이는 양푼에 떨어지며 정당한 매를 맞는다는 듯이 쨍 하고 울었다.

곱배기 두 잔은 또 부어질 겨를도 없이 말러 가고 말았다. 김첨지는 입술과 수염에 붙은 술을 빨아들이고 나서 매우 만족한 듯이 그 솔잎 송이 수염을 쓰다듬으며,

"또 부어, 또 부어."

라고 외쳤다.

또 한 잔 먹고 나서 김첨지는 치삼의 어깨를 치며 문득 껄껄 웃는다. 그 웃음 소리가 어떻게 컸던지 술집에 있는 이의 눈은 모두 김첨지에게로 쏠리었다. 웃는 이는 더욱 웃으며,

"여보게 치삼이, 내 우스운 이야기 하나 할까. 오늘 손을 태고 정거장에 가지 않았겠나."

"그래서."

"갔다가 그저 오기가 안됐데그려. 그래 전차 정류장에서 어름어름하며 손님 하나를 태울 궁리를 하지 않았나. 거기 마침 마마님이신지 여학생이신지 (요새야 어디 논다니와 아가씨를 구별할 수가 있던가) 망토를 잡수시고 비를 맞고 서 있겠지. 슬근슬근 가까이 가서 인력거 타시랍시요 하고 손가방을 받으랴니까 내 손을 탁 뿌리치고 홱 돌아서더니만 '왜 남을 이렇게 귀찮게 굴어!' 그 소리야말로 꾀꼬리 소리지, 허허!"

김첨지는 교묘하게도 정말 꾀꼬리 같은 소리를 내었다. 모든 사람은 일시에 웃었다.

"빌어먹을 깍쟁이 같은 년, 누가 저를 어쪄나, '왜 남을 귀찮게 굴어!' 어이구 소리가 처신도 없지, 허허."

웃음 소리들은 높아졌다. 그러나 그 웃음 소리들이 사라도 지기 전에 김첨지는 훌쩍훌쩍 울기 시작하였다.

치삼은 어이없이 주정뱅이를 바라보며,

"금방 웃고 지랄을 하더니 우는 건 또 무슨 일인가."

김첨지는 연해 코를 들이마시며,

"우리 마누라가 죽었다네."

"뭐, 마누라가 죽다니, 언제?"

"이놈아 언제는, 오늘이지."

"엣기 미친놈, 거짓말 말아."

"거짓말은 왜, 참말로 죽었어, 참말로   마누라 시체를 집에 빼들쳐 놓고 내가 술을 먹나 니, 내가 죽일 놈이야, 죽일 놈이야."

하고 김첨지는 엉엉 소리를 내어 운다.

치삼은 흥이 조금 깨어지는 얼굴로,

"원 이 사람이, 참말을 하나 거짓말을 하나. 그러면 집으로 가세, 가."

하고 우는 이의 팔을 잡아당기었다.

치삼의 끄는 손을 뿌리치더니 김첨지는 눈물이 글썽글썽한 눈으로 싱그레 웃는다.

"죽기는 누가 죽어."

하고 득의가 양양.

"죽기는 왜 죽어, 생때같이 살아만 있단다. 그 오라질 년이 밥을 죽이지. 인제 나한테 속았다."

하고 어린애 모양으로 손뼉을 치며 웃는다.

"이 사람이 정말 미쳤단 말인가. 나도 아주먼네가 앓는단 말은 들었는데."

하고 치삼이도 어느 불안을 느끼는 듯이 김첨지에게 또 돌아가라고 권하였다.

"안 죽었어, 안 죽었도 그래."

김첨지는 화증을 내며 확신 있게 소리를 질렀으되 그 소리엔 안 죽은 것을 믿으려고 애쓰는 가락이 있었다. 기어이 일 원 어치를 채워서 곱배기 한 잔씩 더 먹고 나왔다. 궂은비는 의연히 추적추적 내린다.

김첨지는 취중에도 설렁탕을 사가지고 집에 다다랐다. 집이라 해도 물론 셋집이요 또 집 전체를 세든 게 아니라 안과 뚝 떨어진 행랑방 한 간을 빌려 든 것인데 물을 길어 고 한 달에 일 원씩 내는 터이다. 만일 김첨지가 주기를 띠지 않았던들 한 발을 문에 들여놓았을 제 그곳을 지배하는 무시무시한 정적(靜寂)————폭풍우가 지나간 뒤의 바다 같은 정적이 다리가 떨렸으리라. 쿨룩거리는 기침 소리도 들을 수 없다. 그르렁거리는 숨소리조차 들을 수 없다. 다만 이 무덤 같은 침묵을 깨뜨리는————깨뜨린다느니보다 한층 더 침묵을 깊게 하고 불길하게 하는 빽빽 하는 그윽한 소리, 어린애의 젖 빠는 소리가 날 뿐이다. 만일 청각(聽覺)이 예민한 이 같으면 그 빽빽 소리는 빨 따름이요, 꿀떡꿀떡 하고 젖 넘어가는 소리가 없으니 빈 젖을 빤다는 것도 짐작하는지 모르리라.

혹은 김첨지도 이 불길한 침묵을 짐작했는지도 모른다. 그렇지 않으면 문에 들어서자마자 전에 없이,

"이 난장맞을 년, 남편이 들어오는데 나와 보지도 않아, 이 오라질 년."

이라고 고함을 친 게 수상하다. 이 고함이야말로 제 몸을 엄습해 오는 무시무시한 증을 쫓아 버리려는 허장성세인 까닭이다.

하여간 김첨지는 방문을 왈칵 열었다. 구역을 나게 하는 추기———— 떨어진 삿자리 밑에서 나온 먼지내 빨지 않은 기저귀에서 나는 똥내와 오줌내 가지각색 때가 켜켜이 앉은 옷내 병인의 땀 썩은 내가 섞인 추기가 무딘 김첨지의 코를 찔렀다.

방 안에 들어서며 설렁탕을 한구석에 놓을 사이도 없이 주정꾼은 목청을 있는 로 다 내어 호통을 쳤다.

"이런 오라질 년, 주야장천 누워만 있으면 제일이야. 남편이 와도 일어나지를 못해."

라는 소리와 함께 발길로 누운 이의 다리를 봅시 찼다. 그러나 발길에 채이는 건 사람의 살이 아니고 나무등걸과 같은 느낌이 있었다. 이때에 빽빽 소리가 응아 소리로 변하였다. 개똥이가 물었던 젖을 빼어 놓고 운다. 운도 온 얼굴을 찡그려 붙여서 운다는 표정을 할 뿐이다. 응아 소리도 입에서 나는 게 아니고 마치 뱃속에서 나는 듯하였다. 울다가 울다가 목도 잠겼고 또 울 기운조차 시진한 것 같다.

발로 차도 그 보람이 없는 걸 보자 남편은 아내의 머리맡으로 달려들어 그야말로 까치집 같은 환자의 머리를 꺼들어 흔들며,

"이년아, 말을 해, 말을! 입이 붙었어, 이 오라질 년!"

"……"

"으응, 이것 봐, 아무 말이 없네."

"……"

"이년아, 죽었단 말이냐, 왜 말이 없어."

"……"

"으응, 또 답이 없네. 정말 죽었나 버이."

이러다가 누운 이의 흰 창을 덮은 위로 치뜬 눈을 알아보자마자.

"이 눈깔! 이 눈깔! 왜 나를 바라보지 못하고 천장만 보느냐, 응."

하는 말 끝엔 복이 메였다. 그러자 산 사람의 눈에서 떨어진 닭의 똥 같은 눈물이 죽은 이 의 뻣뻣한 얼굴을 어룽어룽 적시었다. 문득 김첨지는 미친 듯이 제 얼굴을 죽은 이의 얼굴 에 한데 비비며 중얼거렸다.

"설렁탕을 사다 놓았는데 왜 먹지를 못하니, 왜 먹지를 못하니…… 괴상하게도 오늘은! 운수 가, 좋더니만……."

\<며느리\>
이무영

1

"얘들아, 오늘은 좀 어떨 것 같으냐?"

부엌에서 인기척이 나기만 하면 박 과부는 자리 속에서 이렇게 허공을 대고 물어보는 것이 이 봄 이래로 버릇처럼 되어 있다.

어떨 것 같으냐는 것은 물론 날이 좀 끄무레해졌느냐는 뜻이다. 다른 날도 아닌 바로 한식날 시작을 한 객쩍은 비가 이틀이나 줄기차게 쏟아진 이후로는 복이 내일 모레라는데 소나기 한 줄기 않던 것이다. 이러다가는 못자리판에서 이삭이 날 지경이다.

여느 해 같으면 지금 한창 이듬매기다, 피사리다, 매미충이 생겼느니 어쩌니 할 판인데 중답들도 아직 모를 내어볼 염량도 못하고 있다.

밭도 그대로 퍽 묵어자빠졌다. 오이다, 열무다, 목화다, 제철 찾아 심기는 했으나 워낙 내리쪼이기만 하니까 싹이 트다 말고 모두 시들어버린다.

"하늘은 방귀두 안 뀌구 오줌두 안 눌라구? 설마 망종까지야 한 보지락하겠지."

이 설마가 사람을 죽이는 것이다. 망종이 지나고 하지가 되어도 거짓말처럼 비 한방울 하지 않는다.

설마를 믿고 호미모를 냈던 사람들도 물을 대다 대다 지쳐서 나자빠지고 말았다.

"아니 그래, 이런 놈의 하늘이 있단 말인가? 7년 가뭄에 비 안 오는 날 없다더구먼서두 이건 그런 빗방울 한번두 하질 않으니."

농군들은 어처구니가 없어했다.

"그눔의 원자탄인가 뭔가 때문에 천지 조화가 생겼다더니 아마 그게 정말인 모양이지? 그렇잖구서야 요렇게 흐려보지도 못할 수가 있담!"

단오도 획 지나갔다.

그래도 죽네사네 하면서도 단오절이면 인조견 나부랭이라도 떨치는 아이들이 보이고, 누가 서둘러서던지 동구 밖 느티나무에 그네라도 매었으련만 아이들이 끙게도 없는 새끼줄 그네를 버드나무 가지에 매고 싸움박질을 할 뿐이다.

그네고 자시고 할 경황이 없는 모양이다.

달걀 노른자위처럼 삼배출짜리로만 속 뽑아 차지한 구장네 빼어놓고는 논묵히지 않은 사람이 없다. 한식 때 한번 젖어본 채로 가랑비 한번 오지 않았고 보니 논바닥이 아니라 그대로 타작 마당처럼 굳었다. 하불하 네댓 보지락은 와야만 모라고 내어볼 형편이다.

"다들 굶어죽었군! 굶어죽었어! 아마 인제 우리 나라에 떼정승이 날려나부다!"

굶어죽기란 정승 하기보다도 어렵다는 말을 빌려 하는 소리다.

물길만 믿고 모를 냈던 논들도 요새는 물 퍼대기에 온 집안이 논두렁잠을자지 않으면 안 되었다.

누가 내 배 다치랴 싶게 거드름을 피우던 구장까지가 요새는 아들이 갖다준 군대 우장을 뒤집어쓰고 저녁이면 논으로 나간다.

이런 판국이니 온 동리 사람들이 다 고르고 난 찌꺽지만 얻어 차지한 박 과부네야 더할 것도 없다. 순조로워야 마석이나 얻어먹는 너 마지기가 그대로 쩍 갈라진 채 나자빠져 있던 것이다.

작년 일년내 박 과부는 두 며느리에 지금은 무남독녀처럼 되어버린 복녀까지를 끌고 다니며 극성을 부려서 퇴비를 천 관 가까이나 장만했었다. 그래서 장려상까지 탔지마는 박 과부의 욕심은 금년에는 아랫배미 두 마지기에서는 양석을 한번 내어보자던 뱃심이었던 것이다.

그것이 양석은커녕 꽂아보지도 못하게 되었고 보니 기가 찰밖에는 없다.

하는 수 없이 메밀이라도 뿌려둔다고 군대에 가서 있는 둘째아들 창수가지난 정월 달에 벗던지고 간 군대 잠바에다 돈도 삼백환이나 얹어주고서 메밀씨를 구해다 놓기는 했으나 아직도 초복 전인지라 미련이 있어서 심지를 않고 아침이면 이렇게 며느리들보고 그날 일기를 물어보는 것이다.

2

그러나 박 과부가 새벽마다 며느리들한테 그날 일기를 묻는 데는 또한 딴이유가 있다. 그날의 날씨도 날씨지만 며느리들의 대답으로 그날 며느리들의 마음속을 점쳐 보기 위해서다. 박 과부는 아직도 쉰을 둘 넘었을 뿐이요, 자리잡아 드러누워 있는 병자도 아니다. 해가 뜨도록 질펀하니 드러누워 있는 그런 성미도 못 된다.

그러고 보니 눈이 뜨이는 길로 문을 활짝 열어젖히고 하늘을 치어다볼 수도 있건만 반드시 두 며느리한테 그날 일기를 묻는 것은 며느리들의 대답소리로 그날 며느리의 기분을 살피자는 수단인 것이다.

"애들아, 오늘은 좀 어떨 것 같으냐?"

하는 소리는 비가 옴직하냐는 소리도 되거니와,

"애들아, 너희들 기분이 어떠냐?"

하는 질문과도 같다.

"안개만 자옥해요!"

라든가 또,

"틀렸나봐요!"

또는,

"빈커녕 눈두 안 오겠어요!"

이런 대답 내용으로도 며느리들의 그날 일기가 짐작이 되었지만 말소리로도 며느리들이 부어 있는지, 신푸녕해하는지, 기분이 가라앉았는지가 짐작 간다.

먼저 부엌에 나온 것이 어떤 며느리인가를 알기 위한 방법도 된다. 원래 따지자면 작은며느리가 먼저 일어나 나와야 한다. 그러나 매양 먼저 대답하는 것은 큰며느리다.

큰며느리가 먼저 일어나와야 될 게세인데 그것이 나중 나오면,

'아니, 저것이 또 딴생각을 하는 것이나 아닌가?'

이런 걱정이 앞서고, 큰며느리가 먼저 나오는 것을 보면 박 과부는 한편,

'그래두 낫살 더 먹은 것이 낫구나.'

이런 생각이 들어 큰며느리가 의젓해 보이다가도 또 한편으로는,

'아니, 큰것이 먼저 나온 걸 보면 간밤 또 잠을 못 잔 게 아닌가? 쓸쓸한
자리 속에 질펀히 들어 있기가 싫으니까 뛰쳐나오는지도 모르리 —'
이런 불안이 또 머리를 들고 일어선다.
그렇다고 박 과부가 수다스러운 사람이래서만도 아니다. 남편이 왜정 때 징용으로 일본 야하다
제철소에 끌려갔다가 기계에 치여 죽은 지 십 년이다. 이 십 년간의 중년 과부 생활이 자연 박
과부를 거세게 만들었고, 다심하게만 했지만 두 며느리한테 신경을 쓰는 것은 반드시 그의 성격
때문만은 아닌 것이, 두 며느리가 다 요새 와서 마음이 들뜬 것처럼 보여지기 시작한 것이다.
큰며느리는 시어머니와 같은 신세였고, 둘째는 남편이 있기는 하지만 생과부다. 작은아들 창수
는 결혼한 지 석 달 만에 군대에 끌려가서 벌써 삼 년째나 되는 것이다. 이 달에는 풀린다, 새달에
는 풀린다, 편지만 오다 또 꿩 구워 먹은 수작이었고, 부양 책임이 있는 집 자식은 곧 제대를
시킨다는 구장 말만 듣고 면소에도 몇 번이나 쫓아갔다.
아버지도 없는 두 자식 중에 큰아들 창선이는 휴전이 되기 바로 직전에 전사를 했고, 둘째아들
창수가 군대에 갔고 보니 그런 법이 생겼다면 응당 창수만은 돌아와야 하느니라 했던 것이다.
그러나 그것도 말뿐이지 또 흐지부지하고 말았다.
진정서를 내면 된다는 바람에 삼백환이나 들여서 대서를 시켰더니 반장,구장, 면장의 증명이 없
다 해서 무효가 되었다던 것이다.
그래서 또 몇 달째 미적미적 밀려오고 있다.
큰며느리라야 이제 겨우 스물여섯이고 보니 그야말로 청상과부다. 창선이가 전사했다는 소문이
돌자 동리 사람들은,
"글쎄, 창선이 댁이 붙어 있을까? 자식이 있다고는 하지만 그간 계집애하나 —"
이렇게 은근히 걱정을 했었다.
동리 사람뿐만 아니라 박 과부도 그랬다. 아이가 삽삽하고 붙임성도 있고,
워낙 가난한 집에 태어나서 고생을 하고 자란 터라 속도 틔었다지만 나이이십에 뭣이 미진해서
이런 집에 붙어 있으랴 했다.
'저것이 머슴애이기나 했더라면 —'
박 과부는 손녀를 바라보면서 몇 번이나 이렇게 한탄을 했었다. 아들이었더라면 혹시 그것한테
나 마음을 붙이고 붙어 있을지도 모른다 싶었던 것이다.
그래서 장사랍시고 지낸 지 한 두어 달쯤 되어서던가 한번 박 과부가 선손을 써본 적도 있다.
"애, 애 어미야, 너 기나긴 청춘을 어떻게 저것만 바라구 살 수 있겠느냐. 나야 네가 저것한테
라두 맘을 붙이고 있기를 바라지만 어디 너한테야—"
이렇게 며느리의 마음을 떠보려니까 며느리는 펄쩍뛰었다.
"아니 어머니두, 망측한 말씀을 하시네요! 아마 어머니가 제가 싫어지셨나봐. 암만 싫다셔두
이 집에서 단 한 발자국두 나가질 않을 테니 그런 줄 아세요, 어머니."
이렇게 나글나글 웃기까지 했었다.
그런 큰며느리였다.
그래도 말은 그랬지만 어디 그러랴 했다.
그러나 한결같은 며느리였다. 아니 제 남편이 살았을 때보다도 더 자상했다.
"이것 어머니나 잡수셔요. 전 많이 먹구 왔어요."
유가족 위안회에 초대를 받고 여주 읍내에 갔다 온 며느리는 거기서 주더라는 도시락을 고스란
히 싸들고 왔다. 박 과부는 정말인 줄 알고 그 도시락을 둘째며느리하고 나누어 먹고 말았더
니 후에 밖에서 듣고 나니 그것 하나 주고 말았다던 것이다.
그런 며느리였다.
그렇던 며느리가 작년 가을부터 확실히 눈치가 좀 달라진 것이다.
박 과부는 자기가 보낸 십 년 동안을 생각해보고는,
'젊디젊은 것이 사내 생각도 나겠지 —'
이렇게 너그러이 보아주기로 했었지만 올 봄 접어들면서부터는 전에 없던 통명도 생겼고, 어떤
때는 팩하고 맞서려고도 든다. 한식철만 지나면 농가에서는 눈이 핑핑 돌아간다. 볍씨도 담가야
했고, 못자리판도 마련해야 했고, 온갖 밭곡식도 파종을 해야 했다. 보리밭도 매고 거름도 주어

60

야 했다.

이렇게 한창 달구치는 판에 떡 친정에를 다녀온다고 나서는 며느리기도 했다.

박 과부는 하도 어이가 없어서,

"애야, 네가 정신이 있는 사람이냐? 그래 봄에 온 사돈은 꼴두 보기 싫다는데 이 바쁜 철에 사돈집엘 간다구 나서? 네가 맘이 변해두 이만저만 변한게 아니로구나!"

그 말을 듣고 나니 방순이는 찔리는 데가 있다. 어려서부터 농가에서 자랐기도 하지만 하루하루 곡식 커가는 데 여간 재미를 붙이던 방순이가 아니다.

시집을 오던 해다. 창선이가 철도 아닌 봄 학질을 앓았었다. 골이 쪼개지는 것 같다고 하며 머리에 물수건을 대어달라던 것이다.

방순이는 물동이를 이고 한데 우물로 찬물을 길러 간 것이 아무리 기다려도 오지 않는다.

얼마 만에야 들어온 며느리를 보고 박 과부가,

"넌 우물을 팠느냐?"

하고 물으니까,

"밭에 좀 들러 왔어요."

"병자 위해서 물 길러 간 사람이 밭엔 웬 밭?"

"외가 싹이 났나 해서요, 간밤 꿈엔 안 났겠지요?"

"그래 싹이 났던?"

박 과부도 대견해서 웃었었다. 농갓집 맏며느리는 저래야 하느니라 했던 것이다.

"요만큼 뾰쪽이 나왔어요, 어머님! 어떻게나 귀엽던지 똑 따주고 싶겠지요!"

"너 그러다가 네 남편한테 외싹이 더 중하냐구 쫓겨날라."

고마워서 한 소리였다.

"쫓아내면 쫓겨가지요 뭐, 어디 가면 외싹 없을라구요."

"저런 망할 것, 그래 남편보다두 외싹이 더 대단하다는 거야?"

하고 창선이가 방에서 소리를 쳤을 때도,

"남편 없이는 살겠어두 곡식 기르는 맛 없인 못 살아요!"

이런 방순이었었다.

이렇던 며느리가 이 바쁜 봄철에 친정에를 가겠노라는 것이다.

"오냐, 네 맘 내키는 대루 해라만서두 ―"

하고 박 과부는 앵동그라졌다.

"아마 봄철에 친정 간다는 사람은 세상을 발칵 뒤집어두 너밖엔 없을 거다! 네가 다 날 업수이 여기구 하는 수작인 줄 나두 안다. 할 대로 해!"

아들이 아직 살아 있었을 때의 박 과부는 며느리를 들볶아대는 시어미는 아니었지만 아직 젊은 과부였더니만큼 그렇게 녹록한 시어머니도 아니었다. 자식이 며느리 방에 들어간다고 트집을 잡아 죽네사네 나대기까지는 않았어도 며느리 방에서 나오는 아들을 보는 눈은 어느 때 한번 모질지 않은때가 없었다.

그러나 자식이 덜컥 죽고 난 다음부터는 자기도 모르게 큰며느리를 바라다보는 눈은 달라졌었고, 말소리에도 가시가 돋지는 않았다.

"그래, 정말 가겠다는 거냐? 어서 가봐라. 가서 아주 올 것 없다! 지금이 어느 철인데 사돈집엘 간다는 거야!"

아들이 죽은 후로 이렇게 며느리한테 모진 소리를 하기도 처음이었거니와 며느리 또한 시어머니의 뜻을 무시하기도 그것이 처음이다.

"어디 사돈집인가요? 친정집이지요! 누가 오래나 있겠답니까? 하두 꿈자리가 뒤숭숭하니까 잠깐 다녀만 오겠다구 그러지 않아요!"

"오냐, 남내루 애! 빌리싫을 테니 뽐내구 하려면 밀아. 인껜 내기 이런 욜 이른스루 안았더나? 시어미 대접을 했구?"

이런 말다툼을 하고서도 며느리는 기어코 어린것을 끌고 저의 집에를 갔다왔던 것이다.

생각더니보다는 일찍 돌아왔었다. 그러나 날짜가 문제가 아니다. 가지 말라는 데 갔다는 사실이 문제였다.

고부간 사이에 틈이 벌기 시작한 것도 이때부터다. 며느리가 시어미 말을 거역했다는 이 엄연한 사실이 박 과부의 의혹을 샀고, 그렇게 보고 나면 그럴 만한 일이 없는 것도 아니다. 올 정월달에도 집에를 갔다 왔는데 또 간다는 것도 우습거니와, 요 한 보름 전에는 육촌오라버니인가 뭔가 된다는 젊은 아이가 다녀갔고 편지도 두 번이나 왔었다.
전에 없던 일이었다.
박 과부는 그 육촌오라비라는 사나이가 심상치 않으리라 한 것이다. 치마에 바람이 나게 나대어도 미처 손이 안 돌아갈 봄철에 일손을 쥔 채 맥놓고서 섰기가 일쑤다. 밭을 매다가도 그랬다. 절구질을 하다가도 그랬었다. 그런 때마다 박 과부는,
"애야! 넌 절구질을 하다 말구서 뭘 그리 섰는 거야!"
하고 쏘아붙일라치면 제라서 질겁을 해서 다시 일손을 잡지만 그때뿐이었다.
"넌 아무래두 탈이 난 사람인가부다. 일하던 사람이 일엔 정신이 없구 뭔 생각에 팔리는 거냐?"
"……"
"그럴 마련이면 아주 요정을 내자, 너 갈 테 있건 가구."
"……"
어느 뉘 집 개가 짖느냐는 투다.
그러면 박 과부는 속이 왈칵 뒤집혀지고 말던 것이다.
"복녀야, 너 네 큰형이 혹 보따리를 싸는가 잘 보살펴라."
장터에 나가지 않으면 안 될 때는 박 과부는 딸한테 슬며시 귀띔도 한다.
여인네만 살고 있는 터고 보니 사내처럼 나돌아야 할 일도 많던 것이다.
"왜, 어머니?"
"글쎄, 잘 챙겨보란 말이다. 너 두구봐라. 네 큰형은 맘이 변했어, 인제 제집으루 간다구 내댈 께니 두구봐."
"설마!"
하고 아직 열다섯밖에 안 된 복녀한테는 믿어지지가 않았다.
"설마가 뭐야, 잘 살펴봐?"
박 과부는 이렇게 장담도 했지마는 역시 나이를 먹으니만큼 짐작도 빨랐다. 큰며느리 방순이는 첫정월에 친정에를 다녀온 뒤부터 시집을 떠날 궁리만 해오고 있던 것이다.
이 이상 혼자는 견디기가 어려웠다.

3
방순이가 기어코 이 집을 나가리라는 결심을 마지막으로 한 것은 단오날 저녁이었다. 방순이는 저번에 육촌오라버니라고 시어머니한테 거짓말을 한 춘근이와 그런 약속까지 되어 있던 것이다. 단오에는 친정에 다녀서 오마 하고 그 길로 곧장 영등포로 오던 것이다.
방순이도 그러마 했었다.
춘근이와는 어려서부터 잘 알던 사이다. 방순이가 국민학교를 졸업했을 때는 춘근이는 서울 상업학교 고등과 1학년이었다. 어려서는 서로 욕지거리도 하던 사이였지만 커갈수록에 길에서 마주치면 외면도 했고, 방순이가 이성이라는 것에 눈을 뜨기 시작했을 무렵 춘근이는 서울 여학생과 결혼을 하고말았다.
물론 춘근이와 그런 약속을 한 적도 없고, 서로 손 한번 만져본 일도 없기는 했지만 방순이는 꼭 속아넘어간 것만 같았다. 말하자면 방순이가 짝사랑을 한 셈이었다.
방순이가 열여덟 살 때 일이다.
그뒤 방순이는 아버지가 시키는 대로 창선이와 결혼을 했고, 춘근이의 이름조차도 잊고 살아왔었다.
그 춘근이를 지난 정월 집에 갔다가 우연히도 만났던 것이다. 춘근이는 아내한테 아이가 없어서 늘 불만이란 이야기는 전에도 들었었지만 지난 겨울에 아주 헤어지고 말았다는 것이다.
영등포에서는 자동차 부속품 장사를 조그맣게 차려가지고 먹을 것은 걱정이 없다고도 했다.

바로 보름날 밤이었다. 춘근 누이동생 춘자도 친정에 와 있어서 방순이는 오래간만에 코를 같이 흘리던 동무와 함께 동리 처녀애들과 팔뚝 맞기 화투장난을 하고 있었다. 거기에 춘근이가 들어 오면서,

"나두 한몫 끼자꾸나."

이렇게 달려들었다.

"아니 오빠두, 남 여자들 노는데 남자 양반이 왜 뛰어들까?"

하고 춘자는 나무라면서도 자리를 마련해준다. 방순이도 맞았고 춘근이가 맞기도 했다. 세번째 인가 방순이가 졌을 때다. 춘근이는 방순이의 손을 쥐는 것이 아니라 사뭇 잡던 것이다. 은근한 이야기를 하듯 손에다 힘을 자그시 주면서,

"울면 안 돼요! 지금까진 사정을 봤지만 아까 방순이가 날 몹시 때렸으니까 나두 사정을 안 볼테야, 골 내지 않지요?"

춘근이는 이런 소리를 했다. 그런 이야기를 하는 동안 방순이의 손가락이 아플 만큼 춘근의 손 아귀에는 힘이 주어진다.

방순이의 손을 잡는 기쁨을 연장하기 위해서였던지도 모른다.

방순이도 어쩐 일인지 그것이 싫지가 않았다.

아니 싫기는 고사하고 호젓한 행복에 잠겨지는 것 같은 기쁨이 느껴지는 것이었다.

"걱정 마세요!"

"정말?"

"그럼요, 춘자 오빠쯤한테 맞아선 아프지 않아요!"

방순이도 이 행복된 — 남편이 출정한 뒤로 그리우고 살아온 남자의 살결에서 풍기는 황홀한 체 취에 잠기는 기쁨을 연장시키고 싶어졌었다.

춘근이한테 맞는 매도 행복일 것만 같다.

살짝보다도 호되게 맞고 싶다.

이것이 인연이 되었다. 남편을 잃은 후로 막은 물처럼 괴었던 남성에 대한 정열이 터진 물처 럼 춘근이를 향하여 쏟아져갔다. 둘은 살짝 두 번이나 만났다. 춘근이는 방순이한테 모든 것을 요구도 했다. 방순이도 그럴 생각이었다. 그러고 싶기도 했었다. 다만 갈 데까지 못 간 것은 그 럴 기회와 장소가 없었을 따름이었다.

"방순이, 내 얘기 들었지?"

"들었어요."

"그럼 나하구 서울로 가자구. 서루 모를 사이두 아니구."

"춘자 오빠야 얼마든지 색시 장갈 갈 수 있을 텐데 뭘 그래요?"

"색시 장가? 그런 것 비린내나는 것들보다 난 방순이가 좋아, 다 인연이야. 원랜 방순이와 혼 인을 했었어야 했을 겐데 사주가 바뀌었던가봐. 그래노니까 방순인 그렇게 됐구, 난 또 이렇게 된 거야. 사람이란 다 연때가 맞아야 하는 게지."

"아인?"

"떼두고 와요!"

그 짓만은 못할 것 같았다. 그러나 그것도 처음뿐이었다.

정도 들었지만 춘근이한테까지 남의 씨를 끌고 다닐 수는 없다 싶었던 것이다.

"지금서 얘기지만 나 방순이하구 결혼하구 싶었다오. 결혼을 하구서두 방순일 늘 생각했어. 정말 방순인 이런 구석에서 썩기가 아까운 사람야."

"괜시리 그러지 뭐."

"괜시리가 다 뭐야, 방순이가 화장이나 하구 옷이나 쪽 빼보라구. 서울장안에서두 방순이 인물 당할 여자라군 몇 안 돼!"

춘근이는 이런 소리도 했었다

친정어머니는 그런 속도 모르고 걸핏하면 춘근이 욕을 한다. 평평댄다는 것이다. 거짓말도 곧잘 하는 눈치라기도 했었다.

"그 사람 말은 콩으루 메줄 쑨대두 도시 곧이들리지 않더라. 그저 저 혼자 잘났다지!"

어머니의 이런 험담까지도 귀에 거슬리게꿈 된 방순이었다. 그래도 친정에서 시집으로 돌아왔

을 때는 방순이의 머리도 좀 식었었다.

'안 될 말이지! 말이 되나!'

이렇게 저 자신의 허벅다리를 꼬집기도 했고, 그런 생각이 들 때마다 어린딸을 품안에다 바짝 끌어다가 얼굴을 비벼대기도 했었다.

'안 되구말구! 우리 불쌍한 애길 두구서 어떻게! 내가 환장을 했나봐!'

그러나 이러한 뉘우침도 사나이에게서 풍기던 살내가 한번 코로 스며들기 시작만하면 걷잡을 수가 없이 되는 방순이였다. 오랫동안 주리며 살아온 살내였다. 한복중이었건만 가슴 한구석에서 찬바람이 일기 시작만 하면 내장을 그대로 휩쓸어가는 것 같다. 몸이 비비 뒤틀리며 복 안이 타온다. 그럴때면 아이고 뭣이고 다 내어던져버릴 수 있을 것 같아지는 것이다.

'그까짓 계집애. 제 자식의 씬데 어련히 잘 기를라구!'

방순이를 이런 애욕의 함정 속에다 잡아넣은 데는 또한 작은며느리 분녀가 한몫을 보아준 것은 사실이다.

작은며느리는 나이 스물셋이었다. 얼굴이 동그스름한 것이 이쁘다기보다는 귀여운 얼굴이다. 이 분녀는 그래도 일년에 한두 번씩은 사내가 다녀가건만 작년 초가을부터 살짝이 자리에서 빠져나가고는 한다.

똑똑히는 몰라도 짐작건대 구장 집 작은아들인 성싶었다. 서울 가서 대학을 다닌다고 논 팔아라, 밭 팔아라 하더니만 구장도 더 댈 수가 없던지 불러내렸다. 하는 일도 없이 빈들거리면서 구장 일을 대신 보기도 한다.

그런 위인이었다.

분녀가 빠져나갔다가 돌아온 이튿날 아침에 볼라치면 얼굴이 밤 사이에 불콰해진 것도 같다. 생기까지 돌았다.

"자네 오늘 아침엔 아주 얼굴에 화기가 도네나. 뭐 좋은 일이 있을려나보지?"

차마 간밤에 좋은 일이 있었느냐고 할 수가 없어서 이렇게 말할라치면 동서는 얼굴이 홍당무가 되면서도,

"행!"

역시 기쁜 모양이었다.

얄미운 생각도 없지 않았다. 아직도 나이 어린 것이 착살맞게도 사내한테 바치는 꼴이 곧 쥐어박고도 싶다. 그렇다고 그런 이야기를 시어머니한테 토설할 수도 없다.

"자네 어딜 갔다 오나?"

한번은 참다못해서 들어오는 동서를 나무란 일도 있다.

"설사병 땜에 큰일났어요!"

'요 앙큼한 것!'

곧 이런 소리가 나가는 것을 꾹 참았다. 디딤돌 뒷간이고 보니 그런 앙큼한 거짓말도 못하련만 사내에 눈이 어두워지면 그런 분간도 안 가는지 모른다 싶다.

이 동서가 구장 집 작은아들을 만나고 오는 동안이란 방순이한테는 정말 견딜 수 없는 시간이었다. 패씸한 생각, 얄밉고 착살맞은 생각 — 이런 증오의 감정도 감정이려니와 젊은 사나이의 품 안에 안기어 숨을 할딱일 동서를 상상할 때 방순이는 일종 회오리바람 속에 휘갑을 당하던 것이다.

견디기 어려운 고통의 순간이었다. 참기 어려운 격정이기도 했었다.

'동세년이 저쫀데 나꺼정 가버려?'

이런 생각을 할 때는 방순이도 제정신으로 돌아간 때다.

그러나 그런 반성이란 역시 의지였다. 생리는 아니다.

4

초복을 지난 지 사흘째 되는 날 밤 방순이는 드디어 결심을 했다. 그 전전날 춘근이 한테서 편지가 왔던 것이다. 시어머니란 까막눈이지라 편지를 본대도 무슨 그림인지도 모르겠지만, 시누이는 그래도 국민학교 3학년까지는

다닌 터라 그럭저럭 뜯어볼 줄은 알아 은근히 마음을 졸이었지만, 그날은 마침 들깨밭을 매고

있는데 학교에 갔다 오던 동네 아이가 우체부가 주더라면서 편지 한 장을 주던 것이다.
마침 시어머니는 둑 너머 고추밭에 내려가고 없었다.
6월 유두날 새벽 장수리 버스 정거장으로 나오라는 것이다.
　"… 오라비 유두날 여주 올라간다. 한번 만나고 싶다마는 만날 길이 없구나. 기별 할 것이 있거
든 네가 그리로 나오든지 사람을 내어보내든지 해라…"
이런 사연이 무슨 뜻인지 방순이는 잘 알고 있다. 나올 때는 아무것도 생각 말고 입은 채로 살짝
나오라는 말은 전부터 해오던 부탁이다.
사실 또 헌 털뱅이를 들고 나갔자 서울 바닥에 가서 걸칠 만한 것도 못 된다. 저녁을 먹고 동서
가 복녀와 복말을 하러 간다고 나간 틈에 인조견 치마두 개와 적삼 한 개를 뚜르르 말아서 장 뒤
에다 숨겨놓고 빠져나갈 궁리만하고 있다. 장수리라면 친정 가는 길과 정반대 길인지라 들킨다
해도 잡힐염려는 없다. 춘근이가 그런 데까지 머리를 쓴 것이 고마웠다.
이제 남은 일이란 과부 시어머니에 어린 자식까지 내어던지고 도망을 하는 자기 자신의 행동을
합리화시키는 일뿐이다.
　'그런 시어머니하구 —'
방순이는 이렇게 토집을 잡아본다. 전에는 흥이 아니었지만, 사실 남편이 있을 때는 뭐니뭐니
토집을 잡아서 들볶기도 한 시어머니라 했다. 과부치고서는 심한 시어머니도 아니었지만 지금
방순이는 지난날 남편이 살았을 동안 가끔 가다가 들거울러 넘기던 심한 시어머니만을 기억에
살려보는 것이다. 아들이 좀 일찍감치 아내 방으로 들어가는 것을 보면 심통이 나서 뭐다 뭐다
자꾸만 불러내던 것이다. 아들도 그런 어머니의 마음속을 들여다보던지라 곧잘 말을 듣다가도
어떤 때는,
　"머리가 아파서 그래요! 좀 내버려둬 줘요!"
하고 퉁명을 부리기도 했다.
그러면 과부 어머니는 봉당에 털썩 주저앉아서는 푸념을 해대던 것이다.
한번은,
　"너 이놈, 네 계집만 아나!"
하고 여편네 역성을 한다고 머리를 끄들고 주먹으로 아들의 등을 펑펑 팬일도 있다.
　'그런 시어머니 밑에서 어떻게…'
방순이는 이렇게 자기를 합리화시켜간다.
　'시뉘년이란 것도 그렇지! 여우처럼 눈치만 살살 보구, 있는 말 없는 말고자질이나…'
하다가 방순이는 멈칫 했다. 봄이 달아서 시누이까지 끌고 들어가보려 했지만 아무리 따져보아
도 시누이는 그런 시누이가 아니다. 아직 나이 어려도 오라범 댁을 불쌍하게 여기었고, 조카도
귀여워했고 먹을 것이 생겨도,
　"언니 좀 먹어요. 먹어야 젖이 나지!"
이런 시누이였다.
　'죄로 가지! 그 시뉠 모함하다니 —'
정말 궁했다. 아무리 시어머니를 몹쓸 시어미로 몰아보아도 그랬고, 시뉘를 끌고 들어가보아도
어린 자식에 과부 시어머니를 두고 사내 꽁무니를 따라가는 자기를 떳떳하게 만들어줄 구실은
없었던 것이다.
이렇게 궁지에 빠진 방순이를 건져준 구실이 나섰다.
방순이는 눈이 버언했다. 가난이었다! 거기다가 삼십 년째 처음 볼 가뭄이 라는 것이다.
　'뭘 먹구 살아?'
사실 작년은 흉년도 아니었건만 겨우내 죽으로 살다시피 했었다. 봄은 더말할 것도 없다. 질경
이죽이 끽이었다.
　'끼거위! 난 그런 베 공군 못 산이! 내가 나가면 니 흰 입이래두 덜어주는 냄이지! 시킴 흰 입
이 얼마라구. 나 하나 없어두 그깐 농사 질 게구…'
정말 살 길을 찾기나 한 것처럼 눈앞이 훤해 온다.
　'그래야! 내가 한 입이라두 덜어주어야지, 서울 가서 돈푼이라두 만지면 얼마씩이라두 보내
주지. 그게 더 잘하는 일이지. 진순이년한테만 해두 그렇지, 죽두 못 얻어먹는데 어미가 나가면

65

그래두 한 입이 주는 셈이구,
거기다 또 돈푼이나 보태준다면 —'
사실 방순이는 자기 행동을 싸고돌려서가 아니라 호미도도 못 꽂은 채 나자빠져 있는 논바닥들
이 눈앞에 서언했다. 밭곡도 새들새들 말라가고 있었고, 오늘만 해도 땡볕만 내리쪼이어 나뭇잎
까지도 후줄근했던 것이다.
어려서부터 곡식과 함께 살아온 방순이다.
어른들한테서 듣고 보고 해서이기도 하지만 가뭄에 타죽어가는 곡식을 보는 것은 정말 자기 자
신이 말라들어가는 것 같은 고통이기도 했다.
사실 비가 푸근히 와서 곡식들이 거무데데하게 부쩍부쩍 자란다면 모든 것을 잊을 수 있었을지
도 모른다 싶다.
그리고 또 곡식들이 그렇게 자라기 시작하면 그런 잡념이 생길 틈이 없었을 것이다.
들에 나가보면 논은 묵어자빠졌고, 수수다, 조다, 심지어 그것도 입에 넣는 곡식이라고 옥수수
까지 잎이 새들거린다. 날로날로 말라비틀어지는 곡식잎을 보니 사람도 그대로 시드는 것만 같
았다.
아니 곡식 시들고 농군이 살찐 일도 없다.
"옛날 같았으면 만주 이민으루나 나섰다지, 인제 다 굶어죽었다. 하늘도 인종이 너무 많으니까
좀 인종을 줄이자는 거야."
노인들이 하늘을 쳐다보고 하던 소리들이다.
방순이는 잘 생각했으니까, 하면서도 역시 한편으로는 달아난 뒤에 동리 여편네들이 주고받을
욕지거리를 생각만 해도 진땀이 솟는다. 무섭기까지하다.
"그런 화냥년, 아무리 사내가 그립기루니 늙은 과부 시어미에 어린 자식까지 내던지구 —"
이런 소리가 곧 귓전에서 난다.
그러면 방순이는 또 흉년을 내세운다. 이 흉년에 이렇게 살아야 하느냐 했다. 방순이는 또 같은
말을 되풀이한다.
'진순한테두 그래 어미가 있어 굶기기보다는 하다못해서 옷 한 가지씩을해보낸대두 —'
벌써 구실이 아니었다. 그것이 도리일 것만 같다.
'시어머니두 그러길 바랄지두 모르지 않나. 한 달에 단돈 몇 푼씩만이라두 보태주면…'
이런 결심이 선 것은 첫닭이 홰를갑을 떨며 울어댈 무렵이었다. 간밤에두살짝 빠져나갔다가 들
어온 동서는,
"내가 무슨 걱정, 내 팔자를 봐요!"
하는 듯이 네활개를 펴고 잠이 들어 있었다.
방순이는 죽은 듯이 자리에 들어 있었다. 닭이 두 홰만 울면 빠져나갈 생각이었다.
시간이 가지 않는 것이 안타깝다. 조바심까지 난다. 장차 저지르려는 일에대한 공포에 사로잡혀
있으면서도 진땀이 자꾸만 흐른다. 마치 무더운 날씨같다.
그러다가 깜박 잠이 들고 말았다. 잠시라도 눈을 붙이잔 것이다.
꿈이었다. 벼락치는 소리가 요란하다. 번개도 났다. 대낮처럼 밝아지더니만 또 '쫘르르 쫘르
르' 어디를 내려조진다. 무서운 비였다. 아니 비가 아니라 사뭇 폭포다.
"에이구, 잘 쏟아진다. 며칠이든지 내려 퍼부어라."
꿈속에서도 방순이는 이렇게 부르짖었다. 춤이라도 추고 싶었다. 와지끈와지끈 벼락소리가 그
치지 않는다. 세상을 다 깨어 두드려 부수어도 좋으니라했다. 세상이 반쪽이 되더라도 비만 오
라 했다. 그러다가 방순이는 눈이 번쩍 뜨였다. 꿈속에서 들은 벼락소리와 빗소리는 아직도 그
의 귀에 남아 있었다. 아니 아직도 와지끈거리고 비가 폭포처럼 내리 퍼붓고 있다.
'빨리 달아나자!'
꿈이건 생시이건 지금의 방순이한테는 큰 문제가 아니다. 그저 빠져나갈 궁리밖에 없었다. 방순
은 눈을 뜨면서 벌떡 일어나서 장 밑을 더듬었다. 손에 잡히는 것은 보퉁이다. 보퉁이를 잡은 방
순은 정신이 얼떨떨해졌다. 꿈인지 생시인지도 구별이 나지 않는다. 아직도 비가 퍼붓고 있었
다. 벼락소리도 마찬가지다. 번개도 치고 있었다.
'꿈이다!' 하고 방순은 멍청했다.

'아니다! 생시다!'
꿈도 같았고 생시도 같았다.
　'꿈인가?'
　'생신가?'
또 한번 어리둥절하고 나서야 방순이는 그것이 꿈이 아닌 것을 확인할 수 있었다. 역시 생시였다. 빗소리가 우레 같다. 추녀 물이 아니라 물을 쏟는소리다.
역시 생시였다. 무서운 비였다. 그것이 꿈이 아니고 생시요, 쏟아지는 것이 비라는 것을 깨달은 순간이었다. 방순이는 저도 모르게 — 정말 자기 자신도 모를 동안에 문을 활짝 열어젖히었다. 역시 비였다. 번갯불이 확 일며또 '쫘르르' 한다.
"비가 온다!"
문을 열어젖힌 순간 방순의 입에서는 이런 고함소리가 터져나왔다. 무서운 환희였다. 그리고 같은 순간에 그는 보퉁이를 내동댕이치면서 봉당으로 뛰어내렸었다.
"어머님, 비가 와요! 비가!"
"어!"
하고 박 과부가 고쟁이 바람으로 뛰어나오기까지에 방순이는 아직도 세상모르고 잠을 자는 동서를 대고 같은 소리를 되풀이하고 있었다.
"여보게, 비가 오네, 어서 일나!"
박 과부도 고쟁이바람으로 어쩔 줄을 모른다.
"어머님, 웃다랭이 물길을 타야 하잖아요!"
"암 타야지! 타야말구, 젠장, 사람이 있나!"
"우리 네 식구 다 달라붙음 안 돼요? 자네두 어서 챙기게."
방순이는 버스 정거장도 잊고 방으로 뛰어들고 있었다.
마침 쏟아지는 빗줄기를 헤치고 먼동도 터오고 있다.

<1955년>

67

<메밀꽃 필 무렵>
이효석

여름 장이란 애시당초에 글러서, 해는 아직 중천에 있건만 장판은 벌써 쓸쓸하고 더운 햇발이 벌여놓은 전 휘장 밑으로 등줄기를 훅훅 볶는다. 마을 사람들은 거의 돌아간 뒤요, 팔리지 못한 나무꾼패가 길거리에 궁깃거리고들 있으나, 석유병이나 받고 고깃마리나 사면 족할 이 축들을 바라고 언제까지든지 버티고 있을 법은 없다. 칩칩스럽게 날아드는 파리떼도 장난꾼 각다귀들도 귀찮다. 얽음뱅이요 왼손잡이인 드팀전의 허생원은 기어이 동업의 조선달을 나꾸어보았다.

"그만 거둘까?"

"잘 생각했네. 봉평장에서 한 번이나 흐뭇하게 사본 일이 있었을까? 내일 대화장에서나 한몫 벌어야겠네. "

"오늘 밤은 밤을 새서 걸어야 될걸."

"달이 뜨렷다."

절렁절렁 소리를 내며 조선달이 그날 산 돈을 따지는 것을 보고 허생원은 말뚝에서 넓은 휘장을 걷고 벌여놓았던 물건을 거두기 시작하였다. 무명 필과 주단 바리가 두 고리짝에 꼭 찼다. 멍석 위에는 천조각이 어수선하게 남았다.

다른 축들도 벌써 거의 전들을 걷고 있었다. 약바르게 떠나는 패도 있었다. 어물장수도, 땜장이도, 엿장수도, 생강장수도, 꼴들이 보이지 않았다. 내일은 진부와 대화에 장이 선다. 축들은 그 어느쪽으로든지 밤을 새며 육칠십리 밤길을 타박거리지 않으면 안 된다. 장판은 잔치 뒤마당같이 어수선하게 벌어지고, 술집에서는 싸움이 터져 있었다. 주정꾼 육지거리에 섞여 계집의 앙칼진 복소리가 찢어졌다. 장날 저녁은 정해놓고 계집의 고함 소리로 시작되는 것이다.

"생원, 시침을 떼두 다 아네.…… 충줏집 말야."

계집 복소리로 문득 생각난 듯이 조선달은 비죽이 웃는다.

"화중지병이지. 연소패들을 적수로 하구야 대거리가 돼야 말이지."

"그렇지두 않을걸. 축들이 사족을 못쓰는 것두 사실은 사실이나, 아무리 그렇다군 해두 왜 그 동이 말일세. 감쪽같이 충줏집을 후린 눈치거든."

68

"무어, 그 애숭이가? 물건 가지구 닦았나부지. 착실한 녀석인 줄 알았더니."

"그 길만은 알 수 있나.……궁리 말구 가보세나그려. 내 한 턱 씀세."

그다지 마음이 당기지 않는 것을 쫓아갔다. 허생원은 계집과는 연분이 멀었다. 얽음뱅이 상판을 쳐들고 대어설 숫기도 없었으나, 계집 편에서 정을 보낸 적도 없었고, 쓸쓸하고 뒤틀린 반생이었다. 충줏집을 생각만 하여도 철없이 얼굴이 붉어지고 발 밑이 떨리고 그 자리에 소스라쳐버린다. 충줏집 문을 들어서 술좌석에서 짜장 동이를 만났을 때에는 어찌된 서슬엔지 발끈 화가 나버렸다. 상 위에 붉은 얼굴을 쳐들고 제법 계집과 농탕치는 것을 보고서야 견딜 수 없었던 것이다. 녀석이 제법 난질꾼인데, 꼴사납다. 머리에 피도 안 마른 녀석이 낮부터 술 처먹고 계집과 농탕이야. 장돌뱅이 망신만 시키고 돌아다니누나. 그 꼴에 우리들과 한몫 보자는 셈이지. 동이 앞에 막아서면서부터 책망이었다. 걱정두 팔자요 하는 듯이 빤히 쳐다보는 상기된 눈망울에 부딪칠 때, 얼결김에 따귀를 하나 갈겨 주지 않고는 배길 수 없었다. 동이도 화를 쓰고 팩하고 일어서기는 하였으나, 허생원은 조금도 동색하는 법 없이 마음먹은대로는 다 지껄였다――어디서 주워먹은 선머슴인지는 모르겠으나 네게도 아비 어미 있겠지? 그 사나운 꼴 보면 맘 좋겠다. 장사란 탐탁하게 해야 되지. 계집이 다 무어야. 나가거라, 냉큼 꼴 치워.

그러나 한마디도 대거리하지 않고 하염없이 나가는 꼴을 보려니, 도리어 측은히 여겨졌다. 아직 두 서름서름한 사인데 너무 과하지 않았을까 하고 마음이 섬뻑해졌다. 주제도 넘지, 같은 술손님이면서도 아무리 젊다고 자식 낳게 된 것을 붙들고 치고 닦아셀 것은 무어야 원. 충줏집은 입술을 쭝긋하고 술 붓는 솜씨도 거칠었으나, 젊은 애들한테는 그것이 약이 된다고 하고 그 자리는 조선달이 얼버무려 넘겼다.

너 녀석한테 반했지? 애숭이를 빨면 죄된다. 한참 법석을 친 후이다. 담도 생긴데다가 웬일인지 흠뻑 취해보고 싶은 생각도 있어서 허생원은 주는 술잔이면 거의 다 들이켰다. 거나해짐을 따라 계집 생각보다도 동이의 뒷일이 한결같이 궁금해졌다. 내 꼴에 계집을 가로채서는 어떡헐 작정이었누 하고, 어리석은 꼬락서니를 모질게 책망하는 마음도 한편에 있었다. 그렇기 때문에 얼마나 지난 뒤인지 동이가 헐레벌떡거리며 황급히 부르러 왔을 때에는, 마시던 잔을 그자리에 던지고 정신없이 허덕이며 충줏집을 뛰어나간 것이었다.

"생원 당나귀가 바를 끊구 야단이에요."

"각다귀들 장난이지 필연코."

짐승도 짐승이려니와 동이의 마음씨가 가슴을 울렸다. 뒤를 따라 장판을 달음질하려니 거슴츠레한 눈이 뜨거워질 것 같다.

"부락스런 녀석들이라 어쩌는 수 있어야죠.."

"나귀를 몹시 구는 녀석들은 그냥 두지는 않을걸."

반평생을 같이 지내온 짐승이었다. 같은 주막에서 잠자고 같은 달빛에 젖으면서 장에서 장으로 걸어다니는 동안에 이십년의 세월이 사람과 짐승을 함께 늙게 하였다. 까스러진 목뒤 털은 주인의 머리털과도 같이 바스러지고, 개진개진 젖은 눈은 주인의 눈과 같이 눈곱을 흘렸다. 봉당비처럼 짧게 슬리운 꼬리는 파리를 쫓으려고 기껏 휘저어 보아야 벌써 다리까지는 닿지 않았다. 닳아 없어진 굽을 몇번이나 도려내고 새 철을 신겼는지 모른다. 굽은 벌써 더 자라나기는 틀렸고 닳아 버린 철 사이로는 피가 빼짓이 흘렀다. 냄새만 맡고도 주인을 분간하였다. 호소하는 목소리로 야단스럽게 울며 반긴다.

어린아이를 달래듯이 목덜미를 어루만져 주니 나귀는 코를 벌름거리고 입을 투르르거렸다. 콧물이 튀었다. 허생원은 짐승 때문에 속도 무던히는 썩였다. 아이들의 장난이 심한 눈치여서, 땀밴 몸뚱어리가 부들부들 떨리고 좀체 흥분이 식지 않는 모양이었다. 굴레가 벗어지고 안장도 떨어졌다. 요 몹쓸 자식들, 하고 허생원은 호령을 하였으나, 패들은 벌써 줄행랑을 논 뒤요 몇 남지 않은 아이들이 호령에 놀래 비슬비슬 멀어졌다.

"우리들 장난이 아니오, 암놈을 보고 저 혼자 발광이지."

코흘리개 한녀석이 멀리서 소리를 쳤다.

"고녀석 말투가……"

"김첨지 당나귀가 가버리니까 온통 흙을 차고 거품을 흘리면서 미친 소같이 날뛰는걸. 꼴이 우스워 우리는 보고만 있었다우. 배를 좀 보지."

69

아이는 앙돌아진 투로 소리를 치며 깔깔 웃었다. 허생원은 모르는 결에 낯이 뜨거워졌다. 뭇 시선을 막으려고 그는 짐승의 배 앞을 가리워 서지 않으면 안 되었다.

"늙은 주제에 암샘을 내는 셈야. 저놈의 짐승이."

아이의 웃음소리에 허생원은 주춤하면서 기어이 견딜 수 없어 채찍을 들더니 아이를 쫓았다.

"쫓으려거든 쫓아보지. 왼손잡이가 사람을 때려."

줄달음에 달아나는 각다귀에는 당하는 재주가 없었다. 왼손잡이는 아이 하나도 후릴 수 없다. 그만 채찍을 던졌다. 술기도 돌아 봄이 유난스럽게 화끈거렸다.

"그만 떠나세. 녀석들과 어울리다가는 한이 없어. 장판의 각다귀들이란 어른보다도 더 무서운 것들인걸."

조선달과 동이는 각각 제 나귀에 안장을 얹고 짐을 싣기 시작하였다. 해가 꽤 많이 기울어진 모양이었다.

드팀전 상돌이을 시작한 지 이십년이나 되어도 허생원은 봉평장을 빼논 적은 드물었다. 충주 제천 등의 이웃 군에도 가고, 멀리 영남 지방도 헤매기는 하였으나 강릉쯤에 물건 하러 가는 외에는 처음부터 끝까지 군내를 돌아다녔다. 닷새만큼씩의 장날에는 달보다도 확실하게 면에서 면으로 건너간다. 고향이 청주라고 자랑삼아 말하였으나 고향에 돌보러 간 일도 있는 것 같지는 않다. 장에서 장으로 가는 길의 아름다운 강산이 그대로 그에게는 그리운 고향이었다. 반날 동안이나 뚜벅뚜벅 걷고 장터 있는 마을에 거의 가까왔을 때, 거친 나귀가 한바탕 우렁차게 울면——더구나 그것이 저녁녘이어서 등불들이 어둠 속에 깜박거릴 무렵이면 늘 당하는 것이건만 허생원은 변치 않고 언제든지 가슴이 뛰놀았다.

젊은시절에는 알뜰하게 벌어 돈푼이나 모아본 적도 있기는 있었으나, 읍내에 백중이 열린 해 호탕스럽게 놀고 투전을 하고 하여 사흘 동안에 다 털어버렸다. 나귀까지 팔게 된 판이었으나 애끓는 정분에 그것만은 이를 물고 단념하였다. 결국 도로아미타불로 장돌이를 다시 시작할 수밖에 없었다. 짐승을 데리고 읍내를 도망해 나왔을 때에는 너를 팔지 않기 다행이었다고 길가에서 울면서 짐승의 등을 어루만졌던 것이었다. 빚을 지기 시작하니 재산을 모을 염은 당초에 틀리고 간신히 입에 풀칠을 하러 장에서 장으로 돌아다니게 되었다.

호탕스럽게 놀았다고는 하여도 계집 하나 후려보지는 못하였다. 계집이란 쌀쌀하고 매정한 것이었다. 평생 인연이 없는 것이라고 신세가 서글퍼졌다. 일신에 가까운 것이라고는 언제나 변함없는 한 필의 당나귀였다.

그렇다고는 하여도 꼭 한번의 첫일을 잊을 수는 없다. 뒤에도 처음에도 없는 단 한번의 괴이한 인연! 봉평에 다니기 시작한 젊은 시절의 일이었으나 그것을 생각할 적만은 그도 산 보람을 느꼈다.

"달밤이었으나 어떻게 해서 그렇게 됐는지 지금 생각해두 도무지 알 수 없어."

허생원은 오늘밤도 또 그 이야기를 끄집어내려는 것이다. 조선달은 친구가 된 이래 귀에 못이 박히도록 들어 왔다. 그렇다고 싫증을 낼 수도 없었으나 허생원은 시치미를 떼고 되풀이할대로는 되풀이하고야 말았다.

"달밤에는 그런 이야기가 격에 맞거든."

조선달 편을 바라는 보았으나 물론 미안해서가 아니라 달빛에 감동하여서였다. 이지러는 졌으나 보름을 갓 지난 달은 부드러운 빛을 흐뭇이 흘리고 있다. 대화까지는 팔십리의 밤길. 고개를 둘이나 넘고 개울을 하나 건너고 벌판과 산길을 걸어야 된다. 길은 지금 긴 산허리에 걸려 있다. 밤중을 지난 무렵인지 죽은듯이 고요한 속에서 짐승 같은 달의 숨소리가 손에 잡힐 듯이 들리며, 콩포기와 옥수수 잎새가 한층 달에 푸르게 젖었다. 산허리는 온통 메밀밭이어서 피기 시작한 꽃이 소금을 뿌린 듯이 흐뭇한 달빛에 숨이 막힐 지경이다. 붉은 대궁이 향기같이 애잔하고 나귀들의 걸음도 시원하다. 길이 좁은 까닭에 세 사람은 나귀를 타고 외줄로 늘어섰다. 방울소리가 시원스럽게 딸랑딸랑 메밀밭으로 흘러간다. 앞장 선 허생원의 이야기소리는 꽁무니에 선 동이에게는 확적히는 안 들렸으나, 그는 그대로 개운한 제멋에 적적하지는 않았다.

"장선 꼭 이런 날 밤이었네. 객줏집 토방이란 무더워서 잠이 들어야지. 밤중은 돼서 혼자 일어나 개울가에 목욕하러 나갔지. 봉평은 지금이나 그제나 마찬가지지. 보이는 곳마다 메밀밭이어서 개울가가 어딘없이 하얀 꽃이야. 돌밭에 벗어도 좋을 것을, 달이 너무나 밝은 까닭에 옷을 벗으

70

러 물방앗간으로 들어가지 않았나. 이상한 일도 많지. 거기서 난데없는 성서방네 처녀와 마주쳤단 말이네. 봉평서야 제일가는 일색이었지−−−팔자에 있었나부지."

아무렴, 하고 응답하면서 말머리를 아끼는 듯이 한참이나 담배를 빨 뿐이었다. 구수한 자줏빛 연기가 밤기운 속에 흘러서는 녹았다.

"날 기다린 것은 아니었으나 그렇다고 달리 기다리는 놈팽이가 있는 것두 아니었네. 처녀는 울고 있단 말야. 짐작은 대고 있으나 성서방네는 한창 어려워서 들고날 판인 때였지. 한집안 일이니 딸에겐들 걱정이 없을 리 있겠나? 좋은 데만 있으면 시집도 보내련만 시집은 죽어도 싫다지……그러나 처녀란 울 때같이 정을 끄는 때가 있을까! 처음에는 놀라기도 한 눈치였으나 걱정 있을 때는 누그러지기도 쉬운 듯해서 이럭저럭 이야기가 되었네……생각하면 무섭고도 기막힌 밤이었어."

"제천인지로 줄행랑을 놓은 건 그 다음 날이렷지."

"다음 장도막에는 벌써 온 집안이 사라진 뒤였네. 장판은 소문에 발끈 뒤집혀 오죽해야 술집에 팔려가기가 상수라고 처녀의 뒷공론이 자자들 하단 말이야. 제천 장판을 몇 번이나 뒤졌겠나. 허나 처녀의 꼴은 꿩궈먹은 자리야. 첫날밤이 마지막 밤이었지. 그 때부터 봉평이 마음에 든 것이 반평생을 두고 다니게 되었네. 반평생인들 잊을 수 있겠나."

"수 좋았지. 그렇게 신통한 일이란 쉽지 않어. 항용 못난것 얻어 새끼 낳고 걱정 늘고, 생각만 해두 진저리가 나지……그러나 늘으막바지까지 장돌뱅이로 지내기도 힘드는 노릇 아닌가. 난 가을까지만 하구 이 생계와두 하직하려네. 대화쯤에 조그만 전방이나 하나 벌이구 식구들을 부르겠어. 사시장천 뚜벅뚜벅 걷기란 여간이래야지."

"옛 처녀나 만나면 같이나 살까……난 거꾸러질 때까지 이 길 걷고 저 달 볼 테야."

산길을 벗어나니 큰 길로 틔워졌다. 꽁무니의 동이도 앞으로 나서 나귀들은 가로 늘어섰다.

"총각두 젊겠다, 지금이 한창시절이렷다. 충줏집에서는 그만 실수를 해서 그 꼴이 되었으나 설게 생각 말게."

"처 천만에요. 되려 부끄러워요. 계집이란 지금 웬 제격인가요. 자나 깨나 어머니 생각뿐인데요."

허생원의 이야기로 실심해 한 끝이라 동이의 어조는 한풀 수그러진 것이었다.

"아비 어미란 말에 가슴이 터지는 것도 같았으나 제겐 아버지가 없어요. 피붙이라고는 어머니 하나뿐인걸요."

"돌아가셨나?"

"당초부터 없어요."

"그런 법이 세상에……"

생원과 선달이 야단스럽게 껄껄들 웃으니 동이는 정색하고 우길 수밖에는 없었다.

"부끄러워서 말하지 않으려 했으나 정말예요. 제천 촌에서 달도 차지 않은 아이를 낳고 어머니는 집을 쫓겨났죠. 우스운 이야기나, 그러기 때문에 지금까지 아버지 얼굴도 본 적 없고 있는 고장도 모르고 지내 와요."

고개가 앞에 놓인 까닭에 세 사람은 나귀를 내렸다. 둔덕은 험하고 입을 벌리기도 대근하여 이야기는 한동안 끊겼다. 나귀는 건듯하면 미끄러졌다. 허생원은 숨이 차 몇 번이고 다리를 쉬지 않으면 안 되었다. 고개를 넘을 때마다 나이가 알렸다. 동이 같은 젊은축이 끝없이 부러웠다. 땀이 등을 한바탕 쭉 씻어내렸다.

고개 너머는 바로 개울이었다. 장마에 흘려버린 널다리가 아직도 걸리지 않은 채로 있는 까닭에 벗고 건너야 되었다. 고의를 벗어 띠로 등에 얽어매고 반 벌거숭이의 우스꽝스런 꼴로 물 속에 뛰어들었다. 금방 땀을 흘린 뒤였으나 밤 물은 뼈를 찔렀다.

"그래 대체 기르긴 누가 기르구?"

"어머니는 하는 수 없이 의부를 얻어가서 술장사를 시작했죠 숨이 고주래서 의부라고 전 맛나니예요. 철 들어서부터 맞기 시작한 것이 하룬들 편한 날 있었을까? 어머니는 말리다가 채이고 맞고 칼부림을 당하고 하니 집 꼴이 무어겠소. 열여덟 살 때 집을 뛰쳐나서부터 이 짓이죠."

"총각 낫세론 동이 무던하다고 생각했더니 듣고 보니 딱한 신세로군."

물은 깊어 허리까지 찼다. 속 물살도 어지간히 센데다가 발에 채이는 돌멩이도 미끄러워 금시에

71

훌칠 듯하였다. 나귀와 조선달은 재빨리 거의 건넜으나 동이는 허생원을 붙드느라고 두 사람은 훨씬 떨어졌다.

"모친의 친정은 원래부터 제천이었던가?"

"웬걸요. 시원스리 말은 안해주나 봉평이라는 것만은 들었죠."

"봉평? 그래 그 아비 성은 무엇이구?"

"알 수 있나요. 도무지 듣지를 못했으니까."

"그 그렇겠지." 하고 중얼거리며 흐려지는 눈을 까물까물하다가 허생원은 경망하게도 발을 빗디 뎠다. 앞으로 꼬꾸라지기가 바쁘게 몸째 풍덩 빠져버렸다. 허위적거릴수록 몸을 건잡을 수 없어 동이가 소리를 치며 가까이 왔을 때에는 벌써 퍽으나 흘렀다. 옷째 쫄딱 젖으니 물에 젖은 개보다도 참혹한 꼴이었다. 동이는 물속에서 어른을 해깝게 업을 수 있었다. 젖었다고는 하여도 여윈 몸이라 장정 등에는 오히려 가벼웠다.

"이렇게까지 해서 안됐네. 내 오늘은 정신이 빠진 모양이야."

"염려하실 것 없어요."

"그래 모친은 아비를 찾지는 않는 눈치지?"

"늘 한 번 만나고 싶다고는 하는데요."

"지금 어디 계신가?"

"의부와도 갈라져서 제천에 있죠. 가을에는 봉평에 모셔오려고 생각 중인데요. 이를 물고 벌면 이럭저럭 살아갈 수 있겠죠."

"아무렴, 기특한 생각이야. 가을이랬다?"

동이의 탐탁한 등어리가 뼈에 사무쳐 따뜻하다. 물을 다 건넜을 때에는 도리어 서글픈 생각에 좀 더 업혔으면도 하였다.

"진종일 실수만 하니 웬일이요? 생원."

조선달은 바라보며 기어코 웃음이 터졌다.

"나귀야, 나귀 생각 하다 실족을 했어. 말 안했던가? 저 꼴에 제법 새끼를 얻었단 말이지. 읍내 강릉집 피마에게 말일세. 귀를 쫑긋 세우고 달랑달랑 뛰는 것이 나귀새끼같이 귀여운 것이 있을까? 그것 보러 나는 일부러 읍내를 도는 때가 있다네."

"사람을 물에 빠치울 젠 딴은 대단한 나귀새끼군!"

허생원은 젖은 옷을 웬만큼 짜서 입었다. 이가 덜덜 갈리고 가슴이 떨리며 몹시도 추웠으나 마음은 알 수 없이 둥실둥실 가벼웠다.

"주막까지 부지런히들 가세나. 뜰에 불을 피우고 훗훗이 쉬어. 나귀에겐 더운 물을 끓여주고, 내일 대화장 보고는 제천이다."

"생원도 제천으로……?"

"오래간만에 가보고 싶어. 동행하려나, 동이?"

나귀가 걷기 시작하였을 때 동이의 채찍은 왼손에 있었다. 오랫동안 아둑신이같이 눈이 어둡던 허생원도 요번만은 동이의 왼손잡이가 눈에 띄지 않을 수 없었다.

걸음도 해깝고 방울소리가 밤 번판에 한층 청청하게 울렸다.

달이 어지간히 기울어졌다.

<혈(血)의 누(涙)>
이인직

일청전쟁(日淸戰爭)의 총소리는 평양 일경이 떠나가는 듯하더니, 그 총소리가 그치매 사람의 자취는 끊어지고 산과 들에 비린 티끌뿐이라.

평양성의 모란봉에 떨어지는 저녁 볕은 뉘엿뉘엿 넘어가는데, 저 햇빛을 붙들어매고 싶은 마음에 붙들어매지는 못하고 숨이 턱에 닿은 듯이 갈팡질팡하는 한 부인이 나이 삼십이 될락말락하고, 얼굴은 분을 따고 넣은 듯이 흰 얼굴이나 인정 없이 뜨겁게 내리쪼이는 가을 볕에 얼굴이 익어서 선앵둣빛이 되고, 걸음걸이는 허둥지둥하는데 옷은 흘러내려서 젖가슴이 다 드러나고 치맛자락은 땅에 질질 끌려서 걸음을 걷는 대로 치마가 밟히니, 그 부인은 아무리 급한 걸음걸이를 하더라도 멀리 가지도 못하고 허둥거리기만 한다.

남이 그 모양을 볼 지경이면 저렇게 어여쁜 젊은 여편네가 술 먹고 한길에 나와서 주정한다 할 터이나, 그 부인은 술 먹었다 하는 말은 고사하고 미쳤다, 지랄한다 하더라도 그따위 소리는 귀에 들리지 아니할 만하더라.

무슨 소회가 그리 대단한지 그 부인더러 물을 지경이면 대답할 여가도 없이 옥련이를 부르면서 돌아다니더라.

"옥련아, 옥련아 옥련아 옥련아, 죽었느냐 살았느냐. 죽었거든 죽은 얼굴이라도 한번 다시 만나 보자. 옥련아 옥련아, 살았거든 어미 애를 그만 쓰이고 어서 바삐 내 눈에 보이게 하여라. 옥련아, 총에 맞아 죽었느냐, 창에 찔려 죽었느냐, 사람에게 밟혀 죽었느냐. 어리고 고운 살에 가시가 박힌 것을 보아도 어미 된 이내 마음에 내 살이 지겹게 아프던 내 마음이라. 오늘 아침에 집에서 떠나올 때에 옥련이가 내 앞에 서서 아장아장 걸어다니면서, 어머니 어서 갑시다 하던 옥련이가 어디로 갔느냐."

하면서 옥련이를 찾으려고 골몰한 정신에, 옥련이보다 열 갑절 스무 갑절 더 소중하게 생각하는 사람을 잃고도 모르고 옥련이만 부르며 다니다가 목이 쉬고 기운이 탈진하여 산비탈 잔디풀 위에 털썩 주저앉았다가 혼잣말로 옥련 아버지는 옥련이 찾으려고 저 건너 산 밑으로 가더니 어디까지 갔누 하며 옥련이를 찾던 마음이 홀지에 변하여 옥련 아버지를 기다린다.

기다리는 사람은 아니 오고, 인간 사정은 조금도 모르는 석양은 제 빛 다 가지고 저 갈 데로 가니 산빛은 점점 먹장을 갈아 붓는 듯이 검어지고 대동강 물소리는 그윽한데, 전쟁에 죽은 더운 송장 새 귀신들이 어두운 빛을 타서 낱낱이 일어나는 듯 내 앞에 모여드는 듯하니, 규중에서 생장한 부인의 마음이라, 무서운 마음에 간이 녹는 듯하여 숨도 크게 쉬지 못하고 앉았는데, 홀연히 언덕 밑에서 사람의 소리가 들리거늘, 그 부인이 가만히 들은즉 길 잃고 사람 잃고 애쓰는 소리라.

"에그, 깜깜하여라. 이리 가도 길이 없고 저리 가도 길이 없으니 어디로 가면 길을 찾을까. 나는 사나이라 다리 힘도 좋고 겁도 없는 사람이언마는 이러한 산비탈에서 이 밤을 새고 사람을 찾아 다니려 하면 이 고생이 이렇게 대단하거든, 겁도 많고 다녀 보지 못하던 여편네가 이 밤에 나를 찾아 다니느라고 오죽 고생이 될까."

하는 소리를 듣고 부인의 마음에 난리중에 피란 가다가 부부가 서로 잃고 서로 종적을 모르니 살아 생이별을 한 듯하더니 하늘이 도와서 다시 만나 본다 하여 반가운 마음에 소리를 질렀더라.

"여보, 나 여기 있소. 날 찾아 다니느라고 얼마나 애를 쓰셨소."

하면서 급한 걸음으로 언덕 밑으로 향하여 내려가다가 비탈에 넘어져 구르니, 언덕 밑에서 올라 오던 남자가 달려들어서 그 부인을 붙들어 일으키니, 그 부인이 정신을 차려 본즉 북두갈고리 같 은 농군의 험한 손이 내 손에 닿으니 별안간에 선뜩한 마음에 소름이 끼치면서 가슴이 덜컥 내려 앉고 겁결에 목소리가 나오지 못한다.

그 남자도 또한 난리중에 제 계집 찾아 다니는 사람인데, 그 계집인즉 피란 갈 때에 팔승 무명을 강풀 한 됫박이나 먹였던지 장작같이 풀 센 치마를 입고 나간 터이요, 또 그 계집은 호미자루, 절 굿공이, 다듬잇방망이, 그러한 셋궂은 일로 자라난 농군의 계집이라, 그 남자가 언덕에서 소리 하고 내려오는 계집이 제 계집으로 알고 붙들었는데, 그 언덕에서 부르던 부인의 손은 명주같이 부드럽고 옷은 십이승 아랫질 세모시 치마가 이슬에 눅었는데, 그 농군은 제 평생에 그 옷 입은 그런 손길을 만져 보기는 고사하고 쳐다보지도 못하던 위인이러라.

부인은 자기 남편이 아닌 줄 깨닫고 사나이도 제 계집 아닌 줄 알았더라. 부인은 겁이 나서 간이 서늘하고 남자는 선녀를 만난 듯이 흥김, 겁김에 가슴이 두근거리면서 숨소리는 크고 목소리 는 아니 나온다. 그 부인의 마음에, 아까는 호랑이도 무섭고 귀신도 무섭더니, 지금은 호랑이나 와서 나를 잡아먹든지 귀신이나 와서 저놈을 잡아가든지 그런 뜻밖의 일을 기다리나, 호랑이도 아니 오고 귀신도 아니 오고, 눈에 보이는 것은 말 못 하는 하늘의 별뿐이요, 이 산중에는 죄 없 고 힘 없는 이 내 몸과 저 몹쓸 놈과 단 두 사람뿐이라.

사람이 겁이 나다가 오래 되면 악이 나는 법이라. 겁이 날 때는 숨도 크게 못 쉬다가 악이 나면 반벙어리 같은 사람도 말이 물 퍼붓듯 나오는 일도 있는지라.

"여보, 웬 사람이오. 여보, 대답 좀 하오. 여보 남을 붙들고 떨기는 왜 그리 떠오. 여보, 벙어리요 도둑놈이오? 도둑놈이거든 내 몸의 옷이나 벗어 줄 터이니 다 가져가오."

그 남자가 못생긴 마음에 어기뚱한 생각이 나서 말 한마디 엄두가 아니 나던 위인이 불 같은 욕 심에 말문이 함부로 열렸더라.

"여보, 웬 여편네가 이 밤중에 여기 와서 있소? 아마 시집살이 마다고 도망하는 여편네지. 도망 꾼이라도 붙들어다가 데리고 살면 계집 없느니보다 날 터이니 데리고 갈 일이로구. 데리고 가기 는 나중 일이어니와…… 내가 어젯밤 꿈에 이 산중에서 장가를 들었더니 꿈도 신통히 맞는다."

하면서 무지막지한 놈의 행위라 불측한 소리가 점점 심하니, 그 부인이 죽어서 이 욕을 아니 보 리라 하는 마음뿐이나, 어느 틈에 죽을 겨를도 없는지라.

사람이 생복숨을 버리는 것은 사람이 제일 설워하는 일인데, 죽으려 하여도 죽지도 못하는 그 부 인 생각은 어떻다 형용할 수 없는 터이라.

빌어 보면 좋을까 생각하여 이리 빌고 저리 빌고 각색으로 빌어 보니 그놈의 귀에 비는 소리가 쓸데없고 하릴없는 지경이라. 언덕 위에서 웬 사람이 소리를 지르는데 무슨 소린지는 모르나 부 인은 그 소리를 듣고 죽었던 부모가 살아온 듯이 기쁜 마음에 마주 소리를 질렀더라.

"사람 좀 살려 주오……."

하는 소리가 아무리 부인의 목소리라도 죽을 힘을 다 들여서 지르는 밤소리라 산골이 울리니 언 덕 위의 사람이 또 소리를 지른다. 언덕 위와 언덕 밑이 두 간 길이쯤 되나 지척을 불변하는 칠야 에 서로 모양도 못 보고 또 서로 말도 못 알아듣는 터이라, 언덕 위의 사람이 총 한 방을 놓으니 밤중의 총소리라, 산이 울리면서 사람이 모여드는데 일본 보초병들이러라. 누구는 겁이 많고 누구는 겁이 없다 하는 말도 알 수 없는 말이라. 세상에 죄 있는 사람같이 겁 많은 사람은 없고, 죄 없는 사람같이 다기 있는 것은 없다. 부인은 총소리에도 겁이 없고 도리어 욕을 면한 것만 천행으로 여기는데, 그 남자는 제가 불측한 마음으로 불측한 일을 바라던 차이라, 총소리를 듣고 저를 죽이러 온 사람으로 알고 달아난다. 밝은 날 같으면 달아날 생각도 못 하였을 터이나, 깜깜한 밤이라 옆으로 비켜 서기만 하여도 알 수 없는 고로 종적 없이 달아났더라. 보초병이 부인을 잡아서 앞세우고 가는데 서로 말은 못 하고 벙어리가 소를 몰고 가는 듯하다.

계엄중(戒嚴中) 총소리라 평양성 근처에 있던 헌병이 낱낱이 모여들어서 총 놓은 군사와 부인을 데리고 헌병부로 향하여 가니, 그 부인은 어딘지 모르고 가나 성도 보이고 문도 보이는데, 정신을 차려 본즉 평양성 북문이라.

밤은 깊어 사람의 자취도 없고 사면에서 닭은 홰를 치며 울고 개는 여염집 평대문 개구멍으로 주둥이만 내어 놓고 짖는다. 닭소리, 개소리에 부인의 발이 땅에 떨어지지 못하여 걸음을 멈추고 섰는데, 오장이 녹는 듯하고 눈물이 앞을 가린다. 개는 명물이라 밤사람을 알아보고 반가워 뛰어 나오다가 헌병이 칼을 빼어 개를 차려 하니 개가 쫓겨 들어가며 짖으나 사람도 말을 통치 못하거든 더구나 짐승이야……

"개야, 너 혼자 집을 지키고 있구나. 우리가 피란 갈 때에 너를 부엌에 가두고 나왔더니 어디로 나왔느냐. 너와 같이 집에 있었더면 이러한 일이 생기지 아니하였을 것을 살 곳 찾아가느라고 죽을 길 고생 길로 들어갔다. 나는 살아와서 너를 다시 본다마는 서방님도 아니 계시다, 너를 귀애하던 옥련이도 없다. 내가 너와 같이 다리 힘이 좋으면 방방곡곡이 찾아다닐 터이나, 다리 힘도 없고 세상에 만만하고 불쌍한 것은 여편네라 겁나는 것 많아서 못 다니겠다. 닭도 주인 없는 집에서 혼자 울고, 개도 주인 없는 집에서 혼자 짖는구나. 개야, 이리 나오거라. 나는 어디로 잡혀 가는지 내 발로 걸어가나 내 마음으로 가는 것은 아니다."

헌병이 소리를 질러 가기를 재촉하니 부인이 하릴없이 헌병부로 잡혀 가는데 개는 멍멍 짖으며 따라오니 그 개 짖고 나오던 집은 부인의 집이러라.

그날은 평양성에서 싸움 결말 나던 날이요, 성중의 사람이 진저리 내던 청인이 그림자도 없이 다 쫓겨 나가던 날이요, 철환은 공중에서 우박 쏟아지듯 하고 총소리는 평양성 근처가 다 두려 빠지고 사람 하나도 아니 남을 듯하던 날이요, 평양 사람이 일병 들어온다는 소문을 듣고 일병은 어떠한지, 임진난리에 평양 싸움 이야기하며 별공론이 다 나고 별염려 다 하던 그 일병이 장마통에 검은 구름 떠들어오듯 성내 성외에 빈틈없이 들어와 박히던 날이라. ·

본래 평양성중 사는 사람들이 청인의 작폐에 견디지 못하여 산골로 피란 간 사람이 많더니, 산중에서는 청인 군사를 만나면 호랑이 본 것 같고 원수 만난 것 같다. 어찌하여 그렇게 감정이 사나우냐 할 지경이면, 청인의 군사가 산에 가서 젊은 부녀를 보면 겁탈하고, 돈이 있으면 빼앗아 가고, 제게 쓸데없는 물건이라도 놀부의 심사같이 장난하니, 산에 피란 간 사람은 난리를 한층 더 겪는다. 그러므로 산에 피란 갔던 사람이 평양성으로 도로 피란 온 사람도 많이 있었더라.

그 부인은 평양성 북문 안에 사는데 며칠 전에 산에 피란도 갔다가 산에도 있을 수 없고, 촌에 사는 일갓집으로 피란 갔다가 단칸방에서 주인과 손과 여덟 식구가 이틀 밤을 앉아 새우고 하릴없이 평양성 내로 도로 온 지가 불과 수일 전이라. 그때 마음에 다시는 죽어도 피란 가지 아니한다 하였더니, 오늘 새벽부터 총소리는 천지를 뒤집어 놓고 사면 산꼭대기 들 가운데에 불비가 쏟아지니 밝기를 기다려서 피란길을 떠났는데, 아무것도 가진 것 없고 젊은 내외와 어린 딸 옥련이와 단 세 식구 피란이라.

성중에는 울음 천지요, 성밖에는 송장 천지요, 산에는 피란꾼 천지라. 어미가 자식 부르는 소리, 서방이 계집 부르는 소리, 계집이 서방 부르는 소리, 이렇게 사람 찾는 소리뿐이라. 어린아이를 내버리고 저 혼자 달아나는 사람도 있고, 두 내외 손을 맞붙들고 마주 찾는 사람도 있더니, 석양판에는 그 사람이 다 어디로 가고 없던지 보이지 아니하고, 모란봉 아래서 옥련이 부르고 다니는 부인 하나만 남아 있더라.

그 부인의 남편 되는 사람은 나이 스물아홉 살인데, 평양서 돈 잘 쓰기로 이름 있던 김관일이라. 피란길 인해 중에 서로 잃고 서로 찾다가 김관일은 저의 집으로 혼자 돌아와서 그날 밤에 빈집에 혼자 있다가 밤중에 개가 하도 몹시 짖거늘 일어나서 대문을 열고 보려 하다가 겁이 나서 열지는 못하고 문틈으로 내다보기도 하였으나 벌써 헌병이 그 부인을 앞세우고 가니, 김관일은 그 부인이 헌병에게 붙들려 가는 줄은 생각 밖이요, 그 부인은 그 남편이 집에 있기는 또한 꿈도 아니 꾸었더라.

김씨는 혼자 빈집에 있어서 밤새도록 잠들지 못하고 별별생각이 다 난다. 북문 밖 넓은 들에 철환 맞아 죽은 송장과 죽으려고 숨넘어가는 반송장들은 제각각 제 나라를 위하여 전장에 나와서 죽은 장수와 군사들이라. 죽어도 제 직분이어니와, 엎드러지고 곱들어져서 봄바람에 떨어진 꽃과 같이 간 곳마다 발에 밟히고 눈에 걸리는 피란군들은 나라의 운수런가. 제 팔자 기박하여 평양 백성 되었던가. 땅도 조선 땅이요 사람도 조선 사람이라. 고래 싸움에 새우 등 터지듯이, 우리나라 사람들이 남의 나라 싸움에 이렇게 참혹한 일을 당하는가. 우리 마누라는 대문 밖에 한걸음 나가 보지 못한 사람이요, 내 딸은 일곱 살 된 어린아이라 어디서 밟혀 죽었는가. 슬프다. 저러한 송장들은 피가 시내 되어 대동강에 흘러들어 여울목 치는 소리 무심히 듣지 말지어다. 평양 백성의 원통하고 설운 소리가 아닌가. 무죄히 죄를 받는 것도 우리나라 사람이요, 무죄히 목숨을 지키지 못하는 것도 우리나라 사람이라. 이것은 하늘이 지으신 일이런가, 사람이 지은 일이런가. 아마도 사람의 일은 사람이 짓는 것이다. 우리나라 사람이 제 몸만 위하고 제 욕심만 채우려 하고, 남은 죽든지 살든지, 나라가 망하든지 흥하든지 제 벼슬만 잘하여 제 살만 찌우면 제일로 아는 사람들이라.

평안도 백성은 염라대왕이 둘이라. 하나는 황천에 있고, 하나는 평양 선화당에 앉았는 감사이라. 황천에 있는 염라대왕은 나이 많고 병들어서 세상이 귀치 않게 된 사람을 잡아가거니와, 평양 선화당에 있는 감사는 몸 성하고 재물 있는 사람은 낱낱이 잡아가니, 인간 염라대왕으로 집집에 터주까지 겸한 겸관이 되었는지, 고사를 잘 지내면 탈이 없고 못 지내면 온 집안에 동토가 나서 다 죽을 지경이라. 제 손으로 벌어 놓은 제 재물을 마음놓고 먹지 못하고 천생 타고난 제 복숨을 남에게 매어 놓고 있는 우리나라 백성들을 불쌍하다 하겠거든, 더구나 남의 나라 사람이 와서 싸움을 하느니 지랄을 하느니, 그러한 서슬에 우리는 패가하고 사람 죽는 것이 다 우리나라 강하지 못한 탓이라.

오냐, 죽은 사람은 하릴없다. 살아 있는 사람들이나 이후에 이러한 일을 또 당하지 아니하게 하는 것이 제일이다. 제 정신 제가 차려서 우리나라도 남의 나라와 같이 밝은 세상 되고 강한 나라 되어 백성 된 우리들이 복숨도 보전하고 재물도 보전하고, 각도 선화당과 각도 동헌 위에 아귀 귀신 같은 산 염라대왕과 산 터주도 못 오게 하고, 범 같고 곰 같은 타국 사람들이 우리나라에 와서 감히 싸움할 생각도 아니하도록 한 후이라야 사람도 사람인 듯싶고 살아도 산 듯싶고, 재물 있어도 제 재물인 듯하리로다.

처량하다, 이 밤이여. 평양 백성은 어디 가서 사생중에 들었으며, 아귀 같은 염라대왕은 어느 구석에 박혔으며, 우리 처자는 어떻게 되었는고. 우리 내외 금실이 유명히 좋던 사람이요, 옥련이를 남다르게 귀애하던 가정이라. 그러나 세상에 뜻이 있는 남자 되어 처자만 구구히 생각하면 나라의 큰일을 못 하는지라. 나는 이 길로 천하 각국을 다니면서 남의 나라 구경도 하고 내 공부 잘한 후에 내 나라 사업을 하리라 하고 밝기를 기다려서 평양을 떠나가니, 그 발길 가는 데는 만리 타국이라.

그 부인은 일본군 헌병부로 잡혀 갔으나, 규중에서 생장한 부인이 그러한 난리중에 그러한 풍파를 겪었다 하는 말을 듣는 자 누가 불쌍타 하지 아니하리요. 통변이 말을 전하는 대로 헌병장이 고개를 기울이고 불쌍하다 가이없다 하더니, 그 밤에는 군중에서 보호하고 그 이튿날 제 집으로 돌려보내니, 부인은 하룻밤 동안에 세상 풍파를 다 지내고 본집으로 돌아왔더라.

아침 날 서늘한 기운에 빈집같이 쓸쓸한 것은 없는데 그 부인이 그 집에 들어와 보더니 처창한 마음이 새로이 나서 이 집구석에서 나 혼자 살아 무엇 하리 하면서 마루 끝에 털썩 걸터앉았더니 정신없이 모으로 쓰러졌다.

어젯날 피란 갈 때에 급하고 겁나는 마음에 밥도 먹지 아니하고 나섰다가 하룻날 하룻밤에 고생한 일은 인간에 나 하나뿐인가 싶은 마음에 배가 고픈지 다리가 아픈지 모르고 지냈더니, 내 집으로 돌아오니 남편도 소식 없고 옥련이도 간 곳 없고, 엉성한 네 기둥과 적적한 마루 위에 덧문 척척 닫힌 방을 보고, 이 봄이 앉은 채로 쓰러져 없었으면 좋으련마는, 그렇지 아니하면 무슨 경황에 내 손으로 저 방문을 열고 내 발로 저 방으로 들어갈까 하는 혼자말을 다 마치지 못하고 정

76

신을 잃었더라.

평시절 같으면 이웃사람도 오락가락하고 방물장수, 떡장수도 들락날락할 터인데, 그때는 평양성 중에 살던 사람들이 이번 불소리에 다 달아나고 있는 것은 일본 군사뿐이라. 그 군사들이 까마귀 떼 다니듯이 하며 이집 저집 함부로 들어간다.

본래 전시국제공법(戰時國際公法)에, 전장에서 피란 가고 사람 없는 집은 집도 점령하고 물건도 점령하는 법이라. 그런고로 군사들이 빈 집을 보면 일삼아 들어간다.

김씨 집에 들어와서 보는 군사들은 마루 끝에 부인이 누웠는 것을 보고 도로 나갈 뿐이라. 아마 도 부인을 구하여 줄 사람은 없었더라. 만일 엄동설한에 하루 동안을 마루에 누웠으면 얼어 죽었 을 터이나, 다행히 일기가 더운 때라, 종일 정신없이 마루에 누웠으나 관계치 아니하였더라.

밤이 되매 비로소 정신이 나기 시작하는데, 꿈 깨고 잠 깨듯 별안간에 정신이 난 것이 아니라 모 란봉에 안개 걷히듯 차차 정신이 난다. 처음에 눈을 떠서 보니 하늘에는 별이 총총하고, 다시 눈 을 둘러보니 우중충한 집에 나 혼자 누웠으니 이곳은 어디며 이 집은 뉘 집인지, 나는 어찌하여 여기 와서 누웠는지 곡절을 모른다.

차차 본즉 내 집이요, 차차 생각한즉 여기 와서 걸터앉았던 생각도 나고, 어젯밤에 일본 헌병부 로 가던 생각도 나고, 총소리에 사람 모여들던 생각도 나고, 도둑놈에게 욕을 볼 뻔하던 생각이 나면서 새로이 소름이 끼친다.

정신이 번쩍 나고 없던 기운이 번쩍 나서 벌떡 일어앉았으니, 새로 남편 생각과 옥련이 생각만 난다.

안방에는 옥련이가 자는 듯하고, 사랑방에는 남편이 있는 듯하다. 옥련이를 부르면 나올 듯하고 , 남편을 부르면 대답을 할 것 같다. 어젯날 지낸 일은 정녕 꿈이라, 내가 악봉을 꾸었지, 지금은 깨었으니 옥련이를 불러 보리라 하고 안방으로 고개를 두르고 옥련아, 옥련아, 옥련아, 부르다 가 소름이 죽죽 끼치고 소리가 점점 움츠러진다. 일어서서 안방 문 앞으로 가니, 다리가 덜덜 떨 리고 가슴이 두근두근한다. 방문을 왈칵 잡아당기니 방 속에서 벼락치는 소리가 나며 부인은 외 마디 소리를 지르고 주저앉았더라.

어제 아침에 이 방에서 피란 갈 때에는 방 가운데 아무것도 늘어놓은 것 없었더니, 오늘 아침에 김관일이가 외국에 가려고 결심하고 나갈 때에 무엇을 찾느라고 다락 속 벽장 속에 있는 세간을 낱낱이 내어 놓고 궤 문도 열어 놓고, 농문도 열어 놓고, 궤짝 위에 농짝도 놓고 농짝 위에 궤짝 도 얹었는데, 단정히 놓은 것도 있지마는 곧 내려질 듯한 것도 있었더라. 방문은 무슨 정신에 닫 고 갔던지, 방 안의 벽장문, 다락문은 열린 채로 두었더라.

강아지만한 큰 쥐가 다락에서 나와서 방 안에서 제 세상같이 있다가, 방문 여는 소리를 듣고 궤 위에서 방바닥으로 내려 뛰는데, 그 궤가 안동하여 떨어지니, 그 궤는 옥련의 궤라 조개껍질도 들고, 서양철 조각도 들고 방울도 들고 유리병도 들었으니, 그 궤가 떨어질 때는 소리가 조용치 는 못하겠으나 부인이 겁결에 들은즉 벼락치는 소리같이 들렸더라.

부인이 정신을 차려서 당성냥을 찾으려고 방 안으로 들어가니, 발에 걸리고 몸에 부딪히는 것이 무엇인지 무서운 마음에 도로 나와서 마루 끝에 앉았더라. 이 밤이 초저녁인지 밤중인지 샐녘인 지 모르고 날 새기만 기다리는데, 부인의 마음에는 이 밤이 샐 때가 되었거니 하고 동편 하늘만 바라보고 있더라.

두 날개 탁탁 치며 꼬끼요 우는 소리는 첫닭이 분명한데 이 밤 새우기는 참 어렵도다. 그렇게 적 적한 집에 그 부인이 혼자 있어서 하루, 이틀, 열흘, 보름을 지낼수록 경황없고 처량한 마음이 조금도 감하지 아니한다. 감하지 아니할 뿐 아니라 날이 갈수록 심란한 마음이 깊어 가더라. 그 러면 무슨 까닭으로 세상에 살아 있는고. 한 가지 일을 기다리고 죽기를 참고 있었더라.

피란 갔던 이튿날 방 안에 세간이 늘어놓인 것을 보고 남편이 왔던 자취를 알고 부인의 마음에는 남편이 옥련이와 나를 찾아다니다가 찾지 못하고 집에 돌아와서 보고 또 찾으러 간 줄로 알고, 그 남편이 밤낮 없이 나서서 오죽 고생을 할까 싶은 마음에 가이없으면서 위로는 되더니 그날 해가 지고 저무니 남편이 돌아올까 기다리는 마음에 대문을 닫지 아니하고 앉아 밤을 새웠더라. 그 이튿날 또 다음날을, 날마다 밤마다 때마다 기다리는데 사람의 소리가 들리면 뛰어나가 보고, 개가 짖으면 쫓아가서 본다.

고대하던 마음은 진하고 단망하는 마음이 생긴다. 어느 곳에서 사람이 많이 죽었다 하는 소문이 있으면 남편이 거기서 죽은 듯하고, 어느 곳에서는 어린아이 죽었다는 말이 들리면 내 딸 옥련이 가 거기서 죽은 듯하다.

남편이 살아 오거니 하고 고대할 때는 마음을 붙일 곳이 있어서 살아 있었거니와, 죽어서 못 오 거니 하고 단망하니 잠시도 이 세상에 있기가 싫다.

부인이 죽기로 결심하고 대동강 물에 빠져 죽을 차로 밤 되기를 기다려 강가로 향하여 가니, 그 때는 구월 보름이라 하늘은 씻은 듯하고 달은 초롱 같다. 은가루를 뿌린 듯한 백사장에 인적은 끊어지고 백구는 잠들었다. 부인이 탄식하여 가로되,

"달아 물어 보자, 너는 널리 보리로다. 낭군이 소식 없고 옥련은 간 곳 없다. 이 세상에 있으면 집 찾아왔으련만 일거 무소식하니 북망객 붐이로다. 이 붐이 혼자 살면 일평생 근심이요, 이 붐 이 죽었으면 이 근심 모르리라. 십오 년 부부정과 일곱 해 모녀정이 어느 때 있었던지 지금은 꿈 같도다. 꿈같은 이내 평생 오늘날뿐이로다. 푸르고 깊은 물은 갈 길이 저기로다."

이러한 탄식을 마치매 치마를 걷어잡고 이를 악물고 두 눈을 딱 감으면서 물에 뛰어내리니, 그 물은 대동강이요 그 사람은 김관일의 부인이라. 물 아래 뱃나들이에 한 거룻배가 비꼈는데, 그 배 속에서 사공 하나와 평양성 내에 사는 고장팔이라 하는 사람과 단둘이 달밤에 밤윷을 노는데, 그 사공과 고가는 각 어미 자식이나 성정은 어찌 그리 똑같던지, 사공이 고가를 닮았는지, 고가 가 사공을 닮았는지, 벌어먹는 길만 다르나 일만 없으면 두 놈이 함께 붙어 지낸다.

무엇을 하느라고 같이 붙어 지내는고. 둘 중에 하나만 돈이 있으면 서로 꾸어 주며 투전을 하고, 둘이 다 돈이 없으면 담배내기 밤윷이라도 아니 놀고는 못 견딘다. 하루 밥을 굶어라 하면 어렵 게 여기지 아니하나 하루 노름을 하지 말라 하면 병이 날 듯한 놈들이라. 그 밤에도 고가가 그 사 공을 찾아가서 단둘이 밤윷을 놀다가 물 위에서 이상한 소리가 들리나 윷에 미쳐서 정신을 모르 다가, 물 위에서 웬 사람이 떠내려오다가 배에 걸려서 허덕거리는 것을 보고 급히 뛰어내려서 건 진즉 한 부인이라. 본래 부인이 높은 언덕에서 뛰어내렸더면 물이 깊고 얕고 간에 살기가 어려웠 을 터이나, 모래톱에서 물로 뛰어들어가니 그 물이 한두 자 깊이가 될락말락한 물이라, 물이 낮 아 죽지 아니하였으나 부인은 죽을 마음으로 빠진 고로 얕은 물이라도 죽을 작정만 하고 드러누 우니 얼른 죽지는 아니하고 물에 떠서 내려가다가 배에 있던 사람에게 구원한 것이 되었더라.

화약 연기는 구름에 비 묻어 다니듯이 평양의 총소리가 의주로 올라가더니 백마산에는 철환 비 가 오고 압록강에는 송장으로 다리를 놓는다.

평양은 난리 평정이 되고 의주는 새로 난리를 만났으니 가령 화재 만난 집에서 안방에는 불을 잡 았으나 건넌방에는 불이 붙는 격이라. 안방이나 건넌방이나 집은 한 집이언만, 안방 식구는 제 방에만 불 꺼지면 다행으로 안다. 의주서는 피비 오는데 평양성중에는 차차 웃음 소리가 난다. 피란 가서 어느 구석에 숨어 있던 사람들이 차차 모여들어서 성중에는 옛 모양이 돌아온다.

집집의 걸어 닫혔던 대문도 열리고, 골목골목에 사람의 자취가 없던 곳도 사람이 오락가락하고, 개 짖고 연기 나는 모양이 세상은 평화 된 듯하나, 북문 안의 김관일의 집에는 대문이 닫힌 대로 있고 그 집 문간엔 사람이 와서 찾는 자도 없었더라. 하루는 어떠한 노인이 부담말 타고 오다가 김씨 집 앞에서 말께 내리더니, 김씨 집 대문을 흔들어 본즉 문이 걸리지 아니하였거늘 안으로 들어가더니 나와서 이웃집에 말을 묻는다.

"여보, 말 좀 물어 봅시다. 저 집이 김관일 김초시 집이오?"

"네, 그 집이오, 그 집에 아무도 없나 보오."

"나는 김관일의 장인 되는 사람인데, 내 사위는 만나 보았으나 내 딸과 외손녀는 피란 갔다가 집 찾아왔는지 아니 왔는지 몰라서 내가 여기까지 온 길이러니, 지금 그 집에 들어가서 본즉 아무도 없기로 궁금하여 묻는 말이오."

"우리도 피란 갔다가 돌아온 지가 며칠 되지 아니하였으니 이웃집 일이라도 자세히 모르겠소." 노인이 하릴없이 다시 김씨 집에 들어가서 자세히 살펴보니 사람은 난리를 만나 도망하고 세간 은 도둑을 맞아서 빈 농짝만 남았는데, 벽에 언문 글씨가 있으니, 그 글씨는 김관일 부인의 필적 인데, 대동강 물에 빠져 죽으려고 나가던 날의 세상 영결하는 말이라.

노인이 그 필적을 보고 놀랍고 슬픈 마음을 진정치 못하였더라.

그 노인은 본래 평양성내에서 살던 최주사라 하는 사람인데 이름은 항래라. 십 년 전에 부산으로 이사하여 크게 장사하는데, 그때 나이 오십이라. 재산은 유여하나 아들이 없어서 양자하였더니

양자는 합의치 못하고, 소생은 딸 하나 있으니 그 딸은 편애할 뿐 아니라 그 딸을 기를 때에 최주사는 애쓰고 마음 상하면서 길러 낸 딸이요, 눈살맞고 자라난 딸인데, 그 딸인즉 김관일의 부인이라.

최씨가 그 딸 기를 때의 일을 말하자 하면 소진(蘇秦)의 혀를 두 셋씩 이어 놓고 삼사월 긴 해를 몇씩 포개 놓을지라도 다 말할 수 없는 일이러라. 그 부인의 이름은 춘애라. 일곱 살에 그 모친이 돌아가고 계모에게 길렀는데, 그 계모는 부인 범절에는 사사이 칭찬 듣는 사람이나 한 가지 결점이 있으니, 그 흠절은 전실 소생 춘애에게 몹시 구는 것이라. 세간 그릇 하나라도 전실 부인이 쓰던 것이면 무당 불러서 불살라 버리든지 깨뜨려 버리든지 하여야 속이 시원하여지는 성정이라. 그러한 계모의 성정에 사르지도 못하고 깨뜨리지도 못할 것은 전실 소생 춘애라. 최씨가 그 딸을 옥같이 사랑하고 금같이 귀애하나 그 후취 부인 보는 때는 조금도 귀애하는 모양을 보이면 춘애는 그 계모에게 음해를 받을 터이라. 그런고로 최주사가 그 딸을 칭찬하고 싶은 때도 그 계모 보는 데는 꾸짖고 미워하는 상을 보이는 일도 많다.

그러면 최주사가 그 후취 부인에게 쥐여 지내느냐 할 지경이면 그렇지도 아니하다.

그 후취 부인은 죽어 백골 된 전실에게 투기하는 마음 한 가지만 아니면 아무 흠절이 없으니, 그러한 부인은 쇠사슬로 신을 삼아 신고 그 신이 날이 나도록 조선 팔도를 다 돌아다니더라도 그만한 아내는 얻기가 어렵다 하는 집안 공론이다. 최씨가 후취 부인과 금실도 좋고 전처 소생 춘애도 사랑하니, 춘애를 위하여 주려 하면 후실 부인의 뜻을 맞추어 주는 일이 상책이라. 춘애가 어려서부터 총명하고 눈치 빠르기로는 어린아이로 볼 수가 없다. 계모에게 따르기를 생모같이 따르면서 혼자 앉으면 눈물을 씻고 죽은 어머니를 생각하더라. 춘애가 그러한 고생을 하고 자라나서 김관일의 부인이 되었는데, 최씨는 그 딸을 출가한 딸로 여기지 아니하고 젖 먹이는 딸과 같이 안다.

평양의 난리 소문이 다른 사람 듣기에는 이웃집에 초상났다는 소문과 같이 심상히 들리나, 부산 사는 최항래 최주사의 귀에는 소름이 끼치도록 놀랍고 심려되더니, 하루는 그 사위 김관일이가 부산 최씨 집에 와서 난리 겪은 말도 하고, 외국으로 공부하러 가고자 하는 목적을 말하니, 최씨가 학비를 주어서 외국에 가게 하고, 최씨는 그 딸과 외손녀의 생사를 자세히 알고자 하여 평양에 왔더니, 그 딸이 대동강 물에 빠져 죽을 차로 벽상에 그 회포를 쓴 것을 보니, 그 딸 기를 때의 불쌍하던 마음이 새로이 나서, 일곱 살에 저의 어머니 죽을 때에 죽은 어미의 뺨을 대고 울던 모양도 눈에 선하고, 계모의 눈살을 맞아서 조접이 들던 모양도 눈에 선하고, 내가 부산 갈 때에 부녀가 다시 만나 보지 못하는 듯이 낙루하며 작별하던 모양도 눈에 선한 중에 해는 점점 지고 빈 집에 쓸쓸한 기운은 날이 저물수록 형용하기 어렵더라.

최씨가 데리고 온 하인을 부르는데 근력 없는 목소리로,

"이애 막동아, 부담 떼서 안마루에 갖다 놓아라."

"말은 어데 갖다 매오리까?"

"마방집에 갖다 매어라."

"소인은 어디서 자오리까?"

"마방집에 가서 밥이나 사서 먹고 이 집 행랑방에서 자거라."

"나리께서도 무엇을 좀 사다가 잡숫고 주무시면 좋겠습니다."

"나는 술이나 먹겠다. 부담에 달았던 술 한 병 떼어 오고 찬합만 끌러 놓아라. 혼자 이 방에 앉아 술이나 먹다가 밤 새거든 새벽길 떠나서 도로 부산으로 가자. 난리가 무엇인가 하였더니 당하여 보니 인간에 지독한 일은 난리로구나. 내 혈육은 딸 하나 외손녀 하나뿐이러니 와서 보니 이 모양이로구나. 막동아, 너같이 무식한 놈더러 쓸데없는 말 같지마는 이후에는 자손 보존하고 싶은 생각 있거든 나라를 위하여라. 우리나라가 강하였더면 이 난리가 아니 났을 것이다. 세상 고생 다 시키고 길러 낸 내 딸자식 나 젊고 무병하건마는 난리에 죽었구나. 역질 홍역 다 시키고 잔주접 다 떨어 놓은 외손녀도 난리중에 죽었구나,"

"나라는 양반님네가 다 망하여 놓셨지요. 상놈들은 양반이 죽이면 죽었고, 때리면 맞았고, 재물이 있으면 양반에게 빼앗겼고, 계집이 어여쁘면 양반에게 빼앗겼으니, 소인 같은 상놈들은 제 재물 제 계집 제 목숨 하나를 위할 수가 없이 양반에게 매였으니, 나라 위할 힘이 있습니까. 입 한 번을 잘못 벌려도 죽일 놈이니 살릴 놈이니, 오금을 끊어라 귀양을 보내라 하는 양반님 서슬에

상놈이 무슨 사람값에 갔습니까. 난리가 나도 양반의 탓이올시다. 일청전쟁도 민영춘이란 양반이 청인을 불러왔답니다. 나리께서 난리 때문에 따님아씨도 돌아가시고 손녀아기도 죽었으니 그 원통한 귀신들이 민영춘이라는 양반을 잡아갈 것이올시다."

하면서 말이 이어 나오니, 본래 그 하인은 주제넘다고 최씨 마음에 불합하나, 이번 난리중 험한 길에 사람이 똑똑하다고 데리고 나섰더니 이러한 심란중에 주제넘고 버릇없는 소리를 함부로 하니 참 난리난 세상이라. 난리중에 꾸짖을 수도 없고 근심중에 무슨 소리든지 듣기도 싫은 고로 돈을 내어 주며 하는 말이, 막동아 너도 나가서 술이나 싫도록 먹어라. 홧김에 먹고 보자 하니 막동이는 밖으로 나가고, 최씨는 혼자 술병을 대하여 팔자 한탄하다가 술 한 잔 먹고, 세상 원망하다가 술 한 잔 먹고, 딸 생각이 나도 술 한 잔 먹고, 외손녀 생각이 나도 술 한 잔 먹고, 술이 얼근하게 취하더니 이 생각 저 생각 없이 술만 먹다가 갓 쓴 채로 복침 베고 드러누웠더니 잠이 들면서 꿈을 꾸었더라. 모란봉 아래서 딸과 외손녀를 데리고 피란을 가다가 노략질꾼 도둑을 만나서 곤란을 무수히 겪다가 딸이 도둑을 피하여 가느라고 높은 언덕에서 떨어져 죽는 것을 보고 최씨가 도둑놈을 원망하여 도둑놈을 때려 죽이려고 지팡이를 들고 도둑을 때리니, 도둑놈이 달려들어 최씨를 마주 때리거늘, 최씨가 넘어져서 일어나려고 애를 쓰는데 도둑놈이 최씨를 깔고 앉아서 멱살을 쥐고 칼을 빼니 최씨가 숨을 쉴 수가 없어 일어나려고 애를 쓰니 최씨가 분명 가위를 눌린 것이다.

곁에서 사람이 최씨를 흔들며 아버지 여기를 어찌 오셨소, 아버지, 아버지 하는 소리에 깜짝 놀라 깨치니 남가일몽이라. 눈을 떠서 자세히 본즉 대동강 물에 빠져 죽으려고 벽상에 회포를 써서 붙였던 딸이 살아온지라, 기쁜 마음에 정신이 번쩍 나서 생각한즉 이것도 꿈이 아닌가 의심난다.

"이애, 네가 죽으려고 벽상에 유언을 써서 놓은 것이 있더니 어찌 살아왔느냐. 아까 꿈을 꾸니 네가 언덕에서 떨어져 죽었더니 지금 너를 보니 이것이 꿈이냐, 그것이 꿈이냐? 이것이 꿈이어든 이 꿈을 이대로 깨지 말고 십 년 이십 년이라도 이대로 지냈으면 그 아니 좋겠느냐."

하는 말이 최씨 생각에는 그 딸 만나 보는 것이 정녕 꿈같고 그 딸이 참 살아온 사기는 자세히 모른다.

원래 최씨 부인이 물에 빠져 떠내려갈 때에 뱃사공과 고장팔에게 구한 바 되었는데, 장팔의 모와 장팔의 처가 그 부인을 교군에 태워서 저희 집으로 모시고 가서 수일을 극진히 구원하였다가 그 부인이 차차 완인이 되매 그날 밤 들기를 기다려서 부인이 장팔의 모를 데리고 집에 돌아온 길이라. 장팔의 모는 길가에서 무엇을 사가지고 들어온다 하고 뒤떨어졌는데, 그 부인은 발씨 익은 내 집이라 앞서서 들어온즉 안마루에 부담 상자도 있고 안방에는 불이 켜서 밝은지라. 이전 마음 같으면 부인이 그 방문을 감히 열지 못하였을 터이나 별풍상 다 지내고 지금은 겁나는 것도 없고 무서운 것도 없는지라, 내 집 내 방에 누가 와서 들어앉았는가 생각하면서 서슴지 아니하고 방문을 열어 보니 웬 사람이 자다가 가위를 눌려서 애를 쓰는 모양인데, 자세히 본즉 자기의 부친이라. 부인이 그때에 부친을 만나니 반가운 마음에 아무 말도 아니하고 나오느니 울음뿐이라.

뒤떨어졌던 고장팔의 모가 들어 달아오면서 덩달아 운다.

"에그, 나리마님이 이 난리중 여기 오셨네. 알 수 없는 것은 세상 일이올시다. 나리께서 부산으로 이사 가실 때에 할미는 늙은 것이라 살아서 다시 나리께 뵙지 못하겠다 하였더니 늙은 것은 살았다가 또 뵈옵는데 어린 옥련애기와 젊으신 서방님은 어디 가서 돌아가셨는지 나리 오신 것을 못 만나 뵈네."

하는 말은 속에서 솟아나오는 인정이라. 그 노파가 그 인정이 있을 만도 한 사람이다.

고장팔의 모가 본래 최씨 집 종인데 삼십 전부터 드난은 아니하나 최씨의 덕으로 살다가 최씨가 이사 갈 때에 장팔의 모는 상전을 따라가고자 하나 장팔이가 노름꾼으로 최씨의 눈 밖에 난 놈이라 최씨를 따라가지 못하고 끈 떨어진 뒤웅박같이 평양에 있었더니, 이번에는 노름 덕으로 대동강 배 속에서 밤잠 아니 자고 있다가 최씨 부인을 구하여 살렸으니, 장팔이 지금은 노름하는 칭찬도 들을 만하게 되었더라.

최씨 부인이 그 부친에게 남편 김씨가 외국으로 유학하러 갔다는 말을 듣고 만 리의 이별은 섭섭하나 난리중에 목숨을 보전한 것만 천행으로 여겨서, 부친의 말하는 입을 쳐다보면서 눈에는 눈물이 가득하나 얼굴에는 기쁜 빛을 띠우더라.

"이애 김집아, 네 집은 외무주장하니 여기서 고단하여 살 수 없을 것이니 나를 따라 부산으로 내려가서 내 집에 같이 있으면 좋지 아니하겠느냐."

"내가 물에 빠져 죽으려 하기는 가장이 죽은 줄로 생각하고 나 혼자 세상에 살아 있기가 싫은 고로 대동강에 빠졌더니, 사람에게 건진 바 되어 살아 있다가 가장이 살아서 외국에 유학하러 갔다는 소식을 들었으니 나는 이 집을 지키고 있다가 몇 해 후가 되든지 이 집에서 다시 가장의 얼굴을 만나 보겠으니 아버지께서는 딸 생각 말으시고 딸 대신 사위의 공부나 잘 하도록 학비나 잘 대어 주시기를 바랍나이다. 나는 이 집에서 장판의 어미를 데리고 박토 마지기에서 도지섬 받는 것 가지고 먹고 있겠소. 그러나 옥련이가 있었더면 위로가 되었을걸, 허구한 세월을 어찌 기다리나."

하는 소리에 최주사가 흥격이 막히나 다사(多事)한 사람이 오래 있을 수 없는 고로 수일 후에 부산으로 내려가고 최씨 부인은 장판의 어미를 데리고 있으니, 행랑에는 늙은 과부요 안방에는 젊은 생과부가 있어서 김씨를 오기만 기다리고 세월 가기만 기다린다. 밤에는 밤이 길고 낮에는 낮이 긴데 그 밤과 그 낮을 모아 달 되고 해 되니, 천하에 어려운 것은 사람 기다리는 것이라. 부인의 생각에는 인간의 고생이 나 하나뿐인 줄로 알고 있건마는, 그보다 더 고생하는 사람이 또 있으니, 그것은 부인의 딸 옥련이라.

당초에 옥련이가 피란 갈 때에 모란봉 아래서 부모의 간 곳 모르고 어머니를 부르면서 발을 동동 구르다가 난데없는 철환 한 개가 넘어오더니 옥련의 왼편 다리에 박혀 넘어져서 그날 밤을 그 산에서 목숨이 붙어 있었더니, 그 이튿날 일본 적십자 간호수가 보고 야전병원으로 실어 보내니 군의(軍醫)가 본즉 중상은 아니라. 철환이 다리를 뚫고 나갔는데 군의 말이, 만일 청인의 철환을 맞았으면 철환에 독한 약이 섞인지라 맞은 후에 하룻밤을 지냈으면 독기가 뼈에 많이 퍼졌을 터이나, 옥련이가 맞은 철환은 일인의 철환이라 치료하기 대단히 쉽다 하더니, 과연 삼 주일이 못 되어서 완연히 평일과 같은지라. 그러나 옥련이는 갈 곳이 없는 아이라, 병원에서 옥련의 집을 물은즉 평양 북문 안이라 하니 병원에서 옥련이가 나이 어리고 또한 정경을 불쌍케 여겨서 통사를 안동하여 옥련의 집에 가서 보라 한즉, 그때는 옥련의 모친이 대동강 물에 빠져 죽으려고 벽상에 그 사정 써서 붙이고 간 후이라. 통변이 그 글을 보고 옥련을 불쌍히 여겨서 도로 데리고 야전병원으로 가니, 군의 정상소좌(井上少佐)가 옥련의 정경을 불쌍히 여기고 옥련의 자품을 기이하게 여겨 통변을 세우고 옥련의 뜻을 묻는다.

"이애, 너의 아버지와 어머니가 어디로 간지 모르나?"

"……"

"그러면 네가 내 집에 가서 있으면 내가 너를 학교에 보내어 공부하도록 하여 줄 것이니, 네가 공부를 잘하고 있으면 아무쪼록 너의 나라에 탐지하여 너의 부모가 살았거든 너의 집으로 곧 보내 주마."

"우리 아버지 어머니가 살아 있는 줄을 알고 나를 도로 우리집에 보내 줄 것 같으면 아무 데라도 가고 아무것을 시키더라도 하겠소."

"그러면 오늘이라도 인천으로 보내서 이용선을 타고 일본으로 가게 할 것이니, 내 집은 일본 대판이라. 내 집에 가면 우리 마누라가 있는데, 아들도 없고 딸도 없으니 너를 보면 대단히 귀애할 것이니 너의 어머니로 알고 가서 있거라."

하면서 귀국하는 병상병(病傷兵)에게 부탁하여 일본 대판으로 보내니, 옥련이가 교군 바탕을 타고 인천까지 가서 인천서 유선을 타니, 등뒤에는 부모 소식이 묘연하고 눈앞에는 타국 산천이 생소하다.

만일 용렬한 아이가 일곱 살에 난리 피란을 가다가 부모를 잃었으면 어미 아비만 생각하고 낯선 사람이 무슨 말을 물으면 눈물이 비죽비죽하고 주접이 덕적덕적하고 묻는 말을 대답도 시원히 못 할 터이나, 옥련이는 어디 그러한 영리하고 숙성한 아이가 있었던지 혼자 있을 때는 부모를 보고 싶은 마음에 죽을 듯하나 사람을 대할 때는 어찌 그리 천연하던지, 부모 생각하는 기색이 조금도 없더라. 옥련의 얼굴은 녹을 싸서 연지빗으로 단장한 것 같다

옥련의 부모가 옥련 이름 지을 때에 옥련의 모양과 같이 아름다운 이름을 짓고자 하여 내외 공론이 무수하였더라. 옥같이 희다 하여 옥이라고 부르는 사람은 옥련이 모친이요, 연꽃같이 번화하다 하여 연화라고 부르는 사람은 옥련의 부친이라.

그 아이 이름 짓던 날은 의논이 부산하다가 구화담판되듯 옥자, 련자를 합하여 옥련이라고 지은

이름이라. 부모 된 사람이 제 자식 귀애하는 마음에 혹 시꺼먼 괴석 같은 것도 옥같이 보는 일도 있고, 누렁퉁이나 호박꽃같이 생긴 것도 연꽃같이 보이는 일도 있기는 있지마는, 옥련이 같은 아이는 옥련의 부모의 눈에만 그렇게 아름다운 것이 아니라 어떠한 사람이든지 칭찬 아니하는 사람이 없고, 또 자식 없는 사람이 보면 빼앗아 갈 것같이 탐을 내서 하는 말에, 옥련이를 잡아가서 내 딸이 될 것 같으면 벌써 집어 갔겠다 하는 사람이 무수하였더라.

그러하던 옥련이가 부모를 잃고 만리타국으로 혼자 가니, 배 안에 들어 있는 사람들은 소일조로 옥련의 곁에 모여들어서 말 묻는 사람도 있고, 조선말을 하지 못하는 사람들은 행중에서 과자를 내어 주니, 어린아이가 너무 괴롭고 성이 가실 만하련마는 옥련이는 천연할 뿐이라.

만리창해에 살같이 빠른 배가 인천서 떠난 지 나흘 만에 대판에 다다르니, 대판에서 내릴 선객들은 각기 제 행장을 수습하여 삼판에 내려가느라고 분요하나 옥련이는 행장도 없고 몸 하나뿐이라 혼자 가만히 앉았으니, 어린 소견에도 별생각이 다 난다.

"남은 제 집 찾아가건마는 나는 뉘 집으로 가는 길인고. 남들은 일이 있어서 대판에 오는 길이거니와 나 혼자 일없이 타국에 가는 사람이라. 편지 한 장을 품에 끼고 가는 집이 뉘 집인고. 이 편지 볼 사람은 어떠한 사람이며, 이내 몸 위하여 줄 사람은 어떠한 사람인가. 딸을 삼거든 딸노릇 하고, 종을 삼거든 종노릇 하고, 고생을 시키거든 고생도 참을 것이요, 공부를 시키거든 일시라도 놀지 않고 공부만 하여 볼까."

이런 생각 저런 생각, 생각만 하느라고 시름없이 앉았더니, 평양서부터 동행하던 병정이 옥련이를 부르는데 말을 서로 알아듣지 못하는 고로 눈치로 알아듣고 따라 내려가니, 그 병대는 평양 싸움에 오른편 다리에 총을 맞고 옥련이와 같이 야전병원에서 치료하던 사람인데, 철환이 신경맥을 상한 고로 치료한 후에 그 다리가 불편하여 몽둥이에 의지하여 겨우 걸어다니는지라. 그 병대는 앞에 서서 내려가는데, 옥련이가 뒤에 서서 보다가 하는 말이, 나도 다리에 총 맞았던 사람이라. 내가 만일 저 모양이 되었더라면 자결하여 죽는 것이 편하지 살아서 쓸데 있나, 하는 소리를 옥련의 말 알아듣는 사람이 없으니, 그런 말은 못 듣는 것이 좋건마는, 좋은 마디는 그뿐이라. 옥련이가 제일 답답한 것은 서로 말 모르는 것이라. 벙어리 심부름하듯 옥련이가 병정 손짓하는 대로만 따라간다.

옥련의 눈에는 모두 처음 보는 것이라. 항구에는 배 돛대가 삼대 들어서듯 하고, 저자거리에는 이층 삼층집이 구름 속에 들어간 듯하고, 지네같이 기어가는 기차는 입으로 연기를 확확 뿜으면서 배는 천둥지동하듯 구르며 풍우같이 달아난다. 넓고 곧은 길에 갔다왔다하는 인력거 바퀴 소리에 정신이 없는데, 병정이 인력거 둘을 불러서 저도 타고 옥련이도 태우니 그 인력거들이 살같이 가는지라. 옥련이가 길에서 아장아장 걸을 때에는 인해 중에 넘어질까 조심되어 아무 생각이 없더니, 인력거 위에 올라앉으매 새로이 생각만 난다.

"인력거야, 천천히 가고지고. 이 길만 다 가면 남의 집에 들어가서 밥도 얻어 먹고 옷도 얻어 입고, 마음도 불안하고 몸도 불편할 터이로구나. 인력거야, 어서 바삐 가고지고. 궁금하고 알고자 하는 일은 어서 바삐 눈으로 보아야 시원하다. 가품 좋고 인정 있는 사람인지, 집안에서 찬기운 나고 사람에게서 독기가 똑똑 떨어지는 집이나 아닌지. 내 운수가 좋으려면 그 집 인심이 좋으련마는 조실부모하고 만리타국에 유리하는 내 운수에……."

그러한 생각에 눈물이 비 오듯 하며 흑흑 느끼어 우는데 인력거는 벌써 정상 군의 집 앞에 와서 내려놓는데, 옥련이가 인력거 그치는 것을 보고 이것이 정상 군의 집인가 짐작하고 조심되는 마음에 작은 몸이 더욱 작아진 듯하다.

슬픈 생각도 한가한 때를 타서 나는 것이다. 눈물이 뚝 그치고 아니 나온다. 옥련이가 눈을 이리 씻고 저리 씻고 부산히 씻는 중에 앞에 섰던 인력거꾼이 무슨 소리를 지르매 계집종이 나와서 문간방에 꿇어앉아서 공손히 말을 물으니 병정이 두어 말 하매 종이 안으로 들어가더니 다시 나와서 병정더러 들어오라 하니, 병정이 옥련이를 데리고 정상 군의 집 안으로 들어갔다.

병정은 정상 부인을 대하여 군의 소식을 전하고 옥련의 사기를 말하고 전지(戰地)의 소경력(小經歷)을 이야기하는데, 옥련이는 정상 부인의 눈치만 본다.

부인의 나인 삼십이 될락말락하니 옥련의 모친과 정동갑이나 아닌지, 연기는 옥련의 모친과 그렇게 같으나 생긴 모양은 옥련의 모친과 반대만 되었다. 옥련의 모친은 눈에 애교가 있더라. 정상 부인은 눈에 살기만 들었더라. 옥련의 모친은 얼굴이 희고 도화색을 띠었더니 정상 부인의 얼굴이 희기는 하나 청기가 돈다. 얌전도 하고 쌀쌀도 한데, 군의의 편지를 받아 보면서 옥련이를 흘끔흘끔 보다가 병정더러 무슨 말도 하는 것은 옥련의 마음에는 모두 내 말 하거니 하고 단정히 앉았는데 병정은 할 말 다 하였는지 작별하고 나가고, 옥련이만 정상 군의의 집에 혼자 떨어져 있으니 옥련이가 새로이 생소하고 비편한 마음뿐이라.

"이애 설자야, 나는 딸 하나 났다."

"아씨께서 자녀간에 없이 고적하게 지내시더니 따님이 생겼으니 얼마나 좋으십니까. 그러나 오늘 낳으신 아기가 대단히 숙성하오이다."

"설자야, 네가 옥련이를 말도 가르치고 언문도 잘 가르쳐 주어라. 말을 알아듣거든 하루바삐 학교에 보내겠다."

"내가 작은아씨를 가르칠 자격이 되면 이 댁에 와서 좋 노릇을 하고 있겠습니까."

"너더러 어려운 것을 가르쳐 주라 하는 것이 아니다. 심상소학교(尋常小學校) 일년급 독본이나 가르쳐 주라는 말이다. 네 동생같이 알고 잘 가르쳐 다고. 말을 능통히 알기 전에는 집에서 네가 교사 노릇 하여라. 선생 겸 종 겸 어렵겠다. 월급이나 많이 받으려무나."

"월급은 더 바라지 아니하거니와 연희장(演戲場) 구경이나 자주 시켜 주시면 좋겠습니다."

"설자야, 우리 옥련이 데리고 잡점에 가서 옥련에게 맞는 부인 양복이나 사서 가지고 복욕집에 가서 복욕이나 시키고 조선 복색을 벗기고 양복이나 입혀 보자."

정상 부인은 옥련이를 그렇게 귀애하나 말 못 알아듣는 옥련이는 정상 부인의 쓸쓸한 모양에 죽기가 도야 고역 치르듯 따라다닌다.

말 못 하는 개도 사람이 귀애하는 것을 알거든, 하물며 사람이야. 아무리 어린아이기로 저를 사랑하는 눈치를 모를 리가 없는 고로 수일이 못 되어 옥련이가 옹그리고 자던 잠이 다리를 쭉 뻗고 잔다.

정상 부인이 갈수록 옥련이를 귀애하고 옥련이는 날이 갈수록 정상 부인에게 따른다.

옥련의 총명재질은 조선 역사에는 그러한 여자가 있다고 전한 일은 없으니, 조선 여편네는 안방 구석에 가두고 아무것도 가르치지 아니하였은즉, 옥련이 같은 총명이 있더라도 세상에서 몰랐든지, 이렇든지 저렇든지 옥련이는 조선 여편네에게는 비할 곳 없더라.

옥련의 재질은 누가 듣든지 거짓말이라 하고 참말로는 듣지 아니한다. 일본 간 지 반 년도 못 되어 일본말을 어찌 그렇게 잘하던지, 정상 군의 집에 와서 보는 사람들이 옥련이를 일본 아이로 보고 조선 아이로는 보지를 아니한다. 정상 부인이 옥련이를 가르치며 저 아이가 조선 아이인데 조선서 온 지가 반 년밖에 아니 된다 하는 말은 옥련이를 자랑코자 하여 하는 말이나, 듣는 사람은 정상 부인의 농담으로 듣다가 설자에게 자세한 말을 듣고 혀를 홰홰 내두르면서 칭찬하는 소리에 옥련이도 흥이 날 만하겠더라.

호외(號外), 호외, 호외라고 소리를 지르며 대판 저자 큰길로 달음박질하여 돌아다니는 사람들이 둘씩 셋씩 지나가니 옥련이가 학교에 갔다 오는 길에 문을 열고 들어오면서, ·

"여보, 어머니 저것이 무슨 소리요?"

"네가 온갖 것을 다 알아듣더니 호외는 모르는구나. 그러나 무슨 큰일이 있는지 한 장 사보자. 이애 설자야, 호외 한 장 사오너라."

"네, 지금 가서 사오겠습니다."

하면서 급히 나가니 옥련이가 달음박질하여 따라나가면서, 이애 설자야, 그 호외를 내가 사오겠으니 돈을 이리 달라 하니, 설자가 웃으면서 하는 말이 누구든지 먼저 가는 사람이 호외를 산다 하고 달아나니 설자는 다리가 길고 옥련이는 다리가 짧은지라, 설자가 먼저 가서 호외 한 장을 사가지고 오는 것을 옥련이가 붙들고 호외를 달라 하여 기어이 빼앗아 가지고 와서 하는 말이,

"어머니 이 호외를 보고 나 좀 가르쳐 주오."

정상 부인이 웃으며 받아 보니 《대판매일신문》 호외라. 한 줄쯤 보고 깜짝 놀라더니 서너 줄쯤 보고 에그 소리를 하면서 호외를 빈지고 아무 소리 없이 눈물이 비 오듯 하다.

"어머니, 어찌하여 호외를 보고 울으시오. 어머니 어머니……"

부인은 대답 없이 눈물만 흘리니, 옥련이가 설자를 부르면서 눈에 눈물이 가랑가랑하니, 설자는 방문 밖에 앉았다가 부인의 낙루하는 것은 못 보고 옥련의 눈만 보고 하는 말이,

"작은아씨가 울기는 왜 울어. 갓 낳은 어린아이와 같이."

"설자야, 사람 조롱 말고 들어와서 호외 좀 보고 가르쳐다고. 어머니께서 호외를 보고 울으시니 호외에 무슨 말이 있는지 왜 울으시는지 자세히 보아라. 어서 어서."

"아씨, 호외에 무슨 일이 있습니까. 아씨께서만 보셨으면 좀 보겠습니다."

설자가 호외를 들고 보다가 쌍긋 웃더니 그 아래는 자세히 보지 아니하고 하는 말이,

"아씨, 이것 좀 보십시오. 요동반도가 함락이 되었습니다. 아씨, 우리 일본은 싸움할 적마다 이기니 좋지 아니하옵니까. 에그, 우리나라 군사가 이렇게 많이 죽었나. 아씨, 이를 어찌하나. 우리 댁 영감께서 돌아가셨네. 만국공법(萬國公法)에, 전시에서 적십자기(赤十字旗) 세운 데는 위태치 아니하다더니 영감께서는 군의시언마는 돌아가셨으니 웬일이오니까."

"무엇, 아버지가 돌아가셨어……."

옥련이는 소리쳐 울고 부인은 소리 없이 눈물만 떨어지고 설자는 부인을 쳐다보며 비죽비죽 우니 온 집안이 울음빛이다.

호외 한 장이 온 집안의 화기를 끊어 버렸더라. 정상 군의는 인간의 다시 오지 못하는 길을 가고, 정상 부인은 찬 베개 빈방에서 적적히 세월을 보내더라.

조선 풍속 같으면 청상과부가 시집가지 아니하는 것을 가장 잘난 일로 알고 일평생을 근심중으로 지내나, 그러한 도덕상의 죄가 되는 악한 풍속은 문명한 나라에는 없는 고로, 젊어서 과부가 되면 시집 가는 것은 천하만국에 부끄러운 일이 아니라. 정상 부인이 어진 남편을 얻어 시집을 간다.

"이애 옥련아, 내가 젊은 터에 평생을 혼자 살 수 없고 시집을 가려 하는데 너를 거두어 줄 사람이 없으니 그것이 불쌍한 일이로구나……."

옥련의 마음에는 정상 부인이 시집 가는 곳에 부인을 따라가고 싶으나, 부인이 데리고 가지 아니할 말을 하니 옥련이는 새로이 평양성 밑 모란봉 아래서 부모를 잃고 발을 구르며 울던 때 마음이 별안간에 다시 난다. 옥련이가 부인의 무릎 위에 푹 엎드리며 목이 메어 하는 말이,

"어머니, 어머니가 가시면 나는 누구를 믿고 사나."

"오냐, 나는 죽은 셈만 치려무나."

"어머니 죽으면 나도 같이 죽지."

그 소리 한마디에 부인 가슴이 답답하여 무슨 생각을 하고 있더라. 그때 부인이 중매더러 말하기를, 내 한 몸뿐이라 하였는데, 남편 될 사람도 그리 알고 있으니 이제 새로이 딸 하나 있다 하기도 어렵고, 옥련이가 따르는 모양을 보니 차마 떼치기도 어려운 마음이 생긴다.

"이애 옥련아, 울지 말아라. 내가 시집 가지 아니하면 그만이로구나. 내가 이 집에서, 네 공부나 시키고 있다가 십 년 후에는 내가 네게 의지하겠으니 공부나 잘하여라."

"어머니가 참 시집 아니 가고 집에 있어서 날 공부시켜 주시겠소?"

"오냐, 염려 말아라. 어린아이더러 거짓말하겠느냐."

옥련이가 그 말을 듣고 기쁜 마음을 이기지 못하여 여인의 무릎 위에 앉아서 뺨을 대고 어리광을 하더라.

그 후로부터 옥련이가 부인에게 따르는 마음이 더욱 간절하여 학교에 가면 집에 돌아오고 싶은 마음만 있다가 하학시간이 되면 달음박질하여 집에 와서 부인에게 안겨서 어리광만 한다. 그 어리광이 며칠 못 되어 눈치꾸러기가 된다.

부인이 처음에는 옥련이의 어리광을 잘 받더니, 무슨 까닭인지 옥련이가 어리광을 피면 핀잔을 주고 찬기운이 돈다. 날이 갈수록 옥련이가 고생길로 들고 근심중으로 지낸다.

본래 부인이 시집 가려 할 때에 옥련의 사정이 불쌍하여 중지하였으나 젊은 부인이 공방에서 고적한 마음이 있을 때마다 옥련이가 미운 마음이 생긴다. 어디서 얻어 온 자식말고 제 속으로 나온 자식일지라도 귀치 아니한 생각이 날로 더하는 모양이다.

옥련이가 부인에게 귀염받을 때에는 문 밖에 나가기를 싫어하더니, 부인에게 미움받기 시작하더니 문 밖에 나가며 들어오기를 싫어하더라.

부인이 옥련이를 귀애할 때에는 옥련이가 어디 가서 늦게 오면 문에 의지하여 기다리더니, 옥련이를 미워하는 마음이 생기더니 옥련이가 오는 것을 보면,

"에그, 저 원수의 것이 무슨 연분이 있어서 내 집에 왔나!"

하면서 눈살을 아드득 찌푸리더라.

옥련이가 앉아도 그 눈살 밑, 서도 그 눈살 밑, 밥을 먹어도 그 눈살 밑, 잠을 자도 그 눈살 밑, 눈살 밑에서 자라나는 옥련이가 눈치만 늘고 눈물만 흔하더라. 하루가 삼추 같은 그 세월이 삼 년이 되었는데, 옥련이는 심상소학교 입학한 지 사 년이라. 옥련의 졸업식을 당하여 학교에서 옥련이가 우등생이 된 고로 사람마다 칭찬하는 소리가 옥련의 귀에는 조금도 기뻐 들리지 아니하다. 기뻐 들리지 아니할 뿐 아니라 귀가 아프고 듣기 싫더라.

듣기 싫은 중에 더구나 듣기 싫은 소리가 있으니 무슨 소리런가.

"저 아이는 정상 군의 양녀지. 군의는 요동반도 함락될 때에 죽었다지. 그 부인은 그 양녀 옥련이를 불쌍히 여겨서 시집도 아니 가고 있다지. 에그, 갸륵한 부인일세. 저 철없는 옥련이가 그 은혜를 다 알는지. 알기는 무엇을 알아. 남의 자식이라는 것이 쓸데없나니 참 갸륵한 일일세. 정상 부인이 남의 자식을 길러 공부를 시키려고 젊은 터에 시집을 아니 가고 있으니 드문 일이지."

졸업식에 모인 사람들이 옥련이 재주 있는 것을 추다가 옥련의 의모(義母) 되는 부인의 칭찬을 시작하더니, 받고 차기로 말이 끊어지지 아니하니, 옥련이는 그 소리를 들을 적마다 남모르는 설움이 생기더라.

옥련이가 집에 돌아와서 문 열고 들어오면서,

"어머니, 나는 졸업장 맡았소."

"이제는 공부 다 하였으니 어미를 먹여살려라. 공부를 네가 한 듯하냐? 내가 시키지 아니하였으면 공부가 다 무엇이냐. 네가 조선서 자랐으면 곧 공부하는 구경도 못 하였을 것이다. 네 운수 좋으려고 일청전쟁이 난 것이다. 네 운수 좋았으나 내 운수만 글렀다. 너 하나 공부시키려고 허구한 세월에 이 고생을 하고 있다."

부인이 덕색의 말이 퍼부어 나오니 옥련이가 고개를 숙이고 가만히 생각한즉, 겨우 소학교 졸업한 계집아이가 제 힘으로는 정상 부인을 공양할 수도 없고, 정상 부인의 힘을 또 입으면서 공부하기도 싫고 한 가지 생각만 난다. 이 세상을 얼른 버려 정상 부인의 눈에 보이지 말고 하루바삐 황천에 가서 난리중에 죽은 부모를 만나리라 결심하고 천연한 모양으로 부인에게 좋은 말로 대답하고, 그날 밤에 물에 빠져 죽을 차로 대판 항구로 나가다가 항구에 사람이 많은 고로 사람 없는 곳을 찾아간다.

어스름 달밤은 가깝게 있는 사람을 알아볼 만한데, 이리 가도 사람이 있고 저리로 가도 사람이라. 옥련이가 동으로 가다가 돌쳐서서 서으로 향하다가 도로 돌쳐서서 머뭇머뭇하는 모양이 대단히 수상한지라.

등뒤에서 웬 사람이 이애 이애 부르는데, 돌아다본즉 순검이라. 옥련이가 소스라쳐 놀라 얼른 대답을 못 하니 순검이 더욱 의심이 나서 앞에 와 서서 말을 묻는다. 옥련이가 대답할 말이 없어서 억지로 꾸며 대답하되, 권공장(勸工場)에 무엇을 사러 나왔다가 집을 잃고 찾아다닌다 하니, 순검이 다시 의심 없이 옥련의 집 통수를 묻더니 옥련이를 데리고 옥련이 집에 와서 정상 부인에게 옥련이가 집 잃었던 사기를 말하니, 부인이 순검에게 사례하여 작별하고 옥련이를 방으로 불러 앉히고 말을 묻는다.

"이애, 네가 무슨 일이 있어서 이 밤중에 항구에 나갔더냐. 미친 사람이 아니어든 동으로 가다 서으로 가다 남으로 북으로 온 대판을 헤매더라 하니 무엇 하러 나갔더냐. 너 같은 딸 두었다가 망신하기 쉽겠다. 신문거리만 되겠다."

그러한 꾸지람을 눈이 빠지도록 듣고 있으나 옥련이는 한 번 정한 마음이 있는 고로 설움이 더할 것도 없고 내일 밤 되기만 기다린다.

그날 밤에 부인은 과부 설움으로 잠이 들지 못하여 누웠다가 일어나서 껐던 불을 다시 켜고 소설 한 권을 보다가 그 책을 놓고 우두커니 앉아서 무슨 생각을 하는 모양이라.

윗복에서 상직(上直) 잠자던 노파가 벌떡 일어나더니 하는 말이,

"아씨, 왜 주무시다가 일어나셨습니까?"

"팔자 사납고 근심 많은 사람이 잠이 잘 오나."

"아씨께서 팔자 한탄하실 것이 무엇 있습니까. 지금도 좋은 도리를 하시면 좋아질 것이올시다. 이때까지 혼자 고생하신 것도 작은아씨 하나를 위하여 그리하신 것이 아니오니까."

"글쎄 말일세. 남의 자식을 위하여 이 고생을 하고 있는 것이 내가 병신이지."

"그러하거든 작은아씨가 아씨를 고마운 줄이야 알면 좋지마는, 고마워하기는 고사하고 아씨 보

85

면 곁눈질만 살살 하고 아씨를 진저리를 내는 모양이올시다."

"글쎄 말일세. 내가 저 하나를 위하여 가려 하던 시집도 아니 가고 삼 년, 사 년을 이 고생을 하고 있으니 아무리 어린것일지라도 나를 고마운 줄 알 터인데 고것 그리 발칙하게 구네그려. 오늘 밤 일로 말하더라도 이상한 일이 아닌가. 어린것이 이 밤중에 무엇 하러 항구를 나갔단 말인가. 물에나 빠져 죽으려고 갔던지 모르겠지마는, 내가 제게 무엇을 그리 몹시 굴어서 제가 설운 마음이 있어 죽으려 하였단 말인가. 아무리 생각하여도 모를 일일세. 만일 죽고 보면 세상 사람들은 내가 구박이나 한 줄로 알겠지. 그런 몹쓸 것이 있나."

"죽기는 무엇을 죽어요. 죽을 터이면 남 못 보는 곳에 가서 죽지. 이리 가다가 저리 가다가 대판 바닥을 다 다니다가 순검의 눈에 띄겠습니까. 아씨의 몹쓸 흠만 드러낼 마음으로 그러한 것이올시다. 아씨께서는 고생만 하시고 댁에 계셔도 쓸데없습니다. 아씨께서 가시려면 진작 가셔야지, 한 나이라도 젊으셨을 때에 가셔야 합니다. 할미는 나이 오십이 되고 머리가 희뜩희뜩하여 생각하면 어느 틈에 나이를 이렇게 먹었던지 세월같이 무정하고 덧없는 것은 없습니다."

"남도 저렇게 늙었으니 낸들 아니 늙고 평생에 이 모양으로만 있겠나. 어디든지 내 몸 하나 가서 고생 아니할 곳이 있으면 내일이라도 가고 모래라도 가겠다."

부인과 노파는 옥련이가 잠이 든 줄 알고 하는 말인지, 잠이 들었던지 아니 들었던지 말을 듣든지 말든지 관계없이 하는 말인지, 부인이 옥련이를 버리고 시집 가기로 결심하고 하는 말이다. 옥련이는 그날 밤에 물에 빠져 죽으러 나갔다가 죽지도 못하고 순검에게 붙들려 들어와서 정상 부인 앞에서 잠을 자는데, 소리를 삼키고 눈물을 흘리다가 정신이 혼혼하여 잠이 잠깐 들었는데 일몽(一夢)을 얻었더라.

옥련이가 죽으려고 평양 대동강으로 찾아 나가는데 걸음이 걸리지 아니하여 대동강이 보이면서 갈 수가 없어서 애를 무수히 쓰는데 홀연히 등뒤에서 옥련아 옥련아 부르는 소리가 들리거늘 돌아다보니 옥련의 어머니라. 별로 반가운 줄도 모르고 하는 말이, 어머니는 어디로 가시오. 나는 오늘 물에 빠져 죽으러 나왔소 하니, 옥련의 모친이 하는 말이 이애 죽지 말아라, 너의 아버지께서 너 보고 싶다 하는 편지를 하셨더라.

하는 말끝을 마치지 못하여, 정상 부인의 앞에서 노파가 자다가 일어나면서, 아씨 왜 주무시다가 일어났습니까 하는 소리에 옥련이가 잠이 깼는데, 그 잠이 다시 들어서 그 꿈을 이어 꾸었으면 좋겠다 하는 생각을 하나 정상 부인과 노파가 받고 차기로 옥련이 말만 하니, 정신이 번쩍 나고 잠이 다 달아나서 그 꿈을 이어 보지 못할지라.

불빛을 등지고 드러누웠는데, 귀에 들리나니 가슴 아픈 소리라. 노파는 부인의 마음 좋도록만 말하니, 부인은 하룻밤 내에 노파와 어찌 그리 정이 들었던지, 노파더러 하는 말이,

"여보게, 내가 어디로 가든지 자네는 데리고 갈 터이니 그리 알고 있으라."

하니 노파의 대답이,

"아씨께서 가실 것은 무엇 있습니까. 서방님이 이 댁에로 오시지요. 아씨는 시댁 간다 하지 말고 서방님이 장가 오신다 합시오. 아씨께서 재물도 있고 이러한 좋은 집도 있으니, 서방님 되시는 이가 재물이 있든지 없든지 마음만 착하시면 좋겠습니다. 작은아씨는 어디로 쫓아 보내시면 그 만이지요. 할미는 죽기 전에 아씨만 모시고 있겠으니 구박이나 맙시오."

부인이 할미더러 포도주 한 병을 가져오라 하면서 하는 말이,

"자네 말을 들으니 내 속이 시원하고 내 근심이 다 어디로 가는지 모르겠네. 내가 아무리 무정한들 자네 구박이야 하겠나. 술이나 먹고 잠이나 자세."

하더니 포도주 한 병을 둘이 다 따라 먹고 드러눕더니 부인과 노파가 잠이 깊이 드는 모양이더라. 자명종은 새로 세시를 땅땅 치는데 노파의 코고는 소리는 반자를 울린다. 옥련이가 일어나서 한참을 가만히 앉아서 노파의 드러누운 것을 흘겨보며 하는 말이,

"이 몹쓸 늙은 여우야, 사람을 몇이나 잡아먹고 이때까지 살았느냐. 나는 너 보기 싫어 급히 죽겠다. 너는 저 모양으로 백 년만 더 살아라."

하더니 다시 머리 들어 정상 부인을 보며 하는 말이,

"내 몸을 낳은 사람은 평양 아버지 평양 어머니요, 내 몸을 살려서 기른 사람은 정상 아버지와 대판 어머니라. 내 팔자 기박하여 난리 중에 부모 잃고, 내 운수 불길하여 전쟁중에 정상 아버지가 돌아가니, 어리고 약한 이내 몸이 만리타국에서 대판 어머니만 믿고 살았소. 내 몸이 어머니

의 그러한 은혜를 입었는데, 내 몸을 인연하여 어머니 근심되고 어머니 고생되면 그것은 옥련의
죄올시다. 옥련이가 살아서는 어머니 은혜를 갚을 수가 없소. 하루바삐, 한시바삐, 바삐 죽었으
면 어머니에게 걱정되지 아니하고 내 근심도 잊어 모르겠소. 어머니, 나는 가오. 부디 근심 말고
지내시오."
하면서 눈물이 비 오듯 하다가 한참 진정하여 일어나더니 문을 열고 나가니 가려는 길은 황천이
라.
항구에 다다르니 넓고 깊은 바닷물은 하늘에 닿은 듯한데, 옥련이 가는 곳은 저 길이라. 옥련이
가 그 물을 바라보고 하는 말이,
"오냐, 반갑다. 오던 길로 도로 가는구나. 일청전쟁이 일어났을 때에 그 전쟁은 우리집에서 혼자
당한 듯이 내 부모는 죽은 곳도 모르고, 내 몸에는 총을 맞아 죽게 된 것을 정상 군의 손에 목숨
이 도로 살아나서 이용선을 타고 저 바다로 건너왔구나. 오기는 물 위의 길로 왔거니와 가기는
물 속 길로 가리로다. 내 몸이 저 물에 빠지거든 이 물에서 썩지 말고 물결 바람결에 몸이 둥둥
떠서 신호마관(神戶馬關) 지나가서 대마도 앞으로 조선 해협 바라보며 살같이 빨리 가서 진남포
로 들어가서 대동강 하류에서 역류하여 올라가면 평양 북문 볼 것이니 이 몸이 썩더라도 대동강
에서 썩고지고. 물아 부탁하자, 나는 너를 쫓아간다."
하는 소리에 바닷물은 대답하는 듯이 물소리가 솟아져서 천하가 다 물소리 속에 있는 것 같은지
라. 옥련이가 정신이 아뜩하여 푹 고꾸라졌다. 섧고 원통한 맺힌 마음에 기색을 하였다가 그 기
운이 조금 돌면서 그대로 잠이 들어 또 꿈을 꾸었더라.
뒤에서 옥련아 옥련아 부르는 소리만 들리고 사람은 보이지 아니하는데 옥련의 마음에는 옥련의
어머니라. 이애 죽지 말고 다시 한번 만나 보자 하는 소리에 옥련이가 대답하려고 말을 냅뜨려
한즉, 소리가 나오지 아니하여 애를 쓰다가 소리를 버럭 지르면서 옥련이가 정신이 나서 눈을 떠
보니 하늘의 별은 총총하고 물소리는 그윽한지라. 기색을 하였던지 잠이 들었던지 정신이 황홀
하다. 옥련이가 다시 생각하되, 내가 오늘 밤에 꿈을 두 번이나 꾸었는데, 우리 어머니가 나더러
죽지 말라 하였으니, 우리 어머니가 살아 있는가 의심이 나서 마음을 진정하여 고쳐 생각한다.
"어머니가 이 세상에 살아 있어서 평생에 내 얼굴 한번 보고자 하는 마음으로 하늘이 감동되고
귀신이 돌아보아 내 꿈에 현몽하니 내가 죽으면 부모에게 불효이라. 고생이 되더라도 참는 것이
옳은 일이요, 근심이 있더라도 잊어버리는 것이 옳은 일이라. 오냐, 일곱 살부터 지금까지 고생
으로 살았으니 죽지 말고 살았다가 부모의 얼굴이나 한번 다시 보고 죽으리라."
하고 돌쳐서서 대판으로 다시 들어가니, 그때는 날이 새려 하는 때라, 걸음을 바삐 걸어 정상 군
의 집 앞에 가서 들어가지 아니하고 가만히 들은즉 노파의 목소리가 들리는지라.
"아씨 아씨, 작은아씨가 어디 갔습니까?"
"응 무엇이야, 나는 한잠에 내처 자고 이제야 깨었네. 옥련이가 어디로 가. 뒷간에 갔는지 불러
보게."
"내가 지금 뒷간에 다녀오는 길이올시다. 안으로 걸었던 대문이 열렸으니, 밖으로 나간 것이올
시다."
하는 소리에 옥련이가 들어갈 수 없어서 도로 돌쳐서서 갈 곳이 없는지라.
정한 마음 없이 정거장으로 나가니, 그때 일번(一番) 기차에 떠나려 하는 행인들이 정거장으로
모여드는지라. 옥련의 마음에 동경이나 가고 싶으나 동경까지 갈 기차표 살 돈은 없고 다만 이십
전이 있는지라. 옥련이가 대판만 떠나서 어디든지 가면 남의 집에 봉공(奉公)하고 있을 터이라
결심하고 자복 정거장까지 가는 기차표를 사서 일번 기차를 타니, 삼등차에 사람이 너무 많이 들
어서 옥련이가 앉을 곳을 얻지 못하고 섰는데 등뒤에서 웬 서생이 조선말로 혼자 중얼중얼하는
말이,
"웬 계집아이가 남의 앞에 와 섰다."
하는 소리에 옥련이가 돌아다보니 나이 열칠팔 세 되고 얼굴은 볕에 그을려 익은 복숭아 같고 코
는 우뚝 서고 눈은 만판 정신기 있는데, 입기는 양복을 입었으나 양복은 처음 입은 사람같이 서
툴러 보이는지라. 옥련이가 돌아다보는 것을 보더니 또 조선말로 혼자 하는 말이,
"그 계집아이 똑똑하다. 재주 있겠다. 우리나라 계집아이 같으면 저러한 것들이 판판이 놀겠지.
여기서는 저런 것들도 모두 공부를 한다 하니 저것은 무엇 하는 계집아이인지."

그러한 소리를 곁의 사람이 아무도 못 알아들으나 옥련의 귀는 알아들을 뿐이 아니라, 대판 온 지 몇 해 만에 고국 말소리를 처음 듣는지라. 반갑기가 측량 없으나, 계집아이 마음이라 먼저 말 하기도 부끄러운 생각이 있어서 말을 못 하고, 옥련이도 혼자말로 서생의 귀에 들리도록 하는 말 이,

"어디 가 좀 앉을 곳이 있어야지, 서서 갈 수가 있나."

하는 소리에, 뒤에 있던 서생이 이상히 여겨서 하는 말이,

"그 아이가 조선 사람인가, 나는 일본 계집아이로 보았더니 조선말을 하네."

하더니 서슴지 아니하고 말을 묻는다.

"이애, 네가 조선 사람이 아니냐?"

"네, 조선 사람이오."

"그러면 몇 살에 와서 몇 해가 되었느냐?"

"일곱 살에 와서 지금 열한 살이 되었소."

"와서 무엇 하였느냐?"

"심상소학교에서 공부하고 어제가 졸업식하던 날이오."

"너는 나보다 낫구나. 나는 이제 공부하러 미국으로 가려 하는데, 말도 다르고 글도 다른 미국을 가면 글자 한 자 모르고 말 한 마디 모르는 사람이 어찌 고생을 하는지, 너는 일본에 온 지가 사오 년이 되었다 하니 이제는 고생을 다 면하였겠구나. 어린아이가 공부하러 여기까지 왔으니 참 갸륵한 노릇이다."

"당초에 여기 올 때에 공부할 마음으로 왔으면 칭찬을 들어도 부끄럽지 아니하겠으나, 운수 불행하여 고생길로 여기까지 왔으니 칭찬을 들어도……."

하면서 복이 메는 소리로 눈에 눈물이 가랑가랑하여 고개를 살짝 수그린다.

서생이 물끄러미 보고 서로 아무 말이 없는데, 정거장 호각 한 소리에 기차 화통에서 흑운(黑雲) 같은 연기를 훅훅 내뿜으면서 기차가 달아난다.

옥련의 마음에 자복 정거장에 가면 내려야 할 터인데, 어떠한 집에 가서 어떠한 고생을 할지 앞의 길이 망연한지라.

옥련이가 가고자 하는 길을 갈 지경이면 자복 가는 동안이 대단히 더딘 듯하련마는, 기차표대로 자복 외에는 더 갈 수 없는 고로 싫어도 내릴 곳이라. 형세 좋게 달아나는 기차의 서슬은 오늘 해 전에 하늘 밑까지 갈 듯한데, 자복 정거장이 멀지 아니하다.

"이애, 네가 어디까지 가는지 서서 가면 다리가 아파 가겠느냐?"

"자복까지 가서 내릴 터이오."

"자복에 아는 사람이 있느냐."

"없어요."

"그러면 자복은 왜 가느냐?"

옥련이가 수건으로 눈을 씻고 대답을 아니하는데, 서생이 말을 더 묻고 싶으나 곁의 사람들이 옥련이와 서생을 유심히 보는지라, 서생이 새로이 시치미를 떼고 창 밖으로 머리를 두르고 먼산을 바라보나 정신은 옥련의 눈물 나는 눈에만 있더라.

빠르던 기차가 차차 천천히 가다가 딱 멈추면서 반동되어 뒤로 물러나니 섰던 옥련이가 넘어지며 손으로 서생의 다리를 잡으니, 공교히 서생 다리의 신경맥을 짚은지라. 그때 서생은 창 밖만 보고 앉았다가 입을 딱 벌리면서 깜짝 놀라 돌아다보니 옥련이가 무심중에 일본말로 실례라 하나, 그 서생은 일본말을 모르는 고로 알아듣지 못하나 외양으로 가엾어하는 줄로 알고 그 대답은 없이 좋은 얼굴빛으로 딴말을 한다.

"네 오는 곳이 이 정거장이냐?"

하던 차에 장거수가 돌아다니면서 자복 자복, 자복 자복, 자복 자복이라 소리를 지르며 문을 여니, 옥련이는 어린 몸에 일본 풍속에 젖은 아이라 서생에게 향하여 허리를 굽히며 또 일본말로 작별인사하면서 기차에 내려가니, 구름같이 내려가는 행인 중에 나막신 소리뿐이라. 서생은 정신이 얼떨한데, 옥련이 가는 모양을 보고자 하여 창 밖으로 내다보니 사람에 섞이어서 보이지 아니하는지라. 서생이 가방을 들고 옥련이를 쫓아 나가다가 정거장 나가는 어귀에서 만난지라. 옥련이가 이상히 보면서 말없이 나가니 서생도 또한 아무 말 없이 따라 나가더라.

옥련이가 정거장 밖으로 나가더니 갈 바를 알지 못하여 우두커니 섰거늘, 벌어먹기에 눈에 돈 동록이 앉은 인력거꾼은 옥련의 뒤를 따라가며 인력거를 타라 하니, 돈 없고 갈 곳 모르는 옥련이는 거들떠보지도 아니하고 섰다.

"이애, 내가 네게 청할 일이 있다. 나는 일본에 처음으로 오는 사람이라 네게 물어 볼 일이 있으니, 주막으로 잠깐 들어갔으면 좋겠으니 네 생각에 어떠하냐."

"그러면 저기 여인숙이 있으니 잠깐 들어가서 할 말을 하시오."

하면서 앞서 가니, 자복에 처음 오기는 서생이나 옥련이나 일반이건마는, 옥련이는 자복에 몇 번이나 와서 본 사람과 같이 익달한 모양으로 여인숙으로 들어가더라.

여인숙 하인이 삼층집 제일 높은 방으로 인도하고 내려가니, 서생은 모두 처음 보는 것이라. 정신이 황홀하여 옥련이 만난 것을 다행히 여긴다.

"이애, 내가 여기만 와도 이렇듯 답답하니 미국에 가면 오죽하겠느냐. 너는 타국에 와서 오래 있었으니 별물정 다 알겠구나. 우선 네게 좀 배울 것도 많거니와, 만리타국에서 뜻밖에 만났으니 서로 있는 곳이나 알고 헤지자. 나는 공부하고자 하는 마음으로 부모도 모르게 미국에 갈 차로 나섰더니, 불과 여기를 와서 이렇듯 답답한 생각만 나니 어쩌하면 좋을지 모르겠다."

하는 소리에 옥련이는 심상한 고국 사람을 만난 것 같지 아니하고 친부모나 친형제나 만난 것 같다.

모란봉 아래서 발을 구르고 울던 일부터 대판 항구에서 물에 빠져 죽으려던 일까지 낱낱이 말한다.

"그러면 우리 둘이 미국으로 건너가서 공부나 하고 있다가 너의 부모 소식을 들거든 네 먼저 고국으로 가게 하여 주마."

"……"

"오냐, 학비는 염려 말아라. 우리들이 나라의 백성 되었다가 공부도 못 하고 야만을 면치 못하면 살아서 쓸데 있느냐. 너는 일청전쟁을 너 혼자 당한 듯이 알고 있나 보다마는, 우리나라 사람이 누가 당하지 아니한 일이냐. 제 곳에 아니 나고 제 눈에 못 보았다고 태평성세로 아는 사람들은 밥벌레라. 사람이 밥벌레가 되어 세상을 모르고 지내면 몇 해 후에는 우리나라에서 일청전쟁 같은 난리를 또 당할 것이라. 하루바삐 공부하여 우리나라의 부인 교육은 네가 맡아 문명길을 열어 주어라."

하는 소리에 옥련의 첩첩한 근심이 씻은 듯이 다 없어졌는지라. 그 길로 횡빈(橫濱)까지 가서 배를 타니, 태평양 넓은 물에 마름같이 떠서 화살같이 밤낮없이 달아나는 화륜선(火輪船)이 삼 주일 만에 상항에 이르러 닻을 주니 이곳부터 미국이라. 조선서 낮이 되면 미국에는 밤이 되고 미국에서 밤이 되면 조선서는 낮이 되어 주야가 상반되는 별천지라. 산도 설고 물도 설고 사람도 처음 보는 인물이라. 키 크고 코 높고 노랑머리 흰 살빛에, 그 사람들이 도덕심이 배가 툭 처지도록 들었더라도 옥련의 눈에는 무섭게만 보인다.

서생과 옥련이가 육지에 내려서 갈 바를 알지 못하여 공론이 부산하다.

"이애 옥련아, 네가 영어를 할 줄 아느냐. 조금도 모르느냐. 한마디도…… 그러면 참 딱한 일이로구나. 어디인지 물어 볼 수가 없구나."

사오 층 되는 높은 집은 구름 속 하늘 밑에 닿은 듯한데, 물끓듯 하는 사람들이 돌아들고 돌아나는 모양은 주막집 같은 곳도 많이 보이나 언어를 통치 못하는 고로 어린 서생들이 어찌하면 좋을지 알지 못하여 옥련이가 지향없이 사람을 대하여 일어로 무슨 말을 물으니 서생의 마음에는 옥련이가 영어를 조금 알면서 겸사로 모른다 한 줄로 알고 알아듣지도 못하는 소리를 바싹 들어서서 듣는다. 옥련의 키로 둘을 포개 세워도 치어다볼 듯한 키 큰 부인이 얼굴에는 새그물 같은 것을 쓰고 무 밑둥같이 깨끗한 어린아이를 앞세우고 지나가다가 옥련의 말하는 소리 듣고 무엇이라 대답하는지, 서생과 옥련의 귀에는 바바…… 하는 소리 같고 말하는 소리 같지는 아니한지라. 그 부인이 뒤에 풀록 교퇴 입은 남자를 돌아보면서 또 바바바…… 하니, 그 남자는 청국말을 하는 양인이라. 청국말로 무슨 말을 하는데, 서생과 옥련의 귀에는 '또바' 하는 소리 같고 말소리 같지 아니하다.

서생은 옥련이가 그 말을 알아들은 줄로 알고,

"이애, 그것이 무슨 말이냐?"

"……"

"그 남자의 말도 못 알아들었느냐……."

그렇듯 곤란하던 차에 청인 노동자 한패가 지나거늘 서생이 쫓아가서 필담하기를 청하니, 그 노동자 중에는 한문자 아는 사람이 없는지 손으로 눈을 가리더니 그 손을 다시 들어 홰홰 내젓는 모양이 무식하여 글자를 못 알아본다 하는 눈치다.

그때 마침 어떠한 청년이 햇빛에 윤이 질 흐르고 비단옷을 입고 마차를 타고 풍우같이 달려가는데, 서생이 그 청인을 가리키며 옥련이더러 하는 말이, 저러한 청인은 무식할 리가 만무하다 하면서 소리를 버럭 지르니, 마차 탄 사람은 그 소리를 들었으나 차메고 달아나는 말은 그 소리를 듣고 아니 듣고 간에 네 굽을 모아 달아나는데 서생의 소리가 다시 마차에 들릴 수 없는지라. 마차 탄 청인이 차부더러 마차를 멈추라 하더니 선뜻 뛰어내려서 서생의 앞으로 향하여 오니 서생이 연필을 가지고 무엇을 쓰려 하는데, 청인이 옥련이 옷을 본즉 일복이라, 일본 사람으로 알고 옥련에게 향하여 일어로 말을 물으니, 옥련이 기쁜 마음을 이기지 못하여 청인 앞으로 와서 말대답을 하는데 서생은 연필을 멈추고 섰더라.

원래 그 청인은 일본에 잠시 유람한 사람이라, 일본말을 한두 마디 알아들으나 장황한 수작은 못하는지라. 옥련이가 첩첩한 말이 나올수록 그 청인의 귀에는 점점 알아들을 수 없고 다만 조선 사람이라 하는 소리만 알아들은지라.

청인이 다시 서생을 향하여 필담으로 대강 사정을 듣고 명함 한 장을 내더니 어떠한 청인에게 부탁하는 말 몇 마디를 써서 주는데, 그 명함을 본즉 청국 개혁당의 유명한 강유위(康有爲)라. 그 명함을 전할 곳은 일어도 잘하는 청인인데, 다년 상항에 있던 사람이라. 그 사람의 주선으로 서생과 옥련이가 미국 화성돈에 가서 청인 학도들과 같이 학교에 들어가서 공부를 하고 있더라.

옥련이가 미국 화성돈에 다섯 해를 있어서 하루도 학교에 아니 가는 날이 없이 다니며 공부를 하는데, 재주 있고 부지런한 사람으로, 그 학교 여학생 중에는 제일 칭찬을 듣는지라.

그때 옥련이가 고등소학교에서 졸업 우등생으로 옥련의 이름과 옥련의 사적이 화성돈 신문에 났는데, 그 신문을 보고 이상히 기뻐하는 사람 하나가 있는데, 어찌 그렇게 기쁜던지 부지중 눈물이 쏟아진다. 기쁜 마음을 이기지 못하여 도리어 의심을 낸다. 의심중에 혼자말로 중얼중얼한다.

"조선 사람의 일을 영서로 번역한 것이라 혹 번역이 잘못되었나. 내가 미국에 온 지가 십 년이나 되었으나 영문에 서툴러서 보기를 잘못 보았나."

그렇게 다심하게 생각하는 사람의 성명은 김관일인데, 그 딸의 이름이 옥련이라. 일청전쟁 났을 때에 그 딸의 사생을 모르고 미국에 왔는데, 그때 화성돈 신문에는, 말은 옥련의 학교 성적과, 평양 사람으로 일곱 살에 일본 대판 가서 심상소학교를 졸업하고 그 길로 미국 화성돈에 와서 고등소학교에서 졸업하였다 한 간단한 말이라. 김씨가 분명히 자기의 딸이라고는 질언할 수 없으나, 옥련이라 하는 이름과 평양 사람이라는 말과 일곱 살에 집 떠났다 하는 말은 김관일의 마음에 정녕 내 딸이라고 생각 아니할 수도 없는지라. 김씨가 그 학교에 찾아가니, 그때는 그 학교에서 학도 졸업식 후의 서중휴학이라, 학교에 아무도 없는 고로 물을 곳이 없는지라, 김씨가 옥련을 만나지 못하고 돌아왔더라.

옥련이가 졸업하던 날에 학교 졸업장을 가지고 호텔로 돌아가니, 주인은 치하하면서 옥련의 얼굴빛을 이상히 보더라.

옥련이가 수심이 첩첩한 모양으로 저녁 요리도 먹지 아니하고 서산에 떨어지는 해를 치어다보며 탄식하더라.

그때 마침 밖에 손이 와서 찾는다 하는데, 명함을 받아 보더니 옥련이가 얼굴빛을 천연히 고치고 손을 들어오라 하니, 그 손이 보이를 따라 들어오거늘 옥련이가 선뜻 일어나며 그 사람의 손을 잡아 인사하고 테이블 앞에서 마주 향하여 의자에 걸터앉으니, 그 손은 옥련이와 일본 대판서 동행하던 서생인데 그 이름은 구완서라.

"네 졸업은 감축하다. 허허, 계집의 재주가 사나이보다 나은 것이로구나. 너는 미국 온 지 일 년 만에 영어를 대강 알아듣고 학교에까지 들어가서 금년에 졸업을 하였는데, 나는 미국 온 지 두 해 만에 중학교에 들어가서 내년에 졸업이라. 네게는 백기를 들고 항복 아니할 수가 없다."

옥련이가 대답을 하는데, 일본에서 자라난 사람이라 말을 하여도 일본 말투가 많더라.

90

"내가 그대의 은혜를 받아서 오늘 이렇게 공부를 하였으니 심히 고맙소."

하니 일본 풍속에 젖은 옥련이는 제 습관으로 말하거니와, 구씨는 조선서 자란 사람이라 조선 풍속으로 옥련이가 아이인 고로 해라를 하다가 생각한즉 저도 또한 아이이라.

"허허허, 우리들이 조선 사람인즉 조선 풍속대로만 수작하자. 우리 처음 볼 때에 네가 나이 어린 고로 내가 해라를 하였더니 지금은 나이 열여섯 살이 되어 저렇게 체대(體大)하니 해라 하기가 서먹서먹하구나."

"조선 풍속대로 말하자 하시면서 아이를 보고 해라 하시기가 서먹서먹하셔요?"

"허허허, 요절할 일도 많다. 나도 지금까지 장가를 아니 든 아이라. 아이는 일반이니 너도 나더러 해라 하는 것이 좋은 일이니 숫접게 너도 나더러 해라 하여라. 그리하면 내가 너더러 해라 하더라도 불안한 마음이 없겠다."

"그대는 부인이 계신 줄로 알았더니…… 미국에 오실 때 십칠 세라 하셨으니, 조선같이 혼인을 일찍 하는 나라에서 어찌하여 그때까지 장가를 아니 들으셨소."

"너는 나더러 종시 해라 소리를 아니하니 나도 마주 하오를 할 일이로구. 허허허. 그러나 말대답은 아니하고 딴소리만 하여서 대단히 실례하였다. 내가 우리나라에 있을 때에 우리 부모가 내 나이 열두서너 살부터 장가를 들이려 하는 것을 내가 마다하였다. 우리나라 사람들이 조혼하는 것이 옳은 일이 아니라. 나는 언제든지 공부하여 학문 지식이 넉넉한 후에 아내도 학문 있는 사람을 구하여 장가 들겠다. 학문도 없고 지식도 없고 입에서 젖내가 모랑모랑 나는 것을 장가 들이면 짐승의 자웅같이 아무것도 모르고 음양배합의 낙만 알 것이라. 그런고로 우리나라 사람들이 짐승같이 제 몸이나 알고 제 계집 제 새끼나 알고 나라를 위하기는 고사하고 나라 재물을 도둑질하여 먹으려고 눈이 벌겋게 뒤집혀서 돌아다니는 것이 다 어려서 학문을 배우지 못한 연고라. 우리가 이 같은 문명한 세상에 나서 나라에 유익하고 사회에 명예 있는 큰 사업을 하자 하는 목적으로 만리타국에 와서 쇠공이를 갈아 바늘 만드는 성력(誠力)을 가지고 공부하여 남과 같은 학문과 남과 같은 지식이 나날이 달라 가는 이때에 장가를 들어서 색계상에 정신을 허비하면 유지한 대장부가 아니라. 이애 옥련아, 그렇지 아니하냐."

구씨의 활발한 말 한마디에 옥련의 근심하던 마음이 풀어져서 웃으며,

"저러한 의논을 들으면 내 속이 시원하오. 혼자 있을 때는 참……."

말을 멈추고 구씨를 치어다보는데, 구씨가 옥련의 근심 있는 기색을 언뜻 짐작하였으나 구씨는 본래 활발한 사람이라. 시계를 내어 보더니 선뜻 일어나며 작별인사하고 저벅저벅 내려가는데, 옥련이는 의구히 의자에 걸어앉아서 먼산을 보며 잊었던 근심을 다시 한다. 한숨을 쉬고 혼자 신세타령을 하며 옛일도 생각하고 앞일도 걱정하는데 뜻을 정치 못한다.

"어ㅡ 세월도 쉽구나. 일본서 미국으로 건너오던 날이 어제 같구나. 내가 일본 대판 있을 때에 심상소학교 졸업하던 날은 하룻밤에 두 번을 죽으려고 하였더니 오늘 또 어떠한 팔자 사나운 일이나 없을는지. 내가 죽기가 싫어서 죽지 아니한 것도 아니요, 공부하고자 하여 이곳에 온 것도 아니라. 대판항에서 죽기로 결심하고 물에 떨어지려 할 때에 한 되는 마음으로 꿈이 되어 그랬던지, 우리 어머니가 나더러 죽지 말라 하시던 소리가 아무리 꿈일지라도 역력하기가 생시 같은 고로 슬픈 마음을 진정하고 이 목숨이 다시 살아나서 넓은 천지에 붙일 곳이 없는지라. 지향없이 동경 가는 기차를 타고 가다가 천우신조하여 고국 사람을 만나서 일동일정(一動一靜)을 남에게 신세를 지고 오늘까지 있었으니 허구한 세월을 남의 덕만 바랄 수는 없고, 만일 그 신세를 아니 지을 지경이면 하루 한시라도 여비를 어찌 써서 있을 수도 없으니 어찌하여야 좋을는지…… 우리 부모는 세상에 살아 있는지, 부모의 사생도 모르니 헐헐한 이 한 몸이 살아 있은들 무엇 하리요. 차라리 대판서 죽었더면 이 근심을 몰랐을 것인데 어찌하여 살았던가. 사람의 일평생이 이렇듯 근심만 할진대 죽어 모르는 것이 제일이라. 그러나 지금 여기서는 죽으려도 죽을 수도 없구나. 내가 죽으면 구씨는 나를 대단히 그르게 여길 터이라. 구씨의 태산 같은 은혜를 입고 그 은혜를 갚지 못하고 죽으면 남의 은혜를 저버리는 것이라. 어찌하면 좋을꼬,"

그렇듯 탄식하고 그 밤을 의자에 앉은 채로 새우다가 정신이 혼혼하여 잠이 들며 꿈을 꾸었더라. 꿈에는 팔월 추석인데, 평양성중에서 일년 제일 가는 명절이라고 와글와글하는 중이라. 아이들은 추석빔으로 새옷을 입고 떡조각 실과개를 배가 톡 터지도록 먹고 어깨로 숨을 쉬는 것들이 가로도 뛰고 세로도 뛴다.

어른들은 이 세상이 웬 세상이냐 하도록 술 먹고 주정을 하면서 한길을 쓸어 지나가고, 거문고 줄 양금채는 꾀꼬리 소리 같은 여청 시조를 어울려서 이 골목 저 골목, 이 사랑 저 사랑에서 어디든지 그 소리 없는 곳이 없다. 성중이 그렇게 흥치로 지내는데, 옥련이는 꿈에도 흥치가 없고 비창한 마음으로 부모 산소에 다니러 간다.

북문 밖에 나가서 모란봉에 올라가니 고려장(高麗葬)같이 큰 쌍분이 있는데, 옥련이가 묘 앞으로 가서 앉으며 허리춤에서 능금 두 개를 집어 내며 하는 말이,

"여보 어머니, 이렇게 큰 능금 구경하셨소? 내가 미국서 나올 때에 사가지고 왔소. 한 개는 아버지 드리고 한 개는 어머니 잡수시오."

하면서 묘 앞에 하나씩 놓으니, 홀연히 쌍분은 간 곳 없고 송장 둘이 일어앉아서 그 능금을 먹는데, 본래 살은 다 썩고 뼈만 앙상한 송장이라. 능금을 먹다가 위아랫니가 모짝 빠져서 앞에 떨어지는데, 박씨 말려 늘어놓은 것 같은지라. 옥련이가 무서운 생각이 더럭 나서 소리를 지르다가 가위를 눌렀더라.

그때 날이 새어서 다 밝은 후이라. 이웃 방에 있는 여학생이 일어나서 뒷간으로 내려가는 길에 옥련의 방 앞으로 지나다가 옥련의 가위눌리는 소리를 들었으나 남의 방으로 함부로 들어갈 수는 없고 망단한 마음에 급히 전기 초인종을 누르니 보이가 오는지라. 여학생이 보이를 보고 옥련의 방을 가리키며, 이 방에서 괴상한 소리가 난다 하니 보이가 옥련의 방문을 여는데 문소리에 옥련이가 잠을 깨어 본즉 남가일몽이라.

무서운 꿈을 깰 때는 시원한 생각이 있더니, 다시 생각하니 비창한 마음을 이기지 못하여 탄식하는 소리가 무심중에 나온다.

"꿈이란 것은 무엇인고. 꿈을 믿어야 옳은가. 믿을 지경이면 어젯밤 꿈은 우리 부모가 다 이 세상에는 아니 계신 꿈이로구나. 꿈을 아니 믿어야 옳은가. 아니 믿을진대 대판서 꿈을 꾸고 부모가 생존하신 줄로 알고 있던 일이 허사로구나. 꿈이 맞아도 내게는 불행한 일이요, 꿈이 맞히지 아니하여도 내게는 불행한 일이라. 그러나 다시 생각하여 보니 꿈은 정녕 허사라. 우리 아버지는 난리중에 돌아가셨으니, 가령 친척이 있더라도 송장 찾을 수가 없는 터이라. 더구나 사고무친한 우리집에 복술이 붙어 살아 있는 것은 그때 일곱 살 먹은 불효의 딸 옥련이뿐이라. 우리 아버지 송장 찾을 사람이 누가 있으리요. 모란봉 저녁 볕에 훌훌 날아드는 까마귀가 긴 창자를 물어다가 고목나무 높은 가지에 척척 걸어 놓은 것은 전쟁에 죽은 송장의 창자이라. 세상에 어떠한 고마운 사람이 있어서 우리 아버지 송장을 찾다가 고려장같이 기구 있게 장사를 지낼 수가 있으리요. 우리 어머니는 대동강 물에 빠져 죽으려고 벽상에 영결서를 써서 붙인 것을 평양 야전병원(野戰病院)의 통변이 낙루를 하며 그 글을 읽어서 내 귀에 들려주던 일이 어제같이 생각이 나면서, 대판항에서 꿈을 꾸고 우리 어머니가 혹 살아서 이 세상에 있을까 하는 생각이 다 쓸데없는 생각이라. 우리 어머니는 정녕히 물에 빠져 돌아가신 것이라. 대동강 흐르는 물에 고깃밥이 되었을 것이니, 어찌 모란봉에 그처럼 기구 있게 장사를 지냈으리요."

옥련이가 부모 생각은 아주 단념하기로 작정하고 제 신세는 운수 되어 가는 대로 두고 보리라 하고 정신을 가다듬어서 공부하던 책을 내어 놓고 마음을 붙이니, 이삼 일 지낸 후에는 다시 서책에 착미(着味)가 되었더라.

하루는 보이가 신문지 한 장을 가지고 옥련의 방으로 오더니 그 신문을 옥련의 앞에 펼쳐 놓고 보이의 손가락이 신문지 광고를 가리킨다.

옥련이가 그 광고를 보다가 깜짝 놀라서 눈물이 펑펑 쏟아지면서 얼굴은 발개지고 웃음 반 눈물 반이라.

옥련이가 좋은 마음에 띄어서 광고를 끝까지 다 보지 못하고 우두커니 앉았다가 또 광고를 본다. 옥련의 마음에 다시 의심난다. 일전 꿈에 모란봉에 가서 우리 부모 산소에 갔던 일이 그것이 꿈인가. 오늘 신문지의 광고를 보는 것이 꿈인가. 한 번은 영어로 보고 한 번은 조선말로 보다가 필경은 한문과 조선 언문을 섞어 번역하여 놓고 보더라.

광고

지나간 열사흗날 황색신문 잡보에 한국 여학생 김옥련이가 아무 학교 졸업 우등생이라는 기사가 있기로 그 유하는 호텔을 알고자 하여 이에 광고하오니, 누구시든지 옥련의 유하는 호텔을 이 고백인에게 알려 주시면 상당한 금으로 십 류(留)를 앙정할사.

한국 평안도 평양인 김관일 고백

헌수……

의심 없는 옥련의 부친이 한 광고다.

"여보 보이, 이 신문을 가지고 날 따라가면 우리 부친이 십 류의 상금을 줄 것이니 지금으로 갑시다."

"내가 상금 탈 공은 없으니 상금은 원치 아니하나 귀양(貴孃)을 배행하여 가서 부녀 서로 만나 기뻐하시는 모양 보았으면 나도 이 호텔에서 몇 해 간 귀양을 모시고 있던 정분에 귀양을 따라 기뻐하고자 합니다."

옥련이가 그 말을 듣고 더욱 기뻐하여 보이를 데리고 그 부친 있는 처소를 찾아가니 십 년 풍상에서 서로 환형(換形)이 된지라, 서로 보고 서로 알아보지 못할 지경이라. 옥련이가 신문 광고와 명함 한 장을 가지고 그 부친 앞으로 가서 남에게 처음 인사하듯 대단히 서먹한 인사를 하다가 서로 분명한 말을 듣더니, 옥련이가 일곱 살에 응석하던 마음이 새로이 나서 부친의 무릎 위에 얼굴을 폭 숙이고 소리 없이 우는데, 김관일의 눈물은 옥련의 머리 뒤에 떨어지고, 옥련의 눈물은 그 부친의 무릎이 젖는다.

"이애 옥련아, 그만 일어나서 너의 어머니 편지나 보아라."

"응, 어머니 편지라니, 어머니가 살았소."

무슨 변이나 난 듯이 깜짝 놀라는 모양으로 고개를 번쩍 드는데, 그 부친은 제 눈물 씻을 생각은 아니하고 수건을 가지고 옥련의 눈물을 씻으니, 옥련이가 그리 어려졌던지 부친이 눈물 씻어 주는 데 고개를 디밀고 있더라. 김관일이 가방을 열더니 휴지 뭉치를 내어 놓고 뒤적뒤적하다가 편지 한 장을 집어 주며 하는 말이,

"이애, 이 편지를 자세히 보아라. 이 편지가 제일 먼저 온 편지다."

옥련이가 그 편지를 받아 보니, 옥련이가 그 모친의 글씨를 모르는지라. 가령 옥련이가 정신이 좋으면 그 모친의 얼굴은 생각할는지 모르거니와, 옥련이 일곱 살에 언문도 모를 때에 모친을 떠났는지라. 지금 그 편지를 보며 하는 말이,

"나는 우리 어머니 글씨도 모르지. 어머니 글씨가 이렇던가."

하면서 부친의 앞에 펼쳐 놓고 본다.

상장

떠나신 지 삼 삭이 못 되었으나 평양에 게시던 일은 전생 일 같삽. 만리타국에서 수토불복(水土不服)이나 되시지 아니하고 기운 평안하시온지 궁금하옵기 측량 없삽나이다. 이곳의 지낸 풍상은 말씀하기 신신치 아니하오나 대강 소식이나 알으시도록 말씀하옵나이다. 옥련이는 어디 가서 죽었는지 다시 소식이 묘연하고, 이곳은 죽기로 결심하여 대동강 물에 빠졌더니 뱃사공과 고장 팔에게 건진 바 되어 살았다가 부산서 이곳 친정 아버님이 평양에 오셔서 사랑에서 미국 가셨다는 말씀을 전하여 주시니, 그 후로부터 마음을 붙여 살아 있삽. 세월이 어서 가서 고국에 돌아오시기만 기다리옵나이다.

그러나 사랑에서는 몇십 년을 아니 오시더라도 이 세상에 계신 줄을 알고 있사오니 위로가 되오나, 옥련이는 만나 보려 하면 황천에 가기 전에는 못 볼 터이오니 그것이 한 되는 일이압. 말씀 무궁하오나 이만 그치옵나이다.

옥련이가 그 편지를 보고 뼈가 녹는 듯하고 봄이 스러지는 듯하여 가만히 않았다가,

"아버지, 나는 내일이라도 우리집으로 보내 주시오. 날개가 돋쳤으면 지금이라도 날아가서 우리 어머니 얼굴을 보고 우리 어머니 한을 풀어 드리고 싶소."

"네가 고국에 가기가 그리 바쁠 것이 아니라 우선 네가 고생하던 이야기나 어서 좀 하여라. 네가 어떻게 살아났으며 어찌 여기를 왔느냐?"

옥련이가 얼굴빛을 천연히 하고 고쳐 않더니, 모란봉에서 총 맞고 야전병원으로 가던 일과, 정상 군의의 집에 가던 일과, 대판서 학교에서 졸업하던 일과, 불행한 사기로 대판을 떠나던 일과, 동경 가는 기차를 타고 구완서를 만나서 절처봉생(絶處逢生)하던 일을 낱낱이 말하고, 그 말을 마치더니 다시 얼굴빛이 변하며 눈물이 도니, 그 눈물은 부모의 정에 관계한 눈물도 아니요, 제 신세 생각하는 눈물도 아니요, 구완서의 은혜를 생각하는 눈물이라.

"아버지, 아버지께서 나 같은 불효의 딸을 만나 보시고 기쁘신 마음이 있거든 구씨를 찾아보시

고 치사의 말씀을 하여 주시면 좋겠습니다.”

김관일이가 그 말을 듣더니, 그 길로 옥련이를 데리고 구씨의 유하는 처소로 찾아가니, 구씨는 김관일을 만나 보매 옥련의 부친을 본 것 같지 아니하고 제 부친이나 만난 듯이 반가운 마음이 있으니, 그 마음은 옥련의 기뻐하는 마음이 내 마음 기쁜 것이나 다름없는 데서 나오는 마음이요, 김씨는 구씨를 보고 내 딸 옥련을 만나 본 것이나 다름없이 반가우니, 그 두 사람의 마음이 그러할 일이라. 김씨가 구씨를 대하여 하는 말이 간단한 두 마디뿐이라.

한마디는 옥련이가 신세지은 치사요, 한마디는 구씨가 고국에 돌아간 뒤에 옥련으로 하여금 구씨의 기치를 받들고 백년가약 맺기를 원하는지라.

구씨는 본래 활발하고 거칠 것 없이 수작하는 사람이라 옥련이를 물끄러미 보더니,

“이애 옥련아, 어 - 실체(失體)하였구. 남의 집 처녀더러 또 해라 하였구나. 우리가 입으로 조선말은 하더라도 마음에는 서양 문명한 풍속이 젖었으니, 우리는 혼인을 하여도 서양 사람과 같이 부모의 명령을 좇을 것이 아니라, 우리가 서로 부부 될 마음이 있으면 서로 직접하여 말하는 것이 옳은 일이다. 그러나 우선 말부터 영어로 수작하자. 조선말로 하면 입에 익은 말로 외짝해라 하기 불안하다.”

하면서 구씨가 영어로 말을 하는데, 구씨의 학문은 옥련이보다 대단히 높으나 영어는 옥련이 구씨의 선생 노릇이라도 할 만한 터이라. 그러나 구씨는 서투른 영어로 수작을 하는데, 옥련이는 조선말로 단정히 대답하더라.

김관일은 딸의 혼인 언론을 하다가 구씨가 서양 풍속으로 직접 언론하자 하는 서슬에 옥련의 혼인 언약에 좌지우지할 권리가 없이 가만히 앉았더라.

옥련이는 아무리 조선 계집아이이나 학문도 있고 개명한 생각도 있고, 동서양으로 다니면서 문견(聞見)이 높은지라. 서슴지 아니하고 혼인 언론 대답을 하는데, 구씨의 소청이 있으니, 그 소청인즉 옥련이가 구씨와 같이 몇 해든지 공부를 더 힘써 하여 학문이 유여한 후에 고국에 돌아가서 결혼하고, 옥련이는 조선 부인 교육을 맡아 하기를 청하는 유지(有志)한 말이라. 옥련이가 구씨의 권하는 말을 듣고 조선 부인 교육할 마음이 간절하여 구씨와 혼인 언약을 맺으니, 구씨의 목적은 공부를 힘써 하여 귀국한 뒤에 우리나라를 독일국(獨逸國)같이 연방도를 삼되, 일본과 만주를 한데 합하여 문명한 강국을 만들고자 하는 비사맥 같은 마음이요, 옥련이는 공부를 힘써 하여 귀국한 뒤에 우리나라 부인의 지식을 넓혀서 남자에게 압제받지 말고 남자와 동등권리를 찾게 하며, 또 부인도 나라에 유익한 백성이 되고 사회상에 명예 있는 사람이 되도록 교육할 마음이라.

세상에 제 목적을 제가 자기하는 것같이 즐거운 일은 다시 없는지라. 구완서와 옥련이가 나이 어려서 외국에 간 사람들이라. 조선 사람이 이렇게 야만되고 이렇게 용렬한 줄을 모르고, 구씨든지 옥련이든지 조선에 돌아오는 날은 조선도 유지한 사람이 많이 있어서 학문 있고 지식 있는 사람의 말을 듣고 이를 찬성하여 구씨도 목적대로 되고 옥련이도 제 목적대로 조선 부인이 일제히 내 교육을 받아서 낱낱이 나와 같은 학문 있는 사람들이 많이 생기려니 생각하고, 일변으로 기쁜 마음을 이기지 못하는 것은 제 나라 형편 모르고 외국에 유학한 소년 학생 의기에서 나오는 마음이라.

구씨와 옥련이가 그 목적대로 되든지 못 되든지 그것은 후의 일이거니와, 그날은 두 사람의 마음에는 혼인 언약의 좋은 마음은 오히려 둘째가 되니, 옥련 낙지(落地) 이후에는 이러한 즐거운 마음이 처음이라.

김관일은 옥련을 만나 보고 구완서를 사윗감으로 정하고, 구씨와 옥련의 목적이 그렇듯 기이한 말을 들으니, 김씨의 좋은 마음도 측량할 수 없는지라.

미국 화성돈의 어떠한 호텔에서는 옥련의 부녀와 구씨가 솥발같이 늘어앉아서 그렇듯 희희낙락한데, 세상이 고르지 못하여 조선 평양성 북문 안에 게딱지같이 낮은 집에서 삼십 전부터 남편 없고 자녀간에 혈육 없고 재물 없이 지내는 부인이 있으되, 십 년 풍상에 남보다 많은 것 한 가지가 있으니, 그 많은 것은 근심이라.

그 부인이 남편이 죽고 없느냐 할 지경이면 죽지도 아니한 터이라. 죽고 없는 터이면 단념하고 생각이나 아니하련마는, 육만 리를 이별하여 망부석이 될 듯한 정경이요, 자녀간에 혈육이 없는 것은 생산을 못 하였느냐 물을진대 딸 하나를 두고 아들 겸 딸 겸하여 금옥같이 귀애하다가 일곱

살 되던 해에 잃었더라.

눈앞에 참척을 보았느냐 물을진대 그 부인은 말없이 눈물만 흘리더라. 눈앞에 보이는 데서나 죽었으면 한이나 없으련마는, 어디서 죽었는지 알지도 못하니 그것이 한이더라.

마침 까마귀 한 마리가 지붕 위에 내려앉더니 까막까막 깍깍 짖는 소리가 흉측하게 들리거늘, 부인이 감았던 눈을 떠서 장팔 어미를 보며 하는 말이,

"여보게, 저 까마귀 소리 좀 들어 보게. 또 무슨 흉한 일이 생기려나베. 까마귀는 영물이라는데 무슨 일이 또 있을는지 모르겠네. 팔자 기박한 여편네가 오래 살았다가 험한 일을 더 보지 말고 오늘이라도 죽었으면 좋겠네. 요사이는 미국서 편지도 아니 오고 웬일인고."

기운 없는 목소리로 설움 없이 탄식하는 모양은 아무가 보든지 좋은 마음은 아니 날 터인데, 늙고 청승스러운 장팔 어미가 부인의 그 모양을 보고 부인이 죽으면 따라 죽을 듯한 마음도 있고 까마귀를 쳐죽이고 싶은 마음도 생겨서 마당으로 펄펄 뛰어내려가서 지붕 위를 쳐다보면서 까마귀에게 헛팔매질을 하며 욕을 한다.

"수여— 이 경칠 놈의 까마귀, 포수들은 다 어디로 갔노. 소금장사— 네 어미."

조선 풍속에 까마귀 보고 하는 욕은 장팔 어미가 모르는 것이 없이 주워섬기며 소리를 버럭버럭 지르니, 그 까마귀가 펄쩍 날아 공중에 높이 뜨더니 깍깍 지르며 모란봉으로 향하거늘, 부인의 눈은 까마귀를 따라서 모란봉으로 가고, 노파의 욕하는 소리는 까마귀 소리를 따라간다.

우자 쓴 벙거지 쓰고 감장 홀태바지 저고리 입고 가죽 주머니 메고 문 밖에 와서 안중문을 기웃기웃하며 편지 받아 들여가오, 편지 받아 들여가오, 두세 번 소리하는 것은 우편 군사라. 장팔의 어미가 까마귀에게 열이 잔뜩 났던 차에 어떠한 사람인지 자세히 듣지도 아니하고 질부등거리 깨어지는 소리 같은 목소리로 우편 군사에게 까닭 없는 화풀이를 한다.

"웬 사람이 남의 집 안마당을 함부로 들여다보아. 이 댁에는 사랑 양반도 아니 계신 댁인데, 웬 젊은 녀석이 양반의 댁 안마당을 들여다보아."

"여보, 누구더러 이 녀석 저 녀석 하오. 체전부는 그리 만만한 줄로 아오. 어디 말 좀 하여 봅시다. 이리 좀 나오시오. 나는 편지 전하러 온 것 외에는 아무것도 잘못한 것 없소."

"여보게 할멈, 자네가 누구와 그렇게 싸우나. 우체 사령이 편지를 가지고 왔다 하니 미국서 서방님이 편지를 부치셨나베. 어서 받아 들여오게."

"옳지, 우체 사령이로구. 늙은 사람이 눈 어두워서…… 어서 편지나 이리 주오. 아씨께 갖다 드리게."

우체 사령이 처음에 노파가 소리를 지를 때는 늙은 사람 망령으로 알고 말을 예사로 하더니, 노파가 잘못한 줄을 깨닫고 말하는 눈치를 보더니 그때는 우체 사령이 복을 쓰고 대어든다.

"이런 제어미…… 내가 체전부 다니다가 이런 꼴은 처음 보았네. 남더러 무슨 턱으로 욕을 하오. 내가 아무리 바빠도 말 좀 물어 보고 갈 터이오."

하면서 소리를 버럭버럭 지르고 대어들며, 편지 달라 하는 말은 대답도 아니하니, 평양 사람의 싸움하러 대드는 서슬은 금방 죽어도 봄을 아끼지 아니하는 성정이라.

노파가 까마귀에게 화풀이할 때 같으면 우체 사령에게 봄부림을 하고 죽어도 그 화 풀어지지 아니할 터이나, 미국서 편지 왔다 하는 소리에 그 화가 다 풀어졌더라. 그 화만 풀어질 뿐이 아니라, 우체 사령의 떼거리까지 받고 있는데, 부인은 어서 바삐 편지 볼 마음이 있어서 내외하기도 잊었던지 중문간에로 뛰어나가서 노파를 꾸짖고 우체 사령을 달래고, 옥련의 묘에 가지고 가려 하던 술과 실과를 내어다 먹인다.

우체 사령이 금방 살인할 듯하던 위인이 노파더러 할머니 할머니 하며 풀어지는데, 그 집에서 부리던 하인과 같이 친숙하더라.

노파가 편지를 받아서 부인에게 드리니, 부인이 그 편지를 들고 겉봉 쓴 것을 보더니 깜짝 놀라서 의심을 한다.

"아씨 무엇을 그리하십니까?"

"응, 가만히 있게."

"서방님께서 부치신 편지오니까?"

"아닐세."

"그러면 부산서 주사나리께서 하신 편지오니까?"

95

"아니."

"에그, 어서 말씀 좀 시원히 하여 주십시오."

"글씨는 처음 보는 글씨일세."

본래 옥련이가 일곱 살에 부모를 떠났는데, 그때는 언문 한 자 모를 때라. 그 후에 일본 가서 심상소학교 졸업까지 하였으나 조선 언문은 구경도 못 하였더니, 그 후에 구완서와 같이 미국 갈 때에 태평양을 건너가는 동안에 구완서가 가르친 언문이라, 옥련의 모친이 어찌 옥련의 글씨를 알아보리요. 부인이 편지를 받아 보니 겉면에는,

한국 평안남도 평양부 북문내 김관일 실내 친전

한편에는,

미국 화성돈 ○○○호텔

옥련 상사리

진서 글자는 부인이 한 자도 알아보지 못하고 다만 '옥련 상사리'라 한 글자만 알아보았으나, 글씨도 모르는 글씨요, 옥련이라 한 것은 볼수록 의심만 난다.

"여보게 할멈, 이 편지 가지고 왔던 우체 사령이 벌써 갔나. 이 편지가 정녕 우리집에 오는 것인지 자세히 물어 보았다면 좋을 뻔하였네."

"왜 거기 쓰이지 아니하였습니까?"

"한 편은 진서요 한 편에는 진서도 있고 언문도 있는데, 진서는 무엇인지 모르겠고, 언문에는 옥련 상사리라 썼으니, 이상한 일도 있네. 세상에 옥련이라 하는 이름이 또 있는지, 옥련이라 하는 이름이 또 있더라도 내게 편지할 만한 사람도 없는데……."

"그러면 작은아씨의 편지인가 보이다."

"에그, 꿈같은 소리도 하네. 죽은 옥련이가 내게 편지를 어찌 하여……."

하면서 또 한숨을 쉬더니 얼굴에 처량한 빛이 다시 난다.

"아씨 아씨, 두말씀 말고 그 편지를 뜯어 보십시오."

부인이 홧김에 편지를 박박 뜯어 보니 옥련의 편지라.

모란봉에서 지낸 일부터 미국 화성돈 호텔에서 옥련의 부녀가 상봉하여 그 모친의 편지 보던 모양까지 그린 듯이 자세히 한 편지라.

그 편지 부쳤던 날은 광무 육년(음력) 칠월 십일일인데, 부인이 그 편지 받아 보던 날은 임인년 음력 팔월 십오일이러라.

부산 절영도 밖에 하늘 밑까지 툭 터진 듯한 망망대해에 시커먼 연기를 무럭무럭 일으키며 부산항을 향하고 살같이 들어닫는 것은 화륜선이다.

오륙도, 절영도 두 틈으로 두 좁은 어구로 들어오는데 반속력 배질을 하며 화통에는 소리가 하늘 당나귀가 내려와 우는지, 웅장한 그 소리 한마디에 부산 초량이 들썩들썩한다. 물건을 들이고 내는 운수 회사도 그 화통 소리에 귀를 기울이고 사람을 보내고 맞아들이는 여인숙에서도 그 화통 소리에 귀를 기울이는데, 화륜선 닻이 뚝 떨어져서 삼판 배가 벌떼같이 드러난다. 부산 객주에 첫째나 둘째 집에는 최주사 집 서기 보는 소년이 큰사랑 미닫이를 열며,

"여보시오, 주사장. 진남포에서 배 들어왔습니다. 우리 짐도 이 배편에 왔을 터이니 사람을 보내 보아야 하겠습니다."

최주사는 낮잠을 자다가 화륜선 화통 소리에 잠이 깨어 일어나 앉아서 무슨 생각을 하고 있던 터이라. 서기의 말을 들은 체 만 체하고 앉았다가 긴치 않은 말대답하듯,

"날 더러 물을 것 무엇 있나. 자네가 알아서 할 일이지."

소년은 서기 방으로 가고 최주사는 큰사랑에 혼자 앉았더라.

최주사는 몇 해 동안에 재물이 불 일어나는 듯 느는데 그 재물이 늘수록 최주사의 심회가 산란하다. 재물을 모을 때는 욕심에 취하여 두 눈이 빨개서 날뛰더니 재물을 많이 모아 놓고 보니 재물이 그리 귀할 것이 없는 줄로 생각이라. 빈 담뱃대 딱딱 떨어 물고 물부리를 두어 번 화확 내불어 보더니 지네발 같은 평양 엽초 한 대를 담아 붙여 물고 담배연기를 흑흑 내불면서 무슨 생각을 하다가 혼자말로 탄식이라.

"재물. 재물. 재물이 좋기는 좋지만은 제 생전에 먹고 입고 지낼 만하면 그만이지. 그것은 그리

많아 쓸데 있나. 봄 괴로운 줄 모르고 마음 괴로운 줄 모르고 재물만 모으려고 기를 버럭 쓰는 것은 어리석은 일이었다. 흥, 어리석은 것도 아니야. 환장한 사람이지. 풀 끝에 이슬 같은 이 봄이 죽은 후에 그 재물이 어찌 될지 누가 알 바 있나. 적막한 북망산에 돈이 와서 일곡이나 하고 갈까. 흥, 가소로운 일이로고.

내 나이 육십여 세라. 인생 칠십 고래희라 하였으니 내가 칠십을 살더라도 이 앞에 칠팔 년 동안 뿐이로구나.

아들은 양자.

딸은 저 모양.

어― 내 팔자도 기박하고.

옥련이나 살았더면 짐짓이 마음을 붙였을 터인데, 그런 불쌍한 일이 있나. 오냐, 그만두어라. 집 안일은 잘 되나 못 되나 서기에게 맡겨 두고 평양 가서 딸도 만나 보고 미국 가서 사위나 만나 보고 오겠다.”

마침 문간이 들석들석하더니 무슨 별일이나 있는 듯이 계집종들이 참새떼 재잘거리듯 지껄이며 사랑 마당으로 올라 들어오는데 최주사는 혼자 중얼거리고 앉아서 귀에 달은 소리는 아니 들어 오던지 내다보지도 아니한다.

마루 위에서 신 벗는 소리가 나더니 사랑지게문을 펀쩍 열며,

“아버지, 나 왔소.”

하며 들어오는데 최주사가 정신이 번쩍 나서 쳐다보니 딸이라.

“이애, 이것이 꿈이냐. 네가 어찌 여기를 왔느냐.”

“내가 날개 돋쳐 내려왔소.”

하며 어린아이 응석하듯, 웃으며 나오는 모습이 얼굴에 화기가 돈다.

최주사는 꿈에라도 그 딸을 만나 보면 근심하는 얼굴만 보이더니 상시에 저러한 얼굴빛을 보고 최주사 얼굴에도 화기가 돈다.

“이애, 참 별일이다. 네가 오기는 뜻밖이로구나. 여편네가 십 리 길이 어려운 처지인데 일천오백 리 길에 네가 어찌 혼자 왔단 말이냐.”

“옥련이 같은 어린 계집아이도 육만 리나 되는 미국을 갔는데 내가 이까짓 데를 못 와요. 진남포로 내려와서 화륜선 타고 왔소. 아버지, 나는 개화하였소. 이 길로 미국에나 들어가서 옥련이나 만나 보고 옥련의 남편 될 사람도 내 눈으로 좀 자세히 보고 오겠소. 아버지, 나를 돈이나 좀 많이 주시오. 옥련이가 좋아하는 것이 있거든 사서 주겠소.”

최주사가 옥련이 살았단 말을 듣더니 딸을 만나 보고 반가운 마음은 잊었던지 몇 해 만에 보는 딸에게 그 동안 잘 있었느냐, 못 있었느냐. 말은 한마디 없고 옥련의 말만 묻고 앉았다가 그날 저녁에는 흥김에 밥을 아니 먹고 술만 먹으며 횡설수설하다가 주정이 나서 그 후 최부인더러 짐짓 자랄 때에 잘 굴었느니 못 굴었느니 하며 삼십 년 전 일을 말하고 앉았다가 내외간 싸움이 일어나서 마누라는 자식도 없는 늙은 년이 서러워서 죽고 싶으니 살고 싶으니 하며 울고 청승을 떨고 있고.

딸은 내가 아니 왔다면 이런 일이 없었을 터인데, 하면서 이 밤으로 도로 가느니 마느니 하는 서슬에 온 집안이 붙들고 만류하여 야단났네.

최주사가 그 딸이 가느니 마느니 하는 것을 보고 취중에 화가 나서 혀꼬부라진 소리로 마누라에게 화풀이를 한다.

“응, 마누라가 낳은 딸 같으면 저럴 리가 만무하지. 모처럼 온 계집을 들어앉히기도 전에 도로 쫓으려 드니.”

마누라는 애매한 책망을 듣고 청승을 점점 더 떨고 딸은 점점 불리한 마음이 더 나서 친정에 왔던 후회만 하고 최주사의 주정은 점점 더하는데, 온 집안이 잠을 못 자고 안마루 안마당에 그득 모였으나 최주사의 주정을 감히 말릴 사람은 없는지라.

최주사는 아들이 섣부른 소리로 최주사더러 좀 참으시면 좋겠습니다, 하였더니 최주사가 취중에 진정 말이 나오던지,

“이애, 주제넘게 네가 내 집 일에 참견이 무엇이야.”

하며 핀잔을 탁 주더니 최주사의 아들은 양자 들어온 사람의 마음이라, 야속한 생각이 들어서 캄

97

캄캄한 바깥마당에 나가서 혼자 우두커니 섰다가 담배 한 대를 붙여 물고 나올 작정으로 서기 방으로 들어간다.

서기 방에서는 문서를 닦느라고 두 사람이 마주앉아서 부르고 놓고 하다가 최주사의 아들이 담뱃대 찾는 수선에 주 한 개를 달깍 더 놓았더라. 주 놓던 사람이 아차 하며 쳐다보더니 젊은 주인이라. 다른 사람이 서기 방에 들어가서 수선을 그렇게 피웠으면 생핀잔을 보았을 터인데 주인의 아들인 고로 핀잔은 고사하고 담배 한 대 더 꺼내 주노라고 쌈지 끈 끄르는 사람이 둘이나 된다. 문서책 한 권이 보기에는 대단치 아니한 백지 몇 장이로되 그 속에 있는 것만 하여도 어디를 가든지 부자 득명할 재물 덩어리라.

최주사의 아들이 최주사를 야속하게 여기던 마음이 쑥 들어가고 조심하는 마음이 생겨서 다시 안으로 들어가더니 웃는 낯으로 어머니, 그리 마시오. 누님 그리 마시오 하며 애를 쓰고 돌아다니는데 최주사가 곤드레만드레하며,

"그만 내버려두어라. 그것들 방정 실컷 떨게……."

하더니 사랑으로 비틀비틀 나가서 쓰러지더니 콧구멍에서 맷돌질하는 소리가 나도록 코를 곤다.

그 이튿날 아침에 최주사가 일어나 안으로 들어가더니 마누라와 딸과 아들까지 불러 앉히고 재미있는 모양으로 말을 떠드는데 마누라는 어젯밤에 있던 성이 조금도 아니 풀린 모양으로 아무 소리 없이 돌아앉았더라.

"아버지, 어젯밤에 웬 술을 그렇게 많이 잡수셨습니까?"

최주사는 그 전날 밤에 사랑으로 나가던 생각은 일어나나, 처음에 주정하던 일은 멀쩡하게 생각하면서 생시치미를 뗀다.

"응, 과히 취하였더냐. 주정이나 아니하더냐. 오냐, 살아 생전에 일배주라니 내가 주정을 하면 몇 해나 하겠느냐. 허허허."

웃음 한마디에 온 집안이 화기가 돈다. 최주사가 그날은 술 한 잔 아니 먹고 아들과 서기에게 집안일 분별하더니 딸을 데리고 미국 들어갈 치행을 차리더라.

물 속에 산이 솟고 산 아래는 물만 있는 해협을 끼고 달아나는 화륜선은 어찌 그리 빠르던지. 눈앞에 보이던 산이어늘 하면 뒤에 가 있다. 부산항에서 떠나서 일본 대마도 마관, 신호, 대판을 지내 놓고 횡빈으로 들어가는데 옥련 어머니 마음에는 그만하면 미국 산천이 거의 보이거니 생각하고 하루에도 몇 번인지 화륜선 갑판 위에 올라서서 배 가는 곳만 바라보고 섰다.

이 배같이 크고 빠른 것은 다시 없으려니 하였더니 그 배는 횡빈에서 닻을 주고 태평양 내왕하는 배를 갈아타니 그 배는 먼저 탔던 배보다 더 크고 빠른 배라. 그러한 배를 타고 더디 간다 한탄하는 사람은 옥련의 부녀를 만나 보러 가는 최주사의 부녀뿐이더라. 앉았으나 섰으나, 잠이 들었으나 깨었으나, 타고 앉은 배는 밤낮 쉴새없이 달아나는데, 지낸 곳에 보이던 일본 산천은 자라목 움츠러드는 듯 점점 작아지더니 태평양을 들어서면서 산 명색이라고는 오뚝이만한 것 하나도 보이지 않고 보이는 것은 물과 하늘뿐이라.

푸르고 푸른 하늘을 턱턱 치는 듯한 바닷물은 하늘을 씻어서 물이 푸르러졌는지, 푸른 물결이 하늘에 들이쳐서 하늘에 물이 들었는지, 물빛이나 하늘빛이나 그 빛이 그 빛이라.

배는 가는지 아니 가는지, 밤낮 가도 그 자리에 그대로 선 것 같은데, 그 크던 배가 만리창해에 마름 하나 떠다니는 것 같다.

최주사 부녀가 갑판 위로 돌아다니며 구경을 하다가 최주사의 딸이 응석을 한다.

"아버지, 아버지께서는 딸의 덕에 이런 좋은 구경을 하시는구려. 내가 없었더면 아버지께서 여기 오실 까닭이 있소?"

"허허허, 효성은 딸이 하나 보다. 나도 딸의 덕에 이 구경을 하고 너도 옥련의 덕에 이 구경을 하는구나. 네가 네 남편이 미국 있다는 말을 들은 지가 팔구 년이 되었으나 미국 간다는 말도 없더니, 옥련이가 미국 있다는 말을 듣고 대문 밖에도 못 나가던 위인이 미국을 가니 자식에게 향하는 마음이 그러한 것이로구나."

하면서 딸을 물끄러미 보는데 최주사의 딸이 그 부친의 말을 듣다가 무슨 마음인지 눈물이 돌며 눈자위에 붉은빛을 띠었더라.

최주사가 그 딸의 눈물 나는 모양을 보더니 또한 무슨 마음인지 눈에 눈물이 돈다. 딸의 눈물은 아버지가 양자한 아들을 데리고 뜻에 맞지 못하여 아비는 아들의 눈치를 보고 아들은 아비의 눈

치를 보던 그 모양이 생각이 나서 딸자식 된 마음에 그 아버지 신세를 생각하고 나오는 눈물이요
, 최주사의 눈물은 그 딸이 일청전쟁 난리 겪은 후에 내외간에 이별하고 모녀간에 소식을 모르고
장팔 어미만 데리고 근심하고 고생하던 일이 불쌍한 생각이 나서 나오는 눈물이라. 서로 눈물을
감추고 서로 위로하다가 다시 옥련의 이야기가 시작되며 웃음 소리가 난다.

"아버지, 우리 오던 곳이 어디며, 우리가 향하여 가는 곳은 어디요. 해를 쳐다보아도 동서남북을
모르겠소그려.
이편을 바라보아도 물뿐이요, 저편을 바라보아도 물뿐인데 물 밖에는 하늘 외에 또 무엇이 있소.
아버지 아버지, 우리가 일본 횡빈에서 떠난 후에 이 물이 넘쳐서 세상 사람 사는 곳은 다 덮여 싸
여서 물 속으로 들어갔나 보오. 처음부터 아니 보이던 산은 어찌하여 많이 보이는지 모르겠소마
는 우리 눈으로 보던 산까지 아니 보이니 그 산이 어디로 갔단 말이오."

"글쎄, 나도 모르겠다. 완고로 자라서 완고로 늙은 사람이 무엇을 알겠느냐. 부산 소학교 아이들
이 모여 앉으면 별소리가 다 많더라마는 무심히 들었더니 지금 생각하니 좀 자세히 들었으면 좋
을 뻔하였다. 어 그 무엇이라던가.
수박같이 둥그런 땅덩이에서 사람이 산다 하니 수박같이 둥글 지경이면 이편에서 저편이 보이겠
느냐. 그런 것을 물으려거든 아무것도 모르는 완고의 애비더러 묻지 말고 신학문 배운 네 딸 옥
련이더러 물어 보아라."

하며 최주사의 얼굴에 즐거운 빛을 띠었는데 옥련이 같은 딸 둔 최주사의 딸도 얼굴에 웃음빛을
띠고 그 부친을 쳐다본다.
최주사의 부녀가 구경을 하다가도 옥련의 이야기요, 음식을 먹다가도 옥련의 이야기가 시작되는
데, 천지간에 자식 사랑하는 정은 옥련의 모친 같은 사람은 다시 없을 것 같다.
태평양에서 미국 화성돈이 멀기는 한량없이 멀건마는 지구상 공기는 한 공기라. 태평양에서 불
던 바람이 북아메리카로 들이치면서 화성돈 어느 공원에서 단풍 구경을 하던 한국 여학생 옥련
이가 재채기를 한다.

"누가 내 말을 하나 보다. 웬 재채기가 이렇게 나누. 에그 내 말 할 사람이야 우리 어머니밖에 누
가 있나."

하면서 호텔(주막)로 들어가다 만리타국에서 부녀가 각각 헤어져 있기는 서로 섭섭한 일이나
김관일이 다니는 학교와 옥련이가 다니는 학교가 다른 고로 학교 가까운 곳을 취하여 옥련이가
있는 호텔과 김관일이 있는 호텔이 각각이라.
옥련이가 저 있는 호텔로 가다가 돌아서서 그 부친 김관일의 호텔로 가더라. 호텔 문 안으로 들
어서는데 우체 군사가 김관일에게 오는 전보를 들이더니 보이가 손에는 전보를 받아 들고 한편
으로 옥련이를 인도하여 김관일의 방으로 들어간다.
옥련이가 그 부친에게 인사하기를 잊었던지, 들어서며 하는 말이,

"아버지, 전보가 어디서 왔습니까?"

김관일도 옥련이더러 말할 새도 없던지,

"글쎄, 보아야 알겠다."

하면서 전보를 뚝 떼어 보더니 발신소는 미국 상항 우편국이요, 발신인은 최항래라. 전문에 하였
으되,

'딸을 데리고 간다. 상항에서 배 내렸다. 내일 오전 첫차를 타고 가겠다.'

기쁜 마음에 뜨이면 분명한 사람도 병신 같은 일이 혹 있는지, 김관일이가 전보를 들고,

"응, 무엇이냐, 최항래. 최항래. 최항래가 네 외조부의 이름인데. 이애, 옥련아, 이 전보 좀 보아
라."

옥련이가 선뜻 받아 들고 자세히 보니 그 어머니가 온다는 전보라. 부녀가 돌려 가며 전보를 보
는데 옥련의 기뻐하는 모양은 죽었던 어머니가 살아와도 그 외에 더 기뻐할 수는 없겠더라.
그날 그때부터 옥련이는 그 어머니가 타고 오는 기차를 기다리는데 일각이 여삼추라 생각으로
해를 보내고 생각으로 밤을 보내다가 잠이 들어 꿈을 꾸었더라. 옥련이가 혼자 기차를 타고 그
어머니 마중을 나간다. 상항에서 화성돈으로 오는 기차는 옥련의 모친이 타고 오는 기차요, 화성
돈에서 상항으로 가는 기차는 옥련이가 타고 가는 기차라.
원래 그 기차가 쌍선이 아니던지, 단선의 철도에서 오고 가는 기차가 시간을 어기었던지, 두 기

차가 서로 충돌이 되었더라. 기차가 상하고 사람이 무수히 상하였는데 그 중에 조선 복색한 여편네 송장이 있는 것을 보고 옥련이가 그 어머니 죽은 송장이라고 붙들고 운다. 흑흑 느껴 울다가 제풀에 잠을 깨니 남가일몽이라.

전깃등은 눈이 부시도록 밝고, 자명종은 열두시를 땅땅 친다. 옥련이가 그 어머니를 과히 생각하는 중에서 그런 꿈이 된 줄 알고 마음을 진정하였더라.

옥련이의 모친이 옥련이를 생각하는 마음과 옥련이가 그 어머니를 생각하는 마음을 비교할 지경이면 누가 우등생이 될는지. 인간에 그런 사정은 하느님이나 자세히 알으실까.

그렇게 서로 간절하던 옥련의 모녀가 화성돈에서 만나 보는데 그 모녀가 좋아하는 모양을 볼진대 옥련이가 미칠지 옥련의 어머니가 미칠지, 둘이 다 미칠지 염려할 만도 하더라.

최주사의 부녀가 화성돈에서 삼 주일을 묵고 고국으로 돌아온다. 떠나던 전날은 일요일이라. 최주사와 김관일과 구완서와 옥련의 모녀까지 다섯 사람이 모여 앉았는데 그날은 다른 말은 별로 없고 옥련의 혼인 공론이 부산하다.

최주사 부녀는 조선 풍속이 골수에 꼭 박힌 사람이라. 내 사정만 주장하고 옥련이와 구완서를 데리고 조선으로 가서 혼인을 지낸 후에 즉시 미국으로 돌려보내겠다 하고, 김관일은 싱긋싱긋 웃으면서 구완서만 힐끔힐끔 보고 앉았고, 옥련이는 아무 말 없이 술병을 들고 외조부 앞에 술을 따르며 앉았고, 구완서는 최주사 부녀의 말 끝나기를 기다리고 앉았는데, 최주사의 부녀는 말대답하는 사람이 다 될 것같이 옥련이와 구완서를 데리고 갈 생각으로 말한다.

구완서가 옥련의 얼굴을 물끄러미 보다가 다시 옥련의 모친을 보며 자기의 질정하였던 마음을 설명한다.

"옥련같이 학문자질이 있는 따님을 두시고 날같이 용렬한 사람으로 사위를 삼으려 하시는 것은 감사하기 측량 없습니다. 그렇게 감사한 일을 생각하면 오늘이라도 말씀하시는 대로 좇을 일이오나 아직 어린 서생들이 혼인이 무엇이오니까."

하면서 다시 옥련이를 돌아다보며 허허 웃더니,

"여보게 옥련, 지금은 우리가 동무이지, 귀국하면 내외가 될 터이지. 우리가 자유로 결혼하자 언약을 맺은 사람이라. 언약을 맺어도 자유, 언약을 파하여도 자유, 어느 때로 행례할 기약을 정하는 것도 자유로 할 일이라. 나도 부모 구존한 사람이요, 그대도 부모 구존한 터이라. 부모가 미성년한 자식에게 명령할 일은 공부 잘하여라, 나라를 위하여라 하는 것이 부모 된 이들의 도리요 직분이라.

지금 우리가 고국에 돌아가면 공부에 방해도 적지 아니할 터이오. 혈기 미성한 사람들이 일찍 시집 가고 장가 드는 것은 제 신상에 그렇게 해로운 것은 없는지라. 그러나 우리가 제 일신의 이해를 교계하는 것은 오히려 둘째로다.

여보게 옥련. 우리가 공부를 하여도 나라를 위하여 하고 살아도 나라를 위하여 살고 죽어도 나라를 위하여 죽는 것이 옳은 일이라. 여보게 옥련, 자네 마음 어떠한가. 어서 시집이나 가서 세간 살이나 재미있게 하면 그것이 소원인가. 자네 소원이 만일 그러할진대 우리 기왕 언약이 아무리 중하더라도 나는 그 언약보다도 더 중요한 국가를 위한다는 생각이 있으니 자네는 바삐 귀국하여 어진 남편을 구하여 하루바삐 시집 가서 자네 부모의 소원대로 하게."

그 말 한마디에 옥련의 모친은 눈이 휘둥그레졌다.

"에그, 천만의 말도 하네. 내 말 끝에 옥련이더러 그렇게 말할 것 무엇 있나. 말은 내가 하였지, 옥련이가 무슨 입이나 떼었나. 나는 지금부터 구완서를 내 사위로 알고 있어. 에그, 사위라 하면서 이름을 불렀네. 아무려면 허물 있나. 여보게 이 사람, 자네 옥련이더러 너의 부모 소원대로 하라 하니 우리 소원이야 하루바삐 구완서를 내 사위 삼고픈 소원 외에 또 무슨 소원이 있나. 지금 혼인을 하면 공부에 해로울 터이면 두었다가 아무 때나 하지."

하며 횡설수설하는 것은 옥련의 모친이 구완서가 혼인 언약을 깨뜨릴까 염려하는 말이더라.

최주사는 완고의 늙은이라. 구완서의 하는 말을 들은즉 버릇없는 후레자식도 같고, 너무 주제넘은 것도 같은지라. 최주사의 마음에는 옥련이 같은 외손녀를 두고 어디를 가기로 구완서만한 외손서감을 못 고르랴 싶은 생각뿐이라. 또 최주사가 일평생에 돈 많고 기 펴고 지내던 사람이라. 자기 마음대로 하면 옥련이를 곧 데리고 나가서 극진한 신랑감을 골라서 기구 있게 혼인을 잘 지내고 싶으나 한 치 건너 두 치라. 외손의 혼인부터는 내 마음대로 하기가 어려운 생각이 있어서

100

딸의 눈치도 보다가 사위의 눈치도 보며 헛기침만 하고 앉았다.

김관일은 본디 구완서의 기개를 아는 사람이라. 말없이 앉았다가 그 부인더러 간단한 말로 옥련의 혼인은 아는 체 말자 하면서 옥련의 얼굴을 거들떠보니 옥련이는 머리 위에 꽃을 꽂고, 눈썹은 나비를 그린 듯한데 눈은 내리깔고 앉았으니 무슨 생각이 있는지 없는지, 옥련이를 낳은 옥련의 부모라도 뜻은 알 수 없겠더라.

옥련이와 구완서는 몇 해 동안이든지 공부 성취하도록 고국에 돌아가지 않기로 작정하였고 혼인은 본래 작정대로 귀국하는 이후에 성례하기로 옥련의 모친까지 그 작정을 좇아 허락하고 그 이튿날 부산으로 떠나간다.

사람이 구름같이 모여드는 정거장에서 오후 기차 시간을 기다려서 상항 가는 기차표 사는 사람은 최주사 부녀요, 입장권 사서 들고 최주사의 부녀더러 이리 가오, 저리 가오, 시간이 되었소, 기차가 떠나겠소, 하며 가르치는 사람은 최주사의 부녀를 석별하러 온 김관일의 부녀요, 정거장에 잠깐 나왔다가 학교에 동창회가 있다 하면서 기차 떠나는 것을 못 보고 먼저 들어가는 사람은 구완서요, 철도 회사 복색을 입고 이리저리 다니면서 기차를 살펴보는 사람은 장거수라. 시계를 내어 보더니 손을 번쩍 들며 호각을 부는데 호르륵 소리 한마디에 기차가 꿈쩍거린다.

기차 속에서 눈물을 머금고,

"옥련아, 아버지 모시고 잘 있거라."

하는 사람은 옥련의 모친. 기차 밖에서 목메인 소리로,

"어머니, 할아버지 모시고 안녕히 가시오."

하며 눈물을 씻는 사람은 옥련. 삿보를 벗어 들고 손을 높다랗게 쳐들고 기차 속에 있는 최주사를 바라보며,

"만리고국에 태평히 가시오. 대한민국 만세."

소리를 지르는 사람은 김관일. 싱긋 웃으며 턱만 끄덕 하고 김관일의 부녀 선 것을 바라보는 사람은 최주사이라.

기차의 연기 뿜는 고동 소리가 점점 잦으며 기차는 구루마같이 달아난다. 기차는 점점 멀어지고 연기만이 남아서 공중에 서렸는데 눈물이 가득한 옥련의 눈이 기차 연기만 바라보고 섰다.

"이애 옥련아, 울지 말고 들어가자. 오래 섰으면 철도회사 사람에게 핀잔보고 쫓겨난다. 몇 해만 지내면 나도 귀국하고 너도 귀국할 터인데 그렇게 섭섭하게 여길 게 무엇이냐. 네가 일본과 미국으로 유리 표박하여 부모의 사생을 모르고 있을 때를 생각하여 보아라. 지금은 부모를 만나 보았으니 좀 좋은 일이냐. 이애 옥련아, 우리 이 길로 공원에 나가서 바람이나 쏘이고 구경이나 하자."

하면서 옥련이를 데리고 공원으로 들어가니 석양은 만리요, 상항은 보이지 아니하더라.

옥련이가 어머니를 이별하고 섭섭하여 하는 모양이 실성을 할 것 같은지라, 그 부친이 중언부언하여 옥련이를 위로하고 각기 호텔에 돌아가더라.

옥련이가 난리중에 그 부모를 잃고 타국으로 유리할 때에 그 부모가 다 죽은 줄로 알고 있던 터이라.

일본 대판 정상 군의 집에 있을 때 지내던 일을 말할지라도 학교에 가면 공부에만 정신이 쓰이고 집에 돌아오면 정상 부인에게 정도 들었고 조심도 극진히 하였고 동무를 대하면 재미있게 놀아도 보았는데 그럭저럭 부모 생각도 다 잊었으니, 미국에 온 지 사오 년 만에 천만의외에 그 부친을 만나 보고 그 어머니 생존한 줄을 알았는데 하루바삐 그 어머니 얼굴을 보고 싶으나 일변으로 생각하면 그 어머니가 살아 있는 것만 기뻐하여 얼굴에 희색이 만면하던 옥련이가 그 어머니를 만나 보고 작별하더니 얼굴에 근심빛뿐이라.

귀에는 어머니 소리가 들리는 듯하고 눈에는 어머니 모양이 보이는 듯하다. 평양성 난리 후에 그 어머니가 고생한 이야기 하던 것과 화성돈 정거장에서 그 어머니 떠나던 일은 옥련의 마음속에 사진같이 다 박혀 있다. 옥련이가 지향없이 후자말로,

"우리 어머니는 어디쯤이나 가셨누. 아버지도 여기에 계시고 나도 여기 있는데 어머니 혼자 우리나라로 가시는구나. 내 몸 둘이 되었으면 하나는 아버지 뫼시고 있고 하나는 어머니 뫼시고 있고지고. 우리 어머니가 평양성 중에서 십 년 동안을 근심중으로 지내시고 또 혼자 평양으로 가시는구나. 나를 생각하시느라고 병환이나 아니 날까."

101

옥련이가 그렇게 어머니를 생각하고 있는데 그 어머니 마음은 어떠할꼬. 옥련의 어머니는 남편
도 이별하고 그 딸 옥련이도 이별하였으니 그 이별은 겹이별이라. 그 근심이 오직 대단할 것 아
니언마는 옥련의 모친 마음이 그렇지 아니하고 도리어 기쁜 마음뿐이라.

출전:만세보(1906.7.22~1906.10.10)

<金[금] 따 는 콩 밭>
김유정

땅속 저 밑은 늘 음침하다.

고달픈 간드렛불. 맥없이 푸리끼하다. 밤과 달라서 낮엔 되우 흐릿하였다.

거츠로 황토 장벽으로 앞뒤좌우가 콕 막힌 좁직안 구뎅이. 흡사히 무덤속 같이 귀중중하다. 싸늘한 침묵 쿠더브레한 흙내와 징그러운 냉기만이 그 속에 자욱하다.

고깽이는 뻔쩔 흙을 이르집는다. 암팡스러히 나려쪼며

퍽 퍽 퍽—

이렇게 메떠러진 소리뿐 그러나 간간 우수수하고 벽이 헐린다.

영식이는 일손을 놓고 소맷자락을 끌어당기어 얼골의 땀을 훌는다. 이놈의 줄이 언제나 잡힐는지 기가 찬다. 흙 한 줌을 집어 코밑에 바짝 드려대고 손가락으로 샅샅이 뒤저본다. 완연히 버력은 좀 변한 듯싶다. 그러나 불퉁버력이 아주 다 풀린 것도 아니엇다. 말뚱버력이라야 금이 온다는데 왜 이리 안 나오는지.

고깽이를 다시 집어든다. 땅에 무릎을 꿇고 궁뎅이를 번쩍 든 채 식식어린다. 고깽이는 무작정 내려찍는다.

바닥에서 물이 스미어 무릎팍이 흔건히 젖엇다. 긋 엎은 천판에서 흙 방울은 나리며 복덜미로 굴러든다. 어떤 때에는 웃 벽의 한쪽이 떨어지며 등을 탕 때리고 부서진다.

그러나 그는 눈도 하나 깜⬛하지 않는다. 금을 캔다고 콩밭 하나를 다 잡첫다. 약이 올라서 죽을 둥 살 둥, 눈이 뒤집힌 이 판이다. 손바닥에 침을 탁 뺏고 고깽이 자루를 한번 고처 잡드니 쉴 줄 모른다.

등 뒤에서는 흙 긁는 소리가 드윽드윽 난다. 아즉도 버력을 다 못 친 모양. 이 자식이 일을 하나 시골 하나. 닙은 녹이 바싹 나는네 웬 뱃심이 이리노 솧아.

영식이는 살기 띠인 시선으로 고개를 돌렷다. 암말 없이 수재를 노려본다.

그제야 꿈을꿈을 바지게에 흙을 담고 등에 메고 사다리를 올라간다.

긋이 풀리는지 벽이 우쩔하엿다. 흙이 부서저 나린다. 전날이라면 이곳에서 안해 한번 못 하고 생죽엄이나 안 할가 털끝까지 쭈뼛할 게다. 그러나 인젠 그렇게 되고도 싶다. 수재란 놈하고 흙덤이에 묻히어 한껍에 죽는다면 그게 오히려 날 게다.

이렇게까지 놈씨놈씨 밋웠다.

이놈 풍찌는 바람에 애끝은 콩밭 하나만 결단을 낸다. 뿐만 아니라 모두가 낭패다. 세 벌 논도 못 맷다. 논둑의 풀은 성큼 자란 채 어즈러히 늘려저잇다. 이 기미를 알고 지주는 대로하였다. 내년부터는 농사질 생각 말라고 발을 굴럿다. 땅은 암만을 파도 지수가 없다. 이만해도 다섯 길은 훨씬 넘엇으리라. 좀 더 지펴야 옳을지 혹은 북으로 밀어야 옳을지 우두머니 망설거린다. 금점 일에는 푸뚤이다. 입대껏 수재의 지휘를 받아 일을 하야왓고 앞으로도 역 그러해야 금을 딸 것이다. 그러나 그런 칙칙한 즛은 안 한다.

"이리 와 이것 좀 파게."

그는 어쓴 위풍을 보이며 이렇게 분부하엿다. 그리고 저는 일어나 손을 털며 뒤로 물러슨다.

수재는 군말 없이 고분하엿다. 시키는 대로 땅에 무릎을 꿇고 벽채로 군버력을 긁어 낸 다음 다시 파기 시작한다.

영식이는 치다 남어지 버력을 질머진다. 커단 결때를 뒤툭어리며 사다리로 기어오른다. 굿문을 나와 버력덤이에 흙을 마악 내칠랴 할 제

"왜 또 파. 이것들이 미쳣나그래 —

산에서 내려오는 마름과 맞닥드렷다. 정신이 떠름하야 그대로 벙벙이 섯다. 오늘은 또 무슨 포악을 드를랴는가.

"말라닌깐 왜 또 파는 게야" 하고 영식이의 바지게 뒤를 지팽이로 콱 찌르드니 "갈아먹으라는 밭이지 흙 쓰고 들어가라는 거야. 이 미친것들아. 콩밭에서 웬 금이 나온다구 이 지랄들이야 그래" 하고 복에 핏대를 올린다. 밭을 버리면 간수 잘못한 자기 탓이다. 날마다 와서 그 북새를 피고 금하야도 담날 보면 또 여전히 파는 것이다.

"오늘로 이 구뎅이를 도로 묻어놔야 낼로 당장 징역 갈 줄 알게."

너머 감정에 격하야 말도 잘 안 나오고 떠듬떠듬 걸린다. 주먹은 곧 날아들 듯이 허구리께서 불불 떤다.

"오늘만 좀 해보고 고만두겟서유."

영식이는 낮이 붉어지며 가까스루 한마디 하엿다. 그리고 무턱대고 빌엇다.

마름은 드른 척도 안 하고 가버린다.

그 뒷모양을 영식이는 멀거니 배웅하엿다. 그러나 콩밭 낮ㅡ을 드려다보니 무던히 애통 터진다. 멀정한 밭에가 구멍이 사면 풍 풍 뚫렷다.

예제없이 버력은 무데기무데기 쌓엇다. 마치 사태 만난 공동묘지와도 같이 귀살적고 되우 을씨냥스럽다. 그다지 잘 되엇든 콩포기는 거반 버력덤이에 다아 깔려버리고 군데군데 어쩌다 남은 놈들만이 고개를 나풀거린다. 그 꼴을 보는 것은 자식 죽는 걸 보는 게 낫지 차마 못 할 경상이엇다. 농토는 모조리 떨어질 것이다. 그러나 대관절 올 밭도지 벼 두 섬 반은 뭘로 해내야 좋을지. 게다 밭을 망쳣으니 자칫하면 징역을 갈는지도 모른다.

영식이가 구뎅이 안으로 들어왓을 때 동무는 땅에 주저앉어 쉬고 잇엇다.

태연무심이 담배만 뻑 뻑 피는 것이다.

"언제나 줄을 잡는 거야."

"인제 차차 나오겟지."

"인제 나온다" 하고 코웃음 치고 엇먹드니 조금 지나매

"이 색기."

흙넝이를 집어 들고 골통을 나려친다.

수재는 어쿠 하고 그대루 푹 엎으린다. 그러다 뻘떡 일어슨다. 눈에 띠는대로 고깽이를 잡자 대뜸 달겨들엇다. 그러나 강약이 부동. 와살스러운 팔뚝에 충겨저 벽에 가서 쿵 하고 떨어젓다. 그 순간에 제가 빼앗긴 고깽이가

정백이를 겨느고 나라드는 걸 보앗다. 고개를 홱 돌린다. 고깽이는 흙벽을 픽 찍고 다시 나간다.

수재 이름만 들어도 영식이는 이가 갈렷다. 분명히 홀딱 쏙은 것이다.

영식이는 번디 금점에 이력이 없엇다. 그리고 흥미도 없엇다. 다만 밭고랑에 웅크리고 앉어서 땀

을 흘려가며 꾸벅꾸벅 일만 하엿다. 올엔 콩도 뜻밖에 잘 열리고 맘이 좀 놓엿다.

하루는 홀로 김을 매고 잇노라니까

"여보게 덥지 않은가. 좀 쉬엿다 하게."

고개를 들어보니 수재다. 농사는 안 짓고 금점으로만 돌아다니드니 무슨 바람에 또 왓는지 싱글 벙글한다. 좋은 수나 걸럿나 하고

"돈 좀 많이 벌엇나. 나 좀 좨주게."

"벌구 말구. 맘껏 먹고 맘껏 쓰고 햇네."

술에 건아한 얼골로 신껏 주적거린다. 그리고 밭머리에 쭈그리고 앉어 한참 객설을 부리드니

"자네 돈버리 좀 안 할려나. 이 밭에 금이 묻혓네 금이…"

"뭐" 하니까

바루 이 산 넘어 큰 골에 광산이 잇다. 광부를 삼백여 명이나 부리는 노다지 판인대 매일 소출되는 금이 칠십 냥을 넘는다. 돈으로 치면 칠천 원. 그 줄맥이 큰 산 허리를 뚫고 이 콩밭으로 뻗어 나왓다는 것이다. 둘이서 파면 불과 열흘 안에 줄을 잡을 게고 적어도 하루 서 돈식은 따리라. 우선 삼십원만 해두 얼마나. 소를 산대두 반 필이 아니냐고.

그러나 영식이는 귀담어 듣지 않엇다. 금점이란 칼 물고 뜀뛰기다. 잘되면 이어니와 못 되면 신세만 조판다. 이렇게 전일부터 드른 소리가 잇어서엇다.

그 담날도 와서 꾀송거리다 갓다.

세제 번에는 집으로 찾어왓는데 막걸리 한 병을 손에 떡 들고 영을 피운다. 봄이 달어서 또 온 것이엇다. 봉당에 걸타앉어서 저녁상을 물끄럼이 바라보드니 조당수는 봄을 훌틴다는 둥 일군은 든든이 먹어야 한다는 둥 남들은 논을 사느니 밭을 사느니 떠드는데 요렇게 지내다 그만둘 테냐는 둥 일쩌웁게 지절거린다.

"아즈머니 이것 좀 먹게 해주시게유."

그리고 비로소 영식이 안해에게 술병을 내놓는다.

그들은 밥상을 끼고 앉어서 즐거웁게 술을 마섯다. 몇 잔이 들어가고 보니 영식이의 생각도 저윽이 돌아섯다. 따는 일 년 고생하고 끽 콩 몇 섬 얻어 먹느니보다는 금을 캐는 것이 슬기로운 즛이다. 하로에 잘만 캔다면 한 해줄것 공드린 그 수확보다 훨씬 이익이다. 올봄 보낸 제 비료값 품— 빚해빗진 칠 원 까닭에 나날이 졸리는 이 판이다. 이렇게 지지하게 살고 말 빠에는 차라리 가루지나 세루지나 사내자식이 한번 해볼 것이다.

"낼부터 우리 파보세. 돈만 잇으면이야 그까진 콩은."

수재가 안달스리 재우처 보채일 제 선뜻 응낙하엿다.

"그래보세. 빌어먹을 거 안 봄 고만이지."

그러나 꽁무니에서 죽을 마시고 잇든 안해가 허구리를 쿡쿡 찔럿게 망정이지 그렇지 않엇드면 좀 주저할 번도 하엿다.

안해는 안해대로의 심이 빨럿다.

시체는 금점이 판을 잡앗다. 스뿔르게 농사만 짓고 잇다간 결국 빌엉뱅이 밖에는 더 못 된다. 얼마 안 잇으면 산이고 논이고 밭이고 할 것 없이 다금쟁이 손에 구멍이 뚫리고 뒤집히고 뒤죽박죽이 될 것이다. 그때는 뭘 파먹고 사나. 자 보아라. 머슴들은 짜위나 한 듯이 일하다 말고 혹닥하면 금점으로들 내빼지 않는가. 일군이 없어서 올엔 농사를 질 수 없느니 마느니하고 동리에서는 떠들석하다. 그리고 번둥 포농이좋아 호미를 내여던지고 강변으로 개울로 사금를 캐러 다라난다. 그러다 며칠 뒤에는 다비신에다 옥당목을 떨치고 히짜를 뽑는 것이 아닌가.

안해는 콩밭에서 금이 날 줄은 아주 꿈밖이엇다. 놀래고도 또 기뻣다. 올에는 노냥 침만 삼키든 그놈 코다리(명태)를 짜증 먹어 보겟구나만 하여도 속이 메질 듯이 짜릿하엿다. 뒷집 양근댁은 금점 덕택에 남편이 사다준 힌고무신을 신고 나릿나릿 걷는 것이 무척 부러웟다. 저도 얼른 금이 나 펑펑 쏘다지면 힌 고무신도 신고 얹곤에 분도 바르고 하리라.

"그렇게 해보지 뭐. 저 냥반 하잔 대로만 하면 어련이 잘 될라구 —"

얼뚤하야 앉엇는 남편을 이렇게 추겻든 것이다.

동이 트기 무섭게 콩밭으로 모엿다.

수재는 진언이나 하는 듯이 이리 대고 중얼거리고 저리 대고 중얼거리고 하엿다. 그리고 덤벙거

105

리며 이리 왔다가 저리 왔다가 하엿다. 제 따는 땅속에 누은 줄맥을 어림하야 보는 맥이엇다.
한참을 밭을 헤매다가 산 쪽으로 붙은 한구석에 딱 스며 손가락을 펴 들고 설명한다. 큰 줄이란
번시 산운. 산을 끼고 도는 법이다. 이 줄이 노다지임에는 필시 이켠으로 버듬이 누엇으리라. 그
러니 여기서부터 파들어 가자는 것이엇다.
영식이는 그 말이 무슨 소린지 새기지는 못햇다. 마는 금점에는 난다는 수재이니 그 말대로 하기
만 하면 영낙없이 금퇴야 나겟지 하고 그것만 꼭 믿엇다. 군말 없이 지시해 받은 곳에다 삽을 푹
꽂고 파헤치기 시작하엿다.
금도 금이면 앳써 키워온 콩도 콩이엇다. 거진 자란다 허울 멀쑥한 놈들이 삽 끝에 으츠러지고 흙
에 묻히고 하는 것이다. 그걸 보는 것은 썩 속이 아팟다. 애틋한 생각이 물밀 때 가끔 삽을 놓고
허리를 굽으려서 콩닢의 흙을털어주기도 하엿다.
    "아 이 사람아 맥적게 그건 봐 뭘 해 금을 캐자니깐."
    "아니야. 허리가 좀 아퍼서 ―"
핀잔을 얻어먹고는 좀 열적엇다. 하기는 금만 잘 터져나오면 이까진 콩밭쯤이야. 이 밭을 풀어 논
도 만들 수 잇을 것이다. 눈을 감아버리고 삽의 흙을 아무렇게나 콩닢 우로 홱홱 내여던진다.
    "구구루 땅이나 파먹지 이게 무슨 지랄들이야 ―"
동리 노인은 뻔찔 찾어와서 귀 거친 소리를 하고 하엿다.
밭에 구멍을 셋이나 뚫었다. 그리고 대구 뚫는 길이엇다. 금인가 난장을 맞을 건가 그것 때문에
농군은 버렷다. 이게 필연코 세상이 망할려는 증조이리라. 그 소중한 밭에다 구멍을 뚫코 이 지랄
이니 그놈이 온전할 겐가.
노인은 제 물화에 지팽이를 들어 삿대질을 아니 할 수 없엇다.
    "벼락 맞으니. 벼락 맞어 ―"
    "염여 말아유. 누가 알래지유."
영식이는 그럴 적마다 데퉁스레 쏘앗다. 골김에 흙을 되는 대로 내꾼지고는 침을 탁 뱉고 구뎅이
로 들어간다. 그러나 마음 한구석에는 언제나 끈 ―
하엿다. 줄을 찾는다고 콩밭을 통이 뒤집어 놓앗다. 그리고 줄이 언제나 나올지 아즉 깜앓다.
논도 못 매고 물도 못 보고 벼가 어이 되엇는지 그것 좇아 모른다. 밤에는 잠이 안 와 멀뚱허니 애
를 태윗다.
수재는 락담하는 기색도 없이 늘 하냥이엇다. 땅에 웅숭그리고 시적시적 노량으로 땅만 판다.
    "줄이 꼭 나오겟나" 하고 복이 말라서 무르면 "이번에 안 나오거던 내 목을 비게."
서슴지 않고 장담을 하고는 꿋꿋하엿다.
이걸 보면 영식이도 마음이 좀 뇌는 듯싶엇다. 전들 금이 없다면 무슨 멋으로 이 고생을 하랴. 반
듯이 금은 나올 것이다. 그제서는 이왕 손해는 하릴없거니와 고만두리라든 절망이 스르르 사라지
고 다시금 주먹이 쥐여지는것이엇다.
캄캄하게 밤은 어두윗다. 어데선가 뭇 개가 요란이 짖어대인다.
남편은 진흙투성이를 하고 산에서 나려왓다. 풀이 죽어서 봄을 잘 가꾸지도 못하고 아랫묵에 축
느러진다.
이 꼴을 보니 안해는 맥시 다시 풀린다. 오늘도 또 글럿구나. 금이 터지며는 집을 한 채 사간다고
자랑을 하고 왓드니 이내 헛일이엇다. 인제 좌지가너서 낯을 들고 나아갈 염의좇아 없어젓다.
남편에게 저녁을 갓다주고 딱하게 바라본다.
    "인젠 꾸어온 양식도 다 먹엇는데 ―"
    "새벽에 산제를 좀 지낼 턴데 한 번만 더 꿰와."
남의 말에는 대답 없고 유하게 흘게 늦은 소리뿐 그리고 들어누은 채 눈을 지긋이 감아버린다.
    "죽거리두 없는데 산제는 무슨 ―"
    "듣기 싫여 요망 맞은 넌 같으니."
이 호통에 안해는 고만 멈씰하엿다. 요즘 와서는 무턱대고 공연스리 골만내는 남편이 역 딱하엿
다. 환장을 하는지 밤잠도 아니 자고 소리만 뻑뻑 지르며 넘벼들랴고 든다. 심지어 어린것이 좀
울어도 이 자식 갓다 내꾼지라고 북새를 피는 것이다.
저녁을 아니 먹으므로 그냥 치워버렷다. 남편의 령을 거역키 어려워 양근댁안테로 또다시 안 갈

106

수 없다. 그간 양식은 줄것 꾸어다 먹고 갚도 못하엿는데 또 무슨 면목으로 입을 버릴지 난처한 노릇이엇다.

그는 생각다 끝에 있는 염치를 보째 손아 던지고 다시 한번 찾어가는 것이다. 마는 딱 맞닥드리어 입을 열고

"낼 산제를 지낸다는데 쌀이 있어야지유 —" 하자니 역 낯이 화끈하고 모닥불이 나라든다.

그러나 그들은 어지간히 착한 사람이엇다.

"암 그렇지요. 산신이 벗나면 죽도 그릅니다" 하고 말을 받으며 그 남편은 빙그레 웃는다. 온악이 금점에 장구 많아난 봄인 만치 이런 일에는 적잔히 속이 터엿다. 손수 쌀 닷 되를 떠다주며

"산제란 안 지냄 몰라두 이왕 지낼내면 아주 정성껏 해야 됩니다. 산신이란 노하길 잘 하니까유" 하고 그 비방까지 깨처 보낸다.

쌀을 받아 들고 나오며 영식이 처는 고마움보다 먼저 미안에 질리어 얼골이 다시 빩갯다. 그리고 그들 부부 살아가는 살림이 참으로 참으로 몹씨 부러윗다. 양근대 남편은 날마다 금점으로 감돌며 버력댐이를 뒤지고 토록을 주서온다. 그걸 온종일 장판돌에다 갈면는 수가 좋으면 이삼 원 옥아도 칠팔십 전 꼴은 매일 심이 되는 것이엇다. 그러면 쌀을 산다 필육을 끊는다 떡을 한다 장리를 놓는다 — 그런데 우리는 왜 늘 요 꼴인지. 생각만 하여도 가슴이 메이는 듯 맥맥한 한숨이 연발을 하는 것이엇다.

안해는 집에 돌아와 떡쌀을 담구엇다. 낼은 뭘로 죽을 쑤어 먹는지, 웃묵에 옹크리고 앉어서 맞은쪽에 자빠저 잇는 남편을 곁눈으로 살짝 할겨본다. 남들은 돌아다니며 잘두 금을 주서 오련만 저 망난이 제 밭 하나를 다버려두 금 한 톨 못 주서 오나. 에, 에, 변변치도 못한 사나이. 저도 모르게 얕은 한숨이 겨퍼 두 번을 터진다.

밤이 이슥하야 그들 양주는 떡을 하러 나왓다. 남편은 절구에 쿵쿵 빠앗다. 그러나 체가 없다. 동내로 돌아다니며 빌려 오느라고 안해는 다리에 불풍이 낫다.

"왜 이리 앉엇수. 불 좀 지피지."

떡을 찌다가 얼이 빠저서 멍허니 앉엇는 남편이 밉쌀스럽다. 남은 이래저래 애를 죄는데 저건 무슨 생각을 하고 저리 있는 건지. 낫으로 삭정이를 탁탁 죠겨서 던저 주며 안해는 은근히 혹닥이엇다.

닭이 두 홰를 치고 나서야 떡은 되엇다.

안해는 시루를 이고 남편은 겨드랑에 자리때기를 꼇다. 그리고 캄캄한 산길을 올라간다.

비탈길을 얼마 올라가서야 콩밭은 놓엿다. 전면을 우뚝한 검은 산에 둘리어 막힌 곳이엇다. 가생이로 느티 대추나무들은 머리를 풀엇다.

밭머리 조곰 못 미처 남편은 거름을 멈추자 뒤의 안해를 도라본다.

"인내. 그러구 여기 가만히 섯서 —"

실루를 받아 한 팔로 껴안고 그는 혼자서 콩밭으로 올라섯다. 앞에 쌓인 것이 모두가 흙덤이 그 흙덤이를 마악 돌아슬랴 할 제 아마 돌을 찾나 보다. 몸이 씨러질랴고 우쩔근 하니 안해는 기급을 하야 뛰여오르며 그를 부축하엿다.

"부정 타라구. 왜 올라와 요망 맞은 년."

남편은 몸을 고루 잡자 소리를 뻭 지르며 안해를 얼빰을 부친다. 가뜩이나 죽으라 죽으라 하는데 불길하게도 계집년이. 그는 마뜩않게 두덜거리며 밭으로 들어간다.

밭 한가운데다 자리를 펴고 그 우에 시루를 놓앗다. 그리고 시루 앞에다 공손하고 정성스리 재배를 커다랗게 한다.

"우리를 살려줍시사. 산신께서 거드러주지 않으면 저히는 죽을밖에 꼼짝 수 없습니다유."

그는 손을 모디고 이렇게 축원하엿다.

안해는 이 꼴을 바라보며 두이 빠록간이 올랏다. 금전은 한게 차고 금 한톤 못 캐는 거이 버릇마 점점 글러간다. 그전에는 없드니 요새로 건뜻하면 탕탕 때리는 못된 버릇이 생긴 것이다. 금을 캐랫지 뺨을 치랫나. 제발 덕분에 고놈의 금 좀 나오지 말엇으면. 그는 뺨 맞은 앙심으로 맘껏 방자하엿다.

하긴 안해의 말 고대루 되엇다. 열흘이 썩 넘어도 산신은 깜깜 무소식이엇다. 남편은 밤낮으로 눈

107

을 까뒤집고 구뎅이에 묻혀 있엇다. 어쩌다 집엘 나려오는 때이면 얼골이 헐떡하고 어깨가 축 느러지고 거반 병객이엇다. 그리고서 잠잣고 커단 몸집을 방고래에다 쿵 하고 내던지고 하는 것이다.

"제이미 붙을. 죽어나 버렷으면 —"

혹은 이렇게 탄식하기도 하엿다.

안해는 밖아지에 점심을 이고서 집을 나섯다. 젖먹이는 등을 두다리며 좋다고 끽끽어린다.

인젠 흰 고무신이고 코다리고 생각좇아 물엇다. 그리고 금 하는 소리만 드러도 입에 신물이 날 만큼 되엇다. 그건 고사하고 꿔다 먹은 양식에 졸리지나 말엇으면 그만도 좋으리마는.

가을은 논으로 밭으로 누—렇게 나리엇다. 농군들은 기꺼운 낯을 하고서루 만나면 흥겨운 농담. 그러나 남편은 앵한 밭만 망치고 논좇아 건살 못하얏으니 이 가을에는 뭘 걷어드리고 뭘 즐겨할는지. 그는 동리 사람의 이복이 부끄러워 산길로 돌앗다.

솔숲을 나서서 멀리 밖에를 바라보니 둘이 다 나와 있다. 오늘도 또 싸운모양. 하나는 이쪽 흙뎀이에 앉엇고 하나는 저쪽에 앉엇고 서루들 외면하야 담배만 빽빽 피운다.

"점심들 잡숫게유."

남편 앞에 박아지를 나려놓으며 가만히 맥을 보앗다.

남편은 적삼이 찢어지고 얼골에 생채기를 내엇다. 그리고 두 팔을 꼇고 먼산을 향하야 묵묵히 앉엇다.

수재는 흙에 밤혓다 나왔는지 얼골은커녕 귓속드리 흙투성이다. 코밑에는 피딱지가 말라붙엇고 아즉도 조곰식 피가 흘러나린다. 영식이 처를 보드니 열적은 모양. 고개를 돌리어 모로 떨어치며 입맛만 쩍쩍 다신다.

금을 캐라닌까 밤낮 피만 내다 말라는가. 빚에 졸리어 남은 속을 복는데 무슨 호강에 이 지랄들인구. 안해는 봇마땅하야 눈가에 살을 모앗다.

"산제 지난다구 꿔온 것은 은제나 갚는다지유 —"

뚱하고 있는 남편을 향하야 말끝을 꼬부린다. 그러나 남편은 눈섭 하나 까딱 하지 않는다. 이번에는 어조를 좀 돋으며

"갚지도 못할 걸 왜 꿔오라 햇지유" 하고 얼주 호령이엇다.

이 말은 남편의 채 가라앉지도 못한 분통을 다시 건디린다. 그는 벌떡 일어스며 황밤주먹을 쥐어 창낭할 만치 안해의 골통을 후렷다.

"게집년이 방정맞게 —"

다른 것은 모르나 주먹에는 아찔이엇다. 멋없이 덤비다간 골통이 부서진다. 암상을 참고 바르르 하다가 이윽고 안해는 등에 업은 언내를 끌러 들엇다. 남편에게로 그대로 밀어 던지니 아이는 까르륵하고 숨 모는 소리를 친다.

그리고 안해는 돌아서서 혼잣말로

"콩밭에서 금을 딴다는 숭맥도 있담" 하고 빗대놓고 비양거린다.

"이년아 뭐." 남편은 대뜸 달겨들며 그 볼치에다 다시 올찬 황밤을 주엇다. 적으나면 게집이니 위로도 하야주련만 요건 분만 폭폭 질러노려나. 예이 빌어먹을 거 이판새판이다.

"너허구 안 산다. 오늘루 가거라."

안해를 와락 떠다밀어 논뚝에 제켜놓고 그 허구리를 발길로 퍽 질럿다. 안해는 입을 헉 하고 벌린다.

"네가 허라구 옆구리를 쿡쿡 찌를 제는 은재냐 요 집안 망할 년."

그리고 다시 퍽 질럿다. 연하여 또 퍽.

이 꼴들을 보니 수재는 조바심이 일엇다. 저러다가 그 분풀이가 다시 제게로 슬그머니 옮마올 것을 지르챘엇다. 인제 걸리면 죽는다. 그는 비슬비슬하다 어는 틈엔가 구뎅이 속으로 시납으로 없어저 버린다.

볕은 다스로운 가을 향취를 풍긴다. 주인을 잃고 콩은 무거운 열매를 둥글둥글 흙에 굴린다. 맞은쪽 산 밑에서 벼들을 비이며 기뻐하는 농군의 노래.

"터젓네, 터저."

수재는 눈이 휘둥그렇게 굿문을 튀어나오며 소리를 친다. 손에는 흙 한 줌이 잔뜩 쥐엇다.

108

"뭐" 하다가

"금줄 잡앗서 금줄." "으으" 하고 외마디를 뒤 남기자 영식이는 수재앞으로 살같이 달려드럿다. 헝겁지겁 그 흙을 받아 들고 샅샅이 헤처보니 따는 재래에 보지 못하든 붉으죽죽한 황토이엇다. 그는 눈에 눈물이 핑 돌며

"이게 원줄인가."

"그럼. 이것이 곱색줄이라네. 한 포에 댓 돈식은 넉넉 잡히되."

영식이는 기쁨보다 먼저 기가 탁 막혓다. 웃어야 옳을지 울어야 옳을지. 다만 입을 반쯤 벌린 채 수재의 얼골만 멍하니 바라본다.

"이리 와 봐. 이게 금이래."

이윽고 남편은 안해를 부른다. 그리고 내 뭐랫서 그러게 해보라구 그랫지 하고 설면설면 덤벼 오는 안해가 항결 어여뻣다. 그는 엄지가락으로 안해의 눈물을 지워주고 그리고 나서 껑충거리며 구뎅이로 들어간다.

"그 흙 속에 금이 있지요."

영식이 처가 너머 기뻐서 코다리에 고래등 같은 집까지 연상할 제 수재는 시원스러히

"네. 한 포대에 오십 원식 나와유 ―" 하고 대답하고 오늘밤에는 꼭 정연코 꼭 다라나리라 생각하엿다. 거짓말이란 오래 못 간다. 뽕이 나서 빽따구도 못 추리기 전에 훨훨 벗어나는 게 상책이겟다.

<먼동이 틀 때>
최학송

짧으나짧은 여름밤을 빈대 모기 벼룩에게 쪼들려서 받아주는 사람도 없는 화증과 비탄으로 앉아 새다시피 한 허준이는 가까스로 들었던 아침잠조차 앵앵거리고 모여드는 파리떼로 흔들리고 말았다. 그러지 않아도 남의 집에서 자는 잠이니까 늦잠을 잘 수는 없는 일이지만 화나는 양으로 말하면 그 놈의 파리를 모조리 잡아서 모가지를 가위로 싹둑싹둑 잘라 버리고 싶었다. 그러나 그것도 생각하면 소용없는 짓이려니와 되지도 않을 일이니까 그는 하는 수 없이 찌긋찌긋한 몸을 뒤틀면서 일어나 앉았다. 벌겋게 충혈된 눈을 비비면서 창문 밖을 내다보니 아침 햇볕은 벌써 마당에 쫙 퍼졌다. 그는 뒤가 다 나간 양말을 집어 신고 일어서서 허리끈을 바로 매었다. 고의적삼에서 흐르는 땀냄새도 양말의 고린내에서 못지지 않았다. '이렇게 괴로운 줄 알았으면 회관에서 잘 것을…….' 그는 잠 못 잔 것을 은근히 분개하면서 수세미가 다 된 두루막을 떼어 입고 밖에 나섰다.

"와 세수도 하지 않고 어디 가노?"

저편에서 세수하던 뚱뚱한 사람이 비누를 허옇게 바른 얼굴을 이편으로 돌렸다. 그는 밀양 사람인데 작년 겨울부터 이 집에 주인을 잡고 있다. 첫 두 달 밥값밖에는 갚지 못해서 주인에게 축출을 당했으면서도 여태 버티고 붙어 있는 사람이다.

"가 봐야지……. 자네 회관에 올 테지?"

허준이는 걸음을 멈추었다.

"와 그렇게 가노? 아침 묵고 가자구…… 들까…….."

그 사람은 얼굴의 비누를 씻으면서 말하였다.

"참 뱃속 편한 사람일세! ……자네나 쫓기지 말고 얻어먹게…… 허허."

"누가 떼먹나…… 돈 생기면 다 갚을 걸…… 흐흐."

"허허."

이렇게 서로 어이없는 웃음을 웃다가 허준이는 대문 밖에 나섰다.

밤비가 지난 뒤의 아침 볕은 맑고 서늘하였다. 맞받아 보이는 집 뜰에 하늘을 찌를 듯이 솟아 있는 포플라 잎새는 아침 볕에 유들유들 기름기가 흐른다. 어디선지 지절대는 참새의 소리가 상쾌하게 들렸다.

그는 엉터리로 유명한 밀양 친구를 다시 생각하고 혼자 벙긋하면서 밤비에 질척한 계산 학교 뒤 언덕에 올라섰다. 그의 눈 아래에는 서울의 전경이 벌어졌다. 서울에 흐르는 아침 빛은 연기에 흐려서 빛을 잃었다.

그는 어린 학생들이 뛰고 지껄이는 계산학교 마당가로 지나 계동 골목으로 떨어졌다.

재동 네거리를 지나다가 이발소 시계를 들여다보니 벌써 아홉시 오 분 전이다.

"남과 약속해 놓고……."

그는 이렇게 혼자 뇌이고 거기 다녀갈까 하고 망설이다가 회관에 가서 세수나 하고 가리라고 걸음을 분주히 걸었다.

안동 네거리를 지나 중동 학교 앞으로 빠져서 청진동에 있는 회관 앞에 이르렀다. 대문 안에 발을 들여놓으려는데 밖으로 나오는 사람이 있다. 그는 발을 멈칫하면서 그 사람을 쳐다보았다. 아사쯔미에리에 캡을 쓰고 윗수염을 싹 자른 그 사람의 빨리 돌아가는 시선이 그의 온몸을 배암처럼 스치자 그의 가슴은 뭉클하였다. 그의 바로 뒤에는 허준이와 같은 회 회원인 최라는 얽은 친구가 따라오고 최의 뒤에는 또 형사가 하나 따라섰다. 그의 가슴은 뭉클한 정도를 지나서 떨렸다. 그런 것은 매일 보다시피 하는 것이지만 어쩐지 보는 때마다 불유쾌하고 기연가 미연가 하는 생각에 가슴이 죄였다. 골목으로 나가면서 두어 번이나 흘끗흘끗 돌아다보는 그 날카로운 시선은 무슨 위험하고도 크나큰 수수께끼를 던져 주는 것 같았다.

그는 그래도 태연한 낯빛을 지으면서 천천히 대문 안에 들어섰다.

큰 대문 안에 들어선 허준이는 어중이떠중이 삭일세로 들어서 오글오글 끓던 사랑채 앞을 지나 중문 안에 들어섰다. 벌써부터 더위를 몰아치는 볕발은 백여 평이나 되는 넓은 마당을 끼고 네겹 축대 위에 높이 앉은 회관 지붕 위에 이글이글 흐른다.

이 집은 서울서도 이름이 있는 팔대가(八大家)인가 사대가(四大家)에 끼는 집이다. 지금으로부터 백여 년 전에 어떤 대감댁으로 지은 집인데 흐르는 세월과 같이 이 집의 주인도 여러 번 변하였다. 한때는 서슬이 시퍼런 지벌의 주인이 오락가락하였고 한때는 광채가 찬란한 황금의 주인이 들락날락하였다.

이렇던 이 집에 상부회(相扶會)의 간판이 붙게 되고 십삼도의 젊은이들이 드나들게 된 것은 사 년 전 가을부터이다. 그 뒤로 이 집은 일반의 공유가 되다시피 일반의 출입이 자유로왔다.

중문 안에 들어선 허준이는 마루로 올라가면서, "최가 어떻게 된 일이어?" 하고 마루 아래서 세수하는 이마 넓적한 사람더러 물어 보았다. 그 사람은 코를 킹킹 푸노라고 미처 대답을 못하는데 대청 마루 의자에 앉은 가냘픈 사람이, "볼라 지금 들어오더니 좀 가자고 하는데 별일 없을 꺼야" 하면서 허준이를 본다.

"별일은 무슨 별일. 나도 일전에 영문도 모르고 이틀이나 눈이 멀게 갇혔다 나왔지……, 하하……."

늦잠으로 유명한 뚱뚱보는,

그는 누구에게라고 지복 없이 물으면서 두루막을 벗고 세수를 하였다.

111

"가긴 어디를 가? 아직도 오지들 않았어……."

허준이가 낮에 물을 끼얹는데 어떤 친구인지 외인다.

이 집 방에는 어울리지 않을 만큼 너무 적은 팔각종은 열점을 땅땅 친지 이슥하였다.

대청 마루에 기어든 볕발은 눈이 부실 지경이다. 모두 볕을 피하여 그늘로 들어앉았다. 어떤 이는 벌써부터 땀을 흘리고 있다.

회원들 그림자는 차츰 많아졌다. 회관은 끓기 시작하였다. 한쪽에서는 이론 투쟁이 벌어지고 한쪽에서는 성강연(性講演)이 벌어졌다. 양키라는 별명을 듣는 키 크고 눈알이 노란 사람은 마룻 바닥을 텅텅 울리면서 댄스를 하고 있고 배지라고 온 봄둥이에 배만 보이다시피 된 사람과 늦잠장이는 볕발이 쨍쨍한 마당에서 볼을 던지고 있다. 이렇게 각인 각양으로 떠들면서도 거게 아침 먹을 걱정을 한마디씩은 하고 있다.

약속한 사람을 찾아가려고 대청 마루 한 귀퉁이에서 구겨진 두루막을 입는 허준이도 아침 걱정을 안 할 수 없었다. 가슴과 배가 수축이 되고 등이 휘이는 듯하였다. 호주머니 속에 든 돈(칠 전)이 있으니 호떡 하나는 염려 없지만 호떡도 한 끼나 두끼지 벌써 사흘이나 쌀구경을 못 하니까 창자가 뽑히고 사지가 제각각 노는 듯이 허전거려서 견딜 수 없었다. 그는 그 생활을 새삼스럽게 탄식하지 않을 수 없었다. 그는 갑자기 침울하여졌다. 두 어깨가 처지는 것 같으면서 가슴에 검은 안개가 스스로 돌기 시작하였다.

사람은 어디서든지 자기를 잊어버리지 않는다. 그것은 자기로서도 똑똑히 의식하지 못하는 의식이다. 자기가 슬프면 모든 것이 슬퍼 보이는 것이요 자기가 기쁘면은 세상이 기쁜 것이다. 허준이도 이러한 감정에서 벗어날 수 없었다.

그의 눈에 비치는 모든 것은 그의 뱃속같이 허전허전하고 그의 가슴속 같이 갑갑하였다. 육간 대청은 갑갑한 지하실이나 아닌가. 눈부시던 볕발도 흐릿한 석양빛 같다. 거기서 떠들고 뛰는 사람들까지 활기를 잃어 보인다. 모두 삼십 미만의 청춘들이면서 필 대로 못 피고 혈색 없는 낮반대기를 보이고 있다. 허준의 자신도 그 무리의 한 사람이다. 그는 거울을 대한 듯이 자기 그림자를 보았다. 두 뺨이 빠지고 광대뼈가 좀 드러나서 우뚝하고 두툼한 입술이 유난스럽게 드러나고 개기름이 번지르한 이마 아래 쑥 들어간 두 눈의 힘없는 동작이 너무나 똑똑히 떠올랐다. 그는 입술을 깨물고 옆에 놓인 책상에 기대였던 팔에 힘을 주면서 궁상에 싸인 그 그림자를 노렸다. 그의 얼굴의 근육은 긴장된 경련을 일으킨다.

"액 버러지만 못한 목숨이 흠——." 그는 의자에 다시 주저앉으면서 비탄에 가까운 말로써 뇌였다. 무엇이나 손에 잡히는 대로 잡아서 눈에 보이는 대로 깡그리 부수고 싶었다.

"허 여기서도 비통 철학(悲痛哲學)이 발작하는데——. 웬일일까? 이 사람! 갑자기……, 허허허."

옆에서 신문을 보던 친구가 허준이를 보고 커단 입을 벌렸다.

"자식 또 떠벌인다……. 담배나 있으면 하나 주게."

허준이도 웃으면서 그 사람 앞에 손을 내밀었다.

"담배는 주리마는 너무 그러지 말게……." 하고 그 사람은 호주머니에 손을 넣으면서,

"으흠…… 네가 그렇게 걱정하는 때마다 이 아비의 마음은 봄눈 슬 듯하는구나……, 하하하." 하고 커다란 입이 더욱 크게 벌어졌다.

"이놈 버릇 없이……. 흐흥."

허준이도 담배를 받으면서 점잔을 빼다 말고 웃었다. 좀 경쾌한 기분에 뜬

그는 담배를 붙여 물고 마당에 내려서니까 쏜살같이 오는 볼을 받던 늦잠장이가, "자네 어디 가나? 밥 먹을 데 있으면 나두 가세." 하고 허준이를 쳐다본다.

"밥? …… 흥…… 참 밥 같은 소리 말게……." 그는 코웃음을 치면서 중문 밖으로 나왔다. 그러나 정색으로 따라 서려는 그 친구의 얼굴이 눈앞에서 얼른 스러지지 않아서 가슴이 스르르하였다. 정작 대문 밖에 나서니 발끝이 무거워지는 것 같았다. 그는 그 자리에 서서 '호떡 집에 다녀서가?' 하고 망설이다가 그냥 발을 떼 놓으면서 '일요일이니까 늦어도 괜찮겠지만 그래도 약속한 시간이 있으니……' 하고 청진동 큰길로 올라왔다. 등골을 지지는 햇발은 그의 기운을 더욱 흐뭇이 하였다.

왼편 길가에 있는 설렁탕 집에서 흘러나오는 누릿한 곰국 냄새가 그의 비위를 몹시 흔들었다. 그는 입안에 서리는 군침을 다시금 삼키면서 안동 네거리로 나와서 회동 골목으로 접어들었다. 걸음걸음이 그의 기분은 더욱 무거워졌다.

"그만두어……." 그는 입속으로 이렇게 여러 번 외면서도 터벅터벅 걸어 올라갔다. 이런 것 저런 것을 생각하면 그만 뿌리쳐 버리는 것이 자기 자존심을 위해서도 유쾌한 편이나 밥이라는 문제를 생각하면 꿀리지 않을 수 없었다. 그리고 그 친구의 호의를 저버린다는 것도 어쩐지 마음에 꺼림직하였다.

"별 걱정을 다 하오! 남의 걱정까지 언제 하고 있을 새가 있오……. 내가 굶고야 남 죽는 것을 생각할 여지가 있어야지……." 하던 어제 저녁 그 친구의 말이 다시 생각났다.

"남은 죽거나 살거나 나만 편할 도리를 채려야 할까?" 그는 가슴속에서 몇 천 번이나 되풀이한 의문을 또 번복하여 보았다. 그러나 여전히 그 해답은 나서지 않고 그의 걱정을 비웃는 듯이 건너다보던 그 사람의 좀 경망스럽게 보이는 가느다란 눈이 머릿속에 때룩때룩 떠올랐다. 그는 몹시 불유쾌하였다.

그는 그 사람의 가느다란 눈이며 점잔빼는 태도가 항상 불유쾌하였다. 어떤 때는 자기의 존재가 무시나 되는 듯한 모욕까지 느끼지 않을 수 없었다. 그의 조촐한 꼴이 그 사람의 부인의 눈에 띄는 것은 더욱 불쾌하였다. 그는 그 사람을 찾아보고 나오는 때마다,

'다시는 오지 말아야——. 그것 아니면 산 입에 거미줄 슬라구.' 하고 몇 번 맹서하면서도 이렇게 찾아가게 된다. 그의 절박한 생활과 그리고 어디라 없이 흐르는 그 사람의 친절한 맛이 그의 발을 무겁게나마 끌고야 말았다. 그 사람이라는 것은 물산 회사의 주임으로 있는 김관호인데 허준이와 같은 고향 사람이다. 그 두 사람은 어려서 소학교를 같이 다녔고 같은 장난 친구로 정답게 지내었었다. 김은 고향서 착실하다고 귀염받던 사람이다. 그가 소학교를 마치고 서울 와서 선린 상업에 입학하였던 것까지는 허준의 기억에 있으나 그 뒤 팔 년간의 소식은 알지 못하였다. 그 동안에 허준이는 이리저리 떠돌아다니느라고 그가 몸을 던진 그 일 이외의 친구 소식은 들을 길도 없었거니와 들으려고도 하지 않았고 또 자기 소식을 전하려고도 하지 않았다. 이렇게 지내는 동안에 옛날 친구들의 기억은 점점 스러져서 어떤 이는 이름조차 잊어버렸다. 어쩌다 한 번씩 옛날 친구들의 그립게 눈앞에 언뜻거리지 않는 바는 아니었으나 그것은 순간순간으로 그의 마음을 죄이도록까지 계속은 되지 않았다.

그러다가 지난 봄에 경성역에서 김을 만났다.

부실부실 내리던 비가 겨우 개인 봄바람이었다. 허준이는 동경서 떠나오는

113

어떤 동무를 맞으려고 여러 동무와 같이 경성역으로 나갔다. 유난히 빛나는 전기불 아래서 들레는 사람들 틈을 이리저리 저어 나가는데 눈에 힐끗 뜨이는 얼굴이 있었다. 얄팡얄팡한 뺨과 잔털이 나불거리던 이마만은 옛날의 면목이 스러졌으나 우선우선하는 가느다란 눈이며 날씬한 입술이며 가냘픈 몸은 의심 없는 김관호였다.

허준이는 입술을 움직이다가 나오는 소리를 침으로 막아 삼키면서 그대로 지나가려고 하였다. 반가운 품으로 말하면 "이게 웬일요?" 하면서 그 사람의 손을 잡고 싶었으나 말쑥한 양복에 중절모자를 신사답게 사뿐히 쓴 그 사람에게 몸에 어울리지도 않는——그거나마 어깨가 찢어지고 궁둥이가 드러나게 된 양복에 싸인 자기 그림자를 보인다는 것은 도리어 웃음만 살 것 같았다.

그는 자기의 약점이 폭로나 되는 듯이 은연중 몸을 송그리면서 돌아서 나가려는데 "이게 누구요!" 하는 익은 목소리가 분명히 고막을 울리자 마자 그 신사의 부드러운 손은 허준의 팔에 와 닿았다. 반가움에 흔들리는 소리와 같이 정다운 손이 와 닿을 때 허준의 가슴은 감격에 떨렸다.

"아 관호씨!" 하고 서로 잡은 두 사람의 손은 한참이나 풀리지 않았다. 허준이는 반가우면서도 그 사람의 눈이 조촐한 자기 몸을 슬쩍 훑는 것이 그리 유쾌한 일은 아니었다. 두 사람은 잠깐 이야기를 하다가 오늘은 피차에 볼 일이 있으니 일후에 만나자는 약속을 하고 갈라섰다. 그 사람은 돌아서다가 다시 돌아보면서, "밤에는 언제든지 집에 있으니 꼭 오셔요. 회사에 전화를 걸고 오시는 것도 좋으니 꼭 오시오" 하고 회사의 전화번호가 적힌 명함까지 끄집어내 주면서 신신 부탁을 하였다. 허준이는 그 사람의 고정이 반가우면서도 그 사람의 눈에서 벗어나는 것이 어쩐지 자유로운 듯하였다.

허준이는 그 뒤에 김관호를 찾지 않았다. 처음 만나던 그때의 생각에는 그 이튿날 전화라도 걸까 하였으나 하룻밤을 자고 나니 그 생각은 엷어져 버렸다. 땟국이 꾀죄죄 흐르는 의관에 궁상이 그득한 낯반대기를 빛나는 그 사람의 차림차림과 비기는 것이 어쩐지 재미가 없었다. 더구나 돈냥이나 만지고 밥술이나 편히 먹는 사람들 속의 한 사람일 김이 자기를 마음으로 대하여 줄 리는 없을 것이다. 명함을 주고 두세 번 오라고 하는 것은 사교에 익은 사람들의 행투일 것이다. 만일 자기의 정체를 알고 보면 김은 더욱 싫어할 것이다. 이렇게 생각하니 김과 자기와는 천척 장벽을 가운데 놓은 듯이 느껴졌다. 그러다가도 간혹 '그럴 리야 있을라구…… 그 사람의 태도와 표정이 진심 같은데……' 하고 한번 찾아볼까 하는 생각도 없지 않았으나 기분은 그렇게 돌아서지 않고 멀어만 지는 것 같았다.

'김을 찾아서 군졸한 것이나 면하도록 해 볼까.' 어떤 때에는 이런 생각까지 떠올랐으나 그는 곧 자기의 어이 없고 더러운 생각을 혼자 웃으면서 꾸짖어 버렸다. 그렇게 그렁저렁 한 달은 지나갔다.

어떤 흐릿한 날이었다. 그날 허준이는 후줄근한 옥양복 두루막을 입고 종로를 향하고 수표교 다리를 건너는데 저편으로 오는 가냘픈 신사가 있었다. 그는 그가 김인 것을 알았다. 그의 기분은 빚장이와 마주치는 듯이 흔들렸으나 어느새 맞다들게 되어서 피할 수도 없고 외면도 못하게 되었다.

'나도 못생긴 놈이야! 만나면 어때…… 이 꼴이 뭐 어때…….' 그는 속으로 혼자 푸닥거리를 놓으면서 용기를 내었으나 역시 기분은 돌아서지 않았다.

"오래간 만이올시다. 어디로 가시오."

그는 조금도 어색한 태도를 보이지 않으려고 모자를 먼저 벗으면서 빙긋이 웃었으나 그것이 도리어 어색함을 느끼지 않을 수 없었다.

"참 오랜간 만인데요. 그런데 왜 한번도 오시지 않아요? 퍽 기다렸는데…… 주소가 어데지" 하다가 그 사람은 다시 낯빛을 고치면서, "그 뒤 주인은 어디로 정하셨어요? 나는 주인을 알아야 찾아나 가지요."

그 사람은 대단 갑갑했다는 어조이었다. 그러나 그 어조는 퍽 다정스러웠다. 허준이는 대답에 궁하였다. 찾아 안 간 평계는 무어라고 하며 주인은 어디라고 해야 좋을는지 망설이다가, "그새 시골 갔다가 그저께 왔어요…… 주인은…… 저…… 하숙집은 아니고 어떤 친구집에 있는데 낮에는 늘 청진동 상조회에 있습니다."

하고 어물어물하면서도 확실한 하숙도 없이 다니는 것을 남에게 알리는 것이 퍽 부끄러웠다.

"네…… 오…… 저…… 이 윤 변호사 옆집 말이지요."

상조회라는 말에 그 친구는 벌써 모든 것을 알아차리는 듯이 대답하더니,

"그래 지금 어디 가시우. 별일 없으시우?"

하고 허준이를 들여다본다.

"황금정에 댕겨가는 길입니다. 별일이 무슨 별일이 있겠어요."

허준이는 심기가 좀 퍼진 웃음을 지었다.

"바쁘시지 않으시면 우리 한잔 합시다. 오래간 만이니 그 어간 이야기도 듣고 싶고……."

그 사람은 '어서 승락하고 나를 따라오시오' 하는 눈으로 허준이를 보면서 도로 돌쳐서려고 한다.

"바쁘기야…… 바쁘진 않습니다마는……." 허준이는 뒤끝을 흐리머리 하여버렸다. 그의 발은 무거우면서도 떨어졌다. 자기를 불쌍하게 보는 듯한 것이 고마운 듯하면서도 불유쾌하고 그렇게 따라가 먹는다는 것이 쑥스럽기도 하였다. 그러나 그처럼 하는데 거절하기도 안되었고 먹는다는 힘에 끌리지 않을 수도 없었다. 왼종일 점심은 둘째로 아침도 변변히 못 먹은 창자에서는 쪼르륵 꼴꼴 소리가 그치지 않았다.

"자 어서 갑시다. 볼일이 별로 없으신 담에야……. 오래간 만에 이야기나 좀 합시다."

그 사람은 허준의 주저거리는 뜻을 벌써 알아차린 듯이 더욱 친절하게 끌었다.

두 사람은 종로로 나왔다. 흐릿한 일기는 석양이 되면서 더욱 흐릿하여서 모든 것은 어둑한 황혼 속에 잠긴 것 같았다.

철수로는 늦은 봄이나 아직도 일기는 산산한데 날이 흐리고 석양 바람이 일어나니 이른봄처럼 쌀쌀하였다.

두 사람은 불어오는 바람에 볼려오는 먼지를 피하여 머리를 놀리면서 종로 큰길을 건너 섰다.

큰길을 건너 서서 몇 집 지나다가 어느 조그마한 중국 요리점으로 들어갔다. 검은 문장을 늘인 저편으로 흘러나오는 기름 냄새와 무엇을 지지는지 찌르륵찌르르하는 소리는 허준의 비위를 슬근이 건드렸다.

두 사람은 깊숙하고 조용한 온돌방으로 인도되었다.

"우리가 못 만난 지 퍽 오래지요?"

식탁을 가운데 놓고 마주앉어서 담배를 피우는 두 사람 사이에는 이야기가 벌어졌다.

"퍽 되지요……." 하고 허준이는 손가락을 꼽더니, "팔 년인데…… 관호 씨가 선린(善隣)에 입학하신 뒤부터이니까……."

하고 담배를 빨았다. 그의 어조라거나 태도는 김처럼 마음을 턱 놓은 것 같

지 못하고 조심조심히 저편의 눈치만 살피는 듯이——어찌 보면 저편의 기분에 압박을 느끼는 듯이 어색한 것이 많이 보이는 것을 그 스스로도 느끼고야 말았다. 그것을 느끼고 몸가짐을 평범히 하려고 할수록 더욱 부자연하여 가는 것 같았다.

"참 그렇군……. 그때만 해두 지금보다는 철없는 때외다."

하고 빙그레 웃으며 담배끝에서 솟는 파란 연기를 보는 관호의 가느다란 눈은 옛날의 그림자를 보는 듯하였다.

"그런데 그새 어디 계셨오? 그 해 하기 방학에 내려가니까 그때 댁에서 들은 어디인지 이사를 하셨더군요!"

그는 다시 허준에게 시선을 주었다.

허준의 아버지는 고향에서 객주를 하다가 남의 돈냥이나 지게 되고 견딜 수 없이 되었다. 그때 어떤 항구에서 물산 객주를 크게 하는 사람이 있었는데 그는 허준의 아버지와 일찍부터 거래 관계로 정분이 두터웠다. 허준의 아버지는 그 사람의 도움으로 그 해(김관호가 선린 상업학교에 입학하던 해) 늦은 봄에 그 항구로 식솔을 데리고 가서 어떤 해산업자(海産業者)의 일을 보아 주고 허준이는 물산 객주에서 상심부름을 하였다.

그렇게 이사한 이듬해에 그의 어머니가 세상을 떠나게 되어서 가정을 헤치고 말았다. 그러자 이어 해산업하던 사람이 어찌어찌 파산의 비문에 빠지게 되니까 그의 아버지까지 그 물산 객주에 복을 매게 되었다. 부자가 다 같이 한 사람의 심부름을 하게 되니까 서로 보기가 안 된 일이 한두 가지가 아니었다. 아버지를 생각하는 자식의 정이나 자식을 생각하는 아버지의 정이나 틀릴 것이 없었다. 서로 쳐다보고 내려다보면서 시선과 시선으로 괴로운 처지를 위로도 하고 호소도 한 적이 한두 번이 아니었다.

그렇게 지내다가 이사한 지 삼 년 되던 해 허준이는 일본으로 건너갔다.

"네 생각대로 해라마는 부디 몸조심해라." 하고 그 아버지는 목메인 소리로 자식에게 부탁하면서 자식의 뜻을 꺾지 않았다. 그는 일본으로 건너가자마자 마침 어떤 탄광으로 가게 되었다.

"그 뒤로는 이렇게 정처없이 떠돌아다녔어요……. 그러다가 작년 여름에 서울로 왔어요."

하고 간단히 설명하면서도 사상 단체에 들어서 사상 운동을 하는 이야기는 하지 않았다. 그것은 그 사람과 이야기하는 것은 부질없는 일같이 생각될 뿐더러 무슨 자랑이나 하는 것 같기도 하여서 그 이야기만은 피한 것이었다.

"그러면 춘부 어른께서는 지금도 그 객주에 계시겠지요?" 김은 초장을 접시에 따르면서 말하였다.

"네 지금도 거기 계셔요."

"인제는 퍽 늙으셨겠네……"

하얀 손에 잡았던 장그릇을 놓고 허준이를 건너다보다가 다시 창문을 내다보는 김의 눈은 백발이 성성한 어떤 늙은이의 그림자를 연상하는 듯 하였다.

"늙으시구 말구……. 지금 육십이 가까우신데 고생까지 닥치니……." 하고 담배를 빨아 연기를 내뿜는 허준의 눈앞에는 아버지의 그림자가 스르르 지나갔다.

이때 술과 안주가 들어왔다. 허준의 비위를 흔드는 중국 요리의 걸쭉한 냄새와 억센 술 향내는 방안에 쓰르르 퍼졌다.

하얀 술이 찰찰 넘는 술잔은 저 손에서 이 손으로 이 손에서 저 손으로 건너게 되고 따라서 안주 접시도 젓가락의 침입을 받게 되었다.

따끈한 술이 두 사람의 창자를 축이면서부터 두 사람 사이에 흐르는 좀 서 먹서먹한 기분은 스러지기 시작하였다. 서로 옛날이 그리워지고 옛날의 정 분으로 돌아가지는 것 같았다. 서로 지금의 지나가는 형편 이야기도 하고 또 어려서 소학교 다닐 때 서로 싸우고 벌받고는 그날 오후에 낚시질을 같 이 갔던 이야기까지 하였다.

"그러나 생활이 그렇게 곤궁하시구셔야……." 하고 좀 머뭇거리던 김은,

"무슨 일이 되시겠오…… 하시는 운동이야 누가 비난을 하겠읍니까……. 마땅한 일이지요마는 의식 문제에 쪼들리게 되면 언제 다른 생각을 할 여유 가 있어야지요." 하면서 술잔을 들었다. 허준이도 따라서 술잔을 들면서

"참말 그래요…… 하지만 무어 어떡하는 수가 있읍니까? 그래도 목숨이 붙어 있는 날까지 애쓰고 애쓰노라면……, 허허허……."

허준이는 자기의 정색한 어조가 흐느러진 주석의 기분에 어울리지 않는 것 을 느꼈던지 웃어버렸다.

"어떻게 의식——넉넉지는 못하더라도 다소 의식 걱정은 없으셔야 하실텐 데……."

하고 김은 매우 걱정되는 듯한 표정을 지었다. 허준에게는 그것이 쓸데없는 걱정 같았다. 이날 이때까지 의식 문제의 해결을 연구하고 연구한 결과 지 금의 환경 속에서는 도저히 될 수 없다는 것을 느낀 허준의 생각에는 김의 걱정이 헛된 걱정으로 느껴지지 않을 수 없었다.

"그게 어디 그렇게 쉽게 됩니까." 하고 허준이는 지나가는 말처럼 뇌어버 렸다.

"어디나 취직하실…… 물론 허준씨의 운동에 거리낌 없을 만한 직업이 있 으면 혹 붙잡을 의향이 없으신지?"

김은 취중에도 저편의 의사를 상치나 않을까 하는 조심스런 어조로 물으면 서 술에 흐린 눈으로 허준의 안색을 살폈다.

"글쎄요 어디 그런 자리가 있어야지……." 허준이는 혈관에 흐르는 술기 운을 겨우 지탱하면서 흐리머리하게 대답하였다.

"가만 계셔요……. 어디 봅시다." 하면서 김은 뽀이를 불러서 요리값을 치러 주었다. 조그마한 돈지갑에서 십 환짜리가 나오는 것이 허준의 마음을 흔들었다. 그 한 장이면 자기네는 한 달이나 살아갈 것이다. 배곯던 동무들 을 뒤두고 혼자 잘 먹은 것이 미안도 하고 술을 주지 말고 돈으로 주었으면 얼마나 좋으랴 하는 생각도 일어났다.

이때 반짝하고 전등이 켜졌다.

허준이는 옆에 놓았던 모자를 집어쓰고 일어나려는데, "여보 형! 이렇게 드리는 것은 실례지마는……." 하면서 김은 십 환 지폐 한 장을 허준에게 건넨다.

"천만에…… 이건 너무나 미안합니다."

허준이는 그것 받기를 주저하였다. 욕심대로 말하면 더도 말할 것도 없지 만 그 돈 십 환이 자기를 구속하고 자기를 불쌍히 보는 듯이 불쾌하기도 하 였다.

"약소합니다마는 구급이나 하십시오. 차차 피도록 되시겠지요. 조금도 상 심치 마세요." 하는 김의 취한 어조는 정답게 떨렸다.

"너무나 미안합니다 참 잘 쓰겠읍니다."

허준이는 여러 번 사양하다가 받았다. 그의 가슴은 김의 우정에 대한 감격 과 자기의 처지에 대한 설움에 울렁거렸다. 돈의 구속을 모르는 듯이 느껴 지는 김이 어쩐지 자기보다 빛나 보이는 듯하였다. 자기의 존재는 너무도 미천한 것 같았다. 고르지 못한 모든 것이 새삼스럽게 원망스러웠다. 그는

이양의 흥분을 느끼면서 일어났다.

"내일은 내가 인천 다녀와야 하겠읍니다. 모레 오후에 만납시다. 이번은 꼭 오셔요. 저녁이나 같이 잡수면서 직업 이야기도 하고……" 안동 네거리에서 갈릴 때 김은 말하였다. 허준이는 "네 가지요…… 자 또 뵈옵겠읍니다." 하고 청진동 편으로 취한 다리를 옮겨 놓았다.

그의 취한 생각은 오락가락하였다. 스스로 우러나오는 계급 감정으로 김의 생활에 일종의 반감도 일어나거니와 부러운 생각도 스르르 머리를 들었다. 소학교 시절의 성적은 김보다 자기가 나았던 것이다. 자기도 파산의 비운에만 빠지지 않고 김처럼 전문학교까지 마쳤더면 지금은 상당한 자리에서 상당한 생활을 하였을 것이다. 이런 생각이 그의 머리를 흔드는 때 그의 눈앞에는 어떤 중류 가정의 생활이 희미하게 떠올랐다.

"허허 미친놈이로군."

하고 그는 그 얼없는 생각을 웃어 버리려고 하였었다. 그런 생각이나마 하는 것은 여러 동무를 배반하는 것같이 부끄러웠다. 자기 홀로 편안한 생활을 하려는 것은 무슨 죄악같이 느껴졌다. 친하던 모든 친구들을 차 버리고 홀로 배나 부르면 무슨 소용이 있으랴? 자기 손에 돈만 들어온다면 처지를 같이한 천하 사람들과 나누고 싶었다. 여러 가지 생각에 골몰한 그의 발은 기계적으로 회관문 앞가지 이르렀다. 그는 대문 안에 발을 들여놓으려다가 호주머니 속에 있는 십 환짜리를 다시 만져 보았다. 그것은 여러 사람에게 들키는 날이면 그 자리에서 없어질 것이다. 그는 아까운 생각이 스르르 들었다.

'어떤 밥집에 맡겨 두고 혼자 다녀……'

하고 다시 돌아서려 하였으나 발이 떨어지지 않았다. 어깨가 축 처지고 낯빛이 해쓱한 동무들이 눈앞에서 알찐거렸다.

'내 손에 돈만 들어와 봐. 구차한 사람을 다 주지.'

하고 아까까지도 뇌이든 자기의 생각이 다시 떠올랐다. 그는 스스로 부끄러움을 금할 수 없었다. 여러 해 쪼들린 생활에 인색하여지는 자기의 마음이 미웁고도 슬펐다.

"여러분 우리가 한끼 굶더라도 이 돈은 박군의 여비로 씁시다. 박군을 돌려보내야 하겠으니 말이에요."

허준이가 집어내놓은 십 환짜리를 여러 동무가 서로 빼앗아 가면서 좋아라고 뛰는 때에 간부의 한 사람인 키가 자그마하고 얼굴이 비쩍 마른 사람이 썩 나서면서 말하였다. 그 말 한 마디에 방안은 물을 끼얹은 듯이 조용하였다. 빛나던 얼굴들이 모두 스르르 흐리는 듯하면서 일종의 긴장한 빛을 띠었다.

"그럽시다."

하는 듯이 아무도 이의가 없었다. 일을 위하여 주림을 참는 그 모양들을 보는 허준이는 자기의 인색한 생각을 다시금 후회하였다.

이틀 뒤였다.

허준이는 오후 다섯시에 김관호를 찾았다. 김의 집은 허준의 상상에 떠오르던 그러한 기와집은 아니었다. 땅에 꼭 들어붙은 듯한 초가집이었다. 허준이는 친히 나와 맞아 주는 주인의 인도로 건넌방으로 들어갔다. 마당바른 편 장독대에서는 무엇을 하고 있는 주인 아씨의 눈에 조촐한 꼴을 보이는 것은 기운이 한풀 죽는 것 같았다. 주인 아씨는 신여성인 듯싶었다. 트레머리 한 것이라거나 짧은 치마라거나 섬돌에 놓인 여자 구두를 보면 신여성임이 분명했다. 그가 신여성이거니 생각하매 그의 눈이 더욱 시렸다. 저녁상에는 반주가 있었다. 몇 잔 술에 얼근한 두 사람은 상을 물린 뒤에 밤 열시까지 이야기를 주고 받았다. 처음에는 이런 이야기 저런 이야기로 시간을 보내다가 나중에는 허준의 취직할 이야기로 들어갔다.

"만일 의향이 게셔서 우리 회사로 오신다면 한 달에 육십 원——지금 있는 이는 오십 원이지만——은 드리도록 주선하겠읍니다."

하고 검은 책상에 비스듬히 기대어서 허준의 의사를 다시 살핀다. 김의 말 눈치를 보면 벌써 자기네끼리 이야기가 있은 모양 같다. 허준이는 겉으로는 반승낙이나 하여 놓고도 속으로는 이러기도 어렵고 저러기도 어려웠다. 몸이 어디 가 매이는 날이면 자기는 운동의 소임을 다할 수 없는 날이다. 그러나 굶고 앉아서 무엇을 할 수도 없는 일이다.

"우리는 직업을 붙잡을 수 있거든 붙잡읍시다. 그리고도 힘만 모으면 일을 할 수 있읍니다."

하고 서로 말한 바도 없는 것은 아니나 직업을 붙잡는 날이면 어쩐지 그 기반을 벗어날 수 없는 것 같았었다. 그러나 월 수입 육십 원이면 세 사람은 살 수 있는 것이다. 세 사람의 복숨을 지탱한다는 것은——세 사람의 힘을 우리 운동선에 보탠다는 것은 여간한 도움이 아니다. 그리고 그처럼 친절히 주선해 주는 김의 우정을 물리치는 것도 그로서는 괴로운 일이었다.

"그 일은 내 힘으로 할 수 있을까요?"

허준이는 광대뼈가 드러난 얼굴을 들었다. 우뚝한 콧날은 전등불에 빛났다.

"그걸 못 하셔요……. 넉넉하외다. 우리 회사 소유의 집이 많은데 모두 삯 월세로 주었지요. 그 세전을 받아들이는 것이니까."

김은 그만한 일은 손쉬운 것이라는 듯이 말하였다.

"이때까지 그걸 받는 사람이 없었어요?"

"왜…… 있었지요. 한데 그 사람이 잘 받지 못해요……. 그러구 궐자는 어떤 것은 받고도 못 받았노라고 하고……. 그런 무정한 일이 있으니까 쫓아내야지요."

하고 담배 연기를 내뿜으면서 전등을 쳐다보는 김의 가느다란 눈은 교활하게——허준에게는 그렇게 보였다——빛났다.

"그러면 그 사람 대신 제가 들어가는 셈이외다 그려, 허허." 하고 허준이는 어색한 웃음으로 좀 떨리는 목소리를 감추려고 하였다.

"말하자면 그런 셈이지요."

"그러나 내가 살려고 남을 어떻게 쫓읍니……." 허준이는 말끝을 흐리머리하였다. 그의 가슴은 묵직하여졌다.

"별걱정을 다 하시오……. 남의 걱정을 하시다가는 제가 죽는 것을 어떻게 합니까?"

"그렇지만 그건 좀 문제인데요."

"아무 상관 없어요. 그 사람은 아무래도 나갈 사람이고 그 대신 허준씨가 아니면 다른 이라도 쓰게 된 형편인데 무슨 거리낄 것이 있겠어요……. 아무 걱정도 마시오. 언제 남의 걱정을 다 하십니까?"

하고 허준이를 건너다보는 김의 눈은 경망스럽고도 교활하게 돌아갔다.

그 뒤에도 세 번이나 만났으나 문제는 낙착을 짓지 못하고 있다가 오는 일요일에는 가부간 확답을 하기로 하고 갈렸다.

허준이는 지금 그 약속대로 김을 찾아가는 것이다.

일은 다 된 일이다. 허순이가 오늘 가서 김에게 명확한 대답 한 마디만 하면 일은 다 된 일이다. 그러나 뒤가 몹시 켕긴다. 그도 없는 사람인데 없는 사람에게 가서 집세를 조른다는 것은 그로서 차마 할 수가 있을까.

그의 눈앞에는 그의 동무되는 김이 집세에 쪼들리는 꼴이 떠올랐다.

'못할 일이로군.'

그는 생각하면서 머리를 흔들었다. 그나 그것뿐인가. 아직도 두 눈이 띠퉁거리는 사람을 쫓아내고 그 사람의 자리를 차지한다는 것은 더구나 못할 일이었다. 김의 말도 일리가 없는 것은 아니다. 그 사람은 허준이가 들어가려고 아무 허물도 없는 것을 쫓는 것은 아니다. 허준이가 들어가든 말든 어차피 쫓겨나는 사람이다. 그러나 그 사람이 어떤 사람인지는 모르나 속도 모르고 자기를 원망하기도 쉬운 일이다. 모든 조선은, 운동선상에 나선 사람으로서는 생각이 못 되는 것이라는 생각이 그의 머리를 무겁게 하였다.

"그 사람도 곤궁하니까 그랬을 테지……."

그나 그 사람의 처지를 동경은 하여 보았다. 사람들은 도적을 만들어놓고 그 도적을 잡으려고 한다. 그 사람도 형편이 형편인가 보다. 작년 겨울에 어떤 동무가 감옥에 있는 동무의 밥값을 맡았다가 그 아내가 냉방에서 해산하게 되는 바람에 그만 집어쓰고 얼른 갚지 못한 까닭에 몇 동무의 비난과 모욕까지 받고 나중에는 그런 성의 없는 사람은 운동선에서 쫓아내라는 말까지 들은 것이 생각난다. 그때 그 동무의 핏기 없는 얼굴이 보이는 듯하다. 이 사람(물산 회사에서 집세 받는 사람)도 그렇게 절박한 사정이나 있었던 것이 아닌가…….

"엑 그만두어라."

그는 결심하였다. 김을 만나는 즉석에서 그만 단념한다고 대답하려고 하였다. 그러나 김의 친절을 등지는 것은 어쩐지 괴로웠다. 그리고 육십 원——매삭 육십 원이라는 그 관념도 그의 마음의 한 귀를 잡고 놓지 않았다. 그는 어쩌면 좋을지 판단이 얼른 나서지 않았다.

어느새 김의 집 대문 밖에 이르렀다. 그의 가슴은 더욱 묵직하였다. 아까 이발소 유리창에 비취던 자기의 그림자가 땟국이 흐르는 두루막에 어깨가 축 처져 보이던 그 그림자가 눈앞을 지나갔다. 그런 꼴을 주인 부인에게 뜨이는 것은 이 집을 찾는 때마다 고통이었다. 깔보는 것 같고 뒷공론을 하는 것같이 생각되어서 견딜 수 없었다. 자기의 존재는 큰 모욕을 받는 듯하였다. 그는 스스로 용기를 애써 내면서,

"이리 오너라."

하고 불렀다.

"누구시오? 허준씨요? 들오시지요……."

하는 것은 김의 부드러운 목소리였다. 그는 심기가 좀 펴서 마당에 들어섰다. 허준이가 방으로 들어가는데 그 방에 앉았다가 가는 사람이 있었다. 후줄근한 옥양복 두루막에 캡 쓴 사람이다. 검데데한 얼굴은 무슨 근심이 씌운 듯이 흐릿한데 정력 없이 보이는 눈은 모든 사람의 시선을 꺼리는 듯 무슨 죄를 짓고 사과온 사람 같았다. 그것이 회사에서 쫓겨나는 그 김이란 사람이나 아닌가 하고 생각하니 허준의 가슴은 그로도 알 수 없는 압박을 느끼었다.

"손님이 오셨는데 미안합니다." 허준이는 마루에 나갔다 들어오는 김을 보면서 자리를 드티어 앉았다.

"괜찮아요…… 엑 귀찮아서……."

김은 이마를 찡기면서 책상 앞에 앉았다.

"왜요? 누구예요?"

"그게 그 사람인데…… 세상이 그런 게야…… 제 허물은 모르고……."

김은 혼잣말같이 뇌어 버린다.

"뭐라고 해요……?"

허준에게는 김의 태도가 어쩐지 불쾌하게 느껴졌다.

"뭐…… 죽을 죄를 지었느니 마니 하고 그저 두어달라고 벌써 몇 차례나 와서 조르는데 견딜 수가 있어야지……." 하고 김은 귀찮은 듯이 이마를 찡그리다가 다시 웃음을 지으면서,

"그래 결정하셨오? 뭐 결정이고 말고 있오……. 내일부터 출근하시지요." 하고 허준이를 건너다보았다.

"그러지요." 하고 허준이는 대답하였다. 그는 그렇게 대답한 것을 곧 후회하였다. 그는 어째서 그런 대답을 하였는가? 공연히 끌리는 인정에 눌려서 그렇게 대답은 자기로도 모르게 하였으나 가슴이 묵직한 것이 유음이 그득찬 것 같았다. 그렇다고 그 자리에서 그 대답을 취소할 용기도 나지 않았다.

"제일 의복을 바꾸셔야 할 터인데……. 이따…… 지금 내가 어디 다녀와야겠으니…… 이따 저녁 때……." 하고 김은 무엇을 생각하다가, "내 의복을 며칠 입으시오……. 그리고 차차 지어 입도록 하시지요."

하고 김은 그 아내를 불러서 자기의 의복을 내왔다. 그것을 받는 때 허준의 마음은 기쁘면서도 부끄러웠다. 그는 의복을 들고 마루 아래 내려서는 때 뒤에서 누가 손가락질을 하면서 비웃는 것 같아서 줄달음을 치다시피 뛰어나왔다.

"그러면 내일 아침에 일찍 오시오, 아침은 집에 와서 잡수시게……." 김은 그에게 부탁하였다. 대문 밖에 나선 허준이는 지옥이나 벗어난 것 같았다. 그러나 몇 걸음 걸으려니까 창자가 텅 비고 다리가 허청거리기 시작하였다.

해는 낮이 좀 지났다.

그는 길가 호떡집으로 들어가서 호떡 한 개를 사먹고 나서 회관으로 가다가 무슨 생각을 하였는지 안국동 어떤 친구의 집으로 가려고 발을 돌리다가 보니까 물산 회사에서 쫓겨난 사람(아침에 김의 집에서 만난 사람)이 저편에 서서 허준이를 보다가 허준이와 시선이 마주치니까 외면을 한다. 허준이는 다시 그 사람을 볼 용기가 나지 않았다. 무슨 크나큰 죄를 지은 사람이 형사에게나 들킨 듯싶었다. 그는 그만 재동 넘어가는 골목에 들어서서 소안동으로 내려왔다.

"여보서요." 안동 예배당 앞에 왔을 때 누군지 뒤에서 허준이를 불렀다. 그는 걸음을 멈추고 뒤를 돌아보았다. 허준이는 가슴이 뭉클하면서 두근거리기 시작하였다.

"미안합니다마는 잠깐만 여쭐 말씀이 있어서……." 그 사람은 기운 없는 목소리로 죄송스럽게 뇌이면서 허준의 얼굴을 쳐다보다가 머리를 숙인다.

"무슨 말씀?" 허준이는 의아한 눈으로 그 사람을 보았다. "조용히 좀 여쭐 말씀이 있는데……." 하고 그 사람은 지나가는 사람들의 눈을 픽 꺼리는 듯이 말하였다.

그 사람의 태도는 허준에게 풀기 어려운 수수께끼 같은 느낌을 주었다. 그 사람은 가슴에 무슨 생각을 품었는가? 어찌하여 그는 남의 눈을 기어가면서 말하려는가? 그의 자리를 빼앗았다고 그 분풀이를 왔는가? 그 힘없는 눈하며 몸을 가누지 못해 애쓰는 듯한 태도는 분풀이는 고사하고 누구에게 큰소리 한마디 할 용기도 못 가진 듯하다. 그러면 그는 무슨 말을 하려는가? 무슨 소원이 있는가? 자기가 그의 대신 들어가기 말아달라는 애인인가? 허준의 마음은 어쩐지 죄송스러웠다. 사람으로서는 차마 못할 일을 한 것 같았다.

'그러나 내가 쫓은 것은 아니다.'

이렇게 한번 속으로 변명도 하여 보았으나 그렇다고 묵직한 가슴은 풀리지

않았다. 한 개의 호떡이 그의 주리고 주린 창자를 충분히 눅이지 못한 탓도 되겠지만 어쩐지 온몸의 기운은 그 자리에서 아주 빠져 버리는 듯도 하였다.

"무슨 말씀인지 여기서 하시지요."

그는 떨리는 목소리로 외이면서 바른편에 끼었던 옷보퉁이를 왼편에 끼었다.

"어디 조용한 데서 뵈올 수 없을까요……." 그 사람의 목소리는 아까보다 용기를 다소 얻었다.

"글쎄요. 어디 조용한 데가 있어야죠……. 저—— 걸어가면서…… 이야기 합시다……."

허준이는 발을 옮겼다. 그 사람도 따라 발을 옮겨놓으면서, "그러면…… 대단 미안합니다마는 저와 같이……." 하고 같이 어디로 가자는 뜻을 보인다. 허준이는 "어디 조용한 데 있으면 갑시다." 하고 선선히 대답하였다. 대답을 하면서도 아무도 모를 조용한 데서 무슨 변이나 안 생길라나 하는 걱정도 슬며시 치밀었다.

두 사람은 별궁담을 끼고 큰길로 나왔다. 그 사람은 허준의 앞에 서서 재동 쪽으로 몇 걸음 나가다가 왼편 길가에 있는 중국 요리집으로 들어가려고 하였다. 허준이는 발을 멈추면서 "여보셔요……. 다른 데로 갑시다" 하고 좌우를 돌아보았다. 그 사람을 따라 그리로 들어가는 것은 어쩐지 불유쾌하였다. 모든 눈이 잘 보는 듯싶었다. 그 사람은 저어한 낯빛으로 허준이를 보면서 "하 괜찮습니다……. 들어가시지요……. 잠깐만……." 죄송하다는 어조로 말한다.

"그럴 것 없이 다른 데로 갑시다……." 하고 허준이는 머리를 기웃하다가, "우리 취운정으로 갑시다. 물도 먹고……." 하면서 재동 쪽으로 향하려 하였다.

"어째 그러십니까? …… 이리로 들어가시지요.……." 그 사람의 어조는 절망에 가까운 듯이 울렸다.

내리쬐이는 볕발은 온누리를 녹일 것 같았다. 빗발이 듣지 않아서 자국자국이 일어나는 먼지는 더위에 지친 사람을 더욱 괴롭게 굴었다. 수레를 끄는 말까지 온몸의 털이 땀에 젖어서 머리를 떨어뜨리고 기운을 못 쓰고 지나간다. 집집의 지붕에서는 금방 보이지 않는 불이 날 것만 같다. 허준이는 옷보퉁이를 연해 이 손 저 손에 바꾸어 들면서 그 사람과 같이 취운정으로 들어갔다. 취운정도 역시 시원치 못하였다. 바람 한점 없는 볕발에 사람들은 기운을 잃어버리고 발밑에 밟히는 푸른 풀은 시들고 눈을 가리도록 무성한 나무는 먼지투성이가 되어서 보기에 갑갑하였다. 비! 여기에 비가 한바탕 지나갔으면 얼마나 시원하랴. 얼마나 맑으랴? 하고 허준이는 생각하면서 아래 위를 돌아보았다.

약수터에는 매일과 같이 사람이 끓는다. 저편 나무그늘에서는 어떤 학생인지 책을 낯에 가리고 잠이 들었다.

두 사람은 약물터에 가서 오그그 끓던 사람들 사이를 비비고 들어갔다. 날이 더운 관계인지 사람들은 여느 때보다 사오 갑절이나 모여들었다. 어떤 이는 점잖을 부리노라고 자리 나기만 기다리고 어떤 이는 염치를 불구하고 밀고 당기고 하여 싸움까지 일으킨다. 부인들과 어린애들은 남이야 죽거나 살거나 물터를 둘러싸고 앉아서 흘러내리는 샘을 쪽박으로 퍼서는 병과 주전자와 물통에 붓는다.

"남은 먹지도 못하는데 가지고 간담." 이런 불평은 연방 일어난다.

허준이는 겨우 물 한 바가지를 얻어먹고 그 사람과 같이 물터 뒤로 올라갔다.

소나무 잎 사이로 흘러내리는 볕발은 푸른 물 위에 아롱아롱한 무늬를 놓았다. 사람들은 없는 데 없이 흩어져서 담배도 피우고 부채질도 하고 어떤 이들은 장기까지 두고 있다. 저편 사정에서는 오늘도 활을 쏘는 한가한 사람들이 떠들고 있다.

두 사람은 사람의 그림자가 잘 보이지 않는 나무그늘에 가서 자리를 잡았다. 허준이는 온몸의 기운이 다 빠진 듯하여 아무런 생각도 나지 않았다. 억지로 지탱하여 오던 다리를 잔디 위에 펴고 몸을 소나무에 턱 기대고 앉으니 온몸은 땅속으로 자지러져 들어가는 듯하면서도 그윽한 품에 안긴 듯이 흐뭇한 유쾌를 느끼었다. 그는 힘없는 눈으로 앞을 내다보았다.

쨍쨍한 볕발이 흐르는 서울의 지붕을 스쳐 아른거리는 남산 저편 먼 하늘을 바라보고 앉았으니 뭉치고 쪼들리던 마음은 그로도 모르게 풀리었다. 그는 모든 것을 잊었다. 자기가 지금 어디 있는지 자기 앞에 누가 있는지를 그는 깨닫지 못하였다.

"담배나 피시지요."

곁에 앉아서 허준의 동정만 흘금흘금 살피던 그 사람은 허준의 앞에 담배를 디밀었다. 허준이는 그리 반갑지 않다는 어조로,

"네…… 별로 생각 없는데."

하고 받으면서 몸을 앞으로 굽히는 듯하였다. 그 사람은 성냥을 그어 대었다. 이리하여 두 사람은 한참 동안이나 침묵 속에서 담배만 피었다.

"무슨 말씀인지 하시지요."

허준이는 그 사람을 슬쩍 보고 다시 먼 하늘을 바라보았다.

"다른 말씀이 아니라,"

하고 그 사람은 머리를 숙이면서 몸을 좀 움직이더니,

"그런데 참 누구십니까?"

"저는 김순구올시다."

하고 어려운 말을 내이는 듯이 말하였다.

이렇게 서로 성명을 통하고 나서 그 사람은,

"김관호씨와 친하시지요."

하면서 허준이의 얼굴을 슬쩍 치어다본다.

"네."

그의 대답은 간단하였다.

"참 이렇게……."

하고 그 사람은 또 몸짓을 하더니,

"미안합니다마는……. 아무쪼록 허물치 마시고 들어주시기를……."

하고 뒷말을 흐리머리하게 끊었다.

"천만의 말씀…… 무슨 말씀이든지 괜찮으니 하시지요."

허준이는 이렇게 말하면서도 그 사람의 뭉싯거리는 태도가 갑갑하고 불쾌하였다.

"다른 말씀이 아니라 형에게 수고를 끼치려고……."

"네… 어서 하시지요."

"제 고향은 강원도올시다. 서울 온 지가 금년까지 꼭 칠 년이 되지요."

그의 말은 실마리가 풀어졌다. 처음에는 죄송스러운 듯이 기운을 못 펴던 그의 말은 점점 분명하게 기운 있게 울렸다. 따라서 그의 태도도 이끼와는 딴판으로 파겁을 하고 침착하여졌다.

허준의 마음은 한걸음 한걸음 그의 이야기에 끌렸다.

김순구는 강원도 춘천읍에서 생장한 사람이었다. 그가 다섯 살 때에 그의 아버지가 함경도로 벌이를 가노라고 떠난 뒤로 지금까지 소식이 묘연하였

다. 그의 어머니는 술장수와 밥장수로 그를 소학교 졸업까지 시키었으나 그 밖에는 힘이 자라지 못하므로 그를 공부시키지 못하고 말았다.

그 때문에 그 번민도 컸던 것이다. 그가 소학교를 마친 것은 열 다섯 때이었다. 그는 열 다섯 살 때에 어떤 일본 사람의 상점에서 심부름을 하고 한 달에 십 삼 원이란 돈을 받게 되었다.

십 삼 원은 그네들 생활에 있어 크나큰 재산이 되었다. 그것은 그네들의 한 달 목숨을 보장하는 큰 조건이 되는 까닭이었다.

이렇게 지내는 때에 어려서 소학교를 같이 졸업한 친구들은 서울이니 일본이니 유학을 가서 중학교에 다니게 되었다. 그네들이 하기 방학이나 동기 방학에 돌아와서 동경 이야기와 서울 이야기를 하는 때마다 김순구의 어린 가슴은 찢어지는 것 같았다. 서울이 그립고 동경이 가고 싶었다. 자기도 하면 할 수 있는 사람으로서 돈 때문에 썩는구나 하는 것을 생각하고 분개한 적이 한두 번이 아니었다. 그의 어머니도 그 고통을 알았던 것이다. 그러나 점점 늙어가는 그의 어머니는 어찌하는 도리가 없었다.

이렇게 지내다가 그가 스물 셋 되는 해에 그가 있는 상점 주인의 소개로 서울 어떤 미곡상 하는 사람의 집으로 오게 되었다.

그는 한 달에 사십 원 받는 월급에서 어머니에게 이십 원을 부치고 이십 원으로 생활을 하게 되었다. 그러다가 그 미곡상 하던 사람이 일본으로 가게 되니까 지금까지 있던 물산 회사에 있게 된 것이었다…….

그는 이렇게 이야기를 하더니, "그 물산 회사에 가게 된 것은 그때 그 회사의 전무 취체로 있던 현이란 사람하고 제가 있던 미곡상 주인하고 퍽 친한 관계로 그리로 소개해 주신 것입니다. 그때에도 저 김관호씨가 있었지요. 그리로 가 현 전무 취체가 갈리고 지금 있는 바 씨가 대신 들오게 되었습니다. 그때부터 제게 대하는 여러 사람들의 태도는 달라집디다. …… 그것은 제가 그렇게 생각하니 그런지는 모르지만 어쩐지 이전 같지는 않아요……. 딴은…… 제가 죽을 죄를 지었지만…….' 하고 그는 말을 어물어물하여 뒤를 끈다.

"그건 무슨 일인데요?" 허준이는 그 사람을 쳐다보았다. 그는 무슨 깊은 생각에 잠긴 사람처럼 먼 하늘을 바라보더니 "그것도 너무도 뭣하니까 ……. 그리자 어머니가 올라오시고 또 제가 여기서 취처했지요……. 거기에 어린것까지 생기게 되고 하니 오십 원이란 돈으로는———여편네가 늘 병으로 드러눕게 되고……. 어떻게 살아갈 수가 없습니다. 너무도 졸리다 못해서 집세 받은 돈을 일 원 이 원 집어쓴 것이 지금은 백여 원이나 됩니다마는…….' 하고 한숨을 길게 쉬더니 "그것도 그달 월급이 나면 꼭 갚는다고 혼자 맹서맹서하면서도 그렇게 못 되었다가 일전에 영수증을 검열하는 바람에 그만 탄로가 되었지요. …… 그것도 탄로되기 전에 관호씨에게 말하려다가 못 하고 주저거리는데 하루는 영수증을 검열하게 되니까 어쩔 수 없이 그리 되었습니다.' 하는 그 사람의 나중 어조는 퍽 애처롭게 들렸다.

"그래서 어찌 되었어요?"

허준이는 먼 하늘에 주었던 눈을 그 사람에게로 돌렸다. 여윈 그 얼굴에는 검은 구름이 스르르 가리인 것 같다.

"그것이 쫓겨난 원인이 되었습니다. 백배 사죄를 하고 달달이 월급에서 갚기로 하였으나 그 말은 아무 소용도 없이 되었습니다." 하고 그는 힘없는 눈으로 허준이를 슬쩍 쳐다보면서 자리를 고쳐 앉는다.

"그러면 그 돈은 갚으란 말 안 해요."

"법대로 하면 상당한 처치를 하겠지만 전정이 있는 사람이니 용서하는 것이라 하고 전달 월급과 이 달 월급은 주지 않고 나오는 때에 삼십 원만 집어줍다." 하고 그는 말을 끊었다가 "그러니 그렇다고 저야 무어라고 합니까……. 그래 마땅한 일이지만 이제부터 어떻게 살아 갑니까? 혼자 몸과도 달라서……." 하고 한숨을 길게 쉰다. 허준의 가슴은 그로도 알 수 없이 묵직하였다. 그의 눈앞에는 보지도 못한 그 사람의 가족들의 그림자가——그가 항상 보는 그의 동무들의 가족들과 같이 영양 부족으로 제 빛을 잃어버리고 밖에 나갔다 들어오는 주인의 손만 쳐다보는 듯한 그러한 그림자가 떠올랐다.

회사의 태도는 심하게 생각났다. 회사로서 본다면 으레 그럴 일이다. 그 사람의 개인으로 본다 하더라도 또한 부득이한 일이다. 그것은 악의에서 나온 행동이 아니요 복전에 닥쳐오는 부득이한 사정——월급은 적고 식구는 많고——을 누가 알아 주랴?

그는 김관호까지 슬그머니 미웠다. 그렇다고 그 사람들이야 저 사람을 좀 보아주지 못할 것이 무엇이랴? 그 돈은 받을 대로 받으면서도 한 개의 생명을 생명같이 보지 않는 것을 생각하면 온몸의 피가 끓어오르지 않을 수 없었다. 허준이는 자기로도 모를 흥분에 주먹이 쥐어졌다.

"그러니 참 여쭙기 미안합니다마는 선생께서 김관호씨하고 친하신 듯하시니까 어떻게 말씀을 좀 해 주십사고……."

하고 그는 어색한 웃음을 지었다.

"글쎄 말하기야 어려울 것 뭣 있겠읍니까마는 그놈들이 들어주겠읍니까."

"그래도 좀 말씀해 주서요……. 행여나."

"다 같은 놈들인데……."

허준의 눈앞에는 아침에,

"액 귀찮아서."

하고 이마를 찌푸리던 김관호의 그림자가 떠올랐다. 그 '사람이 아침에 김을 찾은 것도 회사에 다시 다니게 하여 달라는 청이었구나? 대문 밖에도 나가기 전에 이마를 찡기고 돌아서도 김에게 청하러 갔던 것이로구나……. 그것도 여의치 못하니가 나에게가지 청하는 것이다…….' 생각하는 허준이는 그 사람의 태도가 미웁기도 하였다. 끈끈하고 축축스럽게 그놈들에게 미움을 받아 가면서 빌붙는 그 태도가 더러웠다. '그까짓 놈들을 주먹으로 해 내고 말 일이지 빌붙어서는 뭣하나? 사내 자식이 무슨 일이 없어서 그래…….' 하고 분개하던 허준의 가슴은 다시 스르르 풀리지 않을 수 없었다. 다른 데로 가면 어디로 가나? 골목골목이 직업을 눈이 붓도록 찾아다니는 이 세상에서 누가 그를 위해서 기다려 주랴? 거기에 혼자 몸도 아니다. 그의 손을 바라는 입들이 한둘만이 아니다. 이렇게 생각하니 그 사람에게 친분이 가지는 듯하고 그런 사람의 자리를 자기가 차지하려고 한 것이 죄송스럽고 부끄러웠다. 그 사람은 그런 줄 모르고 자기에게 그 자리 보증을 힘써 달라는 청을 왔다. 그것은 허준에게 "이놈" 하는 위협보다도 더 괴로웠다.

허준이는 자기의 모든 사정을 그 사람에게 이야기하려고 하였다. 그러는 것이 무슨 무거운 짐을 벗는 것 같기도 하였다. 그러나 뜻과 같이 입이 떨어지지 않았다. 그의 이야기에 그 사람의 절망도 절망이려니와 허준 자신의 처지도 곤란하였다. 곤란하다기보다 부끄러웠다.

'그만 모든 것을 따 저질히고 그만두어.' 그는 이렇게도 생각하여 보았다. 그러는 것이 자기로서도 어쩐지 무슨 빚을 갚는 것같이 생각났다. 자기의 처지로서 지금 이 노릇도 가당치 못한 일이거니와 그 사람의 자리에 그 사람의 애원이 있는 것도 모르는 척하고——실상은 허준의 허물은 아니지만——들앉는 것도 허준으로서는 할 수 없는 일이다.

그는 그 사람을 위하여 힘써 주기를 속으로 작정하였다. 그는 그 길로 김관호를 찾아서 모든 이야기를 하고 그 사람을 도로 써 주도록 힘쓰고 자기는 그만 손을 씻고 나앉으려고 하였다.

그러나 그 즉석에서 그 말을 할 용기도 나지 않았고 김에게로 달려갈 기운도 없었다. 김을 만나서 그런 이야기가 입으로 흘러나올까. 그 사람의 인정을 배반하기는 괴로운 일이었다. 의복을 받고 돈을 얻어 쓰고 밥을 얻어 먹고 또 승락까지 한 그 모든 것이 어떻든지 자기 몸을 친친 얽어서 한번 하여 놓은 약속을 그만 흐트러 버리기가 대단 어렵게 생각되었다.

"그러나 그런 데 거리낄 때가 아니다."

하고 그는 혼자 여러 번 결심하였다. 그는 그 사람을 건너다보면서 "우리 내일 만납시다. 내가 오늘 밤에 관호씨를 찾아보지요." 하고 일어섰다.

"미안합니다. 아무쪼록 말씀해 주서요." 그 사람도 따라 일어섰다.

해는 낮이 훨씬 기울었다. 볕발은 점점 소나무 사이에 빗겨 흐르기 시작하였다. 두 사람은 물터를 지나서 말없이 앞서거니 뒤서거니 내려왔다.

안동 네거리에서 김씨와 갈린 허준이는 옷보퉁이를 들고 청진동 회관으로 향하였다.

진종일 밖에 나와 놀다가 석양에 회관으로 들어가면 굶으나 먹으나 어쩐지 마음이 든든하고 여러 동지를 대하면 기쁘던 것이 이날은 그렇지 않다. 숫을대문 앞에 다다르니 그 대문은 그를 비웃는 듯하였다. 그는 아까까지 가졌던 모든 권리와 의무는 다 잃어버린 듯하였다. 그는 옷보퉁이를 물끄러미 보면서 무엇인지 한참 생각하는데,

"애 왜 얼빠진 놈처럼 이렇게 서 있니?"

하면서 어깨를 툭 치는 사람이 있다. 허준이는 깜짝 놀라서 돌아다보니 그는 항상 벙글벙글하는 박이었다.

"아냐! 무엇 좀."

하고 허준이는 말을 내다가 자기로도 자기 말의 서두가 싱거운 것을 열적게 여기지 않을 수 없었다.

"아니는 무에 아니야……. 들어가세."

그 친구는 벙글거리면서 대문 안에 들어섰다. 허준이도 기계적으로 문 안에 들어섰다. 그는 무거운 발길을 옮겨 놓으면서 흐트러진 생각을 수습하려고 하였으나 뜻대로 되지 않았다.

중문 안에 들어서니 회관은 조용하였다. 그는 조용한 것이 도리어 다행한 듯이 생각되었다. 마루에 올라서서 대청마루 의자에 걸터앉았다. 묵직한 머리는 더욱 묵직하여지고 사지에 기운은 한껏 빠지는 것 같았다. 창자 속도 허천거리다 못하여 감각을 잃은 듯하였다. 그러나 그는 그런 고통보다도 다른 큰 고통이 있다. 그것은 아까 김씨에게서 받은 부탁이다. 자기는 그 부탁을 이행해야만 할 책임이 있는 듯이 느껴졌다. 그러나 그렇게 하려면 김관호의 비위를 건드려야 될 일이다. 그것도 괴로운 일이다. 괴로운 대로 일이 순조로 진행되어서 그 사람이 다시 그 자리를 차지하게 된다면 한번 적극적으로 나서 보겠지만 아까까지 이마를 찌푸리고 김씨를 못마땅히 여기던 김관호가 그 사람을 다시 써 달라는 부탁을 들어 줄 리가 만무하다. 이렇게 생각하니 김관호가 미웠다. 그놈도 그런 놈들이나 다를 것 없구나. 그놈이 내게 친절부리는 것도 제 욕심이로구나 하는 생각까지 일어났다. 그는 그 자리에서 김관호를 찾아보고 한바탕 욕이나 톡톡히 하고 그만 모든 것을 사절해 버리고 싶었으나 다시 생각하니 용기가 나지 않았다. 돈푼이나 얻어 썼다는 것보다도 그 사람의 친절이 허준이 스스로도 알 수 없이 허준의 몸을 얽어서 웬만한 괴롬이 닥치더라도 차마 관호의 호의를 등질 수는 없는

듯하였다. 자기가 이제 집금원 노릇을 그만두겠소 하는 것은 관호와의 사이에 이때까지 쌓아 오던 친분을 산산이 밟아 버린 것이나 다름없는 것같이 느꼈다. 그것이 괴롬이었다.

그러나 처지를 같이한 아까 그 김씨와의 약속이 있지 않은가? 그 사람에게 자기의 사정을 이야기한 것은 아니지만 그 사람을 위해서 모든 노력을 아끼지 않기로 약속하지 않았는가. 자기 본의는 아니라 하더라도 힘써준다고 약속한 자기가 그 사람의 자리에 들앉게 되고 그 사람은 여전히 실직대로 있다면 그 사람이 자기를 어떻게 알까? 자기의 신용은 자기 즉 해 준 한 사람의 신용 문제가 아니다. 또 그 사람의 부탁이 없더라도 자기는 그런 자리에 발을 넣지 않는 것이 옳은 일이 아닌가. 하루에 한 끼나 두 끼를 더 먹으려고 창해 같은 전정을 막는 동시에 운동선에 좋지 못한 영향을 줄 것이다. 그렇다. 정실에 끌릴 때가 아니다. 공사를 가릴 때이다.

허준이는 저녁 뒤에 김관호를 찾았다. 그는 김관호에게서 받은 옷보퉁이를 들고 화동 골목을 헤쳐 올라가면서 별별 생각을 다하였다. 그 김씨를 위하여는 이리이리 말할 것이요 나는 이리이리 사정을 이야기하고 용감하게 끊어 버리리라 하고 혼자 결심도 하고 만일 관호가 노엽게 생각한다거나 불쾌한 말을 하면 나는 당당한 톤조로써 면박을 할 것이다. 이렇게 생각하니 그는 유쾌하였다. 모든 문제는 간단히 낙찰될 것 같았다.

그러나 다시 관호의 그림자가 눈앞에 떠오르고 그와 마주 앉을 것을 생각하니 자기의 입에서 과연 생각하는 바와 같은 그런 말이 쉽게 흐르겠느냐 하는 것이 의문이었다.

김관호의 집 대문 밖에 다다른 그는 다시 모든 기분이 밤비같이 흐리고 무거웠다. 차마 대문 안에 들어설 수가 없었다. 자기는 김관호와 이때까지 좋던 정분을 끊으려고 온 못된 사람같이 생각되었다. 실상은 그 일을 하고 안 하는 데 친분이 오고 갈 이유는 조금도 없을 것이다. 자기가 만일 김관호와 처지가 바뀌었으면,

"생각대로 하시지요."

할 것이요. 조금도 불쾌할 것이 없을 것이다. 또 그만한 일로 그 김씨를 내어쫓지도 않았을 것이다. 그러나 저편이 자기가 생각하듯이 생각해 줄 리는 없다. 저편은 자기에게 대해서 약점을 가질 것이다. 사실에 있어서 자기의 태도를 거듭 비판한다면 알랑알랑 알랑거리면서 일은 하기 싫고 돈원이나 의복 벌이나 주는 것을 바라고 찾아다닌 듯하게 되었다. 그것을 생각하니 더욱 불쾌하였다.

지금 자기 수중에 그만한 돈이 있다면 들고 온 의복과 같이 턱 내놓으면서,

"자 그간 돌려주어서 고맙소이다."

하였으면 자기의 면목은 보아라는 듯이 설 것 같았다. 그러나 그것은 공상이었다. 이 삼십 원 돈에 끌리는 자기 신세도 가이없었다.

"액 편지로 하리라."

그는 모든 것을 편지로 써 보내리라 결심하고 돌아섰다. 면대해 말하는 것보다 편지로 써 보내는 것이 하고 싶은 말도 더욱 자유로 할 것 같았다.

'그러나 김씨의 부탁은 들어야 할 것이다. 되나 안 되나 내가 맡은 책임상 말이나 해 보아야 할 것이다.'

그는 이렇게 생각하고 다시 돌쳐 섰다. 그는 몇 번 주춤거리다가 대문 안에 들어서면서,

"이리오너라."

하고 불렀다.

"누구세요."

안으로 울려나오는 소리는 부드러운 여성이었다.

"김관호씨 계시요?"

허준의 소리와 같이 안방 미닫이 열리는 소리가 나면서,

"허 선생님이세요?"

하는 다정한 소리가 수줍게 들린다.

"네."

허준이는 컴컴한 마당에 들어서면서 머리를 숙였다.

"건넌방에 들오서서 잠깐만 기다리라고 말씀하십니다. 지금 손님이 오셔서 함께 출입하셨는데요, 곧 오실 것입니다."

허준이는 그 부인의 어조가 퍽은 분명하다 생각하면서 건넌방으로 들어갔다.

허준이는 열 한시가 거의 되어서 그 집 대문 밖에 나섰다. 대문 밖에 나선 그는 무슨 함정이나 벗어난 듯이 시원스럽고도 할 일을 한 듯이 기뻤다. 그의 머릿속에는 조금 전의 그림자가 알찐알찐 돌고 있었다.

허준이가 건넌방에 들어앉아서 담배 한 대를 겨우 피웠을 때 김관호가 돌아왔다.

"오셨어요! 미안하게 되었습니다."

김관호는 다정한 눈웃음을 치면서 말하였다. 그 모양을 보는 허준의 마음은 더욱 울렁거렸다.

"일은 조금도 바쁠 것이 없습니다. 매일 다니는 것이 아니요 공휴일에는 놀고 그저 정직히만…… 물론 허준씨는 잘 보아 주시겠으니 더 말씀할 것도 없습니다마는……"

김관호는 허준이가 바로 그 자리에 입사된 듯이 장래 방침이며 문부 처리는 어떻게 해야 한다는 이야기까지 하였다. 허준이는 괴로왔다. 그는 무어라 대답하면 좋은지 갈피를 잡을 수 없었다. 그의 결심은 괴롭게 괴롭게 스러져 버린다. 그는 그저 어색한 웃음을 지으면서,

"네! 그래요? 글쎄요."

하고 흐리머리 대답하면서 아까 하였던 그 결심을 단단히 봉글리려고 애썼으나 되지 않았다. 이제나저제나 하고 관호의 말이 끝나기를 기다리다가도 정작 관호의 말이 잠깐 중단이 되면 크나큰 힘이 입을 막는 것 같아서 입이 열리지를 못하였다. 입이 열리지 않을수록 가슴에 유음이 들어차는 것같이 불쾌하였다. 그럭저럭하는 사이에 아홉시가 넘었다.

'액 어서 말해 버려야.'

허준이는 속으로 이렇게 다시 결심하면서 말을 내려다 말고 기침을 칵 깃고 말았다. 이러다가 그는,

"그런데 미안하게 된 일이 있습니다." 하고 겨우 말을 끄집어 내었다.

"무슨 일?"

관호는 의심스러운 눈으로 허준이를 바라보았다. 허준이는 그의 시선을 피하면서 자기는 그 일을 거절한다는 뜻을 말하였다. 한 번 입이 떨어지니 그 스스로도 놀랄 만치 대담하게 침착하게 이야기가 흘렀다. 그리고 그는,

"참 주제넘은 말씀 같습니다마는 그 김씨를 다시 쓰시는 것이 어떻습니까."

하고 김관호의 안색을 다시 힐끔 살폈다.

김관호는 전등을 한참 쳐다보더니 어색한 어조로,

"그거야 하는 수 없지요, 싫으시면 하는 수 없지만 나는 그렇세 허준씨가 좀 편할까고…… 하고. 김씨는 이제 다시는 쓰지 않을 것입니다."

김관호의 태도는 예상 밖으로 침착하였다.

두 사람 사이에는 어색한 침묵이 한동안 흘렀다.

허준이는 여러 번 망설이다가 일어서 나왔다.

"저 의복은 드린 것이니 가지고 가시지요!"

하고 김관호가 여러 번 권하는 것도 듣지 않고 그는 대문 밖으로 뛰어나왔다. 그는 크나큰 짐을 벗은 듯이 시원하였다. 그러면서도 섭섭하였다. 한편으로 생각하면 섭섭하기도 하였다. 눈앞에 닥쳐오려는 복을 밀어 버린 듯도 하였다.

'참말 더러운 놈이다.'

그는 자기의 비열한 생각을 다시 뉘우치었다. 그렇게 한편으로는 섭섭한 듯하면서도 말할 수 없이 상쾌하였다. 그는 컴컴한 골목을 헤저어서 안동 네거리로 나왔다. 아까와는 딴판으로 기운이 나는 듯하였다.

그는 약속한 때에 그 김씨를 만나면 자기의 모든 것을 고백하고 그도 자기의 동무를 삼으려고 하였다. 그는 알 수 없는 기쁨에 떠서 회관으로 달려갔다. 그 뒤로부터 상조회에는 회원 하나가 더 늘었다. 그것은 더 말할 것도 없이 허준이의 소개로 들어온 김씨였다.

<설날밤>
최학송

누구든지 동대문 밖에 나서서 청량리 쪽으로 내려가노라면 안감내 정류장을 못 미쳐서 바로 바른편 길 옆 기단 담에 세워져 있는 커다란 조선식 건물을 볼 것이다. 이 건물은 지금 동방 신문 사장이요 청구 은행장으로 명망과 위세와 재산으로 유명한 한남윤씨의 주택이다. 씨는 본래 문안 필운동 막바지 삼층 양옥에서 살았다. 그런 것이 이태 전부터 씨 스스로도 어디가 어떻게 아프다고 꼭 지적할 수 없는 병에 붙잡혀서 나날이 어위어 갔다. 삼년 이른 봄에 어떤 유명한 의사에게 진찰을 받았다.

"이 병은 오래 되면 폐와 신경에 큰 관계가 되는 것이니 조용하고 공기가 좋은 데 가서서 오래 요양하는 것이 대단 좋겠읍니다."

이렇게 온공하고도 황공스러운 의사의 말을 들은 한남윤씨는 곧 병요양에 적당한 곳을 찾았다. 동래 온천이나 부여 같은 데로 갔으면 물론 좋겠지만 자기의 생명같이 아끼는 황금을 많이많이 퍼놓은 서울을 멀리 두고서는 그 걱정에 도리어 병이 될 것이다. 그래 여러 사람과 의논도 하고 많이 생각한 끝에 서울도 가깝고 비교적 공기도 좋고 들도 넓고, 조용한 동대문 밖으로 옮기게 되었다. 요양지를 가린 후에 건축 도안을 꾸미는 데도 문제가 컸다. 양식이 좋다는 이도 있었고 조선식이 좋다는 사람도 있었다. 그러나 결국 씨의 의견을 좇아 조선식으로 지었다.

씨가 이리로 옮겨서 넉달 만에 을축년을 맞았다. 새 집에서 새 봄을 맞는 씨는 만찬회를 열고 여러 사원들을 불렀다.

이 아래 이야기는 금년 음력 정월 초하룻날 밤 이 명예와 권세가 등등한 재산가 한남윤씨의 만찬회 뒤끝에 일어난 활극이다. 나는 조금의 거짓과 꾸밈 없이 그 활극을 적는다.

기쁜 이에게 새로운 기쁨을 주고, 슬픈 이에게 새로운 슬픔을 주고, 바라는 이에게 새 희망을 주는 설날은 어느새 저물었다.

언땅 위에 흐르는 차디찬 공기를 데우던 햇발은 점점 장안 만호의 지붕에서 스러지고 남은 빛이 쌀쌀한 먼 하늘에 불그레 물들이게 되면서는 삼각산 쪽으로 슬슬 내리는 바람을 귀를 에이는 듯하다.

먼하늘 끝에 남은 열붉은 빛은 쌀쌀한 자주빛으로 변했다가 그거나마 흔적 없이 사라지면서는 한두 개의 별이 반짝반짝 눈을 떴다. 별들이 하나, 둘, 셋…… 열, 이렇게 늘어갈 때 어디로부터 오늘 줄 모르게 슬근슬근 닥쳐오는 황혼빛은 문안, 문밖에의 집, 산, 들, 숲 할것없이 흐려 버렸다. 솔솔 내리던 바람은 쏼쏼 소리를 친다.

음력 설. 서울 거리는 고요하다. 종로의 전등은 의구히 켜졌으나 사람의 자취는 드물다. 서로 가지런히 마주 서서 건너다보고, 쳐다보고, 내려다보는 전등들은 바야흐로 닥쳐오는 저리고, 쓰리고, 차디찬 어둠 속에서 스러져 간 낮 자취를 그리는 듯하다. 꿈 같은 그 빛 속으로 간간이 지나가는 것은 미인 태운 인력거, 뚜– 뚜 하는 자동차, 술에 정신이 어리어서 다리를 바로 못 놀리는 패, 진창에서 금방 빠져 나온 돼지같이 허디헌 푸대 조각으로 봄을 싼 거지들이다.

밤이 깊어감을 따라 사면은 더욱 고요하였다. 간간이 즈르렁즈르렁 가고 오는 전차 소리가 고요한 공기에 요란한 파문을 일으켰다. 그리고 극히 조용한 때– 바람 소리까지 멀리 스러져 간 때면 어느 술집에선지 흘러나오는 노래 가락은 처량한 정조를 한껏 돋우었다.

밤은 한시가 넘었다.

바람 형세는 깊어가는 밤빛과 같이 더욱 맹렬하였다. 우우하고 고기 비늘 같이 잇다은 지붕들을 스쳐서 거리를 지날 때면 누구누구 할것없이 허리를 굽히거나, 머리를 돌리거나, 손으로 코와 입을 가리거나, 흑 느끼고야 만다. 전간목에 기대어 서기도 하고, 어느 점방 현등 아래 가서 서기도 하고, 주정꾼들 뒤를 엉금엉금 따라 가면서,

"나리 돈 한 푼 줍쇼! 으응흥–."

하는 거지들도 모진 바람이 그 몸을 치는 때면, 땅바닥에 엎드리거나, 어느 집 벽에 가서 붙어 선다.

이때였다.

어두워서 낮은 자세히 보이지 않으나 흰두루막 입은 키 큰 사내 하나가 양사골 어두운 골을 헤저어서 종로에 나섰다. 그는 종로에 나서서 동대문 정류장을 끼웃끼웃 보더니 동대문을 향하고 걷다가 동대문 파출소 건너편에 있는 자동 전화실로 들어갔다. 그는 수화기를 귀에다 대고 한참 무어라 무어라 하더니 부랴부랴 나와서 지금 막 떠나려고 종을 땅땅 우리는 청량리 전차에 뛰어올랐다.

사람들은 앉고 서고 하여 한 차가 꽉 찼다. 웃음, 이야기, 술 냄새에 차 안은 와글와글하는 선술집 같다. 그네의 이야기와 행동을 보아서는 술집, 기생집, 신마찌, 연극장을 찾아서 문안 왔던 사람이 많고 막차로 원산 가는 사람도 있다.

이 모든 사람을 실은 전차는 어득하고 고요한 레르 위로 기세 좋게 닫는다. 뚤뚤 구르는 바퀴 소리, 즈르릉 갈리는 트롤리 소리는 서로 어울려서 먼 하늘에서 우는 우뢰 소리 같다. 이따금 비개와 트롤리 끝에서 일이나는 푸른 불빛에 주위는 언득언득 엿보였다.

자동 전화실에서 나와서 전차에 오르던 키 큰 사나이는 맨 뒷문 어구에 뻣뻣이 서서 바깥만 내다보고 있다. 수복 두루막을 덤썩이 지어 입고 푹 눌러 쓴 방한모 아래에 세모진 두 눈 하며, 쑥 내민 관골 아래 좀 들어간 두 볼

하며 두툼한 입술 위에 까끗까끗한 수염은 평범한 운명의 소유자로 보이지 않았다.

전차가 안감내 정류장에 못 미쳐서였다. 그 자는 차문을 슥 열더니 차장에게 표를 주고 쏜살같이 닫는 차에서 태연자약하게 뛰어내렸다. 저편 전간복에 달아 놓은 전등빛에 흐미히 보이는 길바닥에 내린 그는 한참 서서 아래위를 휘휘 둘러보더니 저편 길 건너 기단 돌담 쌓은 집을 향하고 발을 옮겨 놓았다.

영도사 뒷산 송림을 스쳐서 안감내 앞넓은 벌판을 지나가는 바람은 우와 쑤우 쏴- 하는 것이 큰 폭풍우가 지나는 소리 같기도 하고, 모진 물결이 들이치는 소리 같기도 하다. 길바닥은 꽁꽁 얼어서 구두 소리는 한껏 높이 울린다. 높은 하늘에 총총한 별조차 대지에 흐르는 찬 기운을 돕는 듯이 쌀쌀하다.

이 바람 속에- 한 옛날, 혼돈이 터지기 전, 빙산이 터져 나가는 듯한 이 처참한 포호 소리 속에 무엇이 어른거리랴? 사면은 고요하다. 바람이 한번 지나간 뒤면 한껏 고요하다. 이 처참한 빛과 소리 속 어느 구석에선지 자세히 기억할 수는 없으나 전신에 넌짓넌짓한 푸대 조각을 걸친 그림자가 어청어청 나타나더니 전차에서 내린 그 키 큰 자의 뒤를 따라가면서,

"엉 어엉 나리 마님 돈 한푼만 줍쇼! 흥 나리 마님!"

금방 죽어져 들어가는 고함을 친다. 그러나 그자는 뒤도 돌아보지 않고 그저 뚜벅뚜벅 걸었다.

"네! 엉어엉 나리 마님! 배 고프니 보시를 하십쇼 네! 나리 마님 엉엉!"

그 거지는 그 자의 곁에 가서 그 자에게 몸을 주면서 울 듯이 애걸한다.

"저리 가! 없어!"

그자는 거지를 보고 뱉듯이 던졌다.

"엉엉 나리! 그러지 맙쇼. 한 푼만 줍쇼! 네!"

거지는 기어코 따라가서 이번에는 그자의 앞을 막아섰다.

"나리 마님 한푼만 줍쇼."

"없다는테 웬 잔소리야! 저리 가!"

그 소리는 그리 높지는 않으나 엿 덩어리같이 엉키고 무겁게 울렸다.

"어엉! 흥! 그러지 맙쇼. 나리 마님! 한푼만. 네! 돈 한푼만 줍쇼. 으응 흥!"

"이놈아 죽어라. 이 더러운 놈아!"

그자의 억센 주먹과 발길은 거지의 머리와 배에 내렸다

"아이구! 이잉 사람 죽인다! 으응 흑흑."

거지는 자빠져서 버둑버둑한다.

또 우우 쑤 쏴! 모진 바람이 지나갔다. 컴컴한 길 위, 무서운 바람 속에 어물거리면서 웅얼웅얼하는 두 사람의 그림자는 유령 같다.

"이놈이 아직도 설죽었나?"

그자의 두발은 자빠진 거지의 배, 가슴, 낯, 다리 할것없이 막 밟았다.

"으응! 끽!"

마지막으로 두어 마디 남긴 거지는 죽었는가 살았는가?

"이 더러운 놈들아! 응 이러구 살아서 뭘 하니? 응, 애이 (배를 꽉 밟으면서) 못생긴 밍충이들아! 이 꼴이 되고도 두려운 것이 있니? 응? 네 힘이 이뿐이냐? 죽구두 볼 것 있니? 그까짓 한푼 두푼 받아서 뭘 하니? 글쎄 이 (이를 악물고 가슴을 탁 차면서) 밍충아! 차라리 ××밥을 가서 먹고 있지, 그 밥 먹을 줄도 모르더냐? 너희 같은 놈들은 죽어라! 어서 죽어라! 너 따윗 놈들 때문에 한가한 놈들이 더 늘어간다. 응! 한심하지!"

그자는 제풀에 응얼응얼하면서 찬 길바닥에 늘어진 거지를 이리 짓고, 저리 짓밟고, 이리 쥐어지르고, 저리 차고 하다가 갑자기 무슨 생각이 났던지 머리를 번쩍 들더니 뒤도 안 돌아보고 뚜벅뚜벅 걸어간다.

그자는 긴담으로 두른 집 대문간 앞에 가서 딱 섰다. 높다란 대문 위에 달린 전등빛에 그 근방은 환하였다. 대문 윗 턱에는 자개로 아로새긴 '한남윤' 이란 문패가 붙었다. 그자는 온몸에 전등빛을 받고 서서 그 문패를 쳐다보고 흥 코웃음을 치더니 담을 옆에 끼고 아래 위로 가고 오고 두어 번이나 무엇을 살핀 뒤에 가만히 서서 머리를 기웃하였다. 잠깐 만에 무슨 결심이나 한 듯이 대문을 삐걱 밀면서,

"일오나라!"

불렀다. 대문은 잠가서 열리지 않고, 바람 소리에 들리지 않았는지 안에서도 잠잠하다.

"일오나라!"

이번에는 대문을 꽝치면서 불렀다.

안대문 열리는 소리가 달각하더니 큰대문이 삐걱 열렸다. 언제 깎았는지 더부룩한 대가리가 어둑한 문간으로서 쑥 내밀었다.

"댁 영감 계시냐?"

"네 어서 오셨는지요?"

"지금 전화 건 어른이 오셨다고 여쭈어라."

그 소리는 거만스럽고 위엄 있이 들렸다.

만찬회는 일곱시 십 분에 열렸다. 정각보다 사십 분이나 늦었다. 이 회에는 없지 못할 동방 신문사 이 편집부장과 김 사회부장이 오 분 전에야 참석하게 된 까닭이었다. 그 두 분이 와서 담배 한 대를 채 태우지 못하여 일동은 주인 아씨의 인도로 식당에 들어갔다.

훈훈하고 구수한 공기가 흐르는 식당의 천정에는 가스 넣은 전등 두개가 간격이 알맞게 고요히 달렸다. 그 아래 방 한복판에 설백색 고운 보에 덮인 교자상이 길게 이어 놓였다. 교자상 아래 위와 양 옆으로는 아청선을 두른 붉은 비단 보료가 반듯하게 깔렸다. 마루 방문으로 들어서면서 바로 보이는 저편 벽과 이편 벽에는 화환에 싸인 기다란 체경이 걸렸다. 밖으로 통한 남창 좌우 미닫이 두껍집에는 지나 사람의 산수화가 붙었고 창 위에는 김해강의 육필현액이 달렸다. 북창은 유리창인데 아롱아롱한 회색 문장이 가렸고 그 위에 서양화가 걸렸다. 그 창 아래에 피아노가 놓이고 그 위에 두어 권의 보표책과 국화 화분이 놓였다.

일동은 비단 보료 위에 규칙 있게 앉았다.

방안의 모든 것은 한껏 빛났다.

교자상 위에 덮인 흰 보는 살근히 벗겨졌다. 하얀 보를 깐 긴 교자상 위에는 번들번들 윤기가 흐르고, 부드러운 김이 무럭무럭 오르는 온갖 음식이 화초문 놓은 그릇에 담겨서 가지런히 놓였다.

"자- 먹읍시다."

"무어 변변치 못해서."

주인 아씨 말은 퍽 다정하고 부드러웠다. 이 아씨의 주인은 첩이다. 주인의 큰마누라는 시골서 농사를 짓고 있다. 이 아씨를 모셔 온 것은 금년까지 삼 년이나. 이 아씨는 시립 여자 음악 학교의 피아노 교사로 이름 있는 신경순 여사이다. 사람들의 말을 들으면 주인은 이 신경순 여자 전에는 어떤 기생과 살림하였다.

여러 사람들은 수저를 들었다. 주인 내외는 좌우 경계선 - 아랫목은 여자, 웃목은 남자로 갈라 앉은 그 경계선에 마주 앉았다.

"자ー 술부텀 먹고."

풍부한 얼굴에 대모테 안경을 쓴 주인은 상 한 편에 놓인 주전자를 잡으려고 손을 내밀었다.

"제가 따르지요."

주인과 상을 가운데 놓고 주전자 가까이 마주 앉았던 양복 입은, 머리긴 청년은 주인이 잡으려는 주전자를 잡았다. 이 청년은 소설 삽화와 초상화 잘 그리기로 평판이 자자한 박시언이다.

"우리는 밥 먹읍시다."

주인 아씨는 공기에 밥을 담아서 여자들께 권하였다.

입 다시는 소리, 수저 소리에 고요하던 방안 공기는 부드럽게 흔들렀다.

사내들 편에는 술잔이 벌써 두어 순배나 돌았다. 주인은 누가 따라 주는 술잔을 건 듯이 들고 만족한 듯이 빙그레 웃으면서,

"그 편에서도 반주나 한 잔씩."

하고 주인 아씨를 건너다보았다.

"아이그 망측해라!"

눈을 할끔하면서 주인을 건너다볼 때 아씨의 언뜻 나타난 흰 이빨과 씹던 밥을 밀어 넣어서 좀 봉긋한 왼 볼에는 애교가 담뿍 흘렀다.

"왜 한잔 먹어 보구려! 술도 예술이라우 하하."

"하하하."

일동은 따라 웃었다.

"참말 술도 예술인걸요!"

저편에서 술마시기에 분주하던 이 편집부장은 툭툭이 말하였다.

"그래서 부장은 술잔을 세, 넷이나 앞에 늘어 놓셨소! 하하하."

"허허허."

"하하하."

일동은 편집부장 앞에 죽 벌어 놓은 술잔을 보면서 웃었다. 그것은 축배로 앞뒤에서 보낸 것이다.

"이군은 선술집을 벌었소? 어서 잔 내야 남두 먹지!"

"하하 허허."

또 일동은 웃었다.

여자들은 서로 입을 막고 킥킥 웃으면서 이편을 보고는 수근거렸다.

아래 위에 배반이 낭자한 때였다. 창밖에서 들리는 이상스런 소리에 모두 귀를 기울였다. 이 찰나, 엷은 놀람의 침묵이 방안에 흘렀다.

"흐응 밥 한술만 줍쇼!"

우우ー 땅 위에 삼라만상을 한꺼번에 쓸어가는 듯한 바람 소리 속에 울려서 때아닌 봄빛이 무르녹은 방으로 들어오는 그 소리는 퍽 처량하였다.

그 소리에 모두 그 무엇인 것을 깨달았다는 듯이 여전히 떠들고 술 마신다.

"아범, 그 문 잠그게! 거지 들오네."

단단한 주인 아씨의 소리에 모든 시선은 한 번씩 아씨의 낯을 스쳤다.

"육신이 멀쩡한 놈들도 저 짓을 하던데!"

누군지 혼잣말처럼 뇌였다.

"먹을 것 없으면, 그래두 목숨은 아깝고 하니 흥."

주인 아씨 위에 앉아서 밥만 움숙움숙 먹던 콧날이 우뚝하고 하관이 기름한 청년은 탄식같이 말하였다. 그 청년의 눈앞에는 보이는 환상이 있었다.

"없으면 벌지!"

또 누군지 반박 비스듬히 말하였다.

"벌어요? 어디 가서? 흥."

그 청년은 머리를 번쩍 들어 건너다보더니 젓가락으로 산적을 집는다. 이 사람은 워낙 말이 적고 업무에 퍽 충실하다. 그러나 자기 고집을 세우게 되면 칼, 불이라도 뛰어들 듯이 세우는 것이다. 본래 서백리아서 나서 그곳서 잔뼈가 굵은 사람이다. 지금 동방 신문 기자로 연전에 공산당 혐의로 징역 삼 년을 하였다.

"어- 젊은 사람들이란 허는 수 없어! 그까짓 거지를 가지고 무슨 문제야. 자- 술 부어요."

주인은 잔을 내밀었다. 주전자 잡은 팔이 상위로 내밀더니 술을 따랐다.

"왜 김군은 술 안 먹누? 자 먹어요."

안경을 콧등에 걸고 눈을 꺼불꺼불하고 상머리에 앉았던 얼굴이 거뭇한 사람은 자기가 마신 빈 잔을 김 사회부장에게 던졌다.

"난 권치 마라. 밥 먹을 테야!"

"왜 오늘은 술허고 불상면인가?"

"그럼 김군은 금향이가 있어야만 먹지."

머리에 기름이 반질반질한 이쁘장한 은행 사원이란 사람은 싱긋 웃었다.

"어- 그래 그래 허허허."

"에이 봄 괴로워! 이건 어째들 이러슈. 흥."

사회부장은 잔을 마셨다.

"김 선생님! 금향이가 누구에요? 호- ."

얼굴이 헬끔한 여자가 이편을 보면서 상글 웃었다.

"아니에요. 그건 거짓말예요……."

"이거 왜 이래?"

"하하하."

"김 선생도 그런 데 가시우?"

웃음 소리 속에서 단단한 주인 아씨의 소리가 울렸다.

"가는 게 아니라, 출입은 좀 하나 봐요. 허허허."

주인 곁에 앉았던 나이가 한 사십 되어 보이는 육영 학교 교장은 느릿한 소리로 말했다.

"에이 미친 년들!"

"금향이라구, 최석현이든가 한 사람의 첩재리가 아니우?"

육영 학교 교장은 누구에게라고 지적 없이 말하였다. 모두 대답이 없었다. 그네들의 시선은 일시에 주인 내외에게 언뜻 주었다. 교장도 비로소 정신 차린 듯이 어색히 술잔을 들었다.

"저는 밥 좀 주서요."

이제는 밥 찾는 분이 서넛 되었다.

"자- 어서 잡수서요!"

주인은 이 편집부장을 보면서 독촉이 꽤 심하다.

"이건 어찌라구 사람을 못 살게 구오!"

이 편집부장은 잔을 앞에 넷이나 놓고 또 두 손에 하나씩 들고 울 듯이 부르짖었다.

"여보 마누라! 이것 좀 대신 먹어 주구려!"

편집부장은 저편 주인 아씨 곁에 앉은 살이 유들유들한 부인을 건너다 보면서 외쳤다. 그 소리에 또 웃음이 터졌다. 그 부인은

"아 그럽시오. 하하하."

쾌활히 웃기는 하면서도 술잔은 받지 않았다.

"어- 우리 마누라가 술을 잘 먹어요. 아주 シキイ인걸! 허허허."

흰 알콜 힘에 모든 신경이 가라앉은 소리다.

"하하 저 양반이 내가 술먹는 걸 언제 보았나?"

"왜 저거번에 식도원서……."

"응! 하하하."

그부인은 조금도 부인하려 하지 않는 수작이다.

"언제 그래서는 술먹은 걸세. 호호호."

주인 아씨는 공기에 밥을 담으면서 물었다.

"왜 경희도 갔었지?"

그 부인은 상 저편에 앉아서 생글생글 웃으면서 약밥을 먹고 있는 얼굴 해쓱한 젊은 여자를 건너다보면서,

"그 한 번 부인 기자까지……. 저…… 이거 깜짝 잊었네……."

하고 머리를 깨웃한다.

"혁신일보 일 주년 기념 때지요. 흐흐."

주인 아씨가 담아 주는 밥공기를 받던 동방 신문 사회부장은 얼른 기억을 끄집어내었다.

"그래그래 옳아, 혁신일보 일 주년 기념 때로군!"

그의 부인은 무슨 기쁘고 큰 자랑거리나 말하는 듯이 밥공기를 든 채 만족하게 말을 이었다.

"그때 우리가 포도주 한 잔 하고 위스키를 먹잖었나? 하하하."

"그래서는 술잡순 것이 영애씨뿐이 아닙니다 그려."

전깃불 아래 윤기나는 고수 머리를 삭삭 만지고 있던 그 은행원은 편집부장의 마누라를 건너다보더니 다시 경희란 여자를 슬쩍 보고 싱긋 웃었다.

"그까짓 한 잔 술도 술인가요? 호호호."

경희란 여자는 입을 막고 몸을 뒤로 제치면서 다정스럽게 웃었다.

"일본에서 한 때 '청담파 여류 작가'들이 오색술인가 먹고 돌아 다녔다고 신문에 굉장하더니."

이때까지 말없이 먹고 웃기만 하던 한양 여자 고등 학교 사감은 툭 쏘듯이 말하였다. 그 툭툭하고 멋없는 어성에 일동의 시선은 뜽하고 숨숨 얽은 그 여자에게로 잠깐 몰렸다.

"망했어. 엑! 세상은 말세야! 그러니 욕먹을 수밖에……."

주인은 술이 취했다.

"그럼 우리두 욕먹어라고 술을 권하우?"

주인 아씨는 주인의 말에 신기가 불편한 듯이 실죽했다.

"하하하, 허허허, 호호호."

남녀의 웃음은 또 터졌다. 그 웃음에 주인 아씨의 실죽과 주인의 분개가 풀렸다. 사실 주인의 멋없는 분개와 주인 아씨의 실죽을 풀기 위해서 억지로 웃는 이도 없지 않았다.

"모야!"

천정이 울리도록 부르짖는 소리와 같이 비단 방석 위에 떨어지는 윷가락은 모두 자빠졌다.

"중이로구나! 아 중이로구나."

"호호호"

"내가 이번에는 모를 치네."

안경을 코에 걸은 자는 팔을 걷고 윷가락을 빼아시 집더니 머리를 기웃하여 말밭을 본다.

"무얼 보나. 어서 치세."

콧날이 우뚝하고 하관이 기름한 청년은 말하였다.

"가만 있게. 이렇게 되면…… 가만 저 집은 석 동이고 우리는 두 동일 세?"

안경 쓴 자는 머리를 기웃거렸다.

"그래 이제 모만 치면 저 놈을 잡네! 어서 쳐!"

"자 내가 모를 친다. 모야!"

"하하하."

한가락은 천정에 퉁 맞아서 먼저 떨어진 세 가락 사이에 떨어졌다. 큰 소리와 모든 웃음 속에 떨어진 윷은 세 가락이 엎어지고 한 가락이 자빠졌다.

"아 좋아라. 그래 그래 토야 토야."

저편에서 생글생글 웃던 낯이 해쓱한 여자는 똑똑 뛸 듯이 기뻐하였다.

"엑 토를 치면서 웬 소리가 그리 큰가 하하."

하관 긴청년은 말을 이리저리 쓰고 있다.

"누가 칠 차렌가? 어서 쳐요."

누군지 조급하게 재촉하였다.

"저야요!"

숨숨 얽은 여학교 사감은 흩어진 윷가락을 집었다.

"가만 계세요! 아직 말을 쓰거든."

코안경 건 자는 한 손으로는 말을 잡고 한 손으로는 윷 치려는 것을 막았다.

"이 사람 그래서는 안 돼! 한 동이라도 먼첨 빼는 게 수지!"

하관 긴청년은 한복판 구멍에 놓였던 말을 빼고 토에 달았다.

"엑 밤 다 가네! 어서 그만 쓰게나! 자- 치셔요."

술이 얼근한 이 편집부장은 얽은 사감을 건너다보았다.

"모를 못 치시면 토를 치셔요."

누군지 말했다. 사감은 아무 소리 없이 윷을 던졌다.

"으이- 모야! 토야!"

"개가 되소서 하하."

곁에서 소리가 굉장하였다. 결국 걸이 되었다.

"응 걸도 괜찮아."

"자 우리는 걸에 다세. 그러면 다 가네!"

열시가 넘어서 식당으로부터 안방으로 건너온 모든 남녀는 열 한시가 치는 줄도 모르고 윷놀이에 열중하였다. 그네들 눈앞에는 손과 손을 거쳐서 올라떨어지는 윷가락과 붓으로 동그라미를 그려 놓은 윷밭과 말이 보일 뿐이다. 땅은 얼어 땅땅 갈라지고 바람은 지동 치듯 불건마는 그네들께는 상관 없다. 그 어둠 속을 스쳐가는 바람 속에는 벗고 굶주린 무리들이 처참한 삶의 싸움을 싸우건만 그네들에게는 상관 없다.

이 순간 그네들은 흐릿한 향락에 빠졌을 뿐이다.

불시에 마루방 전화종이 따르륵따르륵 울렸다.

주인 아씨는 급히 일어서서 마루로 나갔다.

"네! 네! 그렇습니다. 네! 계십니다. 네! 네! 잠깐만 기대리십시요."

하더니 주인 아씨는 미닫이를 스르륵 열고 배를 만지면서 윷판을 들여다보는 주인을 향하여,

"김기선씨가 지금 박자로 오셨는데 시급 뵈옵고 여쭐 말씀이 있내요!"

하고 주인의 의견을 청하였다.

"기선군이 왜 벌써 왔누?"

김 사회부장은 의아히 주인 아씨를 보았다.

"설날이 되니까 시골서 성숭그리던 게지."

저편에서 구부정하고 윷판만 들여다보던 은행원이 맞장구를 쳤다.
"아무리 설날이라두 특파 간 사람인데!"
사회부장은 역시 의아타는 수작이다. 술기운에 불그레한 주인은 한참 있더니
"나오라구 하수."
주인 아씨는 미닫이를 슥 닫더니,
"여보세요. 지금 어디 계서요? 네! 나오시랍니다. 네! 네! 지금 오셔요!"
주인 아씨는 방에 들어왔다.
"여보! 벌써 열 한시가 지났구려! 가야 할 텐데."
영애란 여자는 남편인 이 편집부장을 건너다보았다.
"왜 무슨 바쁜 일이 있어요?"
주인은 빙그레 웃으면서 건너다보았다.
"아뇨. 전차가 끊길 테니……."
"글쎄 전차가 끊기기 전에 가야지."
얼굴 해쓱한 여자도 걱정스럽게 뇌었다.
"원 퍽 봄 괴롭게 구네. 아 전화가 있겠다, '미까도 자동차'가 있겠다, 무에 걱정될 것 없겠네!"
주인 아씨는 선선하게 벙글벙글하면서 앉았다.
"흥! 오늘은 호사를 막하는구나!"
"바루 자동차 잡수시고 호호."
"자 어서 쳐야지?"
"으이!"
"옳다. 중이다. 만세 만세!"
낮 해쓱한 여자는 좋아라고 손뼉을 친다.
"자 그러면 우리가 이겼지. 우리 '유다이구미'는 나않고 이번은 내가 치지!"
얽은 사감이 '유다이구미'로 나았고 머리가 긴 화가가 들어앉았다.
"우리 편은 모두 명문 거족들이야! 내가 이번에는 들앉아야지 원 두 구미나 쫓기다니 허허."
진편의 대표로 주인이 나앉았다.
"쉬―."
화가 윷은 토가 졌다.
"이거 웬 일이야. 허허허."
"중―."
주인의 뿌린 윷가락은 방석에는 떨어지지 않고 이리저리 가서 여러 사람의 무릎에도 떨어졌다. 결국 그것도 토다.
"그래도 남의 것을 잡으니 좋구려!"
"모야!"
이때 창문 밖에서,
"지금 전화하시던 손님 오셨습니다."
하는 소리가 들렸다. 모두 잠깐 침묵을 지켰다.
"들오시래라."
주인은 흩어진 윷가락을 화가의 앞으로 밀어 놓으면서 머리도 들잖고 말히였다.
문소리가 삐걱 달칵 들렸다. 뒤따라 바람 소리가 맹렬하였다. 큰 파도 소리같이 우― 하고 비 소리같이 쏴― 하고 창을 스쳐 멀리멀리 스러져가는 그

바람 소리는 잠깐 사이 침묵을 지키는 온 사람의 마음을 먼 하늘 끝 어둑한 구름 속으로 끌어가는 듯하였다.

마루방 미닫이가 슥 열렸다. 일동의 시선은 그리로 쏠렸다. 거기는 키 큰 장정이 나타났다.

장정은 미닫이를 고요히 닫았다. 그는 덥석한 수목 두루막 앞섶으로 바른 손을 넣더니 그 바른손을 힘있게 쭉 뻗쳐 들었다. 그 찰나! 언득 하는 빛이 일동의 눈을 쏘았다. 일동은 전기나 받는 듯이 몸을 으쓱하더니 박아 놓은 장승같이 가만히 있다. 그 장정의 바른손에 잡힌 것은 자 남짓한 칼이었다. 서릿발 같은 칼날은 쩨듯한 전깃불 아래서 번쩍번쩍 빛났다.

"나는 강도다. 지금 김기선의 이름으로 전화한 사람이 나다. 어느 놈이든 지 삐걱 덤비기만 해라."

두툼한 입술을 스쳐 여러 사람의 머리 위에 떨어지는 그 소리는 나직하나 마 천 근 쇳덩이리같이 무겁고 힘있게 울렸다.

쏴- 바람이 지나는 소리가 들렸다. 느긋하던 방안의 공기는 각일각 긴장하여졌다. 놀람과 두려움에 점점 푸르고 희어가는 일동의 낯빛은 긴장한 침묵 속에 죽음같이 보였다. 그네들은 모두 머리를 숙였다. 둘러앉은 이, 바로앉은 이, 삐뚤게 앉은 이, 윷놀이할 때 앉았던 그대로 불규칙하게 꼼짝 못 하고 앉았다. 말, 말밭, 흐트러진 윷가락까지 침묵의 세례를 받는 듯하였다.

"나는 돈이 욕심나 들온 사람이다. 너에게 있는 대로 다 끄집어 내야지 그렇잖으면 이 칼을 머리 위에 내릴 테다."

하고 칼을 한 번 번쩍 휘둘렀다. 그 세모 눈으로 쏘는 날카로운 시선을 여러 사람의 머리 위에 던졌다.

일동은 피와 영혼이 빠져 버린 화석같이 가만히 있다. 몇 억만 년 옛적으로부터 몇 억만 년 미래를 향하여 초초분분 먹어들어가는 시계 소리는 그저 재각재각 깊어가는 밤을 재촉하고 있다.

"웬 일이냐? 응? 못 내놀 테야?"

장정은 한걸음 앞으로 다가서면서 칼끝을 일동의 머리 위로 겨누었다. 일동은 몸을 부루루 떨었다. 전깃불을 받은 몇 사람의 섬유 동백이 팔랑 팔랑 뛰는 것이 보였다.

콧날이 우뚝하고 하관이 기름한 동방 신문 기자는 두루막 옆구리에 손을 넣더니 두 모가 떨어진 지갑을 끄집어 내놓았다. 따라서 모두 부시럭 부시럭 지갑을 집어 내놓았다. 낯이 새파랗게 질린 여자들은 팔목시계까지 떼어 놓았다.

"말끔 이리로 모아 오너라!"

장정은 첫머리에 앉은 코안경 쓴 자의 궁둥이를 발끝으로 지긋이 다쳤다. 그자는 부르르 떨면서 머리를 들려다가 그냥 푹 수그리고 사람과 사람 사이를 게걸음쳐 가서 지갑을 거두었다.

"이리 넣어라."

장정은 허리춤에서 조그마한 견대를 뽑아 놓았다. 코 안경 쓴 자는 게걸음 치는 바람에 어디서 안경이 벗어졌다. 그의 눈은 소물소물 오그라졌다. 그는 명령을 좇아 견대를 집더니 눈앞에 들이대로 겨우 견대 아구리를 찾아서 시계와 지갑을 집어넣었다.

"한님윤이 들어 봐라! 니는 겨우 내 포케드의 지집민 뱁이 놓고 밀 대냐!"

그 소리는 천정을 쪼르렁 울렸다.

주인 한남윤은 무릎을 꿇고 허리를 굽히더니 부들부들 떨리는 혼나간 소리로,

"정초가 되다 보니 집에는 한푼도 없습니다. 일후에 오시면…….”
말끝을 맺지 못하였다. 바로 이때 우우- 철석 하고 북창을 치는 소리가 났다. 장정은 그 편으로 귀를 기웃하였다. 그것은 바람 소리였다.
"흥! 일후에! 별놈 다 보겠네! 고사를 지내 봐라 일후 오나! 정초가 되어서 섣달 그믐날 남의 등심을 죽죽 긁어서 모아 들인 돈은 어따 두었니?”
그는 주인을 담박 꾹 찌를 듯이 노려 보았다.
"네- 은- 은행에 다 두었습니다.”
"이놈아 은행 건 은행 거거니와 네 집에 것을 내란 말이다. 저 금고는 그래 못 열 테냐?”
장정은 아랫목 벽장 앞에 놓인 커다란 금고를 쓱 보더니 다시 주인을 노려본다.
"이놈이 칼맛을 보아야 뜨끔한 줄 알겠군! 이리 나오너라!”
장정은 허리를 굽혔다 폈다. 그의 왼손에는 먹살을 잡힌 주인이 끌려나왔다. 끌려나가는 주인의 바지가랭이 속에서는 쁘드득 소리가 났다. 퀴지근한 똥 냄새가 방안에 퍼졌다. 그러나 모두 그것을 몰랐다.
번쩍거리는 칼끝은 주인의 복에 닿았다. 모두 몸을 떨었다. 여자들은 낯을 가리고 무릎에 머리를 박았다. 흑흑 목메인 울음 소리가 극히 미미히 들렸다.
"살려주십요! 열어드리지요!”
주인은 모기 소리만치 지르더니,
"여보 저것 좀 열어드려요.”
하였다.
주인 아씨는 눈물에 젖은 눈을 번쩍거리면서 일어섰다. 아씨가 앉았던 자리는 흠썩 젖었다. 장정과 주인의 모양과 아씨의 태도를 슬금슬금 곁눈질해보던 하관이 기름한 신문 기자는 아씨의 자리가 젖은 것을 보고 빙긋 웃었다. 그 웃음 본 이는 아무도 없었다.
금고는 아씨의 손에 열렸다. 속에 박힌 오동나무 서랍들은 밝은 천지를 보고 화! 한숨을 쉬는 듯하였다.
"그 속에 돈은 깡그리 이리 갖다 넣어!”
주인의 먹살을 잡은 장정은 옆에 놓인 견대를 눈으로 가리키고 주인 아씨를 보았다. 주인 아씨는 동전봉, 백동전, 은전봉, 커다란 지폐 뭉치 할것없이 한 서랍을 담아다가 견대에 넣었다. 떨리는 손으로 넣다가도 빗 넣어서 방바닥에도 흩어졌다. 어떤 돈봉은 터져서 전깃불 아래서 때룩때룩 주인 아씨를 처다보았다.
방바닥에 흐트러진 돈까지 한 견대 잔뜩 넣어 놓고 물러 앉는 주인 아씨를 보더니 장정은 주인의 먹살을 놓고 견대를 집어들었다.
"자- 이제는 큰 숨을 쉬어라. 나는 간다. 그러나 나는 날 때부터 이 짓을 배운 것은 아니다. 너무도 굶었으니 말이다. 내게는 밥도 없다. 그런 줄이나 아는 것 같지 않다. 이 취한 놈들아!”
말을 마친 그의 그림자는 방에서 사라졌다. 그 나가는 장정의 뒤를 멀거니 보던 동방 신문 기자는 한숨을 쉬면서 고개를 끄덕거렸다.
새벽녘 바람 소리는 더욱 맹렬하고 처참하였다. 우우 쏴- 쑤 북창을 치고 지붕을 넘어서 뜰을 지나 멀리 가는 그 소리! 온 세계를- 음울과 비통에 싸인 온 세계를 금방 부수는 듯하였다.
두려운 침묵 속에 앉았던 방안의 모든 사람들은 몸을 또 한 번 부르르 떨었다. 그네는 그저 아까 앉았던 대로 숨도 크게 쉬지 않고 있다. 그네들은 그네들도 알 수 없는 무거운 저기압에 눌렸다.

<단발 (斷髮)>
이상

그는 쓸데없이 자기가 애정의 거자(遽者)인 것을 자랑하려 들었고 또 그러지 않고 그냥 있을 수가 없었다.

공연히 그는 서먹서먹하게 굴었다. 이렇게 함으로 자기의 불행에 고귀한 탈을 씌워 놓고 늘 인생에 한눈을 팔자는 것이었다.

이런 그가 한 소녀와 천변(川邊)을 걸어가다가 그만 잘못해서 그의 소녀에게 대한 애욕을 지껄여 버리고 말았다.

여기는 분명히 그의 음란한 충동 외에 다른 아무런 이유도 없다. 그러나 소녀는 그의 강렬한 체취와 악의의 태만에 역설적인 흥미를 느끼느라고 그냥 그저 흐리멍텅하게 그의 애정을 용납하였다는 자세를 취하여 두었다. 이것을 본 그는 곧 후회하였다. 그래서 그는 이중의 역어를 구사하여 동물적인 애정의 말을 거침없이 소녀 앞에 쏟고 쏟고 하였다. 그러면서도 그의 육체와 그 부속품은 이상스러울 만치 게을렀다.

소녀는 조금 왔다가 이 드문 애정의 형식에 그만 갈팡질팡하기 시작하였다. 그리고는 내심 이 남자를 어디까지든지 천하게 대접했다. 그랬더니 또 그는 옳지 하고 카멜레온처럼 태도를 바꾸어서 소녀에게 하루라도 얼른 애인이 생기기를 희망한다는 둥 하여 가면서 스스럽게 구는 것이었다.

소녀의 눈은 이번 허위가 그대로 무사히 지나갈 수가 없었다. 투시(透視)한 소녀의 눈이 오만을 장치하기 시작하였다. 그러기 위한 세상의 '교심(驕心)한 여인'으로서의 구실을 찾아 놓고 소녀는 빙그레 웃었다.

"세상 사람들이 모두 연(衍)씨를 욕허니까 어디 제가 고쳐 드리지요. 연씨는 정말 악인인지두 모르니까요."

이런 소녀의 말버릇에 그는 가슴이 뜨끔했다. 그냥 코웃음으로 대접할 일이 못 된다. 왜? 사실 그는 무슨 그렇게 세상 사람들에게 욕을 먹고 있는 것도 아닐 뿐만 아니라 악인일 것도 없었다. 말하자면 애호하는 가면을 도적을 맞은 위에 그 가면을 뒤집어 이용당하면서 놀림감이 되고 말 것밖에 없다.

그러나 그라고 해서 소녀에게 자그마한 욕구가 없는 바는 아니었다. 아니 차라리 이것은 한 무적

141

'에고이스트'가 할 수 있는 최대 욕구이었는지도 모른다.

그는 결코 고독 가운데서 제법 하수(下手)할 수 있는 진짜 염세주의자는 아니었다. 그의 체취처럼 그의 봄뚱이에 붙어다니는 염세주의라는 것은 어디까지든지 게으른 성격이요 게다가 남의 염세주의는 어느 때나 우습게 알려 드는 참 고약한 아리아욕(我利我慾)의 염세주의였다.

죽음은 식전의 담배 한 모금보다도 쉽다. 그렇건만 죽음은 결코 그의 창호(窓戶)를 두드릴 리가 없으리라고 미리 넘겨짚고 있는 그였다. 그러나 다만 하나 이 예외가 있는 것을 인정한다.

A double suicide.

그것은 그러나 결코 애정의 방해를 받아서는 안 된다는 조건이 붙는다. 다만 아무것도 이해하지 말고 서로서로 '스프링보드' 노릇만 하는 것으로 충분히 이용할 것을 희망한다. 그들은 또 유서를 쓰겠다. 그것은 아마 힘써 화려한 애정과 염세의 문자로 가득 차도록 하는 것인가 보다. 이렇게 세상을 속이고 일부러 자기를 속임으로 하여 본연의 자기를, 얼른 보기에 고귀하게 꾸미자는 것이다. 그러나 가뜩이나 애정이라는 것에 서먹서먹하게 굴며 생활하여 오고 또 오는 그에게 그런 마침 기회가 올까 싶지도 않다.

당연히 오지 않을 것인데도 뜻밖에 그가 소녀에게 가지는 감정 가운데 좀 세속적인 애정에 가까운 요소가 섞인 것을 알아차리자 그 때문에 몹시 자존심이 상하지나 않았나 하고 위구(危懼)하고 또 쩔쩔매었다. 이것이 엔간치 않은 힘으로 그의 정신생활을 섣불리 건드리기 전에 다른 가장 유효한 결과를 예기하는 처벌을 감행치 않으면 안 될 것을 생각하고 좀 무리인 줄은 알면서 노름하는 셈치고 소녀에게 double suicide를 프로포즈하여 본 것이었다.

되어도 그만 안 되어도 그만 편리한 도박이다. 되면 식전의 담배 한 모금이요, 안 되면 소녀를 회피하는 구실을 내외에 선고할 수 있지 않느냐는 것이다.

거기는 좀 너무 어두운 그런 속에서 그것은 조인된 일이라 소녀가 어떤 표정을 하나 자세히 볼 수는 없으나 그의 이런 도박적 심리는 그의 앞에서 늘 태연한 이 소녀를 어디 한번 마음껏 놀려 먹을 수 있었대서 속으로 시원하였다. 그런데 나온 패(牌)는 역시 '노'였다. 그는 후— 한번 한숨을 쉬어 보고 말은 없이 봄짓으로만,

"혼자 죽을 수 있는 수양을 허지."

이렇게 한번 배를 퉁겨 보았다. 그러나 이것 역시 빨간 거짓인 것은 물론이다.

황량한 방풍림(防風林) 가운데 저녁 노을을 멀거니 바라다보고 섰는 소녀의 모양이 퍽 아팠다. 늦은 가을이라기보다 첫겨울 저물게 강을 건너서 부첩(符牒)과 같은 검은빛 새들이 떼를 지어 날았다. 그러나 발 아래 낙엽 속에서 거의 생물이랄 만한 생물을 찾아볼 수조차 없는 참 적멸의 인외경(人外境)이었다.

"싫습니다. 불행을 짊어지고 살아가는 것이 제게는 더없는 매력입니다. 그렇게 내어버리구 싶은 생명이거든 제게 좀 빌려 주시지요."

연애보다도 한 구(句) 위티시즘(경구)을 더 좋아하는 그였다. 그런 그가 이때만은 풍경에 자칫하면 패배할 것 같기만 해서 갈팡질팡 그 자리를 피해 보았다.

소녀는 그때부터 그를 경멸하였다느니보다는 차라리 염오하는 편이었다. 그의 틈바구니투성이의 점잖으려는 재능을 향하여 소녀의 침착한 재능의 창(槍) 끝이 걸핏하면 침략하여 왔다.

오월이 되어서 한 돌발사건이 이들에게 있었다. 소녀의 단 하나의 동지 소녀의 오빠가 소녀로부터 이반(離反)하였다는 것이다. 오빠에게 소녀보다 세속적으로 훨씬 아름다운 애인이 생긴 것이다. 이 새 소녀는 그 오빠를 위하여 애정에 빛나는 눈동자를 가졌다. 이 소녀는 소녀의 가까운 동무였다.

오빠에게 하루라도 빨리 애인이 생겼으면 하고 바랐고 그래서 동무가 오빠를 사랑하였다고 오빠가 동생과의 굳은 약속을 저버려야 되나?

소녀는 비로소 '세월'이라는 것을 느꼈다. 소녀의 방심을 어느결에 통과해 버린 '세월'이 소녀로서는 차라리 자신에게 고소하였다.

고독————그런 어느 날 밤 소녀는 고독 가운데서 그만 별안간 혼자 울었다. 깜짝 놀라 얼른 울음을 끊었으나 이것을 소녀는 자기의 어휘로 설명할 수 없었다.

이튿날 소녀는 그가 하자는 대로 교외 조용한 방에 그와 대좌하여 보았다. 그는 또 그의 그 '위티시즘'과 '아이러니'를 아무렇게나 휘두르며 산비(酸鼻)할 연막을 펴는 것이었다. 또 가장 이

142

소녀가 싫어하는 몸맵시로 넙죽 드러누워서 그냥 사정없이 지껄여 대는 것이다. 이런 그 앞에서 소녀도 인제는 어지간히 피곤하였던지 이런 소용없는 감정의 시합은 여기쯤서 그만두어야겠다고 절실히 생각하는 모양 같았다. 그러나 이런 경우에 소녀는 그에게보다도 자기 자신에게 이기고 싶었다.

"인제 또 만나 뵙기 어려워요. 저는 내일 E하구 같이 동경으루 가요."

이렇게 아주 순량하게 도전하여 보았다. 그때 그는 아마 이 도전의 상대가 분명히 그 자신인 줄만 잘못 알고 얼른 모가지 털을 불끈 일으키고 맞선다.

"그래? 그건 섭섭하군. 그럼 내 오늘 밤에 기념 스탬프를 하나 찍기루 허지."

소녀는 가벼이 흥분하였고 고개를 아래 위로 흔들어 보이기만 하였다. 얼굴이 소녀가 상기한 탓도 있었겠지만 암만 보아도 이것은 가장 동물적인 동물 이외의 아무것도 아니었다.

마지막 승부를 가릴 때가 되었나 보다. 소녀는 도리어 초조해하면서 기다렸다. 즉 도박적인 '성미'로!

(도박은 타기(唾棄)와 모멸(侮蔑)! 뿐이려나 보다.)

(그가 과연 그의 훈련된 동물성을 가지고 소녀 위에 스탬프를 찍거든 소녀는 그가 보는 데서 그 스탬프와 얼굴 위에 침을 뱉는다.

그가 초조하면서도 결백한 체하고 말거든 소녀는 그의 비겁한 정도와 추악한 가면을 알알이 폭로한 후에 소인으로 천대해 준다.)

그러나 아마 그가 좀더 웃길 가는 배우였던지 혹 가련한 불감증이었던지 오전 한시가 훨씬 지난 산길을 달빛을 받으며 그들은 내려왔다. 내려오면서----

어느 날 그는 이 길을 이렇게 내려오면서 소녀의 삼 전 우표처럼 얇팍한 입술에 그의 입술을 건드려 본 일이 있었건만 생각하여 보면 그것은 그저 입술이 서로 닿았다뿐이지----아니 역시 서로 음모를 내포한 암중모색이었다. 두 사람은 서로 그리 부드럽지도 않은 피부를 느끼고 공기와 입술과의 따끈한 맛은 이렇게 다르고나라 시험한 데 지나지 않았다.

이 밤 소녀는 그의 거친 행동이 몹시 기다려졌다. 이것은 거의 역설적이었다. 안 만나기는 누가 안 만나---- 하고 조심조심 걷는 사이에 그만 산길은 시가에 끝나고 시가도 그의 이런 행동에 과히 적당치 않다.

소녀는 골목 밖으로 지나가는 자동차의 '헤드라이트'를 보고 경찰 나 쪽에서 서둘러 볼까까지 생각하여도 보았으나 그는 그렇게 초조한 듯한데 그때만은 웬일인지 바늘귀만한 틈을 소녀에게 엿보이지 않는다. 그러느라고 그랬는지 걸으면서 그는 참 잔소리를 퍽 하였다.

"가령 자기가 제일 싫어하는 음식물을 상 찌푸리지 않고 먹어 보는 거 그래서 거기두 있는 '맛'인 '맛'을 찾아내구야 마는 거, 이게 말하자면 '패러독스'지. 요컨대 우리들은 숙명적으로 사상, 즉 중심이 있는 사상생활을 할 수가 없도록 돼먹었거든. 지성---- 흥 지성의 힘으로 세상을 조롱할 수야 얼마든지 있지, 있지만 그게 그 사람의 생활을 '리드'할 수 있는 근본에 있을 힘이 되지않는 걸 어떡하나? 그러니까 선(仙)이나 내나 큰소리는 말아야 해. 일체 맹세하지 말자---- 허는 게 즉 우리가 해야 할 맹세지."

소녀는 그만 속이 발끈 뒤집혔다. 이 씨름은 결코 여기서 그만둘 것이 아니라고 내심 분연하였다. 이 따위 연막에 대항하기 위하여는 새롭고 효과적인 엔간치 않은 무기를 장만하지 않을 수 없다 생각해 두었다.

또 그 이튿날 밤은 질척질척 비가 내렸다. 그 빗속을 그는 소녀의 오빠와 걷고 있었다.

"연! 인제 내 힘으로는 손을 대일 수가 없게 되구 말았으니까 자넨 뒷갈망이나 좀 잘해 주게. 선이가 대단히 흥분한 모양인데----"

"그건 왜 또."

"그건 왜 또 딴청을 허는 거야."

"반성을 어나니 내가 어떻게 반청을 했던 말인가?"

"정말 모르나?"

"뭘?"

"내가 E허구 같이 동경 간다는 걸."

"그걸 자네 입에서 듣기 전에 내가 어떻게 안단 말인가?"

143

"선이는 그러니까 갈 수가 없게 된 거지. 선이허구 E허구 헌 약속이 나 때문에 깨어졌으니까."

"그래서."

"게서버팀은 자네 책임이지."

"흥."

"내가 동생버넘 애인을 더 사랑했다구 그렇게 선이가 생각할까 봐서 걱정이야."

"하는 수 없지."

선이ーーー 오빠에게서 모든 이야기를 듣고 나는 참 깜짝 놀랐소. 오빠도 그럽디다ーーーー 운명에 억지로 거역하려 들어서는 못쓴다고. 나도 그렇게 생각하오.

나는 오랫동안 '세월'이라는 관념을 망각해 왔소. 이번에 참 한참만에 느끼는 '세월'이 퍽 슬펐소

. 모든 일이 '세월'의 마음으로부터의 접대에 늘 우리들은 다 조신하게 제 부서에 나아가야 하지 않나 생각하오. 흥분하지 말어요.

아무쪼록 이제부터는 내게 괄복(刮目)하면서 나를 믿어 주기 바라오. 그 맨 처음 선물로 우리 같이 동경 가기를 내가 '프로포즈'할까? 아니 약속하지. 선이 안 기뻐하여 준다면 나는 나 혼자 힘으로 이것을 실현해 보이리라.

그럼 선이의 승낙서를 기다리기로 하오.

그는 좀 겸연쩍은 것을 참고 어쨌든 이 편지를 포스트에 넣었다. 저로서도 이런 협기(俠氣)가 우스꽝스러웠다. 이 소녀를 건사한다?ーーーー당분간만 내게 의지하도록 해?ーーーー이렇게 수작을 해 가지고 소녀가 듣나 안 듣나 보자는 것이었다. 더 그에게 발악을 하려 들지 않을 만하거든, 그는 소녀를 한 마리 '카나리아'를 놓아 주듯이 그의 '위티시즘'의 지옥에서 석방ーーーー아니 제 풀에 나가나? 어쨌든 소녀는 길게 그의 길에 같이 있을 것은 아니니까라. 답장이 왔다.

처음부터 이렇게 되었어야 하지 않나요? 저는 지금 조금도 흥분하거나 하지는 않았습니다. 이런 제가 연께 감사하다고 말씀드린다면 연께서는 역정을 내이시나요? 그럼 감사한다는 기분만은 제 기분에서 삭제하기로 하지요.

연을 마음에 드는 좋은 교수로 하고 저는 연의 유쾌한 강의를 듣기로 하렵니다. 이 교실에서는 한 표독한 교수가 사나운 목소리로 무엇인가를 강의하고 있다는 것을 안 지는 오래지만 그 문간에서 머뭇머뭇하면서 때때로 창 틈으로 새어 나오는 교수의 '위티시즘'을 귓결에 들었다뿐이지, 차마 쑥 들어가지 못하고 오늘까지 왔습니다. 그렇지만 지금은 벌써 들어와 앉았습니다. 자- 무서운 강의를 어서 시작해 주시지요. 강의의 제복은 '애정의 문제'인가요. 그렇지 않으면 '지성의 극치를 흘낏 들여다보는 이야기'를 하여 주시나요.

엊그제 연을 속였다고 너무 꾸지람은 말아 주세요. 오빠의 비장한 출발을 같이 축복하여 주어야겠지요. 저는 결코 오빠를 야속하게 여긴다거나 하지 않아요. 애정을 계산하는 버릇은 미움받을 버릇이라고 생각하니까요. '세월'이오? 연께서 가르쳐 주셔서 참 비로소 이 '세월'을 느꼈습니다

. '세월'! 좋군요ーーーー 교수ーーーー 제가 제 맘대로 교수를 사랑해도 좋지요? 안 되나요? 괜찮지요? 괜찮겠지요 뭐?

단발(斷髮)했습니다. 이렇게도 흥분하지 않는 제 자신이 그냥 미워서 그랬습니다.

단발? 그는 또 한번 가슴이 뜨끔했다. 이 편지는 필시 소녀의 패배를 의미하는 것인데 그에게 의논 없이 소녀는 머리를 잘랐으니, 이것은 새로워진 소녀의 새로운 힘을 상징하는 것일 것이라고 간파하였다. 그러면서도 그는 눈물났다. 왜?

머리를 자를 때의 소녀의 마음이 필시 제 마음 가운데 제 손으로 제 애인을 하나 만들어 놓고 그 애인으로 하여금 저에게 머리를 자르도록 명령하게 한, 말하자면 소녀의 끝없는 고독이 소녀에게 1인 2역을 시킨 것에 틀림없었다.

소녀의 고독!

혹은 이 시합은 승부 없이 언제까지라도 계속하려나ーーーー 이렇게도 생각이 들었고ーーーー 그것보다도 싹둑 자르고 난 소녀의 얼굴ーーーー 몸 전체에서 오는 인상은 어떠할까 하는 것이 차라리 더 그에게는 흥미 깊은 우선 유혹이었다.

<거울을 꺼리는 사나이>
윤기정

1

용봉이는 며칠 전부터 집에서 돈 오기를 고대고대 하던 것이 오늘에야 간신히 왔다. 그 전에는 그렇게 신고를 하지 않고 선뜻선뜻 보내 주더니만 이즈막은 노루 꼬리만 한 벌이었으나 그나마 그만 두었다니까 벌이 할 적보다 적게 청구하더라도 여간 힘을 끼는게 아니다. 아마 아버지와 형의 생각에 '벌이도 못하는 녀석이 돈만 쓰나' 하고 밉쌀스럽게 여기는 모양이다. 다른 때 같으면 돈 올 듯한 날짜가 약간 어그러진대도 그다지 조바심이 나도록 초조해 하지 않았으나 이번만은 전에 없이 돈 오기를 목을 늘어 기다렸던 것이다. 참으로 얼굴이 흉하게 생겨 시골집에 있을 적이나 서울로 올라와서나 추남으로 소문이 자자하게 높은 용봉이가 일금 백원여를 버젓하게 자기 집에다 청구해 놓고 날마다 몸이 닳고 목이 말라서 기다렸던 것도 그리 무리는 아니었다.

서울로 올라온 이후 세 번째나 연애를 걸었다가 번번히 보기 좋게 실패를 당하고 금년 이른 봄부터 차례로 네 번째! 이번에는 제법 톡톡히 거운거운 어울려들어 가다가 그나마 바로 한 이십일 전에 남이 보아 속이 시원하고 자기가 보아 질겁을 하게 되는 괴상하고도 얄궂은 선물 하나를 최후로 받고서 그만 막을 닫고 말게 되니 전에 없이 새삼스럽게 세상이 귀찮고 매사에 성질만 나서 속이 타고 화만 나는데다가 더구나 더위는 날로 닥쳐 와 점점 불화토 녹서럼 너워란 시는 서울 안에 하루틀 너 버뤀러 있기가 과시 색색 하였다. 그래 돈만 오면 즉시 서울을 떠나 원산으로 피서를 하러갈 작정을 하고 있었기 때문에 올 돈이 좀 더디어 무척 애를 태우고 안을 바쳤던 것이다. 며칠을 내리두고 밖에 나갔다가 하숙집으로 돌아오기만 하면 주인 마나님을 대하자 마자 첫째 말을 건내는 것이

"어디서 편지 안 왔나요?"
하고 묻는 것이었다. 그러면 마나님은 그 어글어글하게 생긴 얼굴에 의미 있는 듯한 미소를 띠우며
"아무 편지도 안 왔소. 또 어느 여학생한테서 올 편지를 그렇게 기다리 유?" 하고 말한다.
"아뇨."
하고 자기 방으로 휘 들어가곤 하였다. 이래 내려오다가 오늘은 마당에 들어서자마자 마루 끝에 앉아 담배를 풀썩풀썩 피우던 마나님은 입에 들었던 곰방대를 쑥 빼면서 용봉이가 말을 꺼내기 전에 앞을 질러
"저, 그렇게 기다리는 편지가 오늘이야 왔수……도장을 찍어가니 돈이 오겠지 아마"
하고 벌떡 일어나 안방으로 들어가더니만 편지 한 장을 내다 준다. 그것은 틀림없이 그의 집에서 온 서류 우편이었다.
그럴리는 없겠지만 '혹시 보내 달라는 것보다 덜 보내지나 않았을까?' 하고 약간 마음을 조이면서 봉투를 찢은 다음 편지 내용을 보기 전에 먼저 세골에 접힌 붉으스름한 돈표를 펴보았다. 그의 가슴 조이는 것은 헛수고였다. 일백원야(壹百圓也)라고 검은 빛으로 뚜렷이 넉자가 찍혀있는 <통상가와세>였다. 새삼스럽게 집안 사람들이 무척 고마웠다. 금시로 어깨바람이 저절로 나는 듯하였다. 저녁 밥상을 받고 앉아서도 몇 번인지 모르게 돈표를 폈다 접었다 하면서 혼자 기쁜 웃음을 즐겁게도 연해 웃었다.
내일 오전중으로 우편국에 가기만하면 십원짜리 열장이 자기 손에 쥐어질 것과 원산가는 밤 막차 이등실 안에 자기 몸이 건들거리며 앉아 있을 것을 눈앞에 그려 보면서 남이 맛보지 못할 느긋한 행복을 혼자만 느끼는 듯이 빙그레 웃기도 한다. 그는 자기 집에 돈 한가지만 없었다면 설령 있다손 치더라도 그의 아버지와 형이 돈을 잘 주지 않았더라면 벌써 이 세상 사람이 아니었을는지도 모른다. 사는게 허무하던 생각이 들어 죽고 싶다가도 돈 한가지 부자유하지 않은걸로 그 생각을 가시게 하고 '못난작자…'라고 남들한테 손가락질을 받는 줄 번연히 알면서도 '내겐 돈이 있어'하는 걸로 그 분풀이를 하며 이성과 좀 가까워질 듯 하다가도 마침내 천리 만리 거리가 떨어지고 말게 된 때 자살까지 하고 싶은 마음과 무한한 공허와 비할 곳 없이 쓸쓸한 심회를 눈물겹게 느끼다가도 돈 한가지로 해서 석시삭고 마음의 위안을 얻게 되는 것이다.
그는 조물주의 시기였던지? 삼신의 실수로 해서 잘못된 타작이었던지? 자기 어머니 뱃속에서 나올 적부터 아주 못생긴 편이었다. 허나 그의 아버지는 자식을 생각하는 마음에 얼굴은 못생겼으나 이름이나 잘 지어준다고 지어준 것이 용봉(龍鳳)이었다. 그렇지만 자랄수록 용과 봉을 닮기는커녕 점점 얼굴이 흉악망칙만 해가서 동네 사람들이 용봉이라고 부르는 대신에 못생긴 애라고 별명지어 불렀다. 그나 그뿐이랴 그의 집을 못난이집! 그의 부모를 못생긴애 아버지! 못난이어머니! 하고 이렇게 마을 사람들이 불러 내려왔다. 용봉이는 자랄수록 얼굴 하나만이 못생겼다 뿐이지 사람된 품이 영리하고 똑똑하며 경우밝고 인정이 많았다. 게다가 글도 잘 배웠다. 몹시 영악했기 때문에… 이해력이 다른 애들보다 투철히 뛰어나고, 기억력이 놀랄만치 풍부하였다. 장난에 들어서도 남한테 뒤떨어지지 않았다. 산이면 토끼처럼 치다르고 나무면 다람쥐처럼 획획 으르고, 여름이 되어 개울이나 웅덩이만 보면 개구리같이 뛰어들어 올챙이처럼 헤엄치느라고 해 지는 줄 몰랐다. 시골서 베천이나 하는 꽤 부유한 집안에 태어난 용봉이라 얼굴은 못생겼으나 돈이 있는 덕분에 열다섯이 겨우넘어 장가를 들게 되었다.
혼인날 당나귀를 타고서 색시집엘 가는데 거의 신부집 근처에 이르니 동네

146

사람들이 보는 족족

"참 신부가 아깝다. 제기 저런 신랑이 연분이었드람?"

"색시 인물이 분한걸……재물도 재물이지만 흥!"

이렇게 신랑 귀에 들어 오도록 크게 웅얼거린다. 얼굴에다 모닥불을 퍼다 붙는 듯이 홧홧하고, 귀에서는 모기 소리처럼 앵앵거리며, 나중에는 현기증까지 나는 것을 억지로 참으면서 신부집 마당엘 탁 들어서니 떠들썩하던 사람들의 소리는 별안간 쥐죽은 듯이 고요해지고 이쪽 저쪽에 옹기종기 서있는 사람들은 묵묵히 고개만 외로 꼰다. 도로 밖으로 뛰나가고 싶은 생각이 치밀어 올랐으나 간신히 참았다. 가슴에서는 두방망이질을 하는데 이구석 저구석에선 여전히 여인네들이 둘씩 셋씩 몰려서서 수군거리고 있었다.

이러더니만 아니나 다를까 바투 그날 밤부터 과연 미인이었던 어여쁜 각시한테 그만 보기좋게 소박을 맞고 말았다. 색시는 울며 겨자먹기로 시집살이라고 석달을 채우지 못하고 본가로 가더니만 죽기를 기쓰고 다시 돌아오지 않는다. 허나 용봉이는 "그까진년 아니면 세상에 계집이 세상에 계집이 동났느냐"고 뽐내는 마음과 코큰소리를 하다가도 여기에는 제아무리 영리한 놈도 별 수 없고 지나치게 똑똑한 사람이라도 어쩔수 없는 노릇인지 행여나 신부가 마음을 돌려 다시 돌아오지나 않을까하고 헛되이 기다리고 기다려 보았으나 달이 가고 해가 지나도 한번 간 색시는 영영 돌아올 줄을 몰랐다. 그리하여 사년 동안이나 한번 간 각시를 연연히 그리워하면서 적적히 지내다가 이번에는 소박데기 하나를 어물어물해 데려왔다. 그렇지만 그 여자도 일년 동안을 마치 십년 맞잽이로 여기고 무던히 참다가 마침내 머슴과 배가 맞아 가지고 어디로 갔는지? 부지거처가 되고 말았다. 이리하여 용봉이에게는 다시 적적하고 쓸쓸한 날이 찾아왔고 집안 사람들도 그를 동정하기 마지 않았다.

그의 약은 품이 남들한테 가엾게 여김을 받거나 동정해 주는 것을 달게 여기고 있을 위인은 아니었다. 그래 서울로 뛰어 올라온 이후 잘해야 일년에 한 두번 집에 내려가거나 말거나 하였다.

그는 보통학교도 우수한 성적으로 마쳤지만 그의 집에서 한 백리가량 떨어져 있는 S읍 상업학교를 우등으로 졸업했기 때문에 서울 올라오던 그 이듬해 봄부터 어느 회사에 취직하게 되었던 것이다.

시골 있는 그의 아버지는 자기 아들이 취직한게 대견도 하지만 그것보다도 무슨일이든 간에 거기다가 마음을 붙이면 자기 못생긴 것을 비관도 덜 할 것이며 혹시 모진 마음도 안 먹으리라고 일상 마음이 안놓이던 것이 적이 안심을 하게되어 돈을 붙여 달랄적마다 그전보다도 더 잘 일장 분부로 아들의 뜻을 거스르지 않고 내려 왔던 것이다.

2

저녁밥을 먹고난 용봉이는 우연히 손을 들어 머리를 쓰다듬다가 너무 자란 머리카락이 거의 귀바퀴를 뒤덮게 된 것을 깨닫게 되자

'이러구야 떠날 수 있나?' 하고 모처럼 이발 할 결심을 하게 되었다.

제법 얌전하게 꾸며논 방 안이었지만 크든 작든간에 거울이라곤 씨도 없기 때문에 머리가 얼마나 자랐는지도 모르고 지내지만, 더군다나 거울과는 아주 인연이 먼 아니, 거울 대하기를 심히 꺼리는 그로서 더구나 으리으리하게 버텨논 큰 체경 속으로 자기의 언굴 모습이 니더나는 깃을 아무리 안 보려고 애를 써도 줄잡아 세네번씩은 자기 눈에 띠니까 그것이 괴로워 머리를 깍으러 이발소에 갈 용기가 좀체로 나지 않아 미적미적 미뤄가는 버릇이 생겼다. 그런 버릇으로 해서 어느때는 더벅머리처럼 돼서 가뜩이나 흉한 얼굴이 더욱 흉해보인적도 적지 않았다.

147

오늘은 큰 결심을 하고서 벽에 걸린 액고자를 떼어 쓴 다음 밖으로 나와 어슴푸레한 길거리를 천천히 걸었다.

'어디로 갈까?' 하고 잠깐 속으로 망설였다.

집에서 나올 적부터 다른 때와 마찬가지로 꼭 어느 이발소로 가겠다고 작정하고서 나온게 아니었기 때문에 이제 길에서 망설이는 것이다.

그에게는 단골 이발소가 없다. 말하자면 깎을 적마다 갈리는 편이다.

큰 길로 한참 내려오다가 어느 좁은 길로 들어서서 고개를 두리번거리며 이발관인 듯 싶은 곳을 찾아보았다. 중턱쯤 올라오니 좀 멀리 떨어져서 붉고 푸른 빛 섞인 것이 나사처럼 빙빙 도는 게 보인다. 용봉이는 그 앞까지 가까이 와서 발을 멈췄다. 아무리 그 전 묵은 기억을 더듬어 올라가 보아도 왔던 생각이라곤 아예 안 나는 처음보는 이발소였다. 그는 서슴지 않고 그 안으로 들어섰다. 요행히 머리 깎는 사람이라곤 하나도 없었다. 될 수 있는 대로 체경 있는 쪽을 외면하고 햇길을 내다 보면서 옷을 벗어 거는 듯한 그 일까지 이르렀다. 모자와 양복 옷저고리를 벗으니 아이 놈이 받아건다.

"이리와 앉으시죠"

노상 젊은 이발사가 한쪽 교의를 가리키며 말한다.

소리나는 편으로 휙 돌이키는 바람에 자기의 얼굴이 벌써 체경 속에 나타나 있음을 보았다. 그의 가슴은 선뜩하였다. 그래서 이발사 섰는 앞으로 가까이 가는동안 그는 자기의 발등만 굽어보았고 의자에 걸터앉아서도 두 눈을 꽉 감고만 있었다.

"어떻게 깎으시렵니까?"

"상고 머리로 깎아 주슈."

용봉이는 이발사가 묻는 말에 이렇게 대답하고 나서는 여전히 눈을 감은 채 오늘부터 한 이십일 전에 일어날 일을 눈앞에 그려가며 생각해 보았다. 자기의 얼굴을 거울에 비춰 보기는 바로 이십일 전에 한번 있었고 오늘 지금이 두 번째이다.

매일같이 찾아오던 경애가 거의 한달동안이나 오지 않고 아무 소식조차 없다가 하루는 기다리던 그는 안 오고 경애 대신 그가 보낸 소포(小包) 하나가 왔다. 용봉이는 아무튼지 반갑고도 기뻐서 조금 머무를 나위도 없이 즉시 그것을 조심성스럽게 헤치기 시작하였다. 싸고, 싸고, 또 쌌다. 겹겹이 싼 것을 헤치는 동안이 무척 지루하였다. 그리고 가슴이 조마조마 하였다. 이렇게 호기심과 기쁨이 갈마드려 무슨 귀중한 보물이나 찾아 낼 것처럼 마음먹었고 바랬던 것이 최후로 싼 한 껍데기를 베끼고 보니 그나마 등판이 먼저 벗겨졌으면 그처럼 저상이 덜 되었을는지도 모를 것을 공교히 알맹이 있는쪽이 댓바람 툭 벗겨지는 손바닥만한 석경이었다. 질겁을 해 놀랐다. 정신이 아찔해지며, 맥이 확, 풀린다. 거울 한개뿐이지 그 외에는 아무 글발도 들어있지 않다.

'이 거울이나 들여다보고 짐작이나 하슈.' 하고 비웃는 듯한 경애의 태도가 치가 떨리도록 분해서 견딜 수 없다. 옆에 놓인 목침을 번쩍들어 거울을 향하여 이를 악물고 힘껏 내리쳤다. 거울은 아직근! 하는 큰 소리를 내며 산산조각이 나서 방안으로 하나가득 헐어지고 말았다.

부엌에서 무엇을 하고있던 주인 마나님이 눈이 휘둥그래가지고

"뭘 그류? 뭘 그래?"

하면서 한달음에 달려든다.

용봉이는 넋 잃은 사람처럼 멀거니 앉아서 아무 대답이 없다.

"그건 왜 그렇게 짓마수? 난 별안간 벼락치는 소리가 나게 깜짝 놀랐구료. 대관절 그 거울은 어디서 난건데 왜 깨뜨리는게요?"

하고 달게 묻는다.

용봉이는 괴로운 듯이 고개를 흔들며

"아무 말씀 맙쇼."

하고 머리 뒤에다 손으로 깍지를 끼고서 반드시 드러누워 버린다. 좀 수다한 마나님은 연실 궁금증이 나서 기여이, 알고야 말겠다는 듯이

"여보! 나도 무슨 곡절인지 좀 압시다 그려"

대답을 하지 않으면 끝끝내 성가시게 굴꺼니까 그것이 귀찮아서

"그렇게 알구 싶으십니까? 저 얼마전까지 자주오던 경애라는 여자가 있지 않습니까……"

"그래서"

신이 좀 나는 말씨였다.

"그 여자가 보낸 거랍니다. 이제 속이 시원하십니까?"

"그런데 오지는 않고 거울은 왜?"

용봉이는 적이 구슬픈 어조로

"뭐 알쪼죠……. 네 얼굴이 거울에 비치는 것처럼 그렇게 흉하고 못났으니 나도 나려냥 일후에는 다른 여자 한테라도 짐작을 좀 하라는 그런 수작이겠죠."

"뭘? 그래서 거울을 보냈을라구 설마."

"아닙니다. 제 말이 조금도 틀리지 않습니다. 그래서 저는 지금 결심했습니다. 이 앞으론 생전 계집이란 요물과는 절대로 가까이하지 않기로 굳게굳게 맹세 했습니다."

잠깐 숨을 돌려 가지고 다시 말을 이어

"이 세상에서 가장 어리석은 것이 사낸가봐요. 다시는 속지 말자면서도 번번히 요렇게 속고마니……. 아니, 그것은 알고도 속고 모르고도 속으니 그게 어리석은 물건이 아네요? 인제야 설마 또 속겠습니까?" 하고 얼굴에 결심한 빛을 띠우면서 벽을 안고 돌아 드러눕는다. 마나님은 그의 거동을 보기가 하도 딱해서 마음먹고 한참 위로 한다는 것이

"얼굴은 저래두 맘씨 좋은줄은 모르고…"

"누가 알아주나요…. 사실 내가 생각 하더라도 입삐뚜렁이한테 어느 눈깔 먼 년이 뎀빕니까?"

"아냐, 아냐, 입은 삐뚤어 졌어도 주라만 바로 불면 그만이지 뭐."

용봉이는 하도 어이가 없어서

"빛깔은 이처럼 검어도 속 고지식한 줄 몰라주니까 걱정이죠"

하고 용봉이는 제 출물에 픽 웃어버렸다. 그 웃음은 확실히 기막힌데서 나오는 탐탁치 않은 쓰디쓴 웃음임에 틀림없었다.

어느틈엔지 머리를 다 깍고 나서 면도를 하려고 비눗물을 얼굴에다 바른다. 여지껏 눈을 한번도 뜨지 않았다. 마치 술취한 사람이나 조는 사람 모양으로 두 눈을 실눈으로도 뜨지 않았다. 면도하는 때에 눈을 뜨면 체경에는 바로 비치지 않겠지만 이번에는 지금까지 이상스럽게 여기고 있던 이발사와 시선이 마주칠까봐 그것을 꺼리기 때문에 종시 눈을 감은 채 있었다. 이발사는 필시 빙글빙글 웃으리라. 그리고 다른 사람들도 자기의 얼굴! 또는 내리 눈만 감고 앉았는 꼴을 흘깃흘깃 보면서 비웃는 웃음을 눈감은 내 얼굴에다 살대같이 쏟으리라. 예라! 너희 놈들은 어쩌든지, 나만 이렇게 보지 않으면 그만이다. 하고 속으로 생각하면서 귀로는 면도칼이 살에 닿는 대로 아주 가냘프게 싸각싸각하고 털버시는 소리를 들으니 죽은 듯이 까민히 있었다.

얼마 지낸 뒤 등 뒤에서 참다 참다 못해 터져 나오는 듯한 킥킥거리는 확실히 조소하는 웃음소리를 그 안에다 남겨놓고 이발소 문 밖을 나와 버렸다. 불쾌하지도 아무렇지도 않게 생각하면서……. 오히려 무거운 짐이나 벗

149

어논 듯이 마음의 후련함을 느꼈을 뿐이다.

3

용봉이가 밤 막차를 타고 원산역에 와 닿기는 바로 먼 동이 트기 시작하는 때였다.

역 밖을 나서서 인력거 한 채를 잡아 타고 해수욕장에서 그리 거리가 떨어지지 않은 일등여관을 찾아가 주인을 잡았다.

밤새도록 찻간에서 시달려 자는 둥 마는 둥 했기 때문에 여간 고단하지 않아 조반이 들어오기 전까지 세상 모르고 노그라저서 한참 포근히 잘 자고 났다.

아침밥을 먹고 나서는 즉시 해수욕장으로 나갔다. 벌써 사람들은 꽤 많이 나와 물 자맥질을 하는빌에 헤엄을 치는빌에 모래위로 왔다갔다들 하는 빛에…… 야단 법석들이다.

멀리 아마득하게 내다보이는 바다 저편! 크고 작은 배가 그림처럼 가만히 섰는지? 움직이고 있는지 잘 분별 할 수 없게 떠 있고, 좌우편 넓찍한 바닷물위론 갈매기들이 떼를 지어 물에 잠겼다. 공중에 떴다하고 한가롭게 날아다닌다. 바라보기만해도 속이 시원한데 게다가 서늘한 바닷바람이 물결을 쫓아오는 듯이 몰려와가지고 온몸에다 서늘한 맛을 휙휙 담아 붓는다.

용봉이도 옷을 훨훨 벗어붙이고 얼룩얼룩한 해수욕복 하나만 걸친 채 물 속으로 뛰어 들어갔다. 오장 속까지 시원하다. 그래 한바탕 보기좋게 물오리처럼 마음껏 헤엄처 돌아다녔다.

한참 만에 기운이 지친듯해서 그만 모래사장으로 나와 네 활개를 쩍 벌리고 해를 향해 반듯이 누워 있었다. 구름 한 점없이 맑게 개인 하늘이 차차 내려와 자기 몸뚱아리를 덮어 누를 것 같기도하다. 이렇게 잠깐 쉰 뒤에 또 다시 물로 뛰어 들어갔다. 물 속으로 들어가 한참씩 잠겼다가 물위로 고개만 내밀어 숨을 쉬고는 다시 물 속으로 잠겨 버리곤 하였다. 이러다가는 경계선 바깥까진 세차고 수선스럽게 헤엄처 나갔다가 빠르게 도로 들어와 가지고 모래사장으로 올라와서 앉았다.

낮겨직 하니까 사람들이 둘씩 셋씩 떼를 지어 가지고 몰려 나오느니 몰려 나온다. 남자, 여자, 어린애……이렇게 물 속에 들어가 있는 사람도 무척 많은데 볕이 쨍쨍이 내리쪼이는 모래톱과 양산을 버틴 아래와 또는 천막 속에서 쉬고들 있는 무리가 어지간히 많다. 용봉이는 해수욕장에서 간단한 점심을 사먹어 가며 온종일 물 속에서 살았다. 해가 뉘엿뉘엿해서야 그래도 서운한 듯이 겨우 여관으로 돌아왔다.

좀 피곤한 듯 하지만 마음은 여간 유쾌하지 않았다. 저녁밥을 먹고 나니 더욱 노곤해서 조금 서성거리다가 그대로 쓰러져 세상 모르고 잠들어 버렸다. 이렇게 하기를 며칠 계속하였다.

그의 검은 얼굴이 더 검어졌고 그리하지 못하던 속 살까지 이제는 얼굴 빛과 과히 차이가 나지 않게 되었다.

이리로 온 지 열흘이나 바라보는 어느날이다.

오늘도 다른날과 마찬가지로 아침밥을 먹자마자 밥도 내릴겸해서 해수욕장을 향하고 천천히 걸었다. 여관집에서 해수욕장을 돌지 않고 좀 가까운길로 질러가려면 누구의 별장인지 해변에서 그리 떨어지지 않은 등성이에 그다지 크지 않으나 아담하게 꾸며논 양옥집 그 앞을 지나가야만 한다. 그는 요 며칠 전부터 이 지름길을 여관집에서 심부름하는 아이놈한테 배워가지고 그 뒤로는 꼭꼭 이 길로만 왕래하였다.

지금도 이 앞을 막 지나려니까 해변에서 사람의 소리가 난다.

용봉이는 걸음을 잠깐 멈추고 바다편 쪽을 흘긋 바라보았다. 해변에서 떨어져 한 오십간통이나 실히 돼 보이는 물 가운데에는 사람 하나가 불끈 솟

150

앉다가 다시 쑥 들어가 버리고, 해변 모래 위로 막 물에서 나오는 한 사십 씩이나 바라보이는 남여 두사람이 눈에 띈다. 그들은 뭐라고 재미나게 이야기한다. 이 광경을 본 용봉이는 불시로 성질이 나서 못 볼거나 본 것처럼 외면을 하고 걸음을 좀 빨리하였다.
바로 이때이다.
해변으로 나오던 두 사람이 모래톱 위에 양산을 버터논 앞으로 와서 막 앉으려고 할 즈음에 물 속에 들어가 있는 또 한사람이 불끈 솟더니만 손을 내젔는다. 그리고 파도소리에 어렴풋 하기는 하나 좀 째지는 듯한 여자의 외마디소리가 난다. 두 사람은 앉으려다 말고 바다쪽으로 귀를 기울었다. 물위로 나타났던 그 사람은 다시 물 속으로 사라졌다. 두 사람의 얼굴에는 이상한 빛이 떠돌기 시작하였다. 조금 지난 다음 다시 불끈 솟더니만 팔을 재게 내 휘두른다. 두 사람은 무슨 소리가 또 나지나 않을까하고 숨을 조이며 귀를 기울었다.
"발……자개바……"
전후가 동떨어진 날카로운 비명을 겨우 들을 수 있다. 그 두사람의 얼굴은 갈수록 불안에 쌓인다.
"자개바…라지 않소?" 하고 여자한테 묻는다.
"참 자개바라고 그리는 구료. 자개바가 뭘까?"
하고 여자가 맞장구를 친다. 그 사람은 물에 다시 잠겨 그림자도 안 보인다.
"옳지, 옳지, 큰일났군 그래. 자개바람이 난다는 말이구료…이를 어쩌나? 멀리 나가지 말라구 그리 성화를 해도 기여이 나가더니만, 엥"
"저를 어쩐단 말이오."
두 사람은 몹시 당황해 쩔쩔맨다. 남자가 이리저리 휘휘 둘러보다가 사람 하나가 눈에 띄자 반색을 해서
"여보! 이리 잠깐 오슈"
하고 목을 늘여 커다랗게 불렀다.
용봉이는 흘깃 돌아다 보았다. 좀 급한 듯이 재게 손짓을 한다. 용봉이는 그들의 앞으로 가까이 걸어왔다.
"여보! 사람 좀 살리유"
하고 남자가 숨가쁜 듯이 말한다.
"여보슈! 사람이 물에빠져 죽게…"
하고 여자도 여간 초조해 하지 않는다. 이때에 저쪽에서 외마디 소리가 바람결에 희미하게 들린다. 확실히 조급하고 몸단 음성이었다.
"……살…사람살…주……"
세 사람은 일제히 바다편 쪽으로 고개를 돌이켰다. 그리고 제각기 귀를 기울였다. 그 사람은 또다시 물쪽으로 사라져 버리고만다.
이 광경을 본 남녀 두 사람은 얼굴이 해쓱해가지고 어쩔줄 모르게 조바심한다.
남자가 먼저 픽 떨리는 목소리로
"여보! 저기 떳다 가라 앉았다 하는게 내 딸인데 자개바람이 나서 당장 죽을 지경인 모양이니 얼핏좀 들어가 구해주시유… 간청이요." 하고 애걸하다시피 말한다.
"제발 좋은 일 하는 셈치고 빨리 좀 구해주시유…"
하고 여사 역시 진정으로 애걸복걸한다. 용봉이는 재바르게 옷을 벗어 붙이고 해수욕복만 입은 채 물로 텀벙 뛰어들어 힘 안들이고 그쪽으로 차츰차츰 빠르게 헤엄처간다. 용봉이가 그 근처까지 갈 동안에 그 여자는 단 한번 밖에 물 위로 솟지 않았다. 어림치고 그 여자가 솟았던 듯한 곳까지 이르러서

151

물 속으로 잠겨 이리저리 찾아 보았다. 한 군데서 애를 쓰며 허우적거린다. 용봉이는 그 여자의 겨드랑이를 이끌어 가지고 물 위로 솟았다. 그리고 다시 헤엄쳐서 그의 부모가 서서 기다리는 곳으로 차차 가까이 왔다. 이 광경을 바라보고 있는 그의 부모는 기뻐 날뛴다. 죽었던 딸이 다시 살아오는 것 같았다. 사실 용봉이가 아니었으면 그 여자는 꼭 죽고 말았을는지도 모른다. 사실 조금만 더 늦었으면 아주 영영 물에 장사 지낼 뻔 하였다.

"혜옥아! 이제 정신이 좀 나니?"

그의 어머니가 이렇게 말하는 바람에 눈을 떠보니 양산이 해를 가렸고, 아버지와 어머니의 얼굴이 보이고 또 생전 보지도 못하던 어떤 사나이의 험상궂은 얼굴이 꿈 속에서 보는것처럼 어른거린다. 물 속에서 이제는 꼭 죽었구나! 하고 마음 먹었을 때 뭔가 어깨를 잡아 끄는 바람에 자세보니 사람인 듯해 옳지 살았다! 하는 생각이 번개처럼 머리에 떠오르자 맥이 탁 풀려 그만 까무러쳤다가 이제야 겨우 깨나는 판이다. 그의 부모도 이제 숨을 돌렸다. 혜옥이는 눈을 스르르 감았다가 또 떠보니 확실히 꿈은 아닌데 그 괴상한 남자 얼굴은 여전히 자기의 시선을 벗어나지 않는다. 더 똑똑히 보일 뿐이다. 이마가 쑥 뿜은 대다가 숯한 웃눈썹으로 해서 이마가 더 좁아 보이고, 어지간히 큰 코가 오뚝이나 했으면 덜 흉할 것을 넓지럭하게 얼굴 한복판을 차지하여 좌우로 툭 불그러진 광대뼈는 그덕에 조화가 되지만 쾡하게 들어간 옴팡눈은 더욱 맵새눈을 닮았다. 입이 삐뚫어져서 턱조차 일그러져 보이나 하고 자세히 보니 입보다도 더하면 더하지 조금도 덜하지 않게 왼쪽으로 씰그러졌다. 빛깔은 해수욕한 죄로 돌리려고 해도 볕에만 그을려서 그런게 아니라 본시 빛깔 없는 것을 넉넉히 찾아 낼 수 있다.

혜옥이는 참다참다 못해,

"저분은 누구요?"

하고 어머니더러 물어 보았다.

"너를 구해주신 양반이란다. 정신이 좀 나거든 일어나서 인사드려라."

"너, 이분이 아니었으면 꼭 죽었지 별 수 없었다. 하마터면 큰일 날 뻔했지…… 모두가 인연이야…… 어서 치하를 해라."

그의 양친은 딸의 얼굴을 내려다 보면서 이렇게 번갈아가며 말했다.

혜옥이는 일어 앉으며 공손히,

"참 고맙습니다. 꼭 죽을 목숨을 살려주셔서……. 이 태산같은 은혜를 뭘로 갚나?"

하고 고개를 숙인다.

"원, 천만의 말씀을 다하십니다 그려. 그까짓거 은혜될 게 뭐 있습니까"

"정말이지 조금만 더 늦었으면 이 세상 구경을 다시 못할 뻔 했어요. 그런데 은혜가 아녜요? 죽을 뻔한 목숨을 살려 주신게 은혜가 아니고 뭐가 은혭니까?"

하고 혜옥은 진심으로 치하하는 듯이 말하면서 생그레 웃는다. 요염하게 생긴 미인이다. 아주 모던걸이다.

"암, 그렇구 말구…. 네 말이 옳다. 그 은혜는 차차 갚기로 하고 어서 집으로 들어가자. 이분도 모시고 같이…"

그의 아버지는 이렇게 말하고 나서 딸의 손을 잡아 일으킨다. 그리하여 네 사람은 해변을 등지고 별장으론 꽤 아담하게 지어놓은 양옥집 그 안으로 들어갔다.

4

혜옥이 아버지가 용봉이더러 여관에 있지말고 이 별장으로 옮아오라고 하는 것을 처음에는 굳이 사양했으나 나중에는 그가 성을 내다시피 하니까 어

152

쩔 수 없이 그날 저녁 때로 옮겨오고야 말았다. 그리하여 용봉이를 위해서 한쪽 처소를 잡아 주었다. 혜옥이 부모는 저녁밥만 먹고나면 딸더러 용봉이 있는 방에 가 놀다 오기를 권했다. 혜옥이는 어쩐 일인지 실쭉하면서도 마지못해 용봉이 있는 방으로가서 이야기도 하고 트럼프 도 치고 소설책도 보다가 밤이 이슥해야 자기 있는 방으로 돌아와 잤다. 그리고 낮이되면 둘이서 별장 앞 바다에 나가 물 속에서 해를 보냈다. 그의 부모는 둘이 물 속에서 놀고 있는 것을 보고 기뻐하며 또는 얼마쯤 멀리 가더라도 안심하고 있었다.

하루는 혜옥이 아버지와 어머니가 가장자리 아주 얕은 물에 들어가 한참 물자맥질을 한 후 모래톱으로 나와 앉으며 멀리 나가 헤엄치고 있는 그들을 바라보던 혜옥이 아버지가 별안간

여보! 나는 속으로 작정했수."

하고 불쑥 말한다.

아니 뭘 작정했다구 그리슈?"

그의 아내는 자기 남편의 하는 말이 무슨 의미인지를 몰라 되물었다.

사람이 지내보니까 외모와는 아주 딴판이거든…. 사람도 영리하고 글자도 꽤 반반한 모양이고, 게다가 배상하고 공손하단 말이야… 그렇지 않습디까? 아주 나는 사위를 삼을 생각인데…"

하지만 속이 깔끔한 개가 눈에 찰라구? 속이 여간 산 계집애가 아닌데. 개만 딴소리 안한다면야."

저도 생각이 있겠지. 속절없이 죽은 걸 살려준 사람이니까…… 두고 보아하니 그렇게 싫어하는 기색도 안 보입니다."

이런 이야기가 있은 지 사흘되던 날 혜옥이 아버지는 별안간 볼 일이 생겨 그의 어머니와 함께 서울로 올라가고 말았다.

그가 떠날 때 용봉이를 넌지시 불러가지고

여보게! 앞으로 혜옥이에 대한 일은 모두 자네에게 맡기네. 그래서 지금도 자네만 믿고 우리 둘이만 올라가는 것이니 여름이나 지나서 찬바람이나 나거든 개와 같이 올라오게. 이제는 자네 사람이나 다름없으니 매사를 알아서 하게."

이렇게 의미있는 말을 남기고 간 것이 용봉이에게는 거짓말 같기도 하고 꿈 속에서 들은 말 같기도 하다. 허나 거짓말도 아니요 또는 틀림없는 현실이었던 것을 생각하면 미칠 듯이 기쁘다. 그런 의미의 말은 자기한테만 할 게 아니라 필시 혜옥이한테도 눈치껏 비쳤으리라고 짐작하고서 혜옥이의 동정을 살폈다. 제자가 선생님한테 대하는 듯한 삼가는 태도는 그의 부모가 있을 적이나 매일반이었다. 정답게 굴면서도 어느 구석인지 살우는 듯한 기색을 어느 면에서든지 찾아낼 수 있다.

어느날 저녁이다.

여전히 잘 때만은 각 거를 하기 때문에 밤이 이슥하도록 놀다가 혜옥이가 자기 방으로 가려고 얼어섰다. 사면은 죽은 듯이 고요하다. 오직 은은히 들려오는 파도소리와 여름밤이라야 들을 수 있는 뭇벌레의 울음소리가 이밤에 적막을 깨뜨릴 뿐이다. 용봉이는 그의 아름다운 얼굴이 흘깃 눈에 비칠때 불타는 정열을 죽으면 죽었지 더 참을 수 없었다. 죽자꾸나 하고 용기를 내어 혜옥 앞으로 번개처럼 와락 달려들어 그를 자기 가슴에다 힘있게 이끌이 안고서 불길이 훨훨 나오는듯한 입으로 기스를 하였다. 혜옥이를 만난뒤 비로소 처음으로…… 혜옥이는 약간 놀라는 기색이었지만 애써 키스 까지 거절하지 않았다. 허나 자기 방으로 돌아와서는 고민하기를 마지 않았다. 어머니와 아버지는 결혼까지 했으면 하는 눈치신데 이를 어쩌나? 안 돼 안될 말이야 그처럼 흉한 얼굴을 누가 평생 보고산담. 아하! 허지만 날

구해준 은인이 아닌가…… 이 노릇을 장차 어쩌나? 한쪽 방에선 이런 생각을 되풀이 하느라고 잠을 이루지 못한다. 또 한쪽 방에선 자기의 키스까지 거역하지 않고 달게 받는 것을 보면 이제는 아름다운 아내가 우물 없이 하나 생겼구나하는 한량없는 기쁜 생각에 밤을 밝히다시피 하였다. 괴로움과 기쁨이 얽혀진 해변 별장의 이밤도 어언간 먼동이 트기 시작 하더니만 아주 활짝 밝았다.

혜옥이의 태도는 전과 조금도 변함이 없었다. 같이 한자리에 앉아 밥을 먹었고, 함께 물속에 들어가 헤엄을 치고 밤이 오면 서로 이석이를 하면서 재미나게 놀기에 단 열밤이 바야흐로 깊어가는 줄을 몰랐다. 이렇게 혜옥이가 겉으로는 조금도 내색을 내지 않고 추룩같이 대하지만 속으로는 탐탁지 않을 뿐 아니라 때로는 무한히 괴롭고 쓰라렸다. 씀바귀를 씹는 것처럼 싫고, 송충이를 대하는 것같이 마음이 꺼림칙하면서도 단지 생명의 그날 그날을 보냈다.

못마땅하고 보기 싫다가도 어떤 때면 날 살려준 사람인데 하는 진정으로 고마운 생각이 마음 속으로 스머들어 먼저 탐탁치 않은 생각을 불시로 고처먹곤 하였다. 이 세상에서 드문 추남인 용봉이는 이와 같은 혜옥이의 괴로운 심정과 안타까워하는 속을 아는지? 모르는지? 그로서는 알턱이 없다. 오히려 날이 갈수록 기쁘기만 할 뿐이다. 즐겁기만 할 뿐이다. 밤이 되어 놀다가 헤어질적에 서로 키스 하는 것은 벌써 한 습관처럼 되고 말았다. 용봉이로서는 하룻 동안에 그 순간처럼 기쁜적이 또다시 없었다. 그를 자기방으로 보내 놓고는 혜옥이는 이제 아주 의심할 나위도 없이 내사랑이다. 내 애인이다. 아니, 아주 내 사람 내 아내임에 틀림없지 뭐. 하면서 껑충껑충 뛰기도하고, 두 팔을 쩍 벌리고 방 안을 몇 바퀸지 모르게 빙빙 맴돌다가 그만 어지러워서 침대옆에 푹 쓰러져서도 여전히 기쁜 생각이 머리에서 가시질 않아 어쩔줄을 모른다.

이렇게 날은 자꾸 지나갔다.

하루는 혜옥이 혼자서 여러 사람이 들끓는 해수욕장으로 나간 적이 있었다. 우연히 어느 남자와 혜옥이와 서로 눈이 마주치게 되었다. 한 번 이상스럽게 시선이 부디친 다음에는 자주 마주치게 되었다. 그 남자가 돌아갈 때에 눈여겨 보니까 각모를 썼다. 어느 전문학교나 대학에 다니는 학생인 모양이다. 얼굴도 잘 생겼지만 걸어가는 뒷모양은 더욱 혜옥이 눈에 참으로 훌륭한 체격으로 나타났다. 그날 밤에 혜옥이는 그 학생의 얼굴과 용봉이의 얼굴을 대조해 가며 자진공을 끝없이 하느라고 밤을 하얗게 밝혔다. 그리하여 그 다음날부터는 혜옥이에게 또 한가지 고민이 생기고야 말았다. 그 늠름하게 생긴 학생의 모습이 머리속에서 아예 떠나지 않기 때문에….

이렇게 사흘동안이 지나갔다.

오늘도 또 낮겨직해서 혜옥이는 여러 사람들이 득실거리는 해수욕장으로 혼자만 나갔다. 용봉이는 이 집으로 온뒤 한번도 여러 사람들이 있는 해수욕장엘 나간 일이 없었다. 간옥 혜옥이가 함께 가자고해도 혼자만 다녀오라고 굳이 사양하고서 별장 앞바다에만 홀로 있었다. 자기의 못생긴 얼굴로 해서 혜옥이의 낯이 기막힐까봐서가 아니라 남의 얼굴과 자기의 얼굴을 대조해 보고는 혜옥이의 마음이 혹시 돌아설까 겁이 나기 때문이었다.

혜옥이는 해수욕장에 이르자마자 그 학생의 자취를 눈여겨 살폈다. 하도 사람들이 많아서 눈에 잘 띄지 않는지, 아직 안 나왔는지, 아무리 애를 써 찾아보아도 종시 눈에 띄지 않는다. 혜옥이의 마음은 공연히 서운함을 느꼈다.

아주 가버렸으면 어쩌나?

이런 생각이 들자 무슨 보물이나 가졌다가 잃어버린 것처럼 마음이 허전허

전해진다. 또 이렇게 마음먹는 것이 한편으로는 용봉씨한테 무슨 죄나 짓는 것처럼 죄송스럽고 불안하기도 하다. 혜옥이가 물에 들어가 얼마동안 헤엄치고 있으려니까 이제야 마음속으로 은근히 찾고 기다리던 그 학생이 저편 쪽에서 휘적휘적온다. 혜옥이의 마음은 공연히 기뻐 견딜수 없다. 그 학생은 물 속으로 들어왔다.

그들은 하루 사이에 퍽 친숙해졌다. 물속에서 서로 충돌된 것(그것은 혜옥이의 일부러한 짓)이 원인이 되어 가지고 말을 건내게 되었고, 그 중에도 혜옥이가 자주 말을 붙이게 된 것이 둘의 사이를 매우 가깝게 만들었다. 그래서 서로 오래 전부터 친숙했던 사람처럼 되고 말았다. 때로는 둘이 나란히 헤엄쳐 나가면서 말을 주고 받기도하고, 혹은 물 속에 잠겨 서로 숨바꼭질도 하였다. 또는 햇볕이 내리쪼이는 모래톱에 나와 앉아서 서로 사랑하는 사람이나 진배없이 재미나게 이야기도 하였다.

그에게 있어서 더욱 혜옥이에게 있어서 오늘 해는 길때로 길었으면 좋지만 원망스런 해는 서산에 기울어져 해변에 해가 저무니 혜옥이도 하는 수 없이 그와 헤어지는 것도 여간 서운한 노릇이 아닌데 디군다나 섭섭한 말을 그에게서 듣게 되었다. 그것은 그 학생이 오늘밤에 이곳을 떠나서 석왕사로 간다는 것이다. 그의 사정이 그렇게 하지 아니치 못하게 되었다고 그로서도 퍽 섭섭해 하는 모양이었다.

그뒤 혜옥이는 사흘을 내리두고 용봉이와 함께 별장 앞 바다에 나가 아무 내색도 없이 즐겁게 날을 보냈다. 그리고 밤이 되면 재미있게 놀다가 헤어질 때 키스 하는 것도 잊어버리지 않고서 꼬박꼬박 실행하였다. 키스를 할 순간에도 그 학생의 스타일, 어글어글하게 잘 생긴 사내다운 그의 얼굴이 눈앞에 사라져 본적은 별로 없었다. 혜옥이는 이제 더 참으랴 더 참을 수는 없었다. 그래서 한가지 계교를 냈다. 그것은 자기의 생명을 구해준 은인을 속여 집에 잠깐 다녀 오겠노라고 거짓말을 하고서 이곳을 떠나 석왕사로 그를 쫓아가 자기심중에 맺힌 마음을 토로하고서 속히 결혼까지라도 하리라는 생각이었다.

저요, 낼 첫차로 서울 잠깐 다녀 내려올테야요.

별안간 서울은 왜요?

집안이 궁금도 하고… 또 동무들이 보고도 싶고 해서요.

그럼 며칠 동안이나…

과직 한 사흘 되겠죠.

이렇게 천연덕스럽게 말하는 혜옥의 가슴은 울렁거렸다. 그래 이상한 눈치를 안 보이려고 애를 썼다. 허나 양심이 부끄러워 그의 눈을 마주 대하지 못하였다.

그럼 안녕히 주무세요.

하고 자기방으로 얼핏 돌아갔다.

5

혜옥이가 약속한 날짜는 어느덧 닥쳐왔으나 약속하고 간 사람은 돌아오지 않았다. 약속한 날짜에서도 나흘이 또 지나갔다. 그래도 혜옥이의 자취는 용봉이 눈앞에 나타나지 않았다. 날마다 기다리는 그는 그림자도 비치지 않는 동안에 날은 쉴 새 없이 하루가고, 이틀가고, 사흘가고…… 이렇게 열흘이 언뜻 지니시 이제는 피서객들도 하나씩 둘씩 이 고상을 떠나세 되는 때가 닥쳐왔다. 해수욕장으로 물밀 듯 몰려나오던 사람들도 날마다 줄고 해변에 경성드뭇이 쳐있던 텐트는 하나씩 둘씩 걷히기 시작하였다. 하지만 기다리는 사람이 있는 용봉이는 돌아갈 생각이라곤 꿈에도 않고 한번 가서 돌아올 줄 모르는 애인이 다시 오기만 날마다 애태워 기다리면서 별장지기 내외와 함께 별장을 지키고 있을 뿐이다. 하늘은 날로 새파랗게 높다래만 가고, 밤이되고 뭇벌레의 우는 소리가 차차 여울져 간다.

새벽이 되어 잠이 깨기만하면 행여나 오늘이야… 하고 혜옥이가 돌아오기를 진심으로 바랬다. 허나 또 하루를 헛되이 기다림으로 날을 보내고 나서 밤이 닥쳐와 잘 적에는 설마 내일이야……. 하고 밝은날의 희망을 둔다. 이렇게 하고 잘라치면 반드시 혜옥이 꿈을 꾼다. 좋은 옷으로 호사를 해 더욱 어여삐 보이는 혜옥이가 자기 앞으로 가까이와 앉기도 하고, 또는 방금 주례 앞에 나란히 서서 결혼식을 거행하는 참으로 즐거운 꿈을 꾸기도 하다가 소스라쳐 깰라치면 더욱 미칠 듯이 서운해 못 견딜 지경이었다.

안타까웠다.

이렇게 며칠이 또 지나갔다.

산들바람이 불어오고, 낙엽이 지기 시작한다. 이제는 밥만 먹으면 물에 들어가는 대신에 이리저리 거니는 버릇이 생겼다. 오늘도 저녁밥을 일찍 먹고 나서 차츰차츰 저물어 가는 황혼의 해안을 슬슬 거닐기 시작하였다. 붉으스름하게 물들은 황혼의 바다를 멀리멀리 바라보니 불시로 혜옥이와 함께 산보라도 하고 싶은 생각이 간절해진다. 어쩐일일가? 나를 아주 배반하고 말려나? 그럴리야 없을텐데… 이렇게 생각하면서 발을 천천히 또 옮겨놓는다. 제법 선선한 바람이 얼굴을 스치고 지나가고 발 아래선 낙엽이 뒹군다. 고개를 돌이켜 저쪽 산등성이를 쳐다보니 바람결을 쫓아 나뭇잎새가 나부낀다.

오늘밤 막차에는 내려오겠지, 설마… 이렇게 입안으로 응얼거리면서 요란한 파도소리를 귀로 들으며 발길을 돌려 오던 길을 다시 걸었다. 쓸쓸하게 불어오는 가을바다의 소슬한 저녁바람을 어쩐지 허전허전한 가슴에 한아름 붙안고 즐비하게 흩어져있는 낙엽진 가랑잎을 힘없는 발부리로 사뿐사뿐 밟으면서……

병자 10월 28일
『조선문학』 속간 1937년 1월 – 4월

<우연의 기적(奇蹟>
윤백남

우연의 기적(奇蹟)

김진사(金進士)는 그 동안 몇해를 두고 아들의 혼담이 거의 결말이 나다가도 종당은 이상스런 소문에 파혼이 되고 말고 되고 말고 해서 인제는 아마도 내 대에 와서 절손이 되고 마는가 보다하고 절망을 한 것이 이번에 뜻밖에 혼담이 어렵지 않게 성립되고 택일날자까지 받아 놓았은즉 의당 기뻐서 날뛸 일이고 혼수만단에 안팎으로 드나들며 수선깨나 늘어 놓을 것인데 실상은 택일 첩지를 받은 날부터 안방에 꽉 들어 백혀 앉아서 무슨 의논인지 부인 곽씨와 수군거리기를 이틀이나 하였다.

이틀이나 하였건만 시원스럽지 못하였던지 눈살을 꽉 찌푸리고는 얼마전부터 병으로 누어 있는 아들의 방에를 하루도 몇 차례 씩 들락 날락 하였다.

아들 경환(景煥)이는 김진사에게는 여벌이 없는 독자이라 그야말로 쥐면 깨여질가 불면 날가 애지중지 기른 것이 년전부터 얼굴에 이상스런 종기가 나기 시작하여 한군대가 합창이 된 듯하면 또 다른 데에 이들이들하고도 시뻘건 종기가 툭 불거지기 시작하여 걷잡을 수가 없었다.

김진사는 대대 벼 백이나 착실히 하는 재산가이라 의원이라 약이라 하고 써 볼대로는 써 보았지만 일향 효험이 있기는 고사하고 얼굴 빛이라던지 눈섭이 문정 문정 빠져가는 것이라던지 갈데 없는 천형병(天刑病)의 증세이었다.

그 동안에 의원들이 경환이의 증세를 보고는

『나는 의술이 미숙해서 이게 무슨 병인지 알 수가 없다.』

하고 물러가기를 일수하였다. 그럴 때마다 일만의 의운이 김진사의 머리에 피어오르기는 했지마는 그래도 자식을 아끼는 욕심에

『설마하니 내자식이 문둥이라니.』

하고 스스로가 간신히 위로하여 왔었다. 그것이 인제는 누가 보든지 현저히 천형병 환자의 증세가 나타나고 본즉 김진사는 몇 백길 깊은 골에 거꾸로 박히는 듯 싶은 절망을 느끼지 않을 수 없었다.

재산도 아깝지 않다, 누구라도 이 병만 고쳐주었으면 하는 생각과 하루 바삐 장가를 들이어서 그 몸에서 손을 얻는다는 것보다 그 병으로 말미암아 장가도 들어보지 못하고 총각으로 죽는다는 원한이나마 풀어 주고 싶은 생각에 초조한 날을 보내게 되었다.

그러나 김진사의 이 애절한 희망 — 경환이의 장가 들인다는 것도 거의 절망이 되어 왔었던 것이다. 왜 그러냐 하면 동네 사람들은 김진사 듣는 데서는 차마 아무개 아들은 문둥이라 하는 말을 하지 않았지만 돌려 세워 놓고는

『제기, 참 재산이 아깝지, 천석 만석을 하면 무얼해, 누가 문둥이 한테 딸을 줄라구.』

하여 비웃기도 하고 가여워 하기도 하였다.

그리고 본즉 이 소문이 자연이 퍼져서 누가 청혼을 하는 사람도 없었거니와 간혹 그 사실을 모르고 청혼하는 사람이 있다가도 세상에는 남의 험담이라면 밥을 싸 가지고 다니며 하는 무리가 있는지라

『여보, 딸을 어디다가 못 주어서…….』

하고 훼방을 놓는 바람에 매양 허사가 되고 마는 것이었다.

이 사연을 뻔히 짐작하건 마는 김진사는 어이 할 방도가 없었다. 돈으로 남의 입을 막을 수는 없었다.

그러던 것이 이번에 천우신조해서 이웃 고을에 사는 송××란 사람이 청혼을 해 왔다.

그 동안 사람을 이웃골로 내놓아서 규수만 얌전하면 가세는 빈한하더라도 그야말로 신부를 싸서 데려 오겠고, 친정의 먹고 살 것까지 주겠다는 말로 몰래 혼처를 구하였던 효과가 이루어진 것이었다.

김진사의 아들이 문둥병이라는 소문이 이웃 고을까지는 퍼지지 않았던 덕도 있었다.

송씨집에서는 신랑의 집이 무위하고 문벌도 과히 처지지 않은 것에 더구나 재산가란 말에 혹하여서 귀여운 딸을 깊은 조사도 하지 않고 내 놓기로 작정하였다.

김진사는 이 통혼을 받고는 두말 없이 쾌락을 하고는 송씨의 호감을 사기 위하여 적지 않은 금품을 혼수에 쓰라고 사주와 함께 보내기까지 하였다.

송씨집에서는 난생 처음 만저 보는 거액의 돈에 눈이 어두워서 신랑을 선볼 생각도 하지 않았다.

기실은 눈하나 멀었던들 상관이랴 다리 하나 절던들 어떠랴 까지의 생각을 먹었을런지도 모를 형편이었다.

그래서 곧 택일 단자를 보냈다.

이편 김진사로 말하면 천재일우 라는 생각과 또 어름어름하다가 이상한 소문이 신부집 귀에 들어갈가 하는 염려가 있어서 통혼이 되자마자 사주단자를 보낸다 금품을 보낸다 허둥 지둥 하였다.

그리고 부랴사랴 택일을 해 보내라고까지 독촉한 것이었다.

그런 것이 원수에 택일단자를 받아 놓자 마자 아들 경환이가 앓아 누웠다. 여느병 같으면 그야말로 약사발을 머리에 이고라도 장가를 가겠지만 얼굴에 종기가 별안간 버썩 성해서 차마 볼 수 없는 형편이고 보니 아무리 장가 들이기 급한들 그 꼴을 신부집 사람들에게 보일 수는 없었다.

만일에 한번만 본다면 파혼이 될 것은 다시 말할 나위도 없는 일이 아닌가.

『원수에 하필 보름만 더 참아 주지, 하느님도 무심해.』

김진사는 택일 단자를 꺼내 들고 탄식 탄식하였다.

이리하여 김진사는 혼례날을 닷새 앞두어서부터 칭병하고 사람을 보지 않았다.

남에게 이 초초한 낯을 보이고 싶지도 않고 또 조용히 좋은 방도로 생각해 보고도 싶어서 그러는 것이었다.

그야 택일을 물리는 수가 없는 것도 아니었지만 만일에 택일을 물리어 놓았다가 호사다마격으로 어느 놈이 어떤 소리를 지저귈런지도 모르는 일이니까 만사를 젖히고라도 부랴부랴 성혼을 해 버리는 것이 제일 상책이라고 생각한 것이었다.

그래서 택일을 물리지도 않고 자식의 그 흉악한 낯을 보이지도 않고 어떻게 성혼할 길이 없을가 이러한 요술에 가까운 재주를 생각해 보는 것이었다.

궁한 나머지에는 전일에 그리 해 보지 않던 일 마누라와 의논까지 해 보았지마는 물론 시원한 결론을 얻지 못했을 것은 상상하기 어렵지 않다.

무정한 날자는 벌써 이틀이 지났다. 인제 사흘 밖에 남지 않았다.

대사날을 만 이틀을 앞둔 날 아침에 김진사는 평소에 생각지도 않던 방문자를 맞게 되었으니 면장 하상기(面長河相基)의 아들이 뜻밖에 찾아온 것이었다.

면장 하씨와 김진사는 숙친한 사이라 그의 아들 역시 가끔 그의 부친의 심부름으로 오는 때가 있기는 하여 낯을 잘 알기는 하지마는 편지도 가지고 오지 않고 무슨 긴한 사단이 있는 듯한 모양이 김진사의 마음을 끌었다. 그러나 가슴 한 구석에 무지근한 근심덩이가 뭉쳐 있는지라 눈살을 펴지 않은 채로

『집에 무슨 일이 생겨서 왔느냐.』

『네.』

하고 대답하는 면장의 아들은 눈을 내리감고 잠시 머뭇머뭇 하더니만

『오늘 실상은 아버지께서도 모르시게 저혼자 생각으로 어르신네께 뵈오러 왔읍니다.』

하고는 다음과 같은 청을 하였다.

『여쭙기 염치 없읍니다마는 돈 삼천냥 돌려주셔야 멸문지화를 면하겠읍니다.』

김진사는「돈」이라는 것보다「멸문지화」란 말에 깜짝 놀라서

『멸문지화?』

하고 재쳐 물었다. 그리고,

『그게 웬 소리냐.』

하며 뒷말을 기다리는 듯이 고개를 약간 앞으로 내민다.

하면장의 아들의 이야기를 들어보면 이러하다

하면장은 팔년동안이나 면장소임을 맡아보는 동안에 돈을 모으기 커녕은 논마지기나 있던 것을 다 없애고 필경에 가족을 먹여 살릴 수가 없으니까 일확천금의 꿈을 꾸고 관금을 가져다가 투기에 이용하였더니 일이 꼬이느라고 비뚜로 들어맞아서 점점 구멍이 커가고 커가면 커갈수록 당황초조하여 그것을 복구하려다가 마침내 삼천여냥의 커다란 구멍을 내고야 말았다.

제 돈 같으면 탄식 몇번으로 마감이 될 것이지마는 관금 횡령받은 총낭 영오(囹圄)의 수인되고 말 것이니 하씨에게는 물론 다시 회복키 어려운 치명상이 될 것이오, 따라서 집안은 유리 자산하는 수 밖에 없었다.

면내에서 그만한 돈을 능히 주변할 사람은 김진사 밖에 없다고 하 면장은 생각하였다. 그러나 그 에게는 전에도 수십차를 돈으로 해서 미안을 끼쳤은

159

즉 무슨 염치로 또 돈을 취해 달라고 하랴 액수가 작기나 한가 삼천냥이란
거액을 ──.
그래서 침식을 전폐하다시피하고 고민한 나머지 필경 고륙지계(苦肉之計)
를 써 보기로 한 것이었다.
하 면장은 아들 순옥을 불러 앉히고 관금 횡령의 사실을 이야기를 해 들리
고 나서
『애비돼서 이런 말을 자식에게 하기는 차마 못할 짓이다마는 발등에 불이
떨어진 오늘에 그런 저런 생각을 할 수가 있느냐. 너 아다시피 김 진사하
고 나 하고는 숙친한 친구이지마는 그 동안에 하도 여러번 염치 없는 짓을
해놔서 지금 또 돈을 취해달라고는 차마 입이 떨어지지 아니 하니 네가 찾
아 가서 아비의 사정을 잘 이야기하구 네 말로 돈을 돌려 줍시사고 하면
자식이 애비를 생각하는 정성에 감동이 돼서 혹시 쉽게 승낙이 될런지도
모르니 집안을 위해서 한번 가 보는 게 어떠냐.』
하는 의논을 하였다. 순옥이는 열아홉이 되는 오늘 날까지 남에게 어려운
사정 이야기를 해본 적도 없고 동무에게도 동전 한잎을 취해 본적이 없는
터라 김진사에게 가서 엄청나게 큰 돈을 취해 달라고 해볼 용기는 없었지마
는 가만히 생각해 보니 어지간한 일이 아니면 아버지가 그처럼 자식에게 간
청하다시피 할 리도 없으려니와 사실 공금 횡령이 탄로되면 아버지는 죄인
이 되고 이 집안이 망할 것은 긴 설명이 없어도 넉넉히 짐작할 수 있었다.
그래서 순옥이는 마침내 걸핏 하면 옴츠러드는 용기를 억지로 북돋으며 오
늘 김진사 집을 방문한 것이었다.
김진사는 순옥이의 이야기를 잠자코 듣고 있더니만 말이 끝난 후에
『돈이 얼마냐?』
『삼천냥이올시다.』
『음』
하고 고개를 끄떡하고 나서 또다시 잠자코 무엇을 생각하고 있다가 이번에
는 순옥이의 얼굴을 멀건히 바라본다.
순옥이는 가슴이 떨렸다. 응낙이냐 거절이냐.
『네 자의로 내게 왔다고 했겠다.』
『네.』
『음 기특한 일이다. 자식이 돼서 부모의 근심을 남의 일 보듯 해서야 자
식 좋달 게 어디 있나.』
혼자 말 비슷이 이렇게 중얼거리고 나서
『주지.』
하고 선선히 응낙을 한다.
『네?』
『여느 일 같으면 삼천이나 되는 큰돈을 주겠다고 하겠니마는 일이 급하기
도 하려니와 네 정성이 기특해서 내 주는 것이니 그리 알아라 그런데 돈을
주기는 주겠다마는 내 청이 하나 있으니 그걸 들어 주겠니?』
『네, 무슨 부탁이신지 모릅니다마는 저의 집을 구해주시는 은덕을 결초보
은이라도 하겠삽는데 몸으로 될 일이라면 무엇인들 못하겠읍니까.』
『다른 청이 아니라……』
하고는 얼른 말하기를 어려워 하는 눈치를 보이며
『이건 참 말하기 부끄럽다마는……』
하는 말을 전제로 아래와 같은 청을 하였다.
먼저 아들 경환의 병이 남이 싫어하는 문둥병인 듯하다는 것과 그 동안의
매혼이 모두 이것 때문에 파탄된 사실 그리고 이번에 천우신조하여 택일단
자까지 와서 이제는 목적을 달하였구나 하였더니 그것 마저 하느님의 시기

160

인지 아들 경환이가 수일전부터 병석에 누워 있으니 대례를 치르러 갈 수 없다는 것, 그리고 이번 혼사를 놓지고 보면 다시는 절망의 길 밖에 남지 않았다는 고충을 이야기하고

『네가 내 자식 대신 신부집에 가서 대례를 지내고 며느리를 데려다 주기만 하면 나중 일은 내가 담당할 터인즉 제발 그리해 주는 게 어떠냐, 그집에선 천행으로 내 자식의 선을 보지 않았으니까 네가 내 아들이라 해도 모를 것이니.』

『신방을 꾸밀 것이니 그 아니 딱합니까.』

『그것 쯤야 도리가 있겠지, 별안간 몸이 불편하다고 하면야 게선들 억지로 한 방에 들라고야 하려구.』

하고 이번에는 김진사가 순옥이의 얼굴을, 눈치를, 이윽히 바라본다.

순옥이는 얼른 좌우의 대답을 하지 못하였다. 대답하기에는 너무나 짐이 무거운 문제였다.

그러나 나중 일은 김진사가 담당하겠다고 언명하였고 그보다도 만약 김진사의 청을 들어 주지 않으면 삼천냥에 대한 승낙조차 어찌 될런지 알 수 없다는 상상을 할 수 있었다.

그래서 순옥이는 마침내 승낙하고 말았다.

『그럼 돈은 오늘 곧 보낼 테니 이번 일만은 너하고 나하고만 알고 있자.』

『물론 후행 가는 사람과 내 집안 사람들이야 자연 알아야만 하겠지마는.』

하고 무한히 기뻐하였다.

김씨집과 송씨집 대례는 예정대로 신부집에서 거행되고 송씨는 똑똑한 사위를 얻은 것을 무한히 기뻐 자랑까지 하였다.

사위가 별안간 몸이 아프다 하여 신방을 꾸미지 못한 것쯤 큰 문제가 아니었다.

신부를 잠간 대좌시키고는 순옥이 혼자만을 자게 하였다.

이리하여 삼일을 치른 후에 순옥이는 신부를 데리고 폐백을 드리러 김 진사집에를 와서는 곧 뒤로 빠져 나가서 자기집으로 돌아가 버리었다.

며느리만 데려다 준다면 하는 약속을 완전히 치르고 간 것이었다.

폐백을 드린 날 밤 신부는 너무나 의외일에 눈물도 나오지 않았다.

초례를 지낸 남편은 간 곳이 없고 병석에 누워 있는 차마 볼 수 없는 흉상의 사나이가 정작의 남편이라니 시아버지는 며느리를 붙들고 사정 설파를 하고는 모든 것을 팔자로 여기어 달라고 사정 사정하였다.

김 진사의 배짱은 며느리를 데려다 놓고 사정하면 어린 신부가 제 아무리 똑똑한들 별수있으랴 한것이었지마는 신부의 마음은 그렇지 않았다.

남편이 흉한 병자라는 것은 오히려 문제가 아니었다.

예를 갖추어 하늘에 맹서한 사람이 따로 있게 되었으니 그 사람이야 말로 정작 남편이 아닌가

만일에 시부의 청을 듣는다면 그것은 시집간 지 사흘만에 두 낭군을 맞이하는 것이 아니냐.

이렇게 생각하고 그는 밤에 잠을 이루지 못하고 고민하였다.

이튿날 아침에 김 진사의 집엔 마치 불이 꺼진 집모양으로 상하가 실색하여 끽소리도 못하였다.

새 며느리가 승야 도주하였다.

뉘게다 이런 말을 내라.

이래도 창피 저래도 창피 투성이다. 김진사는 다시 머리를 싸고 눕게 되고 돈 삼천냥이 가상으로 없어진 셈이다.

신부는 밤중에 시집에서 빠져 나와 자기 친정으로 도망해 간 것이었다.

물론 송씨집에도 남에게 말 못할 큰 소동이 일어났다. 김가에게 속은 것이

분하고 괘씸하고 딸을 버린 것이 절통하였다.

그러나 딸은 김진사 집에다가 시비를 거는 것보다 대례를 지낸 신랑을 찾아 달라고 하였다.

그리 하는 것이 두 집안 창피를 면하는 길이고 또 자기가 응당 밟아야 하는 길이라고 역설하였다.

사리가 합당함에는 부모의 힘도 소용이 없었다. 그래서 우선 그 신랑을 찾기로 결정이 되었거니와 생각할수록 어설픈 맹랑한 경우에 빠진 것이 김진사이었다.

며느리는 얻지도 못하고 돈 잃고 창피보고 더구나 남에게 사정이야기도 못할 부끄러운 일이 아니냐.

김진사의 집은 천인 나락에 빠진 집안처럼 깊은 수색에 잠기어 있게 되었다.

이 형편을 잘 아는 하 면장 부자는 남의 일 같지 않아서 근심이 되지 않을 수 없었다.

남에게 큰 불행을 끼치고라도 자기만 일이 피우면 고만이라는 격이 되고 만 것이었다.

더구나 송씨집에서 김신랑 대신 온 신랑이 하 면장의 아들이라는 것을 염탐하여 알고는 강경한 담판이 왔다.

사리가 사리니 만치 그리로 장가를 아니 가겠다고 뻗댈 길이 없었다. 실상은 대례까지 지냈으니 폐백만 받으면 고만인 셈이다.

만일에 그것에 응치 않는다면 사기결혼의 공모로 몰릴 것이니 크나 큰 발목을 잡힌 이상 다시 두 말을 할 수 없게 되어서 필경 신부의 집의 요구대로 그리로 장가를 다시 가지 않을 수 없었다.

이 사연을 곁에서 듣고 앉았던 순옥의 누이동생 순희(順姬) — (나이 열일곱살) — 가 별안간, 아버지 하고 부른다.

『제가 무얼 알겠습니까마는 어른들 하시는 일을 곁에서 보온즉 우리집에나 송씨댁에는 잠간 창피를 보셨을 뿐이지 전화 위복이라더니 무어 그리 손된 일은 없었습니다마는 제일 가여운 것이 김진사 어른이 아니오니까. 아버지께서 그 어른의 돈이 아니더면 지금 어느경우에 빠지셨을런지 모를 것을 그 어른의 돈으로 피우고 나서 그 은혜를 갚기는 고사하고 도리어 근심을 더 해주게 됐으니 세상에 그럴 법이 어디 있습니까. 만일에 우리만 잘 되었다고 그 댁 일을 피어 주지 않으면 첫째 하느님이 용서하시지 않을 일이올시다.』

『글쎄 네 말이 옳기는 하다마는 애초에 우리가 그리 하자고 해서 한 일도 아니고 또 지금 김진사의 근심을 덜어 주잔들 별도리가 없지 않으냐.』

『김 진사 어른은 며느님 하나만 생겼으면 이 근심 저 근심 없어지지 않아요.』

『그야 그렇지.』

『그럼 제가 그 댁으로 들어가겠습니다.』

『무어 어째.』

하 면장은 자기의 귀를 의심하였다.

『아니 문둥이의 계집이 되잔 말이냐.』

『문둥이 아니라 미친 사람에게도 가야만 될 형편이면 가야 합지요, 막비 저의 팔자입지요, 저 하나 이 세상에 없더니라 생각하시고 그리로 보내 주시면 아버지께서는 의리 있는 사람이 되지 않으십니까. 저의들이 잘 살고 남을 구렁에 집어 넣은들 그 영화가 오래 간다 생각하십니까.』

순희의 나이보다 성숙한 말에 하 면장은 아무 대답을 못하였다.

김진사는 하 면장의 자원 — 딸을 며느리로 보내겠다는 — 말 듣고 눈물로써 감사의 뜻을 표하였다.

절처에서 살 길을 얻은 셈이오, 어둠에서 등불을 얻은 격으로 그들의 우수에 잠긴 가슴에는 명랑한 광명이 비처 주었다.

어제까지 죽은 듯 고요하던 집안이 오늘은 웃음 바탕으로 하 면장의 딸을 며느리로 맞이하였다.

그리하여 하나에도 며느리, 둘에도 며느리, 며느리가 아니면 날이 새지 않는 듯이 귀여워하고 사랑하였다.

남편 경환이도 물론 크게 만족하여서 한 때라도 순희가 곁에 없으면 생 짜증을 내었다.

그러나 병세는 점점 더 하여가서 순희가 들어온지 석달되는 요즈음에는 경환이는 다만 죽는 날을 기다릴 뿐 쇠약하고도 차마 눈으로 볼 수 없는 형태만이 자리에 누워 있을 뿐이었다.

약석도 효험이 없었고 순희의 지극한 정성도 아무런 효험이 없었다.

경환이가 누워 있는 방에는 여느 사람으로는 코를 들 수 없는 악취가 가득하건마는 순희는 그 방에서 밥을 먹고 그 방에서 함께 자며 간호에 전력을 다 하였다.

순희가 이집에 들어온지 사개삭 되는 날밤 순희는 최후의 결심을 하였다.

그 날은 초 저녁부터 남편 경환의 병세가 이상하고 있다금 헛소리로 지꺼리는 말 조차 죽음의 전구인 듯이 소름이 끼쳐지는 것이었다.

이따금 아내 순희를 알아 보지 못하고

『날 좀 살려 주.』

하는 소리만 할 뿐이었다. 순희의 눈에는 죽음의 검은 뚜껑이 남편의 가슴을 한겹 한겹 덮어 가는 것 같았다.

순희는 남편에게 육적인 애정을 느끼지는 않았다. 그러나 이 집에 들어와 차차 남편을 간호하는 동안에 경환이 — 아무 죄 없는 경환이 — 전도가 양양한 청년이 그 모진 병으로 하여 세상을 떠나는 일을 생각하니 무한한 동정이 가슴에 샘솟듯 솟는 것이었다.

내 성력으로 살려보자. 이것이 순희의 결심이었건마는 그 정성도 이제는 아무 힘도 나타내지 못하고 불쌍한 경환이 불귀의 사람이 될 것을 생각하매 순희는 이 세상에 살아 있을 생각이 없었다.

무슨 년의 팔자가 악병있는 남편을 맞게 되고 그리고 또 무엇이 부족하여 그 병든 남편조차 잃어 과부로 평생을 마치게 되는 것인고.

아마도 하느님이 나를 자기 밑으로 부으시려나 보다.

이러한 생각에 순희는 살그머니 장문을 열고 미리 준비해 두었던 비상을 내었다.

이 비상은 전일에 여자로서 당치 못할 굴욕을 당할 때에는 복숨을 끊어 깨끗한 최후를 하리라고 몸에 지니고 있던 약이었다.

그것이 이제 내용이 다르나마 소용이 되게 된 것이었다.

순희는 그것을 물에 개어 머리 맡에 놓고 뒷문을 바시시 열고 밖으로 나섰다.

뒤껼 동산에 올라 멀리 친가 쪽이나마 바라보고 보이지 않는 부모에게 최후의 고별을 하자는 것이었다.

동산에 오른 순희는 의외로 긴 시간을 거기서 보냈다.

급기 죽으려는 결심을 하고나니 모든 것이 사라지고 마는 마당이건마는 원수의 잡념이 이 기억에 추억을 가져다가 최후의 단애에 올라선 그의 가슴을 괴롭게 하는 것이었다

거기서 한 동안을 울음으로 보내고 있던 순희는 자기가 빠져나온 동안에 운명의 장난이 또 한번 있었던 것을 알 수는 없었다.

자리에 누워 신음하며 잠들었다 깨었다 하는 경환이는 모진 갈증에 어렴풋이 눈을 뜨고 아내를 찾았다.

그러나 아내는 곁에 있지 아니하고 다만 머리 맡에 한개의 대접이 놓여 있을 뿐이었다.

그 속에 무엇이 담겨 있는지는 생각할 여유도 없어 경환이는 그 그릇을 끌어다가 들어 마셨다 약인지 물인지 그에게는 판단할 능력조차 감각조차 마비해 버렸다.

몇 십분 후 ──

눈물을 거둔 순희는 병실로 조용히 돌아 왔다.

동시에 그는 비인 대접을 보고 실색해 떨었다.

확실히 남편이 독약을 들어 마신 것이다.

얼마 동안 그는 어쩔줄을 몰라 남편의 얼굴을 들여다보며 몸을 떨었다.

경환이는 눈을 번쩍 뜬다. 그리고 꽤 생기 있는 목소리로

『목이 마루.』

한다. 순희는 무엇보다도 먼저 신기한 생각에 허둥지둥 밖으로 나가서 냉수를 떠가지고 들어 와서 그것을 입에 대어 주려니까 남편은

『아니 냉수 말고 아까 먹은 걸 좀 주.』

한다.

아까 먹었다는 것은 비상을 탄 물이다. 비상도 이제는 없으려니와 있은들 그걸 알고서야 어찌 주랴.

순희는 듣지 아니하고 냉수를 먹으라고 권하였다. 권하면 할수록 경환이는 짜증을 내어

『아까 먹은 것.』

을 달라고 조른다.

『대관절 아까 이 그릇에 무얼 담아서 먹였길래 저 애가 자꾸 그것을 달란 단 말이냐.』

김진사는 며느리를 보고 묻는다.

『무언지 제 먹고 싶다는 대로 주려므나.』

한다. 순희는 하는 수 없어 비상을 물에 개어놓은 이야기를 말하지 않을 수 없었다. 한동안을 이상한 눈으로 아들의 얼굴을 내려다보던 김 진사는 며느리를 데리고 밖으로 나가서

『어서 그것을 타서 주어라 비상은 사랑에 얼마든지 있으니. 그것이 여느 사람이 먹으면 죽되 그 병 있는 자가 먹으면 약이 되나 보다. 만일에 그것으로 해서 죽는다 한들 기왕 죽에 된 자식이니 무슨 한이 되겠느냐.』

하고 비상을 갖다가 며느리 손에 쥐어 주었다.

우연한 기적이오 과학을 초월한 신비이다.

남편 경환의 얼굴에서 종기의 자취가 하나 하나 사라져가는 것을 들여다보고 있던 순희는 천정을 쳐다보며 눈을 감았다. 보이지 않는 신명께 감격을 묵연히 표하는 순간이었다.<끝>

<B사감과 러브레터>
현진건

C 여학교에서 교원 겸 기숙사 사감 노릇을 하는 B 여사라면 딱장대요 독신주의자요, 찰진 야소꾼으로 유명하다. 사십에 가까운 노처녀인 그는 주근깨 투성이 얼굴이, 처녀다운 맛이란 약에 쓰려도 찾을 수 없을 뿐인가, 시들고 거칠고 마르고 누렇게 뜬 품이 곰팡 슬은 굴비를 생각나게 한다.

여러 겹 주름이 잡힌 훨링 벗겨진 이마라든지 숱이 적어서 법대로 쪽 찌거나 틀어 올리지를 못하고 엉성하게 그냥 빗겨 넘긴 머리, 꼬리가 뒤통수에 염소 똥만하게 붙은 것이라든지, 벌써 늙어 가는 자취를 감출 길이 없었다. 뾰족한 입을 앙다물고 돋보기 너머로 쌀쌀한 눈이 노릴 때엔 기숙생들이 오싹하고 몸서리를 치리만큼 그는 엄격하고 매서웠다.

이 B 여사가 질겁을 하다시피 싫어하고 미워하는 것은 소위 '러브 레터'였다. 여학교 기숙사라면 의례히 그런 편지가 많이 오는 것이지만 학교로도 유명하고 또 아름다운 여학생이 많은 탓인지 모르되 하로에도 몇 장씩 죽느니 사느니 하는 사랑 타령이 날아들어 왔었다. 기숙생에게 오는 사신을 일일이 검사하는 터이니까 그 따위 편지도 물론 B 여사의 손에 떨어진다. 달착지근한 사연을 보는 족족 그는 더할 수 없이 흥분되어서 얼굴이 붉으락푸르락 편지든 손이 발발 떨리도록 성을 낸다.

아모 까닭 없이 그런 편지를 받은 학생이야말로 큰 재변이었다. 하학하기가 무섭게 그 학생은 사감실로 불리어 간다. 분해서 못견디겠다는 사람 모양으로 쌔근쌔근하며 방안을 왔다 갔다 하던 그는, 들어오는 학생을 잡아먹을 듯이 노리면서 한 걸음 두 걸음 코가 맞닿을 만큼 바싹 다가들어서 딱

165

마주선다. 웬 영문인지 알지 못하면서도 선생의 기색을 살피고 겁부터 집어먹은 학생은 한동안 어쩔 줄 모르다가 간신히 모기만한 소리로,
"저를 부르셨어요?"
하고 묻는다.
"그래, 불렀다. 왜!"
팍 무는 듯이 한 마디 하고 나서 매우 못마땅한 것처럼 교의를 우당퉁탕 당겨서 철썩 주저앉았다가 학생이 그저 서 있는 걸 보면,
"장승이냐? 왜 앉지를 못해!"
하고 또 소리를 빽 질르는 법이었다.
스승과 제자는 조그마한 책상 하나를 새에 두고 마주 앉는다. 앉은 뒤에도,
"네 죄상을 네가 알지!"
하는 것처럼 아모 말 없이 눈살로 쏘기만 하다가 한참 만에야 그 편지를 꺼집어내어 학생의 코앞에 동댕이를 치며,
"이건 누구한테 오는 거냐?"
하고 문초를 시작한다. 앞장에 제 이름이 쓰였는지라,
"저한테 온 것이야요."
하고 대답 않을 수 없다. 그러면 발신인이 누구인 것을 채처 묻는다.
그런 편지의 항용으로 발신인의 성명이 똑똑치 않기 때문에 주저주저하다가 자세히 알 수 없다고 내대일 양이면,
"너한테 오는 것을 네가 모른단 말이냐?"
고 불호령을 나린 뒤에 또 사연을 읽어 보라 하여 무심한 학생이 나직나직하나마 꿀 같은 구절을 입술에 올리면 B 여사의 역정은 더욱 심해져서 어느 놈의 소위인 것을 기어이 알려 한다. 기실 보도 듣도 못한 남성의 한 노릇이요 자기에게는 아모 죄도 없는 것을 변명변명하여도 곧이듣지를 않는다. 바른대로 아뢰어야 망정이지 그렇지 않으면 퇴학을 시킨다는 등, 제 이름도 모르는 여자에게 편지할 리가 만무하다는 등, 필연 행실이 부정한 일이 있었으리라는 등, 하다못해 어디서 한 번 만나기라도 하였을 테니 어찌해서 남자와 접촉을 하게 되었느냐는 등.
자칫 잘못하여 학교에서 주최한 음악회나 '바자'에서 '혹' 보았는지 모른다고 졸리다 못해 주워댈 것 같으면 사내의 보는 눈이 어떻더냐, 표정이 어떻더냐, 무슨 말을 건네더냐, 미주알고주알 캐고 파며 얼르고 볶아서 넉넉히 십년감수는 시킨다.
두 시간이 넘도록 문초를 한 끝에는 사내란 믿지 못할 것, 우리 여성을 잡아먹으려는 마귀인 것, 연애가 자유이니 신성이니 하는 것도 모두 악마의 지어낸 소리인 것을 입에 침이 없이 열에 띠어서 한참 설법을 하다가 닦지도 않은 방바닥(침대를 쓰기 때문에 방이라 해도 마룻바닥이다.)에 그대로 무릎을 꿇고 기도를 올린다. 눈에 눈물까지 글썽거리면서 말끝마다 하느님 아버지를 찾아서 악마의 유혹에 떨어지려는 어린 양을 구해 달라고 뒤 삶고 곱삶는 법이었다.
그리고 둘째로 그의 싫어하는 것은 기숙생을 남자가 면회하러 오는 일이었다. 무슨 핑계를 하는지 기어이 못 보게 하고 만다. 친부모, 친동기간이라도 규칙이 어떠니 상학 중이니 무슨 핑계를 하든지 따돌려 보내기가 일쑤다.
이로 말미암아 학생이 동맹 휴학을 하였고 교장의 설유까지 들었건만 그래도 그 버릇은 곤치려 들지 않았다.
이 B 사감이 감독하는 그 기숙사에 금년 가을 들어서 괴상한 일이 생겼다.

아니 괴상한 일이 '생겼다' 느니보담 '발각되었다'는 것이 마땅할는지 모르리라. 왜 그런고 하면 그 괴상한 일이 언제 '시작된' 것은 귀신밖에 모르니까.

그것은 다른 일이 아니라 밤이 깊어서 새로 한 점이 되고 두 점이 되어 모든 기숙생들이 달고 곤한 잠에 떨어졌을 제 난데없는 깔깔대는 웃음과 속살속살하는 말낱이 새어 흐르는 일이었다. 하룻밤이 아니고 이틀 밤이 아닌 다음에야, 그런 소리가 잠귀 밝은 기숙생의 귀에 들리기도 하였지만 자던 잠결이라, 뒷동산에 구르는 마른 잎의 노래로나, 달빛에 나래를 번뜩이며 울고 가는 기러기의 소리로나 흘려 들었다. 그렇지 않으면 도깨비의 장난이나 아닌가 하여 무시무시한 중이 들어서 동무를 깨웠다가 좀처럼 동무는 깨지 않고 제 생각이 너무도 어림없고 어이없음을 깨달으면, 밤 소리 멀리 들린다고 학교 이웃집에서 이야기를 하거나 또는 딴 방에 자는 제 동무들의 잠꼬대로만 여겨서 스스로 안심하고 그대로 자 버리기도 하였다.

그러나 이 수수께끼가 풀릴 때는 왔다. 어째 공교롭게 한방에 자던 학생 셋이 한꺼번에 잠을 깨었다. 첫째 처녀가 소변을 보려 일어났다가 그 소리를 듣고, 둘째 처녀와 셋째 처녀를 깨우고 만 것이다.

"저 소리를 들어 보아요. 아닌 밤중에 저게 무슨 소리야?"

하고, 첫째 처녀는 호동그래진 눈에 무서워하는 빛을 띤다.

"어젯밤에 나도 저 소리에 놀랬어. 도깨비가 났단 말인가?"

하고 둘째 처녀도 잠 오는 눈을 비비며 수상해 한다. 그 중에 제일 나이 많을 뿐더러 (많았자 열 여덟밖에 아니 되지만) 작난 잘 치고 짓궂은 짓 잘하기로 유명한 셋째 처녀는 동무 말을 못 믿겠다는 듯이 이윽히 귀를 기울이다가,

"따는 수상한걸. 나도 언젠가 한 번 들어본 법도 하구면. 뭘 잠 아니 오는 애들이 이야기를 하는 게지."

이 때에 그 괴상한 소리는 땍때굴 웃었다. 세 처녀는 으쓱하며 귀를 소스라쳤다. 적적한 밤 가운데 다른 파동 없는 공기는 그 수상한 말낱을 곁에서나 나는 듯이 또렷또렷이 전해 주었다.

"오, 태훈씨! 그러면 작히 좋을까요?"

간드러진 여자의 목소리다.

"경숙씨가 좋으시다면 내야 얼마나 기쁘겠습니까? 아아, 오즉 경숙 씨에게 바친 나의 타는 듯한 가슴을 인제야 아셨습니까?"

정열에 띤 사내의 목청이 분명하다.

한동안 침묵…….

"인제 고만 놓아요. '키스'가 너무 길지 않아요? 행여 남이 보면 어떡해요?"

아양 떠는 여자 말씨.

"길수록 더욱 좋지 않아요? 나는 내 목숨이 끊어질 때까지 키스를 하여도 길다고는 못하겠습니다. 그래도 짧은 것을 한하겠습니다."

사내의 피를 뿜은 듯한 이 말 끝은 계집의 자지러진 웃음으로 묻혀 버렸다.

그것은 묻지 않아도 사랑에 겨운 남녀의 흐무러진 수작이나. 산섬이 지녹한 이 기숙사에 이런 일이 생길 줄이야! 세 처녀는 얼굴을 마주보았다. 그들의 얼굴은 놀랍고 무서운 빛이 없지 않았으되 점점 호기심에 번쩍이기 시작하였다. 그들의 머리 속에는 한결같이 '로맨틱'한 생각이 떠올랐다. 이 안에 있는 여자 애인을 보려고 학교 근처를 뒤돌고 곰돌던 사내 애인이 타

는 듯한 가슴을 걷잡다 못하여 밤이 이슥하기를 기다려 담을 뛰어 넘은지 모르리라. 모든 불이 다 꺼지고 오직 밝은 달빛이 은가루처럼 서린 창문이 소리 없이 열리며 여자 애인이 흰 수건을 흔들어 사내 애인을 부른지도 모르리라. 활동사진에 보는 것처럼 기나긴 피륙을 나리어서 하나는 위에서 당기고 하나는 밑에 매달려 디룽디룽하면서 올라가는 정경이 있었는지 모르리라. 그래서 두 애인은 만나 가지고 저와 같이 사랑의 속살거림에 잦아졌는지 모르리라…… 꿈결 같은 감정이 안개 모양으로 흐릿하게 무지개 모양으로 부시게 세 처녀의 몸과 마음을 휩싸 돌았다. 그들의 뺨은 후끈후끈 달았다. 괴상한 소리는 또 일어났다.

"난 싫어요, 난 싫어요, 당신 같은 사내는 난 싫어요."

이번에는 매몰스럽게 내어대는 모양.

"나의 천사, 나의 하늘, 나의 여왕, 나의 목숨, 나의 사랑, 나를 살려 주어요, 나를 구해 주어요."

사내의 애를 졸이는 간청……

"우리 구경 가 볼까?"

짓궂은 셋째 처녀는 몸을 일으키며 이런 제의를 하였다. 다른 처녀들도 그 말에 찬성한다는 듯이 따라 일어섰으되 의아와 공구와 호기심이 뒤섞인 얼굴을 서로 교환하면서 얼마쯤 망설이다가 마츰내 가만히 문을 열고 나왔다. 쌀벌레 같은 그들의 발가락은 가장 조심성 많게 소리나는 곳을 향해서 곰실곰실 기어간다. 컴컴한 복도에 자다가 일어난 세 처녀의 흰 모양은 그림자처럼 소리 없이 움직였다.

소리 나는 방을 어렵지 않게 찾을 수 있었다. 찾고는 나무로 깎아 세운 듯이 주춤 걸음을 멈출 만큼 그들은 놀래었다. 그런 소리의 출처야말로 자기네 방에서 몇 걸음 안 되는 사감실일 줄이야! 그렇듯이 사내라면 못 먹어하고, 침이라도 배앝을 듯하던 B여사의 방일 줄이야! 그 방에선 여전히 사내의 비두발괄하는 푸념이 되풀이하고 있다.

"나의 천사, 나의 하늘, 나의 여왕, 나의 목숨, 나의 사랑, 나의 애를 말려죽이실 테요? 나의 가슴을 뜯어 죽이실 테요? 내 생명을 맡으신 당신의 입술로……"

셋째 처녀는 대담스럽게 그 방문을 빠끔히 열었다. 그 틈으로 여섯 눈이 방안을 향해 쏘았다. 이 어찐 기괴한 광경이냐! 전등불은 아즉 끄지 않았는데 침대 위에는 기숙생에게 온 소위 '러브 레터'의 봉투가 너저분하게 흩어졌고 그 알맹이도 여기저기 두서 없이 펼쳐진 가운데 B여사 혼자아모도 없이 제 혼자 일어나 앉았다. 누구를 끌어당길 듯이 두 팔을 벌이고 안경 벗은 근시안으로 잔뜩 한 곳을 노리며 그 굴비쪽 같은 얼굴에 말할 수 없이 애원하는 표정을 짓고는 '키스'를 기다리는 것같이 입을 쭝긋이 내어민 채 사내의 목청을 내어가면서 아깟말을 중얼거린다. 그러다가 그 넋두리가 끝날 겨를도 없이 급작스레 앵돌아지는 시늉을 내며 누구를 뿌리치는 듯이 연해 손짓을 하며 이번에는 톡톡 쏘는 계집의 음성을 지어,

"난 싫어요. 당신 같은 사내는 난 싫어요."

하다가 제물에 자지러지게 웃는다. 그러더니 문득 편지 한 장을(물론 기숙생에게 온 '러브 레터'의 하나) 집어들어 얼굴에 문지르며,

"정 말씀이야요? 나를 그렇게 사랑하셔요? 당신의 목숨같이 나를 사랑하셔요? 나를, 이 나를."

하고 몸을 추스르는데 그 음성은 분명히 울음의 가락을 떠었다.

"에그머니, 저게 웬일이야?"

168

첫째 처녀가 소곤거렸다.
"아마 미쳤나 보아. 밤중에 혼자 일어나서 왜 저러고 있을꾸?"
둘째처녀가 맞방망이를 친다.
"에그 불쌍해!"
하고 셋째 처녀는 손으로 고인 때 모르는 눈물을 씻었다…….

(1925년 1월 4일)
(『조선문단』,1925. 2.)

<원고료 이백원(原稿料 二百圓)>
강경애

친애하는 동생 K야.

간번 너의 편지는 반갑게 받아 읽었다. 그러고 약해졌던 너의 몸도 다소 튼튼해짐을 알았다. 기쁘다. 무어니 무어니 해야 건강밖에 더 있느냐.

K야, 졸업기를 앞둔 너는 기쁨보다도 괴롬이 앞서고 희망보다도 낙망을 하게 된다고? 오냐 네 환경이 그러하니 만큼 응당 그러하리라. 그러나 너는 그 괴롬과 낙망 가운데서 단연히 깨달음이 있어야 한다. 그래서 기쁘고 희망에 불타는 새로운 길을 발견해야 한다.

K야, 네가 물은 바 이 언니의 연애관과 내지 결혼관은 간단하게 문장으로 표현할 만한 지식이 아직도 나는 부족하구나. 그러니 나는 요새 내가 지내는 생활 전부와 그 생활로부터 일어나는 나의 감정 전부를 아무 꾸밀 줄 모르는 서투른 문장으로 적어놓을 터이니 현명한 너는 거기서 버릴 것은 버리고 취하여다고.

K야, 내가 요새 D신문에 장편소설을 연재하여 원고료로 이백여 원을 받은 것은 너도 잘 알지. 그것이 내 일생을 통하여 처음으로 많이 가져보는 돈이구나. 그러니 내 머리는 갑자기 활기를 얻어 온갖 공상을 다하게 되두구나.

K야, 너도 짐작하는지 모르겠다마는! 나는 어려서부터 순조롭지 못한 가정에서 자랐고 또 커서까지라도 순경에 처하지 못한 나는 그나마 쥐꼬리만큼 배운 이 지식까지라도 우리 형부의 덕이었니라. 그러니 어려서부터 명일빔 한 벌 색들여 못 입어 봤으며 먹는 것이란 언제나 조밥이었구나. 그러고 학교에 다니면서도 맘대로 학용품을 어디 써보았겠니. 학기초마다 책을 못 사서 울고 울다가는 겨우 남의 낡은 책을 얻어 가졌으며 종이와 붓이 없어 나

의 조고만 가슴은 그 몇 번이나 달막거리었는지 모른다.

K야, 나는 아직도 잘 기억한다. 내가 학교 일년급 때 일이다. 내일처럼 학기시험을 치겠는데 나는 종이 붓이 없구나. 그래서 생각다 못해서 나는 옆의 동무의 것을 훔쳤다가 선생님한테 얼마나 꾸지람을 받았겠니. 그러구 애들한테서는 '애! 도적년 도적년' 하는 놀림을 얼마나 받았겠니. 더구나 선생님은 그 큰 눈을 부라리면서 놀 시간에도 나가 놀지 못하게 하고 벌을 세우지 않겠니. 나는 두 손을 벌리고 유리창 곁에 우두커니 서 있었구나. 동무들은 운동장에서 눈사람을 맨들어 놓고 손뼉을 치며 좋아하지 않겠니. 나는 벌을 서면서도 눈사람의 그 입과 그 눈이 우스워서 킥 하고 웃다가 또 울다가 하였다.

K야, 어려서는 천진하니까 남의 것을 훔칠 생각을 했지만 소위 중학교까지 오게 된 나는 아무리 바쁘더라도 그러한 맘은 먹지 못하였다. 형부한테서 학비로 오는 돈은 겨우 식비와 월사금밖에는 못 물겠더구나. 어떤 때는 월사금도 못 물어서 머리를 들고 선생님을 바루 보지 못한 적이 많았으며 모르는 학과가 있어도 맘놓고 물어보지를 못했구나. 그러니 나는 자연히 기운이 죽고 바보같이 되더라. 따라서 친한 동무 한 사람 가져 보지 못하였다. 이렇게 외로운 까닭에 하느님을 더 의지하게 되었으니 나는 밤마다 기숙사 강당에 들어가서 목을 놓고 울면서 기도하였다. 그러나 그 괴롬은 없어지지 않고 날마다 달마다 자라만 가두구나. 동무들은 양산을 가진다, 세루 치마 저고리를 입는다, 털목도리 자켓을 짠다, 시계를 가진다. 지금 생각하면 그 모든 것이 우습게 생각되지마는 그때는 왜 그리도 부러운지 눈물이 날 만큼 부럽두구나. 그 폭신폭신한 털실로 목도리를 짜는 동무를 보면 나도 모르게 그 실을 만져보다가는 앞서는 것이 눈물이두구나. 여학교 시대가 아니구서는 맛보지 못하는 이 털실의 맛! 어떤 때 남편은 당신은 왜 자켓 하나 짤 줄 모루? 하고 쳐다볼 때마다 나는 문득 여학교 시절을 회상하며 동무가 가진 털실을 만지며 간이 짜르르하게 느끼던 그 감정을 다시 한 번 느끼군 하였다.

K야, 어느 여름인데 내일같이 방학을 하고 고향으로 떠날 터인데 동무들은 떠날 준비에 바쁘구나. 그때는 인조견이 나지 않았을 때이다. 모두가 쟁친 모시 치마 적삼을 잠자리 날개처럼 가볍게 해 입고 흰 양산 검은 양산을 제각기 사두구나. 그때에 나는 어째야 좋을지 모르겠더라. 무엇보다도 양산이 가지고 싶어 영 죽겠두구나. 지금은 여염집 부인들도 양산을 가지지만 그때야말로 여학생이 아니구서는 양산을 못 가지는 줄로 알았다. 그러니 양산이야말로 무언중에 여학생을 말해주는 무슨 표인 것같이 생각되었니라. 철없는 내 맘에 양산을 못 가지면 고향에도 가고 싶지를 않두구나. 그래서 자꾸만 울지 않았겠니. 한방에 있는 동무 하나가 이 눈치를 채었음인지 혹은 나를 놀리누라구 그랬는지는 모르나 대부러진 낡은 양산 하나를 어데서 갖다 주더구나. 나는 그만 기뻤다. 그러나 어쩐지 화끈 달며 냉큼 그 양산을 가질 수가 없두구나. 그래서 새침하고 앉았노라니 동무는 킥 웃으며 나가두구나. 그 동무가 나가자마자 나는 얼른 양산을 쥐고 펼쳐보니 하나도 성한 곳이 없더라. 그때 나는 무어라 말할 수 없는 울분과 슬픔이 목이 막히도록 치받히더구나. 그러니 나는 그 양산을 펴지는 못하였다.

K야, 나는 너무나 딴 길로 달아나는 듯싶다. 이만하면 나의 과거 생활을 너는 짐작할 터이지…… 나의 현재를 말하려니 말하기 싫은 과거까지 들추어 놓았다. 그런데 K야, 아까 말한 그 원고료가 오기 전에 나는 밤 오래도록 잠을 못 이루고 그 돈으로 무엇을 할까? 하고 생각하였다. 지금 생각하

면 부끄러운 말이지만 '우선 겨울이니 털외투나 하고, 목도리, 구두, 내 앞니가 너무 새가 넓으니 가늘게 금니나 하고, 가늘게 금반지나 하고, 시계 나…… 아니 남편이 뭐랄지 모르지. 그래두 뭘 내 벌어서 내 해 가지는데야 제가 입이 열이니 무슨 말을 한담. 이번 기회에 못하면 나는 금시계 하나도 못 가지게. 눈 딱 감고 한다. 그러고 남편의 양복이나 한 벌 해줘야지, 양복이 그 꼴이니.' 나는 이렇게 깡그리 생각해 두었구나. 그런데 어느 날 원고료가 내 손에 쥐어졌구나. K야, 남편과 나와는 어쩔 줄을 모르게 기뻐 했다.

그날 밤 나는 유난히 빛나는 등불을 바라보면서,

"이 돈으로 뭘하는 것이 좋우?"

남편의 말을 들어보기 위하여 나는 이렇게 물었구나. 남편은 묵묵히 앉았다가 혼자 하는 말처럼,

"거참 우리 같은 형편에는 돈이 없는 것이 오히려 맘 편하거던…… 글쎄 이왕 생긴 것이니 써야지. 우선 제일 급한 것이 응호 동무를 입원시키는 게지……"

나는 이같이 뜻밖의 말에 앞이 아뜩해지며 아무 말도 할 수가 없두구나. 그러고 나를 쳐다보는 남편의 그 얼굴이 금시로 개 모양 같고 또 그 눈이 예전 소눈깔 같두구나.

"그러고 다음으로는 홍식의 부인이지. 이 겨울 동안은 우리가 돌봐야지 어찌겠수?"

나는 이 이상 남편의 말을 듣고 싶지 않더라. 그래서 머리를 돌려 저편 벽을 물끄러미 바라보았구나. 물론 남편의 동지인 응호라든지 혹은 같은 친구인 홍식의 부인이라든지를 나 역시 불쌍하게 생각하지 않는 배는 아니오, 그래서 이 돈이 오기 전까지는 우리의 힘 미치는 데까지는 도와주고 싶은 맘까지 가졌지만 그러나 막상 내 손에 이백여 원이라는 돈을 쥐고 나니 그 때의 그 생각은 흔적도 없이 사라지두구나. 어쩔 수 없는 나의 감정이더라. 남편은 대답이 없는 나를 한참이나 바라보다가 약간 거세인 음성으로,

"그래 당신은 그 돈을 어떻게 썼으면 좋을 듯싶소?"

그 물음에 나는 혀를 깨물고 참았던 눈물이 샘솟듯 쏟아지두구나. 그 순간에 남편이야말로 돌이나 깎아논 듯 그렇게도 답답하고 안타깝게 내 눈에 비치어지두구나. 무엇보다도 제가 결혼 당시에 있어서도 남들이 다 하는 결혼 반지 하나 못해 주었고 구두 한 켤레 못 사주지 않았겠니. 물론 그것이야 제가 돈이 없어서 그리한 것이니 내가 그만한 것은 이해 못하는 것은 아니다. 그러나 돈이 생긴 오늘에 그것도 남편이 번 것도 아니요, 내 손으로 번 돈을 가지고 평생의 원이던 반지나 혹은 구두나를 선선히 해 신으라는 것이 떳떳한 일이 아니겠니. 그런데 이 등신 같은 사내는 그런 것은 염두에도 먹지 않는 모양이더라. 나는 이것이 무엇보다도 원망스러웠다. 그러고 지금 신는 구두도 몇 해 전에 내가 중이염으로 서울 갔을 때 남편의 친구인 김경호가 그의 아내가 신다가 벗어 논 구두를 자꾸만 신으라구 하두구나. 내 신발이 오죽잖아야 그리했겠니. 그때 나의 불쾌함이란 말할 수 없었다. 사람의 맘은 일반이지 낸들 왜 남이 신다 벗어 논 것을 신고 싶겠니. 그러나 내 신발을 굽어볼 때는 차마 딱 잘라 거절할 수는 없두구나. 그래서 그 구두를 둘러보니 구멍난 곳은 없더라. 그래서 약간 신고 싶은 맘이 있지만 남편이 알면 뭐라고 할지 몰라 그 다음으로 남편에게 편지를 했구나. 며칠 후에 남편에게서는 승낙의 편지가 왔겠지. 그래서 나는 그 구두를 신게 되지 않았 겠니. 그러나 항상 그 구두를 볼 때마다 나는 불쾌한 맘이 사라지지 않두구

나. 그런데 오늘밤 새삼스러이 그 구두를 빌어 신던 그때의 감정이 목구멍까지 치받치며 참을 수 없이 울음이 응응 터지는구나. 나는 마침내 어린애같이 입을 벌리고 울지 않았겠니. 남편은 벌떡 일어나며 윙 소리가 나도록 나의 뺨을 후려치누나. 가뜩이나 울분에 못 이겨 울던 나는 악이 있는 대로 쓸어나두구나.

"왜 때려. 날 왜 때려!"

나는 달려들지 않았겠니. 남편은 호랑이눈 같은 눈을 번쩍이며 재차 달려들더니 나의 머리꺼댕이를 치는 바람에 등불까지 욍그렁 쟁 하고 깨지두구나. 따라서 온 방안에 석유내가 확 뿜기누나.

"죽여라, 죽여라."

나는 목이 메어 소리쳤다. 이제야말로 이 사나이와는 마지막이다 싶더라. 남편은 씨근벌덕이며,

"응, 너 따위는 백 번 죽여 싸다. 내 네 맘을 모르는 줄 아니 흥 돈푼이나 생기니까 남편을 남편같이 안 알구. 에이 치사한 년, 가라! 그 돈 다 가지고 내일 네 집으로 가. 너 같은 치사한 년과는 내 못 살아. 온 여우 같은 년…… 너도 요새 소위 모던껄이라는 두리홰눙년이 되고 싶은 게구나. 아, 일류 문인으로서 그리해야 하는 게지. 허허 난 그런 일류 문인의 사내 될 자격은 못 가졌다. 머리를 지지고 볶고, 상판에 밀가루 칠을 하구, 금시계에 금강석 반지에 털외투를 입고, 입으로만 아! 무산자여 하고 부르짖는 그런 문인이 되고 싶단 말이지. 당장 나가라!"

내 손을 잡아 끌어내누나. 나는 문밖으로 쫓기어 났구나.

K야, 북국의 바람이 얼마나 찬 것은 말할 수 없다. 내가 여기에 온 지 4개 성상을 맞이했건만 그날 밤 같은 그러한 매서운 바람은 맛보지 못하였다. 온 세상이 얼음덩이로 된 듯하더구나. 쳐다보기만 해도 눈등이 차오는 달은 중천에 뚜렷한데 매서운 바람결에 가루눈이 씽씽 날리누나. 마치 예리한 칼끝으로 내 피부를 찌르는 듯 내 몸에 부딪치는 눈발이 그렇게 따갑구나. 나는 팔짱을 찌르고 우두커니 눈 위에 서 있었다. 그때에 나의 머리란 너머나 많은 생각으로 터질 듯하더구나. 어떻게 하나? 나는 이 여러 가지 생각 중에서 어떤 결정적 태도를 취하려고 이렇게 중얼거리며 머리 속에 돌아가는 생각을 한 가지씩 붙잡아 내었다. 제일 먼저 내달아오는 것이 저 사나이와는 이전 못 사는 게다. 금을 줘도 못 사는 게다. 그러면 나는 어떻거. 고향으로 가나? 고향…… 저년 또 다 살았나, 글쎄 그렇지. 며칠 살겠기, 저런 홰눙년하고 비웃는 고향 사람들의 얼굴과 어머니의 안타까워하는 모양! 나는 흠칫하였다. 그러면 서울로 가서 어느 신문사나 잡지사에 취직을 해? 종래의 여기자들이 염문만 퍼친 것을 보아 나 역시 별다른 인간이 못 된다는 것을 깨닫자 그 말로는 타락할 것밖에 없는 듯…… 그러면 어디로 어떡허나. 동경으로 가서 공부나 좀 해봐. 학비는 무엇이 대구. 내 처지로서는 공부가 아니라 타락공부가 될 것 같다. 나는 이러한 결론을 얻을 때 어쩐지 이 세상에서 버림을 받은 듯, 나는 여기를 가나 저기를 가나 누가 반가이 맞받아줄 사람이라구는 없는 듯하구나. 그나마 호랑이같이 씨근거리며 저 방안에 앉아 있을 저 사나이가 아니면 이 손을 잡아줄 사람이 없는 듯하구나.

K야, 이것이 애정일까? 무엇일까. 나는 그때 또다시 더운 눈물을 폭폭 쏟았다. 동시에 그 호랑이 같은 사나이가 넙쩍넙쩍 지꺼리던 말을 문득 생각하였다. 그리고 흥식의 부인이며 그 어린것이 헐벗은 모양, 또는 뼈만 남은 웅호의 얼굴이 무시무시하리 만큼 떠오르는구나. 남편을 감옥에 보내고 떠

는 그들 모자! 감옥에서 심장병을 얻어가지고 나와서 신음하는 응호! 내 손에 쥐어진 이백여 원…… 이것이면 그들을 구할 수가 있는 것이다. 나는 아직까지 몸이 성하다. 그러고 헐벗지는 않았다. 이 위에 무엇을 더 바라는 것이 허영 그것이 아니냐! 나는 갑자기 이때까지 어떤 위태한 꿈을 꾸고 있었다는 것을 확실히 알았다.

K야, 나와 같은 처지에서 금시계 금반지 털외투가 무슨 소용이 있는게냐. 그것을 사는 돈으로 동지의 한 생명을 구원할 수 있다면 구원하는 것이 얼마나 떳떳한 일이냐. 더구나 남편의 동지임에랴. 아니 내 동지가 아니냐.

나는 단박에 문앞으로 뛰어갔다.

"여보 나 잘못했소"

뒤미처 문이 홱 열리두나. 그래서 나는 뛰어들어가 남편을 붙들었다.

"여보 나 잘못했소. 다시는 응."

목이 메어 울음이 쏠어 나왔다. 이 울음은 아까 그 울음과는 아주 차이가 있는 울음이었던 것만은 알아다고. K야, 남편은 한숨을 푹 쉬면서 내 머리를 매만진다.

"당신의 맘을 내 전연히 모르는 배는 아니오. 단벌 치마에 단벌 저고리를 입고 있으니…… 그러나 벗지는 않았지. 입었지. 무슨 걱정이 있소. 그러나 응호 동무라든가 홍식의 부인을 보구려. 그래 우리 손에 돈이 있으면서 동지는 앓아 죽거나 굶어 죽거나 내버려 둬야 옳단 말이오…… 그러기에 환경이 같아야 하는 게야, 환경이. 나부터라도 그 돈이 생기기 전과는 확실히 다르니까."

남편은 입맛을 다시며 잠잠하다. 그도 나 없는 동안에 이리저리 생각해 본 후의 말이며 그가 그렇게 분풀이를 한 것도 내게 함보다도 자기 자신에서 일어나는 모든 불쾌한 생각을 제어하고저 함이었던 것을 나는 알 수가 있었다. 나는 도리어 대담해지며 가슴에서 뜨거운 불길이 확 일어나두구나.

"여보, 값 헐한 것으로 우리 옷이나 한 벌씩하고 쌀이나 한 말, 나무나 한 바리 사구는 그들에게 노나 줍시다! 우리는 앞으로 또 벌지 않겠소."

남편은 와락 나를 쓸어안으며,

"잘 생각했소!"

K야, 네가 지루할 줄도 모르고 내 말만 길게 늘어놓았구나. 너는 지금 졸업기를 앞두고 별의별 공상을 다 할 줄 안다. 물론 그 공상도 한때는 없지 못할 것이니 나는 결코 너의 그 공상을 나무라려고 드는 것은 아니다. 그러나 그 공상에서 한 보 뛰어나와서 현실에 착안하여라.

지금 삼남의 이재민은 어떠하냐? 그리운 고향을 등지고 쓸쓸한 이 만주를 향하여 몇 만의 군중이 달려오고 있지 않느냐. 만주에 와야 누가 그들에게 옷을 주고 밥을 주더냐. 그러나 행여 고향보다는 날까 하고 와서는 처자는 요릿간에, 혹은 부호의 첩으로 빼앗기우고 울고불고 하며 이 넓은 벌을 헤매이지 않느냐. 하필 삼남의 이재민뿐이냐. 요전에 울릉도에서도 수많은 군중이 남부여대하여 원산에 상륙하지 않았더냐. 하여간 전 조선의 빈한한 군중은, 아니 전 세계의 무산 대중은 방금 기아선상에서 헤매이고 있는 것을 너는 아느냐 모르느냐.

K야, 이 간도는 토벌단이 들어밀리어서 지금 한창 총소리와 칼소리에 전 대중이 공포에 떨고 있는 중이다. 그러니 농민들은 들에서 농사를 짓지 못하였으며 또 산에서 나무를 베이지 못하고 혹시 목숨이나 구해볼까하여 비교적 안전지대인 용정시와 국자가 같은 도시로 몰려드나 장차 그들은 무엇을 먹고 살겠느냐. 이곳에서는 개복숭보다도 사람의 목숨이 헐하구나.

174

K야, 너는 지금 상급학교에 가게 되지 못한다고, 혹은 스위트 홈을 이루게 되지 못한다고 비관하느냐? 너의 그러한 비관이야말로 얼마나 값없는 비관인가를 눈 감고 가만히 생각해 보아라. 네가 만일 어떠한 기회로 잠시 동안 너의 이상하는 바가 실현될지 모르나 그러나 그것은 잠깐 동안이고 너는 또다시 대중과 같은 그러한 처지에 서게 될 터이니 너는 그 때에는 그만 자살하려느냐.

K야, 너는 책상 위에서 배운 그 지식은 그것만으로도 훌륭하다. 이제야말로 실천으로 말미암아 참된 지식을 얻어야 할 때이다. 그리하여 너는 오직 너의 사회적 가치(社會的價値)를 향상시킴에 힘써야 한다. 이 사회적 가치를 떠난 그야말로 교환가치(交換價値)를 향상시킴에만 몰두한다면 너는 낙오자요 퇴폐자이다. 이것은 결코 너를 상품시 혹은 물건시 하는 데서 하는 말이 아니요, 사람이란 인격상 취하는 방면도 이러한 두 방면이 있다는 것을 네게 알려주고자 함이다.

(『신가정』, 1935. 2)

<거룩한 이의 죽음>
이광수

一[일]

깍깍 하는 장독대 모퉁이 배나무에 앉아 우는 까치 소리에 깜짝 놀란 듯이 한 손으로 북을 들고 한 손으로 바디집을 잡은 대로 창 중간에나 내려간 볕을 보고 김씨는,

『벌써 저녁때가 되었군!』

하며 멀거니 가늘게 된 도투마리를 보더니, 말코를 끄르고 베틀에서 내려온다.

『아직도 열 자나 남았겠는데.』

하고, 혼잣말로,

『저녁이나 지어 먹고 또 짜지.』

하며, 마루에 나온다. 마당에는 대한 찬바람이 뒷산에 쌓인 마른 눈 가루를 날려다가 곱당게 뿌려 놓았다. 김씨는 마루 끝에 서서 눈을 감고 공손히 치마 앞에 손을 읍하면서,

『하느님, 우리 선생님을 도와 주시옵소서. 모든 도인을 도와 주시옵소서. 세월이 하도 분분하오니, 하느님께서 도와 주시옵소서. 선생님께서 이곳에 오신다 하오니, 아무 일이 없도록 도와 주시옵소서. 어서 우리 무극 대도가 천하에 퍼져서, 포덕천하, 광제창생, 보국안민하게 하여 주옵소서.』

하고는, 연하여 가는 목소리로,

『지기금지 원위대강, 시천주 조화정, 영세불망만사지.』

세 번을 외우더니, 번쩍 눈을 뜬다. 또 까치가 장독대 배나무 가지에 앉아 깍깍 하고 짖다가 바람결에 불려 떨어지는 듯이 날아간다.

김씨는 무슨 크고 무서운 일을 앞에 당하는 듯한 기다려지고도 조심성스러운 생각으로 가만히 안방 문을 열었다. 아랫목에는 젖먹이 딸이 숨소리도 없이 잔다. 김씨는 가만가만히 그 옆으로 가서 허리를 굽혀 어린 아기의 자는 얼굴을 보며, 또 눈을 감고 짧은 기도를 올린다. 어린 아기를 충실하게 보호해 주시고, 자라서 도를 잘 닦는 사람이 되게 하여 달란 뜻이다. 그러고는 윗목 조그마한 항아리에서 됫박으로 쌀을 퍼내어 큰 바가지에 옮기고, 거기서 쌀 항아리 위에 놓였던 숟가락으로 세 술을 떠서 벽에 걸어 놓은 두멍에 넣더니, 빙그레 웃으면서 또 한 술을 떠 넣는다. 김씨는 이제부터 갓난이 몫으로 한 숟가락 더 뜨게 된 것이 기뻤다.

김씨가 솥에 쌀을 일어 안치고 불을 살라 넣으려 할 적에 남편 박 대여가 수염에 허연 얼굴을 달고 들어오더니, 부엌 문으로 아내를 들여다보며 입이 얼어서 분명치 아니한 목소리로,

『여보, 선생님께서 오늘 밤에 오신다는구려. 거기서도 어떤 사람이 영문에 꽂아서 새벽에 떠나셨는데, 오늘 새벽에 하등집에 오셨다고, 그래서 오늘 해만 지면 거기서 떠나셔서 이리로 오신다고 기별이 왔소.』

하며 토수 속에 넣었던 손으로 수염의 얼음을 땄다. 김씨는 부지깽이를 놓고 일어나면서,

『에그, 이 추운데, 선생님께서 얼마나 고생이 되실까? 여기 오셔나 아무 일도 없었으면 좋으련만…….』

하고 눈물이 괸다.

『베틀은 낳았소?』

하는 남편의 말에 김씨는,

『어떻게 낳아요. 아직도 열 자나 남았는데. 그래도 끊어버리지요. 그까짓 게 무엇이게. 이번에 척수를 좀 길게 잡아서 짠 것도 바지 저고리 한 벌은 되어요. 그걸로 선생님 옷이나 한 벌 지어 드리면 그만이지요……. 그런데 사랑은 다 발랐어요?』

『바르느라고 했지마는, 불을 때 보아야.』

『선생님은 안방에 계시게 하지요?』

하고 아내가 묻는다.

『글쎄, 함께 오실 이가 다섯 분이나 될 터인데…… 선생님과 해월 선생님은 건넌방을 내어드려서 계시게 하고, 다른 이들은 안방에 계시게 하고, 우리들이 아이들 데리고 사랑에 있게 하지.』

하고 동의를 구하는 모양으로 눈물 괸 아내의 얼굴을 쳐다본다. 아내는 치마 고름으로 눈물을 씻더니,

『나도 그렇게 생각했어요.……어떡허면 선생님을 좀 편히 계시도록 하나?』

하고 다시 불은 땐다.

남편은 안방으로 들어가 의관을 벗고 나오더니, 비를 들고 마당 쓸기를 시작한다. 섬돌 밑과 담 밑과 마루 밑까지 얼어 붙은 티검불을 빡빡 긁어 가며 쓴다. 쓰는 대로 바람이 한 번 지나가면 또 눈 가루를 갖다가 뿌린다. 마치 귀한 손님을 맞기 위하여 하늘이 이 가난한 집마당에 옥 가루를 뿌려 주는 것 같다.

대문 밖에서 쿵쿵 하는 발자취 소리가 나더니, 여남은 살 된 총각 아이가 뻘겋게 언 주먹으로 두 눈에 눈물을 씻으며 무어라고 중얼거리면서 뛰어 들어와서, 동정을 구하는 듯이 부엌 문 밖에 가 선다. 불을 때던 어머니는,

『정식아, 넌 왜 우느냐. 또 아이들이 무어라든?』

하며, 일어나 아들의 머리에 묻는 눈 가루를 떨어 준다.

아들은 우는 소리로,

『또 그놈의 자식들이 응응응응응, 동학장이라고 그래, 응응.』

『그놈의 자식들이라고 그래선 못 쓴다. 그 아이들이라고 그래야지.』

『그까짓놈의 자식들, 때려 죽일테야. 남을 가지고 동학장이라고. 이제, 이제, 원님이 목 베어 죽인다고…… 깍장이놈의 자식들!』

하고 아들은 조그마한 주먹을 발끈 쥐어 내어흔든다. 어머니는 측은한 듯이 아들을 끌어 들여 아궁이에 불을 쬐게 하면서,

『정식아, 그러면 어떠냐. 다른 아이들이 무에라고 하든지 너는 가만히 있으려무나. 너만 가만히 있으면 저희들도 그러다가 말지. 동학장이라면 어떠냐, 동학장이니깐 동학장이라지. 동학장이가 좋은 말이다. 응, 이제 오늘 성생님이 오시면 너를 귀애해 주시구 복 빌어 주시구 할텐데, 무슨 걱정이야. 자, 들어가, 갓난이 깼나 보아라. 그러고 안방 깨끗이 치어라, 응.』

하고, 정식의 등을 두드린다. 정식은 어머니 말에 위로가 되었는지, 아무 말도 없이 안방으로 들어간다. 정식은 아직도 자는 갓난이 곁에 쭈그리고 앉아서 어린애 어르는 모양으로 헛바닥으로 두어 번 딱딱하더니, 자는 아기가 대답이 없으므로, 가만히 일어나서 비를 찾아 방을 쓴다.

二[이]

밤은 차차 깊어 간다. 바람은 자고 천기는 고요하다. 구름 한 점 볼 수 없는 하늘에는 초생달도 벌써 넘어가고, 별만 수없이 반작거린다. 이 산골 몇 집 안되는, 그 것도 띠엄띠엄 떨어져 있는 눈에 쌓인 농가에서는 그도 설범을 만드느라고 다듬이 소리들이 들리나, 깜빡깜빡하는 등잔 밑에는 짚세기 삼는 젊은 농부들의 담배를 피우고 웃고 떠들던 소리도 차차 줄어 간다. 총도 아니 낸 짚세기들을 차고 각각 자기 집으로 흩어지느라고 담뱃불들이 반짝거리고, 발자취 소리와 두런거리는 소리에 개들의 졸린 듯한 짖는 소리가 난다. 이윽고 조그만한 방문들이 혹은 남편을, 혹은 아들을 맞아들이는 소리가 그윽히 들리고는, 천지가 다시 고요해지고 만다. 개들도 다시 부검지 속에 코를 박고 잠이 들었고, 반짝반짝하는 등잔불들도 하나씩 하나씩 눈을 감기 시작한다. 고요함이, 어두움이 이 가엾은 생명들이 들어 조는 조그마한 보금자리들을 꼭 품에 껴안았다. 오직 죄 없고 욕심 없는 꿈들이 이 집에서 저 집으로 발자취도 없이 살금살금 다닐 뿐이다.

이때에 촌 중 맨 끝 산 밑에 앉은 박 대여의 집에서만 불이 반짝거리고, 부엌에서 아름이 넘는 김이 무럭무럭 나온다. 저녁을 먹고 나서 아이들은 사랑에 재우고 내외는 안방 건넌방을 깨끗이 치이고, 거미줄과 먼지까지 떨어내고 때문은 장판이 닳도록 걸레를 치고, 후끈후끈하게 불을 때이고, 꼭꼭 쌓았던 이부자리를 있는 대로 내어 아랫목에 깔아 녹히고, 지금은 닭을 잡고 무를 삶고 쌀을 일어 안치고, 선생님 일행이 오기만 하면 곧 국밥을 지어 드릴 준비까지 다하여 놓았다. 대여는 눈 묻은 나뭇단을 옆구리에 껴다가 부엌에 넣고 내외가 무슨 이야기를 두어 마디 하더니, 부엌 문을 닫고 나와 안방으로 들어간다.

안방 한가운데는 소반을 놓고 백지를 깔고, 그 위에 새로 닦은 주발에 청수 한 그릇을 떠 놓았다. 내외는 분주히 새 옷을 내어 갈아입고, 의관을 정제하고, 청수상 앞에 북향으로 가지런히 앉아, 공손히 고개를 숙이고 이윽히 앉았더니, 남편이 고개를 들어 하늘을 우러러보며 떨리는 목소리로,

『하느님! 우리 선생님을 도와 주시옵소서. 우리 무극 대도대덕이 천하에

퍼져서 포덕천하, 광제창생, 보국안민의 대원을 이루게 하시옵소서. 처음으로 우리 동방조선을 밝히사, 이 후천 오만년 무극대도가 천하에 빛나게 하시옵소서. 지금 무지한 사람들이 이 무극대도를 훼방하고, 선생님을 지목하여 해하려 하오니, 하느님께서 우리 선생님을 도와 주시옵소서.』

할 때에, 김씨도 정성스럽게 여러 번 고개를 숙인다. 대여는 더욱 소리를 높이고 떨려,

『하느님, 지금 선생님이 세상을 떠나시면 어리고 어린 동서불변 우리 무리들이 어찌하오리까. 될 수 있사옵거든 저와 같이 값 없는 목숨을 선생님 대신으로 바치게 하여 주시옵소서. 저 같은 것은 죽더라도 그만이어니와, 우리 선생님을 보호하여 주시옵소서.』

하고 말이 맞기 전에 목이 메고 눈물이 흐른다. 김씨도 마음 속으로,

『우리 선생님을 보호하여 줍소서. 제 목숨으로 선생님 목숨을 대신하게 합소서.』

하며 남편을 따라 운다. 한참 동안 말이 없고, 오직 두 내외의 가슴이 들먹거릴 때마다 새로 풀해 다린 옷이 바삭바삭 소리를 낼 뿐이다. 등잔불이 창틈 바람에 꺼질 듯 꺼질 듯하다가 바로 선다. 두 사람은 눈을 떴다. 눈물에 젖은 눈에 네 별 모양으로 맑은 빛을 발한다. 네 눈은 거울같이 차고 맑은 청수를 들여다본다. 청수는 몇 천길인지 모르게 깊은 것 같다. 헤아릴 수 없는 천지의 신비를 간직한 것이다.

두 입이 열리더니, 느리고 가는 목소리로,

『지기금지 원위대장
시천주 조화정
영세불망 만사지,
지기금지…….』

하고 울려나온다. 남성과 여성이 합한 두 목소리가 높으락낮으락, 합하다가 갈렸다가, 끊이락이으락 영원히 끊일 때가 없을 것같이 울려나온다. 등잔불도 곡조를 맞추어 흔들리는 것 같고, 청수에도 곡조를 맞추어 사람의 눈으로는 알아볼 수 없는 가는 물결이 이는 듯하다.

『……시천주 조화정
영세불망 만세지
지기금지 원위대강,
시천주 조화정…….』

끝 없는 주문의 소리가 끝없는 사슬을 이룬다. 이따금 주문 중에서 한 구절이 반향 모양으로 공중에서 울린다. 마치 멀리서 멀리서 울려 오는 종 소리의 여운(餘韻) 모양으로 어디선지 모르게「시천주 조화정」하고 울려올 때마다 내외는 외던 소리를 잠깐 쉬고 귀를 기울인다. 그러다가는 다시 아까보다도 더 소리를 가다듬고 더 마음을 엄숙히하여,

『지기금지 원위대강
시천주 조화정
영세불망 만사지
지기금주…….』

하고 소리를 합하여 외다 그러느라면 또 공중으로서「시기금지 원위대강」하고 쟁쟁하게 울려 온다. 내외는 다시 소리를 끊고 귀를 기울인다. 그러면 여전히 먼 곳에서 울려 오는 종 소리 여운 모양으로,

『지기금지 원위대강…….』

하고 끊이락이으락 울려 온다. 내외는 다시 소리를 가다듬어 외기를 시작한

179

다. 외면 외울수록 공중으로서 울려 오는 소리는 더욱 맑고 더욱 커진다.

졸던 천지는 두 내외의 깊고 깊은 정성으로 외는 주문 소리에 깨어, 그 주문에 화답하는 것이다. 하늘에 모든 별들과 땅에 모든 산천과 초목이 다 지금 고개를 숙이고 무릎을 굽혀 이 내외의 주문에 화답하는 것이다. 두 내외의 주문 외는 소리가 높아지면 높아지는 대로 낮아지면 낮아지는 대로 천지의 울리던 소리도 높으락낮으락한다.

온 천지는 소리에 찼다 ——.

『지기금지 원위대강

시천주 조화정

영세불망 만사지.』

온 천지는 이 소리로 찼다. 그러고 두 내외는 천지의 한복판에 우뚝 선 쌍기둥이다. 천지는 이 쌍기둥으로 버티어져 있다. 만생령이 이 쌍기둥의 버팀 밑에서 평안한 잠을 이룬 것이다. 그러나 그네는 그런 줄 모른다. 마치 어머니 품에 안겨 자는 아기가 어머니의 품이길래 이렇게 편한 줄을 모르는 것과 같다. 오늘 밤에 두 내외는 하느님이다. 하느님이 되어 천지를 다스리는 것이다.

두 내외에 입에서는 주문 외는 소리가 그쳤다. 눈은 반쯤 떠 어디를 바라보는지 모르게 바라보고 있다. 그 눈앞에는 천지가 환하게 보인다. 일월성신이 보이고, 산천초목이 보이고, 모든 짐승들이 보이고, 그리고는 만국만민이 도탄 중에 피로와하는 양이 보이고, 사람들이 가난과 어두움과 허욕으로 서로 시기하고 질투하는 양이 보이고, 그 가운데 하얀 옷을 입은 어른이 우뚝 선 것이 보인다. 내외는 「선생님이시다!」하며 고개를 숙인다.

두 내외는 다시 소리를 내어,

『포덕천하 광제창생 보국안민지대도,

무극대도대덕

지기금지 원위대강…….』

하고 외기를 시작한다.

『꾀꼬요!』

하고 첫닭의 소리가 난다.

두 내외는 깜짝 놀란 듯이 일어났다. 대여는,

『오실 때가 되었으니, 나가 보아야.』

하고 문고리를 잡으며,

『나가서 불 때오.……아마 지금 동구에 들어오시겠소.』

하며 밖으로 나간다. 김씨도 부엌으로 나가 아궁이에 불을 사르고 인적 나기만 기다려 이따금 귀를 기울인다.

마당에서 나는 인적 소리에 김씨는 부지깽이를 던지고 뛰어나왔다. 마루에 걸터앉아 눈문은 신발을 끄르는 이가 어두운데 보아도 분명히 선생님이다. 그 중키나 되는 키, 너름한 얼굴, 한 번 밖에 뵈온 일이 없건마는 분명히 선생님이다. 이렇게 생각하고 김씨는 다시 부엌으로 들어갔다.

『선생님이 무사히 오시기는 오셨다.』

하고 김씨는 한시름 놓는 듯한 가벼워진 마음으로 상을 보기 시작한다. 밥도 넘었고 국도 끓었다.

『여보, 들어와 선생님께 인사 드리고 나오오.』

하는 부엌 문을 여는 남편의 말에 김씨는 행주치마를 벗어 그것으로 손을 씻으면서,

『해월 선생님도 오셨어요?』 한다.

『해월 선생님은 다른 집으로 돌아오신다고 정 접주하고 김 접주, 또 박 접주 그렇게만 오셨어요. 다들 인사하시오. 선생님은 뵈면 알지?』
하고 대여는 부엌 문에 비켜서 아내 올라올 길을 내면서 묻는다.
『그럼 알고말고요.』
한다. 대여가 앞서고, 김씨는 뒤를 따라 안방으로 들어왔다. 선생님은 아랫 목에 다른 이들은 발치로 돌아앉았다. 모두 피곤한 모양이 보이나, 선생은 무엇을 생각하는 듯이 눈으로 정면을 바라보고 있다. 내외가 들어온 것을 보고 선생이 일어나고, 다른 사람들도 따라 일어난다. 김씨는 선생 앞에 엎 드려 절을 드렸다. 선생도 마주 엎드려 절을 받았다. 다른 이와는 다만 상 읍만 하고 각각 자리에 앉았다. 선생은 김씨더러 앉으라 하며,
『그렇게 신심이 독실하시고, 또 나를 위해서 그처럼 애를 쓰시니, 고맙소 이다.』
한다. 김씨는 다만 고개를 숙이고 마음 속으로 「선생님」할 뿐이었다.

三[삼]
선생님이 와서부터는 밤을 새어 외고 기도를 하고 틈틈이 선생의 가르침이 있고, 그러고는 해가 뜬 뒤에야 모두 잠을 잤다. 낮에도 자지 못하는 이는 오직 선생과 대여뿐이다. 선생은 제자들이 잠이 든 뒤에는 혼자 청수상앞에 앉아서 무엇을 가만히 생각하였다. 대여는 양식과 나무를 구하여 들이느라 고 거의 날마다 밖에 나갔다.
이렇게 기도로 밤을 새운지 닷새 되던 날, 눈 많이 오는 밤이었다. 선생은 제자들을 데리고 주문을 외다가, 밤이 깊어 첫닭이 울 때가 멀지 아니한 듯 할 때에 선생이 주문을 뚝 끊고,
『저것을 보오!』
한다. 제자들도 주문 읽기를 그치고, 선생이 보라는 데를 보았다. 네 제자 는 일제히 몸을 흠칫하고 뒤로 물러앉으며 놀람과 무서움으로 말이 막혔다. 선생은 빙그레 웃으며,
『그만 것을 보고 놀라오? 천지가 무너지더라도 움직이지 않도록 수심정기 를 하는 공부를 해야 되오! 장차 그대네는 저보다도 더욱 참혹하고 무서운 양을 볼 것이요. 또 봄소 당할 것이요. 나라를 고치고 창생을 건지는 일이 쉬운 줄 알지 마오! 선천 오만년의 나라이 무너질때에 천지가 회명하고 죄 인과 의인이 피가 강물같이 흐를 것이요. 그대네는 저 광경이 무엇인지를 보오.』
하며, 극히 엄숙한 낯빛으로 제자들을 본다. 김 덕원이가 떨리는 소리로,
『네, 못 볼 리가 있읍니까. 운무가 자옥한 속에 사람들이 칼과 창으로 서 로 찌르고 쫓고 물어 뜯어, 바로 그 피비린내가 코에 들어오는 것 같습니 다. 저것 봅시오. 저 키 크고 뚱뚱한 한 사람이 어린 아이를 거꾸로 들고 배를 가릅니다. 선생님 살려 줍시오!.』
하고 기절할 듯하다가 겨우 정신을 진정하는 모양이다.
선생은 황망하여 하는 김 덕원의 어깨를 손으로 만지며,
『아아, 마음이 서지 못한 자여!』
하고 한탄하다가 덕원이 정신을 진정히는 깃을 보고 힘있는 목소리로,
『저것이 이 세상이오, 서로 죽이는 것이. 사람들은 각각 몸에 창과 칼을 지니고 다니다가, 기회만 있으면 서로 죽이려는 것이 이 세상이오. 그대는 우리가 사는 이 나라와 동서양 모든 나라가 다 저 모양으로 서로 찌르고 찢 는 양을 못 보았소. 그러나 그대네의 눈이 열리는 날은 천하 이르는 곳마다

181

저 광경을 알아볼 것이오. 아아, 가엾은 창생이여!』

하고 선생의 눈에는 눈물이 흐른다. 제자들도 무서움이 차차 변하여 세상을 위한 슬픔이 되어 선생을 따라 울었다.

『우리네가 울 일이 천하에 없거니와,』

하고 선생은 눈물을 거두며,

『창생이 도탄 속에 든 것을 볼 때에는 통곡하지 아니 할 수 없소. 이 창생을 보고 통곡할 줄을 모르는 이는 천성을 잃어버린 이요. 그대네는 무슨 일에나 놀라지도 말고, 겁내지도 말고, 두려워하지도 말되, 오직 창생을 위하여 울으시오. 이것은 성인의 마음이요.』

『선생님!』

하고 박 대여가 느끼는 목소리로,

『선생님! 저 창생이 왜 저렇게 서로 죽입니까. 어찌하면 저 창생을 구제합니까?』한다.

『사람이 하늘을 잊어버린 까닭이요. 모든 사람이 다 높으신 하느님을 잊어버린 까닭이요. 악한 사람들이 정사를 잡아 백성을 악하게 인도하는 까닭이요. 그러므로 창생을 구제하는 길이 오직 하나이니, 곧 사람들에게 하늘을 깨닫게 하는 것이요. 내가 이 세상에 온 것이 이 소리를 전하고 가르침을 주려 함이요. 그대네는 천하 만국만민에게 이 소리를 전하여 그네를 구제할 첫 사람들이요…….』

하고 이윽히 앞에 나타난 피 흘리는 광경을 노려보더니, 문득 노하는 빛을 발하고, 문득 슬픈 빛을 발하다가, 다시 화평한 낯빛이 되며,

『내가 세상을 떠날 날이 가까왔소 포덕천하 광제창생의 오만년 무극대도를 그대네들에게 맡기고 가는 것이니 그대네들은 하늘의 뜻을 어그리지 마시오!』

하고 창연한 빛을 보인다.

『선생님!』

하고 덕원이 선생의 팔을 잡으며,

『선생님께서 세상을 떠나시면 저희는 누구를 믿습니까. 저 불쌍한 창생을 건지시지 아니하고, 선생님이 어떻게 가십니까. 내일이라도 선생님이 나서십시오. 우리 도인이 지금 만명이 넘으니 이 만명을 거느리고 일어나면, 모든 탐관오리배를 다 없이하고 새 나라를 세울 것은 여반장입니다. 이제라도 곧 명령을 내리십시오. 그리하면…….』

하고 김 덕원은 자못 흥분하여 그 뚱뚱한 얼굴에 피가 오른다. 선생은 가만히 듣고 있더니, 덕원의 말을 막으며,

『때가 있소! 때가 있소! 아직은 그러할 때가 아니요!』한다.

『그때가 언제옵니까?』

하고 제자 중에 하나이 묻는다.

『그때는 아는 이가 없소. 다만 조선 방방곡곡이 하느님을 부르고 새 나라를 세우자는 우리가 굳게 뭉쳐 한덩어리가 되거든 그때가 가까와 온 줄 아시오. 그러나 사람들의 마음이 급급하여 그때가 이르기 전에 많이 경거망동을 하리다. 그것은 오직 인명만 많이 살해하고 하늘이 주시는 때를 더디게만 할 뿐이니, 그대네는 크게 삼가야 할 것이요. 장차 「때가 왔다 때가 왔다」하고 백성을 선동하는 자가 많이 나려니와 그래도 흔들리지 마시오. 장차 왼 천하가 물끓듯하고 나라와 나라가 서로 싸우며 백성들이 일어나 서로 다투고 피를 흘리려니와 그런 일을 보거던 때가 가까와 온 줄 아시오. 그러나 천하를 구제하는 것이 우리 동방 조선에서 시작될 것이니 우리 동방 조

선에 하늘을 부르는 소리가 방방곡곡에 들리고 큰 슬픔과 재앙이 임하여 백성이 물끓듯하며, 하늘이 부르는 소리가 뭉치어 한 덩어리가 되거든, 때가 이른 줄 아시오. 그때에 천시(天時)가 우리에게 있고 지리(地利)가 우리에게 있고, 인화(人和)가 우리에게 있으니 우리의 큰 운수를 막을 자가 없을 것이오. 그대네는 그때를 바라고 기뻐하시오! 그때를 준비하느라고 도를 닦고 덕을 펴시오. 정성스럽게 주문 외는 한 소리가 천하 만민의 마음을 한 번 흔들 것이요, 진실한 도인 하나 얻는 것이 천하를 구제하는 일에 가장 큰 공덕이 될 것이요!』

하며 선생은 더욱 소리를 가다듬어 제자들을 돌아보며,

『그대네의 맘 문이 열리지 아니하였으니, 내가 말을 한들 무엇하겠소. 천하를 구제할 오만년 무극대도를 불로 이득할 줄로 알지 마오. 그대네가 성심수도할 양이면, 알지 못할 것이 무엇이며, 하지 못할 일이 무엇이겠소? 그대는 하느님이요, 천지를 지은 이도 하느님이요, 천지를 다스리는 이도 하느님이니, 하느님은 곧 나요, 그대네요. 아아, 성심수도하여 도성덕립하는 날에 모를 일이 무엇이며, 못할 일이 무엇이겠소? 이 일을 알았다면 요만한 나 한 몸이 간다고 무슨 근심이요?』

제자들은 아무 말이 없다. 김 덕원도 말이 없이 무엇을 생각하는 듯이 눈을 감았다. 아주 고요하다. 다만 등잔불이 춤을 추어 사람들의 그림자를 흔들 뿐이다. 새벽이 가까와 온 방 안에 찬 김이 돈다. 선생과 제자 다섯 사람은 마치 부처 모양으로 움직임이 없다. 오직 그네의 눈들이 불같이 빛날 따름이다.

이윽고 언제 시작되는지 모르게 주문 외기가 시작되었다. 그 소리는 아까보다 더욱 엄숙하고 신비하였다. 박대여의 소리는 우는 듯이 떨리고 김 덕원의 소리는 호령하는 듯하였다. 이때에 다섯 그릇 청수에는 얼음이 얼었고, 정수를 받쳐 놓은 백지에는 광제창생, 보국안민의 여덟 자가 또렷또렷이 나타났다. 닭이 두 홰를 운 때에 해월이 왔다. 해월은 선생님께 인사를 드리기가 바쁘게,

『선생님, 곧 피하셔야 하십니다. 대구 영장 정 귀룡이가 삼십명 나졸을 데리고 아침나절로 이곳에 올 것입니다. 대구 도인이 밤도와 와서 전하는 말씀인데 잠시를 지체할 수가 없습니다.』

한다. 모두 눈이 둥그레졌다. 선생은 해월더러 자기 곁에 앉으라 하며,

『해월이 오기를 기다리고 있었소.』

할 때에, 모든 제자들은 선생의 입에서 무슨 말이 나오는가 하고 숨도 못 쉬고 무릎 걸음으로 한 걸음씩 선생 곁으로 다가앉았다. 선생은 결심한 듯한 어조로 입을 열어,

『김 덕원은 지금 떠나 전라도로 가시오. 가느라면 자연 알 도리가 있으니, 아까 한 말만 명심하고 전라도로 가시오. 가서 할 일은 장황하게 내가 말할 필요가 없으니, 오직 성, 경, 신으로 하느님의 시키시는 대로만 하시오..』

하고, 김 덕원의 손을 잡으며,

『자, 이것이 이 세상의 이별이요. 그러나 하늘에서는 한 가지로 있을 것이니, 슱어 말고 곧 떠나시오!』

하며 김 덕원을 일으킨다.

덕원은 일어서기는 하였으나 어쩔 줄을 모르는 듯이,

『선생님! 선생님!』

하고 말이 막힌다.

선생은 김 덕원의 등을 어루만지며,

『장황하게 말할 때가 아니요. 가라면 가시오. 창생을 구제하려는 무리의 행색이 마땅히 이러할 것이요. 자, 가시오!』

하고 문을 가리킨다. 김 덕원은 눈물을 머금고 선생께 절한 뒤에 여러 제자들의 손을 잡고 문 밖으로 나간다. 모든 제자들의 얼굴에는 비창한 빛이 보인다. 다른 제자들도 다 이 모양으로 혹은 충청도로, 혹은 경기도로 떠내보내고, 나중에 해월의 손을 잡고,

『해월! 오만년 무극대도를 해월에게 맡기고 가오. 이것은 내 뜻이 아니라, 곧 하느님의 뜻이니, 전에 전한 말을 명심하시오. 그대의 할 일과 그대의 장래는 그대가 스스로 다 알 날이 있을 것이니, 아직 몸을 피하여 태백산으로 가시오. 무슨 부탁할 말이 있겠소마는, 북방에 우리 일할 인물이 많이 날 것을 명심하시오..』

할 때에 닭이 자주 울기 시작한다. 선생은 해월의 등을 어루만지며,

『자, 때가 급하니, 어서 가시오. 내가 세상을 떠나기 전에 다시 만날 기회가 있을 것이요!』

하고 떠나기를 재촉한다.

해월은 눈물을 머금고,

『선생님! 한 번만 더 피하실 수 없읍니까?』

하고 애걸하는 모양으로 선생의 얼굴을 쳐다본다. 선생은 적이 노하는 빛을 발하며,

『천명(天命)! 천명(天命)! 천명을 모르오? 어서 가시오!』

한다. 해월은 다시 말이 없이 선생께 절하고 대문을 나섰다.

선생은 박 대여를 불러 오늘 하루만 피하면 일이 없을 것이니, 아무 데로나 피하라 하고, 당신은 다시 집에서 초를 내어 쌍불을 켜 놓고 냉수로 목욕을 한 후에 청수상 앞에 앉아 잠자코 무엇을 생각한다.

대여는 사랑에 나와 아내더러 선생의 하는 일과 말을 전하고 서로 붙들고 울다가, 가만가만히 안으로 들어와 창 밖에서 선생의 동정을 엿보았다. 선생은 그린 듯이 앉았다. 춤추는 쌍 촛불에 선생의 여윈 얼굴이 해쓱하게 보이고, 가끔 길게 한숨 쉬는 소리가 들릴 뿐이다. 대여 내외는 참다못하여 소리내어 울었다. 그러다가,

『천명, 천명, 때가 왔으니, 어서 피하오!』

하는 소리에 대여는 창 밖에서 선생께 절하고 대문을 나섰다. 아직도 어둡다. 그러나 차마 멀리 가지 못하고 뒷산으로 올라갔다. 산 중턱을 다 오르지 못하여 동네에 개 짖는 소리가 나므로, 바위 뒤에 숨어 가만히 귀를 기울인즉, 사람들의 떠드는 소리가 나더니, 이윽고 자기 집에서 무에라고 지껄이고 욕설하는 소리가 들린다. 대여는 정신없이 눈위에 펄쩍 주저앉았다.

『아아, 선생님!』

하고 혼자 목이 메어 울었다.

환하게 될 때에 선생은 삼십명 대구 영문 나졸들이 선생을 뒷짐을 지어 끌고 전후 좌우로 옹위하고 동구로 나가는 양이 보였다.

『천명, 천명!』

하고 선생의 하던 말을 외면서, 대여는 선생의 잡혀간 뒤를 따랐다.

四[사]

동학 선생이 어느 날 죽는다는둥, 벌써 몰래 죽였다는둥, 그런 것이 아니라 동학 선생이 조화를 부려 벌써 옥에서 나와서 멀리로 달아났다는둥, 또 이제 동학군들이 군사를 일으켜서 대구 감영으로 쳐 들어온다는둥, 대구 백

성들간에는 정초부터 모여만 앉으면 이야기를 하게 되었다.

선생이 서울로 잡혀가던 날에 철종 대왕 국상이 나서 대구 영문으로 압송된지가 벌써 두 달이나 넘었다. 이 두달 동안에 대구 감영에는 이 일 밖에 없는 듯하였다. 감사 서 헌순(徐憲淳)은 이 일로 하여 잠을 못 잔 것도 여러 번이다. 조정에서는 나날이 독촉이 왔다. 그러나 스물 두 번이나 혹독히 심문을 하여도 선생은 감사에게 만족한 대답을 하지 아니하므로, 감사는 어찌할 줄을 몰랐다.

처음에는 감사는 선생을 우습게 알았다. 동학이란 말을 못 들은 것은 아니었으나, 그 선생이란 아마 무슨 요술로 혹세무민이나 하는 자로만 알았으므로, 몇 번 호령이나 하고 형문깨나 때리면 굴복할 줄 알았던 것이, 여러 번 심문을 하면 할수록 동학 선생이라는 이가 결코 범인이 아닌 줄을 알았다. 그 범할 수 없는 위엄, 그 동하지 않는 신색과 태연한 태도, 이따금 추상같이 꾸짖는 소리, 그런 것을 보면 볼수록 감사는 점점 선생에게 대하여 무서운 생각이 나고 놀래는 생각이 났다. 이렇게 무엇이라고 형언할 수 없는 무서움이 있는 외에 이 사람을 죽여서 천벌이 없을까. 또 동학의 도당이 많다는데 몸에 해나 없을까 하는 제 몸에 대한 무서움이 있어서 이제는 심문하는 것조차 싫어지고 무서워졌다. 자다가도 여러 번 가위눌렸다.

더구나 오늘 심문에 그 요란하고 무서운 소리 큰 산이 무너지는 듯도 하고 벼락을 치는 듯도 한 소리를 들을 때에는 정신이 아뜩하여져서, 아직까지도 가슴이 울렁울렁한다. 그게 무슨 소릴까. 형졸들은 그것이 죄인의 다리 부러지는 소리라 하였고, 또 그 다리 부러진 것과 거기서 피가 콸콸 솟던 것까지 눈으로 보기까지도 하였건마는, 그것이 다만 다리 부러진 소리뿐이었을까. 아아, 무서운 소리!

그 소리보다도 그렇게 몹시 맞아 다리가 부러지건마는 눈도 깜박하지 아니하고 태연히 감사를 쳐다보며,

『나는 무극대도를 천하에 펴서 창생을 구제하고자 함이니, 이 도가 세상에 난 것은 하늘이 명하신 바요, 또 내가 이 몸을 도를 위하여 죽여 덕을 후천 오만년에 퍼게 하는 것도 하늘이 명하신 바니, 공은 맘대로 하오!』

할 때에는, 감사도 모골이 송연하여 등골에 얼음 냉수를 끼얹는 듯하였다. 그래서 다시 심문할 생각이 없어서 옥에 내려 가두라 하고, 자기는 안으로 뛰어 들어가 자리에 누워 저녁도 굶고 지금까지 누웠다.

밤은 깊었다. 초어스름에 시작한 비가 점점 큰비로 변하여 낙수 떨어지는 소리가 요란하고, 바람까지 일어 풍경 소리가 미친 듯하고, 문이 흔들리며 가끔 가다가 무서운 우뢰 소리와 함께 줄번개가 재우친다. 감사는 가만히 고개를 들어 무엇을 생각하는 듯 듣는 듯하더니, 방자를 불러 옥에 가서 동학 선생의 동정을 보고 오라 한다.

방자가 나간 후에 감사는 일어나 서안을 대하여 앉았다. 그는 생각하였다. 그렇게 다리가 부러지고도 오늘도 태연히 앉았을까. 그렇게 피가 많이 나고 뼈가 부서졌으니, 아마 벌써 옥중에서 죽었을는지도 모를 것이다. 만일 아직도 살아 있다 하면, 그는 사람이 아니요 신이다. 그렇다 하면 내가 다시 그의 몸에 손을 대지 아니할 것이니, 나는 내일로 곧 장계를 올려 벼슬을 버리고 서울로 가리라,

이러한 생각을 할 때에 눈 앞에 선생의 모양이 선히 나타난다. 부러진 다리에서 피가 철철 흐르면서도 태연한 태도로,

『나는 무극대도를 천하게 펴, 창생을 건지려 함이…….』

하던 모양이 보일 때에 감사는 무서움을 못 이기어 소리를 질렀다. 이윽고

마루에서,

『형리 아뢰오?』한다.

『이리 들어오너라!』

하여 형리를 불러들여,

『그래, 동학 선생이 살았느냐?』

형리는 정신을 진정치 못하는 듯한 목소리로.

『네, 동학 선생이 살았읍니다. 상사또의 분부를 듣자 옵고 옥에 갔사옵더니, 동학 선생이 촛불을 밝히고 단정히 앉아서 가만히 벽을 향하고 눈도 깜짝 아니하고 앉았읍니다.』

감사는 눈이 둥그레지며,

『그래, 아까 다리 부러진 동학 선생이 아직 죽지 않고 앉았단 말이야?』

형리는 더욱 고개를 숙이며,

『네, 촛불을 켜 놓고 가만히 앉았읍니다. 그래 소인이 문을 열고 들어가 다시 상한 것이 과히 아프지나 않으냐고 묻사온즉, 동학 선생이 고개를 돌려 소인을 물끄러미 보며, 손으로 다리를 가리키옵기로, 그 다리를 보온즉, 분명히 뼈가 꺾어지고 피가 엉키었사옵고, 앉은 자리에는 피가 흘러 땅에 얼어 붙어서 방석과 같이 되었읍니다.』

五[오]

삼월 초열흘 —— 갑자년 삼월 초열흘!

대구 장대에는 사람이 백차일 친 듯이 모이었다. 대구 감영 사람들, 사방으로서 모여 들어온 동학하는 사람들. 동학 선생이 죽는 것을 볼 양으로 아침 일찍부터 모여들었다.

날이 맑았다. 봄 안개가 먼 산을 둘렀으나, 해가 퍼지매 그것도 스러지고, 저녁나절에는 바람이 일 것을 예언하는 바람꽃이 파랗게 산을 덮었을 뿐이다. 밤새도록 퍼부은 봄비에 땅을 흠씬 젖고, 하루 아침에 수없는 풀움이 뾰족뾰족 나왔고, 먼저 나왔던 풀들은 못 알아보게 자랐다. 천지에는 봄 기운이 찼다. 종달이조차 벌써 떼를 지어 공중으로 오르락내리락 지저귄다. 장대에 모인 사람들의 짚신과 미투리에는 검은 흙들이 묻었다. 어떤 사람은 두루마기를 걷어찼다. 먼 곳에서 온 듯한 늙은 도인들은 사람 없는 곳을 택하여 둘씩 셋씩 쭈그리고 앉아서 사람의 눈을 꺼리는 듯이 무슨 이야기들을 한다. 멋모르는 영감, 아이들은 공연히 좋아서들 뛰어 돌아다닌다. 그러나 차차 모여드는 사람들의 수효가 늘어 갈수록 무엇이라고 말할 수 없는 불안한 기운이 사람들의 얼굴에 나타난다. 어떤 노인은 무엇을 다 아는 듯한 어조로,

『흥, 자네네들은 동학 선생이 죽을 줄 아나? 동학 선생이 어떻게 조화가 많은지 매를 맞아서 피가 흐르고 뼈가 부러졌다가도 조금만 있으면 피난 자국도 없이 아문다네. 그런 조화를 가진 사람이 죽을 줄 아나?』

곁에 섰던 벙글벙글 웃는 청년이 그 노인의 말을 비웃는 듯이

『제 아무리 조화가 있어도 그 커단 칼로 모가지를 치는데야 안 죽을 장사가 있어요? 영감님은 빈대칼로 쳐도 돌아가실걸.』

하고 웃는다.

영감님이란 이는 노연 듯이,

『우리 같은 것이야 그렇지마는, 옛날 책에는 보면 안 그런가. 임진왜란에 김 덕령이도 만고충신에 김 덕령이라고 써 놓아 준 뒤에야 목이 베어졌다네. 그리기 전에는 아무리 칼로 찍어도 까딱도 없었다고 아니했다.……내 사위가 영문에 다니는데, 내 사위 말이 동학 선생은 사람은 아니라고 그러

데. 그렇게 몹시 때려야 눈도 깜박 아니하고 감사를 똑바로 쳐다보고 앉아 맞는데, 감사가 도리어 고개를 돌리더래. 그나 그뿐인가. 때린 당장에는 피도 나지마는, 그 자리에서 나오기만 하면 글쎄 감쪽같이 된다네그려.』

『그럼, 영감님도 동학장이가 되셨구려.』

하는 다른 젊은 사람이 웃으며 묻는다.

『아니, 내야 늙은것이 동학이 무엇하며 천주학은 무엇하겠나마는, 동학 선생이 사람인즉 그렇단 말이야. 그러니까 오늘도 아무리 목을 찍어도 안 죽으리란 말이야.』

『그런데.』

하고 촌에서 들어온 듯한 어떤 중늙은이가 곁에서 이 이야기를 듣다가 노인을 보고,

『그러면 그 동학 선생이라는 사람이 무슨 못된 짓을 했나요? 왜 그렇게 조화 있는 사람을 내다 죽이려나요?』

한다. 노인은 더욱 신이 나서,

『하, 당신이 모르는구려. 동학 선생이 제자가 여러 십만명이래요. 지금 대구 감영에도 그 제자가 여러 만명 와 있지요. 그러니까 역적질이나 할까 보아서 그러지요. 그래 감사가 동학 선생더러 너 나가서 제자들을 다 헤치고 이훌랑 다시 제자도 모으지 말고 조화도 부리지 말라고, 그러면 나라에서도 너를 살려 주시려고 하신다고, 그리고 달랬지요.』

하며 노인은 자기의 모든 것을 잘 아는 것을 자랑하는 듯이 빙그레 웃는다. 이러한 이야기를 하는 동안에 사람들은 점점 이 노인 곁으로 모여든다. 노인은 더욱 신이 나서

『그런데 여간한 사람 같으면, 매맞기가 무서워라도 네그리하오리다, 하고 항복할 것 아니야. 그런데 이 사람은 없지, 없어. 조금도 굴하는 빛이 없단 말이야. 그리고는 꼿꼿이 나는 오만년 대도를 펴느라고 나라를 바로 잡고 백성을 건지는 사람으로라고, 조금도 굴하는 빛이 없단 말이야요. 그래 내 사위도, 내 사위가 영문에 다니는데, 내 사위도 영문에서 나오면 동학 선생은 참 처음 보는 사람이라고, 암만해도 범상한 사람은 아니라고 노그러지요. 그리구…….』

하고 노인이 무슨 말을 더하려 할 때에, 어디서 「동학 선생 온다」 하는 소리가 들리며 수없는 사람들의 고개가 일제히 저쪽으로 향한다. 그 노인도 말을 끊고 그리로 향하였다.

벙거지에 전복 입은 군졸들이 벽제 소리를 치며 사람들을 헤치고 장대로 들어오더니, 뒤를 이어 어떤 중키나 되는 사람 하나이 목에 큰칼을 쓰고 잔뜩 뒷짐결박을 지고 나졸 네 명에게 끌리어 들어와 너른 마당 한복판에 놓인 등상 위에 걸터앉고, 얼마 있다가 다시 벽제 소리가 나며, 감사가 영장과 모든 아전들을 거느리고 마당에 들어와 동학 선생 앉은 데서 북으로 이십보쯤하여 쳐 놓은 차일 속으로 들어간다. 사람들은 아무 소리도 없이 등상 위에 걸터앉은 큰칼 쓴 사람과 차일 밑에 드나드는 사람들의 모양만 보고 있다.

해는 낮이 되었다. 나졸들의 벙거지에 붙인 주석 장식이 번쩍번쩍한다. 이윽고 난데없는 바람이 휙 지나가며 감사의 앉은 차일이 펄렁펄렁할 때에 전명인지 모를 사람들의 몸에는 오싹 소름이 끼쳤다.

차일 밑으로서 어떤 아전이 쑥 나오더니, 등상에 걸터앉은 선생 뒤 서너 보 가량에 큰 목패 하나이 서고, 거기는 큰 글자로 「동학 괴수 최 제우」라고 썼다.

187

아전들이 감사의 차일 밑으로서 뛰어 나오더니, 나졸을 시켜 선생의 목에 씌운 칼을 벗긴다. 칼이 벗겨지자, 선생이 가만히 고개를 들어 이윽고 하늘을 바라보더니, 다시 고개를 숙인다. 그러하는 동안에 뒷짐졌던 것도 끌려서 두 팔을 무릎 위에 늘이고 몸의 자세가 발라진다. 이렇게 선생의 칼을 벗기고 뒷짐을 끄르는 나졸들이나 그것을 시키는 아전들이나 모두 무슨 무서운 일을 하는 듯이 조심조심하며 이따금 선생의 얼굴을 힐끗힐끗 볼 뿐이요, 피차에 아무 말도 없다. 선생은 무엇으로 만들어 놓은 사람 모양으로 사람들이 자기 몸을 어떻게 하는 대로 그대로 가만히 있다. 오직 그의 눈만이 어딘지 모르는 먼 곳을 바라는 듯하다. 입은 바싹 다물었다. 얼굴은 오랫 동안 옥중의 고초와 출혈로 하얗게 되었다. 오직 그의 가늘지 아니한 검은 상투 끝만이 그가 아직 늙지 아니한 건장한 사람인 것을 보인다. 흐트러진 머리카락이 하얀 이마에 늘어진 것이 극히 처량하게 보인다. 부러진 왼다리, 바지가랑이에 묻은 피가 먼 곳에서도 분명히 보인다.

감사의 차일 밑으로서 또 어떠한 아전이 뛰어 나오더니 무에라고 길게 외친다. 수없는 사람의 무리는 그 외치는 소리 편으로 고개를 돌렸다. 감사의 차일 곁으로서 어떤 웃통 벌거벗은 시커먼 사람이 상투 바람으로 작두 날을 반달 모양으로 휘어 놓은 듯한 커다란 칼을 어깨에 둘러 메고 껑충껑충 뛰어서 선생의 앞을 지나 선생 뒤 나무패 밑에 가서 칼을 짚고 선다. 사람들은 그 시커먼 사람이 메고 뛰는 칼날이 번쩍번쩍하는 양을 볼 때에 모두 한 걸음씩 뒤로 물러섰다. 아까 이야기하던 노인은 눈을 가리고 돌아섰다. 사람들 속에서 어디선지 모르게 소리를 내어 우는 소리가 난다. 사람들의 눈은 그 우는 소리로 향하였으나, 어디서 우는지 몰랐다.

또 한 번 바람결이 휙 지나가며 선생의 이마에 늘어진 머리카락이 나부낀다. 웃통 벗고 큰 칼 든 사람은 추운 듯이 몸을 흔들며 칼을 한 번 들었다 놓는다. 선생은 한 번 더 고개를 들어 하늘을 우러러보고, 먼 산을 둘러보고, 에워싼 수없는 사람들을 둘러보고, 마침내 곁에 선 나졸들을 둘러보더니, 몸을 조금 움직여 자세를 바르게 하고 처음과 같이 고개를 정면으로 향하고는 그린 듯이 앉았다. 모여 선 사람들 중에서 또 울음 소리와「선생님, 선생님!」하는 소리가 난다. 선생은 그 소리 나는 데로 고개를 돌릴 듯하더니, 도로 가만히 앉았다.

감사의 차일 밑으로서 감사와 영장과 기타 이십명이나 되는 사람들이 나오더니, 감사를 가운데 세우고 그 좌우로 읍하고 둘러 선다. 감사가 그 중에 한 사람을 불러 무에라고 몇 마디 말을 하더니, 그 사람이 빠른 걸음으로 선생의 앞에 와서 글을 낭독하는 듯한 어조로,

『죄인 동학 괴수 최○○ 듣거라. 네 요망한 소리로 사문을 어지리고 도당을 모아 인심을 요란하니, 네 죄 만 번 죽어도 마땅하거니와, 이제 금상전하의 백성을 사랑하시는 깊은 은덕으로 한 번 더 개과천선할 길을 주노니, 이제라도 네 도당을 다 흩어 양민이 되게 하고, 다시 혹세무민하는 언행을 아니하기를 맹세하면, 네 목숨을 살려 주신다고 상사또께서 분부하옵신다!』

하고 소리를 높여 닷자를 길게 뽑는다. 선생은 말이 없다. 아전은 대답을 기다리는 것이 이윽히 선생의 얼굴을 바라보고 섰더니, 그 입이 열릴 듯하지 아니함을 보고,

『만일 이러한 은덕을 받지 아니하면, 저 칼로 네 목을 베어 만민하게 보인답신다.』

하고, 또 잠깐 대답을 기다리는 듯이 선생의 얼굴을 바라보더니, 입이 열릴

것 같지 아니함을 보고, 아까 올 때와 같이 빠른 걸음으로 감사의 앞에 돌아서서, 고개를 숙이고 읍하고 무에라고 아뢴다. 감사는 잠깐 눈살을 찌푸리더니, 오른 팔을 들어 무슨 군호를 한다. 그 아전이 감사의 군호를 받아 무에라고 길게 외치니, 선생 곁에 있던 십여 명 나졸이 일제히 고개를 숙이며 「예에이」 하고 소리를 합하여 외친다. 그 중에 나졸 하나이 백지 한 조각과 냉수 한 사발을 들고 와 백지를 선생의 얼굴에 대고 입에 냉수를 물어 뿜으려 할 적에 선생은 손을 들었다.

선생의 마지막 청을 들어 나졸이 냉수 한 그릇을 새로 떠 왔다. 선생은 등상에서 일어나 흙 위에 백지 한 장을 깔고, 그 위에 냉수 그릇을 놓고, 가만히 흙 위에 꿇어 앉더니, 눈을 감고 손을 읍하고 한참이나 무엇을 생각하는 듯이 있다. 돌아선 사람들 중에도 선생 모양으로 꿇어앉는 이가 여기 저기 보이며, 어디선지 모르게 떨리는 목소리로,
『포덕천하 광제창생 보국안민지 무극대도대덕
지기금지 원위대장
시천주 조화정
영세불망 만사지.』
하는 소리가 울려온다. 선생은 일어나 한 번 더 사람들을 휘 둘러보고 등상에 앉는다.
칼든 자 칼을 둘러메고 뚜벅뚜벅 세 걸음을 걸어나와 왼편에 서더니,
『웨에이.』
하는 소리에 칼을 번쩍 머리 위에 높이 든다. 햇빛이 칼날에 비치어 흰 무지개가 선다.
『선생님! 선생님!』
하는 통곡성이 사면에서 일어난다.

(一九二八[일구이팔], 七[칠], 一[일])
(一九二三年三月[일구이삼년삼월] 《開闢》[개벽] 所載[소재])

189

<천당 가는 길>
방정환

어느 머나먼 시골에, 단 두 식구가 사는 늙은 내외가 있었습니다. 어느 날 점심 때, 다 쓰러져 가는 자기 집 문 앞에 늙은 영감님이 앉았으려니까, 어디서 오는지 좋은 말 네 마리가 끄는 훌륭한 사두 마차가 와서 우뚝 서고, 그 마차 속에서 어느 높은 지위에 있는 귀족 같은 귀인이 내렸습니다. 노인은 황망히 그 앞으로 가서 허리를 굽히면서,
"저희 같은 사람에게 무슨 이를 말씀이 계십니까? 혹시 어느 길을 찾으십니까?"
하고 공손히 물었습니다. 그러니까, 그 귀인은 친절하게 노인의 손을 잡고 공손한 말로,
"아, 아니오. 저는 여기까지 산보왔던 길에, 어른과 함께 이 곳 음식으로 점심을 먹어 보고 싶어서 왔습니다. 아무 다른 것 차리지 마시고, 댁에서 늘 잡수시는 대로 고구마로 차려 주십시오. 그러면, 어른과 함께 맛있게 먹겠습니다."
하였습니다. 노인은 너무나 황송한 듯이,
"어른께서는 백작이거나 어느 공작의 몸이 아니오니까. 그런데, 천만에 고구마 음식을 잡숫다니요. 네네, 정히 잡수시겠으면 얼마든지 차려는 드리겠습니다."
하였습니다. 뜻밖에 귀한 손님이 오셔서 주인 늙인이 내외는 무한 기뻐하였습니다. 노파는 고구마를 씻어서 껍질을 벗기고, 경단을 만들러 부엌으로 들어갔습니다. 음식 만드는 동안에 영감님은 귀인을 안내하여 밭으로 가서 구경을 시켰습니다. 그 때, 그 밭 모퉁이에 심으려고 갖다가 놓아 둔 나무

190

가 있었으므로, 영감님은 곧 괭이로 나무 심을 구덩이를 파고 있었습니다.

"이런 일에 어른의 힘을 덜어 드릴 자제가 하나도 없습니까?"

하고 귀인은 옆에 서서 물었습니다.

"네, 없습니다."

하고는 다시 말을 이어서,

"자식놈이 하나 있기는 있었는데 그 놈을 잃어버렸답니다. 벌써 오래 되었습니다. 어찌 장난이 심하고 심술궂은지 학교에를 보내도 공부는 아니하고, 동네 애들을 때리기 잘하고, 동네에서도 사자 노릇을 하더니 기어코 어디로 달아나서는 영영 소식이 없어졌습니다. 어디가서 무슨 짓을 하고 있는지요." 하면서 한편 나무를 심고, 발로 쿵쿵 밟아 다지고는, 구부러지지 말라고 그 옆에 길다란 나무때기를 꽂고 비끄러매었습니다.

"그런데……."

하고 귀인은 또 이야기를 꺼내었습니다.

"저 구석에 있는 저 나무는 줄기가 아주 흙투성이고 몹시 기울어져서, 땅에 닿게 되었는데 왜 그냥 내버려 두십니까? 그것도 나무때기를 꽂고 비끄러매지요."

"하하하, 우스운 말씀도 하십니다. 비끄러매는 것도 어렸을 적에 말이지요. 다 늙어서 아주 꾸부러진 나무를 어떻게 펴서 비끄러맵니까……."

"그러면, 어른의 아드님도 그렇지요, 어렸을 때 잘 꼿꼿하게 기르셔야지요. 그 때는 그냥 내버려 두고, 인제 탄식한들 무슨 소용이 있습니까. 지금쯤은 아주 부러진 인물이 되었겠지요."

"벌써 너무 오래 되어서 지금쯤은 퍽 변해졌겠습니다."

"얼굴 보고는 모를걸요. 그러나, 그 놈은 어깨 위에 팥알 만한 검정 점이 있으니까요."

그 소리를 듣더니 귀인은 별안간에 옷을 훌훌 벗고 어깨를 내어 보이며 달려들면서,

"아버지!"

하였습니다. 영감님도 그것을 보고,

"오오, 정말 내 아들이다!"

소리쳤습니다. 그리고는 이 때까지 쓸쓸하고 적막한 속에 파묻혀 서 있던 사랑의 정이 가슴에 샘솟듯 솟아서,

"그런데, 어떻게 잘 되었니, 응? 어떻게 해서 이렇게 부자고 귀하게 되었니?"

"아아, 아버지!"

하고 부르는 그의 눈에는 눈물이 고였습니다.

"아버지 용서하십시오. 어렸을 적부터 나무때기에 비끄러매지를 않고 자라서 아주 꾸부러진 나무가 되고 말았습니다. 어떻게 이렇게 잘 되었느냐고 물으시지만 저는 도둑놈입니다. 도둑이 되었습니다. 그렇지만 염려 마십시오. 도둑 중에서 제일 큰 도둑이 되었습니다. 자물쇠로 잠그거나, 빗장을 지르거나 제 앞에는 소용이 없습니다. 제 눈에 좋게 보이는 것은 세상 물건이 모두 제것입니다. 그러나, 그다지 나쁜 짓은 아니합니다. 다만 부잣사람의 너무 많은 것을 털어나가, 구차한, 없는 사람에게 나누어 줄 뿐입니다. 아아, 아버지! 저 때문에 목숨을 잃거나 굶게 되거나 한 사람은 없어도, 저 때문에 목숨을 구하고 살아갈 밑천을 얻은 사람은 많았습니다. 결코 그다지 나쁜 짓은 아니 하였습니다."

"아아, 나의 아들아!"

191

노인은 말하였습니다.

"나는 즐겁지를 않다! 크거나 작거나 도둑은 도둑이다. 회심을 하여라, 응 회심을 하여라!"

"염려 마십시오. 반드시 회심을 하겠습니다. 착한 사람이 되겠습니다."

하였습니다. 노인은 눈물을 씻으며, 오래간만에 돌아온 아들을 데리고 집으로 돌아갔습니다. 노파도 그 아들이 큰 도둑이란 말을 듣고는 그만 눈물이 비오듯 펑펑 쏟아졌습니다. 한참이나 울다가, 노파는 아들의 등에 손을 얹고,

"도둑이 되었어도 너는 내 아들이다. 오랜간만에라도 이렇게 돌아와서 얼굴을 보이니 반갑다."

하였습니다. 그리고, 상을 차린 늙은 어머님의 요리가 나왔습니다. 오래간만에 만난 세 식구가 고구마 요리를 정답게 먹었습니다. 그리고, 노인이,

"이 애야, 이 뒷마을에 계신 백작께서, 너를 낳았을 때 네 이름까지 지어 주시고 너를 귀애하셨는데, 지금 네가 큰 도둑인 줄을 아시면 귀애하기는 커녕 너의 복을 베실 것이다. 그 백작이 이 고을 영주이니까……."

하며 근심을 하여 말하였습니다.

"아버지, 염려 마십시오. 이따가 저녁때 제가 가서 뵙고 인사를 여쭙고 오겠습니다."

하고 태연히 말을 하더니, 정말 저녁때가 되니까, 그 훌륭한 마차를 타고, 위세있는 백작 댁으로 갔습니다. 백작은 어느 곳 귀빈이 오신 줄 알고, 훌륭히 맞아들여서 대접하였습니다. 백작은 어느 곳 귀빈이 오신 줄 알고, 훌륭히 맞아들여서 대접하였습니다. 음식을 다 먹도록 백작은 모르고 있었습니다. 그런데, 이편에서 먼저 이야기를 자세하게 이야기를 하였습니다. 그 말을 듣고 백작은 얼굴이 파래서 아무 말도 못하더니 한참이나 후에,

"너는 내가 이름까지 지어 준 아이니까, 특별한 옛정으로 천하의 공법을 버리고 너를 살려 줄 것이나, 네가 그리 큰 도둑이라고 자칭하고 다니니, 이제 내가 세 가지 문제로 네 재주를 시험하리라. 만일, 이 세 가지 시험에 낙제를 하면 교수대에 올려 법대로 사형에 처하리라."

하였습니다.

"네, 아무쪼록 잘 생각하셔서, 더할 수 없는 어려운 문제를 내어 주십시오. 제가 생각하여 못하는 것은 없습니다."

백작은 한참이나 생각하더니 이렇게 문제를 내었습니다.

제일 첫째로는, 내가 가장 사랑하는 나의 말을 무사히 도둑해 낼 일. 둘째로는, 내 아내가 자는 새에 그 비단 이불을 도둑해 내고, 그 손가락에 낀 반지까지 무사히 빼어 낼 일. 셋째로는, 예배당에 가서 목사님과 사무원을 무사히 도둑해 낼 일.

도둑은 실행할 일을 단단히 약속하고 돌아왔습니다. 늙은 부모님이 그 이야기를 듣고 아들의 목숨이 위태로워 몹시 근심하였습니다.

그 이튿날 밤이었습니다. 도둑왕은 가까운 시가에 가서 이상한 노파의 옷을 사다가 입고, 얼굴을 붉게 칠하고, 주름살까지 그리고, 누가 보든지 정말 노파로 보도록 익숙한 솜씨로 꾸몄습니다. 그리고는 좋은 포도주에 몽혼약을 많이 타서 통 속에 넣어, 어깨에 메고는 허리를 조금 굽히고 백작 댁의 성 밑으로 갔습니다. 그 때는 벌써 캄캄한 밤이었습니다. 성문 앞 돌멩이로 가서 허리를 쉬느라고 앉아서, 어깨가 아픈 듯이 어깨를 툭툭 치면서 기침을 콜록콜록하였습니다. 그것을 보고, 파수 보던 병정이 노파를 보고, 이리 와서 불을 쪼여 몸을 녹여 가라 하였습니다.

도둑왕인 노파는 오라는 대로 가서 불을 쪼였습니다.

"마나님, 가지고 가시는 그 통 속에 있는 게 무엇입니까?"

하고 한 사람이 물었습니다.

"이거? 맛있는 포도주라우."

대답하고는,

"그걸 내가 팔러 다니는 것인데, 이렇게 내게 친절하게 해 주어서 감사하니 한 잔 드리리다. 값은 얼마든지 상관말고……."

"네, 고맙습니다. 자 그럼, 이리 들어오십시오."

하고 문안 턱으로 들어가, 한 잔 받아 마시고는,

"아아, 참 맛있는 술입니다. 한 잔만 더 주십시오."

하여, 한 잔 더 마시었습니다. 다른 병정들도 두 잔씩 마시었습니다. 그리고, 마구간을 향하고,

"여보게? 이리 오게. 마나님이 좋은 술을 가져오셨네. 와서 한 잔만 맛을 보게. 어떤가……."

하는 동안에, 도둑왕 노파는 마구간으로 통을 들고 들어갔습니다. 그 속에는 병정 세 사람이 말을 지키고 있는데 한 사람은 말 고삐를 잔뜩 붙잡고 있고, 한 사람은 말 위에 올라 앉았고, 또 한사람은 꽁지를 잔뜩 붙잡고 있었습니다.

노파는 그 병정들이 달라는 대로 술을 자꾸 주었습니다. 얼마 있지 않아서 문 파수들도 문에 기대서서 코를 골고, 말 지키던 사람도 잠이 들었습니다. 고삐 쥐었던 사람은 고삐를 놓고, 꽁지를 잡고 있던 사람은 꽁지를 놓고 코를 골았습니다. 그러나, 한 가지 걱정은 말 등 위에 올라앉아서 자는 사람이었습니다. 안아 내려 놓자니 잠이 깨일 터이고, 그냥 두자니 말을 끌어낼 수가 없고……. 생각다 못하여 한 꾀를 내어, 그가 말 위에 깔고 앉은 말 안장의 네귀를 굵은 줄로 매어서, 마구간 네 구석 기둥에 높이 달린 고리에 꿰어 가지고 네 줄을 한꺼번에 잡아당겼습니다.

말 안장 위에 그가 앉아 코를 고는 채로, 대롱대롱 떠올라가 중간에 매어 달렸습니다. 그래 놓고 도둑왕은 마구간 문지방에 말굽 소리 안 나도록, 두르고 왔던 헌 누더기를 놓고, 가만가만히 말을 끌어내었습니다. 그리고, 성문 바깥까지 나와서는 말 위에 훌쩍 올라타고 노래를 부르며 돌아왔습니다. 그 밤이 새어 날이 밝을 때, 도둑왕은 말 위에 높이 앉아 백작의 성으로 갔습니다. 백작은 벌써 일어나서 들창 밖을 내어다 보고 있었습니다.

"백작님, 안녕하십니까?"

하고 인사를 하고는,

"이렇게 훌륭히 말을 꺼내 타고 왔습니다. 마구간에를 좀 가서 보십시오. 어떤가……."

백작이 황급히 내려가서 문간을 보니까, 파수들은 문에 기대어 선 채로 코를 골고 있고, 마구간에를 가보니까 고삐 쥐고 있던 놈은 빗자루를 쥐고 앉아서 코를 골고 있고, 꽁지 쥐고 있던 놈은 짚을 한 묶음 쥐고 앉아서 드르렁 드르렁 코를 골고 있고, 또 한 놈은 보니까, 공중에 매어달린 안장 위에 올라 앉아서 대장간의 풀무처럼 코를 골고 있었습니다.

하도 어이가 없어서, 백작은 낄낄 웃으면서,

"그러나, 무슨 재주라도 네가 둘째 문제야 할 수 있겠니? 미리 일러 두는 것이니, 네가 만일 들키기만 하면, 그냥 도둑으로 대접할 것이니, 그리 알고 오너라."

이번에야말로 위험한 일이라고 늙은 부모는 잠을 안 자고 근심하고 있었습

니다.

그 날 밤이 되었습니다. 백작 부인은 이불과 반지를 아니 빼앗기려고 졸린 눈을 비벼가면서 잠을 아니 자고 있었습니다.

"오늘은 그놈을 속이기 위해서 파수를 모두 치우고 그 대신 문이란 문을 모두 잠그고 빗장을 질러 놓았지."

하고는, 백작은 다시 육혈포를 내어 들고,

"내가 잠을 안 자고 지키고 있어야지. 이 방에만 들어오면, 그냥 바로……."

하고는 벼르고 있었습니다.

그러나 밤이 깊자, 도둑왕은 벌써 무슨 큰 보퉁이를 둘러매고 이 성 안에 까지 들어왔습니다. 이번에는 복장을 꼭 백작과 같이 차리고 얼굴까지 수염 까지 백작과 똑같게 꾸미고 왔습니다. 그리고, 정말 백작이 육혈포를 들고 지키고 있는 침실 들창 밑까지 왔습니다. 메고 온 보퉁이를 끄르더니 그 속 에서 사람 하나를 꺼냈습니다. 고무로 만든 사람과 똑같은 인형이었습니다. 그 다음에는 이 집 헛간에 가서, 사다리를 가져다가 창 밑에 놓았습니다. 그 서슬에 참말 백작은 창 밖으로해서 들어오는 줄 알고 육혈포를 겨냥하 여 들고 있었습니다. 도둑왕은 그 인형을 안고 사다리를 올라갔습니다. 그 러나, 들창까지 다 올라가지 않고 중간에서 인형만 번쩍 들었습니다.

들창 밖에 사람의 머리가 언뜻 보이는 것을 보고, 백작은 육혈포를 쏘았습 니다. '앗!' 소리를 치고 도둑은 쿵하고 떨어졌습니다. 밖에서는 인형에 피를 흘려 떨어뜨려 놓고 도둑왕은 번개같이 숨어 버렸습니다. 백작은 밖으 로 내려와서 캄캄한 데 피를 흘리고 자빠진 가짜 송장을 들고 뒤꼍으로 갔 습니다. 넌지시 파묻어 주려는 까닭이었습니다.

그 틈에 가짜 백작 도둑왕이 침실로 들어갔습니다. 졸려서 졸려서 못 견디 는 것을 억지로 참아 가며, 자꾸 감겨지는 눈을 억지로 어슴프레하게 뜨는 부인은, 도둑을 죽이고 백작이 들어온 줄로 알았습니다.

도둑왕은 백작과 같은 음성을 내어서,

"도둑은 육혈포에 맞아 죽었네. 그러나, 그 놈은 내가 이름까지 지어 주 고 귀애하던 놈인데, 내 손으로 죽여서 안 되었는걸. 도둑이라고는 하지만 그다지 악인도 아니고 무슨 큰 죄도 없는 것을, 제일 그 늙은 내외가 불쌍 하여서, 아무개란 성명을 세상에 내지 않으려고, 내가 넌지시 파묻기로 하 겠으니, 그 이불을 이리 주게. 그걸로나 송장을 싸서 파묻어 줄 밖에 없 지……."

하니까, 부인은 아무 말 없이 이불을 내놓았습니다. 그것을 가지고 나가려 는 체하다가 다시 돌아서서,

"그 놈이 그 반지를 훔치려다가 아까운 목숨까지 없애었는데 이 다음에 그걸로 원혼이나 되어 나오면 어떡허나, 또 살 셈 대고 그 반지나 끼워서 파묻는 게 좋지 않을까……."

하니까, 또 부인은 아무 말도 않고 다소곳이 빼어 주었습니다.

'옳다구나.'

하고, 도둑왕은 그 두가지 물건을 가지고 집으로 왔습니다. 그 밤이 새어 이튿날 새벽에 백작에게 가서 두 가지 물건을 보였습니다. 백작은 눈이 둥 그레졌습니다.

"네가 어떻게 땅 속에서 살아 나왔니, 응? 그렇게 단단히 묻었는데."

"백작, 그것은 인형이었습니다."

백작은 그제야 부인에게 이야기를 듣고, 가짜 백작 노릇한 것을 알았으나,

아무래도 하는 수가 없었습니다.

"참말로 네 재주는 귀신 같다. 그러나, 이번 한 가지야말로 할 수가 있니? 살아 있는 목사님과 사무원을 무사히 도둑해 내오겠니? 그것을 못하면 먼젓번 성적은 효험이 없어지느니라."

하였습니다.

제일 어려운 문제가 남았습니다. 이거야말로 무슨 수로 산 사람을 둘씩이나 도둑해 내올 수가 있겠느냐고, 아들의 목이 벌써 베어지게 된 것같이 두 늙은이는 슬퍼하였습니다.

그 날 밤이 되었습니다. 이 밤에 목사와 사무원을 못 훔쳐 오면, 내일 아침에는 도둑왕이 목을 바칠 판인 것입니다.

그러나, 도둑왕은 태연한 걸음으로 보퉁이 하나를 메고 예배당으로 갔습니다. 깊은 밤중이었습니다. 텅 빈 커다란 예배당은 더욱 침침하고 무서웠습니다. 예배당 뒤 사람 묻은 묘지는 죽은 귀신이 우는 듯이 처참히 무서웠습니다. 모든 것이 죽은 듯이 고요하고 무섭기만 했습니다.

이 밤중에 묘지에서 도둑왕은 혼자 가지고 온 보퉁이에서 게를 여섯 마린지 일곱 마린지를 꺼내고, 주머니에서 양초를 여러 개 꺼내서 모든 게 잔등 위에다 붙이고, 모두 불을 켰습니다. 게는 촛불을 등덜미에 세우고 이리저리 기어 돌아다니기 시작하였습니다.

그리고, 도둑왕은 새까만 옷을 입고 하얀 수염을 달고, 그리고 커다란 주머니를 들고, 촛불을 들고, 예배당 속으로 들어갔습니다.

그 때 마침, 예배당 층대 위에 걸린 큰 시계가 땡땡 열두 시를 울렸습니다. 도둑왕은 촛불을 높이 들고, 높고 큰 목소리로 부르짖었습니다.

"너희들 죄 많은 자는 들으라!
세상의 마지막 날은 왔도다. 무서운 심판의 날은 왔도다. 너희는 자세히 들으라! 죄 많은 사람들아! 나와 함께 천당으로 데려 가리라. 들으라! 들으라! 죄 많은 사람들아! 나와 함께 천당으로 가기를 원하는 자는 다 와서 이 주머니 속에 들어가라!

나는 베드로로라. 천당의 문을 열고, 또 닫는 이로라. 이 무서운 심판의 날은 왔나니. 보라! 묘지에는 죽은 자가 그 뼈를 찾느라고 헤매도다. 오라. 빨리와서 이 주머니로 들어가라. 세상의 마지막 날은 왔도다!"

우렁찬 무서운 소리는 구석구석에 크게 들렸습니다. 제일 먼저 이 설교의 진리와 의미를 잘 알아들은 목사와 사무원은 인제야 목적을 달하는 날이 왔다고 밖으로 뛰어나와 본즉,

과연 과연 묘지에는 이상한 불빛들이 이리저리 돌아다니며 헤매고 있었으므로, 그것이 게의 등 위에 촛불을 켠 것인 줄은 모르고, 무덤 속에서 원혼들이 나와 돌아다니는 줄만 알았습니다. 자아! 정말 심판하는 날이 왔다고 예배당 속으로 들어갔습니다. 거기서 또 도둑왕의 설교를 잠깐 듣고, 사무원은 넌지시 목사의 무릎을 꾹 찌르고,

"이렇게 베드로님이 오신 기회를 타서, 남 모르게 얼른 천당으로 가면, 그런 감사할 일이 어디있습니까."

"그렇구말구, 어서 저 주머니 속으로 들어가세."

"이니, 목사님 먼저 들어가십시오. 저도 들어가겠습니다."

기어코 목사와 사무원은 그 주머니 속으로 들어갔습니다.

'옳다구나.'

하고 도둑왕은 주머니 주둥이를 꽉 매고는 이리저리 흔들어 가면서,

"불쌍한 백성들아, 아직도 악마의 꿈 속에 있는 자들아, 나는 그냥 돌아

가도다. 이제 무서운 심판이 너희 앞에 오리라!"
하고 소리쳤습니다. 목사와 사무원은 이건 우리만 먼저 천당으로 가게 되니
이런 감사한 일은 없다 하며 기꺼워하였습니다.
도둑왕은 감쪽같이 목사와 사무원을 주머니 속에 넣어 가지고 이리 흔들
저리 흔들 흔들면서 층대를 내려오고 예배당 문턱을 넘고 하느라고, 그 속
에 있는 목사와 사무원은 머리가 아프도록 여러 번 머리를 부딪쳤습니다.
도둑왕은 그럴 적마다 이렇게 말하였습니다.
"아아, 지금 우리는 산고개를 넘어가는 중이다."
하였습니다
길로 흔들흔들 들고 가다가 도랑물에다 주머니를 담가서 적시고는,
"자아, 구름 속으로 지나간다!"
하였습니다.
그리고, 가다가 이윽고 백작 댁 성에 다 와서 층층대를 올라갈 때에는 그
것을 천당의 층층대라 하고,
"우리는 이제 곧 천당에 들어가는 것이다."
하였습니다. 목사와 사무원은 속에서 그런 소리를 들을 때마다 그저 기쁘기
만 하여서 머리 아프단 말도 못하고 있었습니다.
도둑왕은 주머니를 크디큰 비둘기 집 속에 놓았습니다.
그리고, 비둘기가 날려고 푸득푸득하는 것을,
"이제 천당의 천사들이 내려오느라고 날개 소리가 푸득푸득한다."
하였습니다.
그러니까, 주머니 속에서는 한없이 즐거워하였습니다.
이튿날 새벽에 백작을 뵙고, "그 목사와 사무원도 도둑해 놓았습니다."
고 했더니 백작은 거짓말로 알았습니다.
"그래 어디다 두었니?"
"비둘기집 속의 주머니 속에 들어 있습니다. 그들은 지금 천당에 왔거니
하고 있습니다."
하고 웃었습니다.
백작은 하도 의심스러워서 비둘기집에 들어가 보니까 큰 주머니가 놓여 있
었습니다. 기가 막혀서 나오는 말도 없이 주머니를 끌러 놓으니까, 목사와
사무원이 갑갑했던 듯이 튀어나오며,
"여기가 천당입니까? 백작께서는 어느 틈에 와 계십니까?"
하면서 물었습니다.
아무 말도 아니하고, 여기는 천당도 아니고 아무데도 아니니 어서 돌아가
라고 일러 보냈습니다.
어찌 된 까닭을 모르는 두 사람은 모든 것을 이상히 여기면서 돌아갔습니다.
백작은 도둑왕을 보고 아주 탄복하는 말로,
"너는 참말로 도둑왕이다. 약속대로 목숨을 살려주는 것이니, 돌아가되
내가 다스리는 지경 안에는 일체 오지 못하느니라. 어느 때든지 내가 다스
리는 지경 안에를 오려면 좋은 사람이 된 증거를 가지고 오든지, 그 대신
네가 없더라도 너의 부모는 이로부터 내가 끔찍이 보호하여 아무 근심없도
록 할 것이니 안심하고 가거라."
하였습니다.
그 후, 도둑왕은 늙으신 부모에게 그 이야기를 자세히 여쭙고, 그리고 반
드시 다시 올 때는 회심하여 돌아오마고 약속하고 어디론지 길을 떠났습니다.
그 후로는 아무도 그 도둑왕을 본 사람도 없고 소문을 들은 사람도 없었습

니다.

〈《사랑의 선물》 1922년 6월, 《소파 전집》 (박문 서관 간) 대조〉

<장날>
김남천

소 거간이 사법 주임에게 본 대로 하는 이야기

어데서 술을 한잔 걸쳤는지 두리두리한 눈알이 벌갰습너니다. 소를 말뚝에다 매어놓군 무얼 생각하는지, 넋 잃은 녀석 모양으로 멍하니 앉았길래, 이 소 팔라우 하니께, 대답두 안 하고 고개만 주억주억 하겠습지요. 얼마 받겠느냐구 물었더니 마음 내키지 않는 놈처럼 그대로 시세에 알맞게 팔아달라구요.

그 소로 말씀하면, 참 다부지게 생긴 세 살째 먹은 암컷이었습너니다. 곱지를 쥐고 옹두라지루다 궁뎅이를 딱 치니께 건성건성 네 굽을 놀리는데, 그 걸어가는 품하고, 또 아기작아기작 궁둥이뼈 놀리는 모양하고 참말 한창 밭갈이에 신이 날 짐승이었습너니다. 기새미[刻芻[각초]]같은 털이 기름이 돌고 윤이 나도록 짝 깔린 것으로나, 허벅다리나 가리짝이나 또 심태에나, 골고루 붙은 살고기가 제법 콩말이나 솔찬히 먹은 것이 완연한 것으로나, 지금 금새 타작 바리를 부리고 나선 놈하곤 어데 등골이나 그리한데 등창 자죽 하나 없는 품으로나, 그 녀석 생긴 품하곤 짐승은 퍽 손 익히 다루었다는 생각을 먹었습너니다.

자아 이 소 살 사람 없나, 어느 녀석이 사려는지 어젯밤 마누라하구서 횡재할 꿈꾼 놈이다, 자아 밭갈이나 논갈이나 짐 싣기나 발구(물건을 실어 나르는 마소가 끄는 썰매) 끌기나, 코에 걸면 코걸이요, 입에 걸면 입걸이요, 등에 걸면 등걸이다 ─. 한 번 소리를 치며 어정어정 소 우전 마당으로 들어서니, 나릿님, 아니할 말루 저두 세상을 얻은 것처럼 신이 났습지요. 참 우리네 소루 인연해서 먹구 사는 놈은, 좋은 소만 보면 그저 신이 나고 엉덩춤이 절로 나고……

네? 네, 네, 참 죄송하올세다. 히 히 히, 그저 소가 하두 좋길래, 그만 흥이 나서 나릿님도 처소두 깜박 잊었습너니다. 그럼 그 중간 것은 쇠통(전허) 빼어버리구서 요긴한 것만 여쭙겠습너니다.

850냥(85원)이면 비지 값인데, 그 녀석 환장을 했던지 아무 말 없이 털석 팔었겠다요. 흥정이 되어 농회 파출소로 가서 도장을 찍고, 돈을 찾을 때 보니께, 그놈 이름이 서두성이었습너니다. 서서이 점잖이 걸어간다는 서 자입고, 이름은 말 두 자, 별 성 자 올습네다.

그놈, 돈을 받아 쥐고 가도록 무어 말 한마디 입 밖에 낸 일 없습지요. 참 흉한 놈두 보았겠다, 필시 그놈 무슨 곡절이 있는 게 분명하다구 생각은 했습너니다마는, 전 또 딴 흥정에 바빠서 미처 돌아볼 새도 없었는데, 그러니 그게 원 한 시간이나 한 시간 반 가량이나 되었을는지요, 어쨌든 신작로 기슭 뽕밭 최뚝에서 그 서두성이란 자하고, 바로 축산 기수 종칠이 김상하구 서 마주 선 채 무슨 이야긴가 주고받는 걸 먼발로 보았삽는데, 그거 또 저야 그저, 안면 있는 사람들끼리 오순도순 수작질하는 줄만 알았지, 어데 이런 병집이 터지려구, 말다툼을 하구 있는 줄이야 알았겠습너니까.

만약에 제가 그걸 말다툼인 줄 진작 알았다면야 김상 낯을 봐서나, 또 서가 놈 역시 내손으로 소를 팔아준 놈이니, 어느 모로 봐서나, 옆에서 바라보구만 섰겠습너니까. 여보 이게 무슨 일이웨까, 우리 저기 홍편네 집으루 가서 술이래두 한잔씩 합세다, 이러구서 쌈을 말릴 법이지, 원……

네? 네, 네, 죄송하올세다. 자꾸만 말씀이 객쩍은 데루만 흘러서 참, 죄송하올세다.

그럭허군 아마 10분두 안 되겠습너니다. 와아 하는 소리가 나고, 살인났다고 야단이길래, 저는 홍편네 부엌에서 녹두지짐 한 점을 얻어 들고 섰다가 그대로 쫓아 나와보니, 그때엔 벌써 장꾼이 백차일치듯 한가운데, 서가 놈은 뽕밭 고랑에, 그리고 종칠이 김상은 피묻은 칼을 들고 밭머리에 거꾸러져 있었습네다. 공의 선생이 오고, 또 나리께서랑 나오시기 전에, 먼발로 눈어림해서 보는 눈에도 서가란 놈이 죽어 있는 건 알 수 있었습너니다.

의사가 만든 해부 검사, 진단의 보고 기록 중 한두 절 그 중의 하나, ― 서두성 (徐斗星), 나이는 스물 일곱 가량. 체격도 좋고 영양도 가량한 편인데, 키는 다섯 자 세 치, 체중은 열 여덟 관.

시체를 검사하건데, 한편 쪽만 칼날이 달린 넓이 한 치 미만, 길이 한 자의 끝 있는 예리한 기구로 찔린, 다음과 같은 네 군데의 자국이 있었다.

우선 (外表(외표))에 나타난 놈을 보건데 ―

첫째 자국.

바른 편 모가지에 한 치 가량의 칼자국이 있는데, 깊게 가슴팍의 유두근을 아래 위 두 치 길이로 절단하여, 경동맥을 끊어버렸다.

둘째 자국.

앞가슴에 팔 부 길이 되는 칼자국이 있는데, 이 자국은 다시 더 나아가 일곱번째 늑골을 자르고, 간장을 상하 아홉 부 길이로 관통하여, 위(胃)의 소민부(小彎部)에 이르러 머물러 있다.

셋째 자국.

왼편으로부터 왼팔을 끼고 길이 팔부 가량의 상처를 내고는, 다시 칼날은 가슴팍이에 이르러 이것을 끼고 또한 팔 부 길이의 자창을 내고, 폐 상엽에 이르러 같은 길이의 자국을 남기고 멈추었다.

넷째 자국.

셋째 자국과 거의 같이 평행하여 팔따시(팔때기)에 한 치 닷 분 길이의 자창을 만들고, 가슴팍이로 나아가서 다시 심장을 뚫고, 우심(右心)의 한가운데 육 부 길이의 자국을 남긴 뒤, 반대쪽에 콩알만한 칼끝 자리를 내고 멈추었다.

다음 내경(內景)을 살피건대 ―

흉강(胸腔) 내에는 다량의 출혈이 있고, 신체의 각 장기(臟器)에는 피의 양이 대단 감소되어 있었다. 미루어 생각컨대 바른편 경동, 경정맥의 절단, 왼편 폐의 윗머리의 자상, 왼편 흉강 내의 출혈, 심장의 관통과 각 장기의 빈혈 등등으로 하여, 죽음의 원인이 된 것이라 인정한다.

그 중의 둘. ― 김종칠(金鐘七), 직업은 축산 기수, 수의. 나이는 스물 다섯. 체격은 좋고 영양도 몹시 우량하다. 키는 다섯 자 다섯 치, 체중은 열아홉 관

우선 외표를 살피건대, 바른편 어깨와 잔등에 걸쳐서, 별지 서두성이가 맞은 것과 똑 같은 칼로써 길이 두 치 가량의 상처를 받았으나, 상처의 깊이는 위쪽은 한 치 가량으로 어깻죽지에 이르렀으나, 밑으로 내려오면서 상처의 깊이는 옅어져서, 그대로 칼이 미끄러진 것을 인정케 한다.

이 밖에 잔등에 두 군데 각쬔 것 같은 자국이 보이나, 양복 위로 내려친 칼 끝이 그릇되게 상처를 준 것이라고 상상된다.

이상, 약 1개월의 안정, 외과적 치료를 필요로 한다.

내경(內景)에는 별반 이렇다할 것을 볼 수 없으나, 동계(動悸)가 항진된 관계와, 전기한 상처로 인연해서 신열이 높아 삼십팔 도 오부에 이르러 있다.

서두성이와 같은 오래에 사는 송관순이의 참고 심문서

네, 그렇습네다. 두성이와는 어렸을 때부터 같은 오래에서 자랐으니께, 그녀석의 속은 꼬치꼬치 알어 꿰고 있습네다. 네? 아니올세다. 결코 그러한 포학하거나 잔인스럽거나, 와락부락하거나, 그런 성미의 녀석이 아니었습네다. 글쎄올시다, 단 한마디로 여쭙자면 활발스럽고 부지런하고……네? 내외간 의도 퍽 좋았습지요. 그저 녀석 아이가 없어서 늘 쓸쓸해하는 것도 같았으나, 때로는 그깟 놈 먹일 것두 변변치 않고, 공부시킬 건덕지두 없는 신세에, 천행 잘 되는 일이라고 그렇게 웃어버리는 적도 있었습네다. 결코 금슬이 나쁘거나 그렇진 않았습네다. 친구의 마누라를 이러니저러니 하긴 좀 열쩍은 일이지만서두, 또 그 아주머니가 곱상하게 생겼으니께, 속으로 은근히 기쁘드름해서 지내는 걸 알고 있었습네다.

그런데 어쩐 일인지 한 열흘 전부텀 작자의 하는 행동이 수상했습네다. 첫째가 제 뒷집 차돌이네 조를 베는데, 점심들을 먹다가 차돌이 녀석이 무슨 말을 하던 끝에, 자네야 아주머니가 이쁘니까 두 말 할 게 있능가, 그러한 말을 했삽넌데 그게 여느 때 같으면야 그대로 무슨 말을 주워섬기든가, 그렇지 않드래도 그냥 씩하니 웃고 말 것인데, 어인 영문인지, 발칵 성을 내가지고, 남의 예편네 곱던 밉던 무슨 상관이냐구 노발대발하야 아주 좌중이 밍밍해졌던 적조차 있었습네다. 네? 그렇습네다. 전에는 그런 일이 조곰도 없었습네다.

그럭허군 그렇게 잘 웃던 웃음도, 그렇게 잘 하던 농말도, 또 소를 앞세워 놓군 으레 한마디 뽑아넘기던 메나리도, 쇠통 입을 봉해버렸는지 말이 없었습네다.

그것이 그러니께 언제부텀입니까, 저어 거시끼, 네, 네, 잘 알겠습네다.

두성이 녀석이 그렇게 갑자기 수상해진 건 바로 아랫마을 최장의네 소가 탈이 났다고 저 군 농회에서 축산 기순가, 소 의술인가 한 양반이 왔다 간 이튿날부터인가봅네다.

네? 글쎄올시다. 전 그 관계나 내용은 잘 모르겠습네다. 본시부터 소 의술 김상과 무슨 원한 품었던 일이 있는가 말씀입니까? 전 자세히 모르겠습네다. 글쎄 뭐 그런 일이야 없었겠습지요. 김상 말씀이십네까? 글쎄올시다. 동네 전체루선 자세히 모르겠습니다마는 저 보기에는 얌전하고 상냥한 이같이 보였습네다. 네? 뚱뚱해 보이고 와락부락해 보여두, 속은 상냥하실 것처럼 제겐 보이는뎁쇼. 아니 올세다. 관청의 하는 일에 반감이나 그런 건 하나도 없습네다. 그리고 그런 기색이 우리 동네엔 보이지도 않습네다.…… 어쨋거나 두성이 행동이 너무 수상하더라니, 하루는 수숫대를 져나르다가 은근히 물어보았습네다. 자네, 두성이, 요즘 뭐 속 걱정 있는가, 그랬더니 아무 대답두 않고 그냥 소 가는 뒤를 꾸벅꾸벅 걸어오다가, 세상 귀찮어 만주나 갈려네, 그러더군요. 만주루 간다, 건 또 갑자기 갈(추수)하다 말구 무슨 청인가, 이렇게 제가 말했었더니, 아무 데 가나 한 평생 지낼 곳 없겠나, 그런단 말씀이지요. 그러니 그 이상 물어볼 수도 없고, 그러지 말게, 무슨 속인진 몰라두, 딴 곳이라구 별겠는가 마음 잡구 저 자라난 고장에서 살아보세, 이렇게 말 할 수밖에 별도리가 없었습네다.

그러구는 오늘 아침 장보러 같이 집을 나섰습네다. 아직 갈이 바쁘지만 김장에 쓸 소금을 사다두려구 저는 나섰던 것인데, 동구 앞을 나서려니 두성이가 소를 몰고 국수당 옆에 내려오겠지요. 그래 어데 가느냐 물으니께, 장에 간다고요, 뭐 사러 가느냐니께, 그저 볼일이 있다구요. 그래 고을까지 오도록은 별로 아무 이야기두 없이 왔는데, 우전에 들어서더니, 여보게 관순이 우리 술 한잔 먹구 가세, 그런단 말씀입지요. 술은 장보구 갈 때 하세 그려, 그러니께, 가만 내 좀 할 이야기두 있으니, 저 지짐집으로 들어가세. 그리고는 곱지를 황철나무 금에 매어놓고 성큼성큼 술집으로 앞서서 들어가겠지요. 그래 저두 소를 매고 따라 들어가서 마주 대작을 하였습네다.

소주를 비루병으로 한 병이나 한 뒤에, 느닷없이 하는 말이, 여보게 관순이, 난 인제 소나 팔어 돈냥간 해갖구 어데루든가 떠나려네. 아니, 그게 무슨 되잖은 수작인가, 아예 그런 객쩍은 수작은 집어치고 이러지 말고 우리 나가세, 윗거리에 가서 냉면이나 먹으면서 한잔 더하세. 그러나 막무가내라고 듣지 않습네다. 무슨 까닭으로 그러느냐 물어도 별 뾰죡한 대답 없이 그대로, 남아가 한번 방랑을 하구 살어야지 어데 두메 속에서 산만 쳐다보구 살겠나, 그러기만 하겠지요. 그래서 아주머님 어턱허겠나, 그랬더니, 아주머니? 그깟 년 제 갈데로 가라지, 내 무슨 상관인가, 자, 어서 술이나 들게, 이게 혹시 영이별이 될는지도 모르네, 자, 술을, 들게, 술을. ―

네? 이 칼 말씀입니까? 보지 않던 것입네다. 이게야 어디 우리 농가에서 쓰던 칼입네까, 요릿집에서 고기 써는 칼이 아닙네까? 네 그렇습네다. 서두성이는 그런 칼 갖고 다니지 않았습네다.

병원에 누운 채 김종칠이가 사법 주임에게 하는 고백담

제가 사람을 죽이다니 그게 웬말이요. 나는 아무 것두 모르겠어요. 모두가 꿈 같어요. 정신을 잃었다 깨어나니 어깨가 쓰리고 뼈가 저리고 신열이 높고, 내 옆에는 공의 선생이 계시고, 나의 머리에는 얼음주머니가 놓여 있었습네다. 어데 정신이 좀 듭니까? 이렇게 묻는 말에 나는 비로소 내 자신을 발견했으나 아무두 나를 보고 살인한 놈이란 말은 안 했는데, 주임께서 이게 무슨 말씀이오, 내가 살인을 하다니……. ― 실신한 태도를 보이면서 멍청하니 천장을 바라보다 눈을 감고 쭈르르 눈물을 흘린다.

아니 경부 나리, 그래 정당 방위도 살인죄가 되우? 그럼은요, 정당방위지요, 그게 정당 방위가 아니고 뭐야요? 그래 경부께선 내게 살인죄를 씌우시려우? 그놈이 나를 찌르니까 나는 그의 칼을 빼았었을 뿐입니다. 그 다음은 나는 모릅니다. 그 다음부터는 나 자신이 아니었습니다. 내가 아닌 딴 정신이 무엇을 하였거나 나는 지금 책임을 질 수가 없습니다. 나를 살해하려는 자에게 내가 무엇을 하였건, 그게 어째 내 책임이 되는 겁니까.

네, 진정하겠습네다. 진정하여 말씀 올리겠습네다.

– 잠시 동안 침묵.

자전거로 군청에서 우시장으로 장판을 내려가다, 속이 출출하길래 문화면옥에 들러 냉면을 한 그릇 사먹고 갔습니다. 사람이 많아서 연해 종을 울리며 우시장 농회 사무소에 들러서 모자를 벗어놓고, 책상을 마주하고 잠시 앉아서 농회 서기에게 소시세를 묻고, 추수도 대충 끝났는데 웬 시세금이 그렇게 센가고 이야기를 주고받고 하다가, 오줌이 마렵길래 밖으로 나왔습니다. 변소가 없으니까, 어느 음식점으로 가든가, 부인네들 내왕이 없는 밭머리로 가려고 신작로를 건넌 것입니다. 경부께서도 잘 아시겠지만, 쇠줄로 울타리를 두르고, 그 밖으로 황철나무가 3개가 서 있고, 그리고는 신작로가 아닙니까. 그 신작로를 건너면 뽕밭이 있습지요. 그래 제가 바로 울타리를 돌아 나와, 둘째 번 황철나무께를 지나, 바른손으로 바지 단추를 끄르면서 가는데 어떤 농군 한 사람이 장꾼들 틈으로 불쑥 나서더니, 여보 소의술, 하고 무뚝뚝하게 부른단 말이지요. 휘끈 머리를 돌리고 주춤해 섰으려니, 여보 소 의술, 하고 또 한마디를 불러놓곤, 다짜고짜로 내 팔목을 끌겠지요. 어떤 놈인지 생판 알지두 못하는 녀석이 아닌 밤중에 홍두께 격으로, …… 아닌게아니라 그런 심사가 생겼습니다. 그래, 이 사람 술잔이나 했거들랑 집으로 가든가, 어데 가서 술을 깨우는 게 아니라, 왜 공연히 알지두 못하는 사람을 갖고 이러느냐고, 공손한 말루다 타이르며 잡은 손을 가만히 밀어놓았지, 저두 술잔이나 해 본 사람이, 술 취한 사람에게 실례를 따지구 시비를 가려 소용 있습니까. 그래서 공손한 말루 타이르는데, 촌놈이 또 그런 눈치는 알 턱두 없어, 이번엔 파닥지에 핏줄을 세우고 하는 말이, 이놈 너 내가 누군지 모르겠니 이놈, 이러겠지요. 어처구니가 없어서, 잡힌 팔을 홱 뿌리치고, 미친놈 다 보겠군, 참 재수가 없으려니,……이러면서 돌아서려는데, 다시 이번엔 더 힘차게 제 팔을 끌고 쭈르르 뽕밭 머리로 가겠지요. 나 역시 힘에 끌려 털석 쫓아가는데, 밭 최뚝까지 오더니, 이놈 너 일전에 아랫마을 최장의네 소탈 고치러 나왔다가 한 행동을 잊어버릴 턱이야 없지, 내가 바로 그 계집의 사나이다, 이러겠지요. 이놈이 이게 정신이 나갔거나 환장을 한 놈이다, 내가 네 계집을 어떻게했다는 말이냐, 대체 네가 웬 놈인데, 내가 너희 같은 놈의 계집에게 치사스러워 손끝 하나 댈 턱이 있느냐, 소줏잔이나 마셨거던 이러지 말구 고이 삭혀라, 촌놈들이란 술 먹으면 술값을 하려구 이러지, 저는 저으기 속알지가 꼰두루 서는 걸 더러운 놈들과 입씨름하는 게 치사스러워, 그대로 손을 뿌리치고 돌아섰습니다.

네? 없습니다. 절대루 없습니다. 그건 경부께서 내 인격을 모르는 말입니다. 제가 무엇하러 그까짓 농꾼의 계집에게 손을 댄답니까. 절대로 없습니다. 조사해보십시오. 나는 아직 계집년의 파닥지조차 본 적이 없습니다. 어쨌건 나는 그놈이 한다는 수작을 터무니 이해할 수 없었고, 또 그놈의 얼굴도 본 적이 없으므로, 그 녀석이 사람을 잘못 보았거나, 그렇지 않으면 공연한 생트집이라고 생각했었고 장판에서 사무에 바쁜 몸이 객쩍게 수작질

202

을 건네고 있을 바 아니라고, 드디어 분함을 누르고 그냥 홱 몸을 떨쳐 돌아서버렸던 것입니다. 그럭허면 아무리 술에 취한 놈이라도, 그대로 고함이나 몇 번 질러보다가 제풀에 맥이 나서 어데로 가버릴 것이라 생각했던 것입니다. 그런데 웬일입니까. 내가 돌아서서 한 발자국을 옮겨놓기 전에 잔등께가 선뜩하면서, 나보다도 멀찌감치 서서 이 쪽을 보고 있던 사람들이 먼저 악! 소리를 지르고, 그대로 나는 내 피를 본 것입니다. 몸을 돌이켜 칼을 마주 받고, 놈의 손에서 칼을 빼앗은 것만은 기억하고 있으나, 그 다음 두 몸이 함께 어우러져 밭 최뚝을 굴고 뽕밭 고랑을 엉켜 돈 것은 지금 겨우 상상이나 할 수 있을 뿐이올시다. 그런데 내가 살인죄를 짊어지게 되었다니…….

서두성이의 안해 보비의 에누다리

내가 어렇히 정신 차려 처신 했을라구. 미련한 것이 어쩌 내겐 한 마디 말두 안 하구, 그런 빛은 천성 보이려구두 안 했더란 말이냐. 자행거를 탄 누런 양복 입은 읍내 나리를 보기는 했다마는, 내가 그 놈과 무슨 짓을 했으리란 말가. 이 미련한 놈아, 네가 만일 그때부터 나를 잘못 생각하구 있거들랑, 어째서 열흘이 넘는 동안 내게 일언반구가 없었단 말가. 소가 우물을 들여다보듯이, 허구헌 날을 멍청하니 지내다가 무슨 왕신이 동해서 이런 일을 저질렀단 말이냐. 또 기왕 칼을 들었다면, 그 칼루 놈을 넘어뜨리지는 못해, 되려 그 놈에게 넘어지구 만단 말이냐. 미련한 것, 바보, 등신…….
내가 왜 나를 그렇게두 믿지 못하는 놈, 니 같은 놈에게 일신을 의탁해 살아왔단 말이냐. 내 부모가 나를 네게다 살릴 제, 진정 나는 가난에 물려서 진저리가 났던 차라, 제발 가난한 놈에게는 살려주지 맙소사고 꿇어 엎드려 빌어 섬겼다. 그랬더니 어머니가 조용히 불러서 하는 말이, 밭날갈이나 갖고 소짝이나 있어 제 계량(그 해에 농사지은 곡식으로 그 한 해 동안의 양식을 이어 감) 대기는 염려 없구, 사람이 준해서 한 평생 밥 굶지는 않으리라구, 내겐 그것이면 훌륭했다. 내가 고을로 시집 가서 무슨 짝에 쓴단 말가. 자행거 타고 당꼬즈봉인가 뭔가 입은 놈, 나는 그런 읍사람들의 계집이 될 생각은 아예 먹지부터 않았다. 세루 두루마기 전반 같은 동정 달어 입고 인조견 파는 읍 사람의 안해가 돼서, 내가 그래, 가게에 나가 자질을 하란 말가, 자봉침을 하란 말가. 장꾼에게 고무신을 팔란 말가.
물론 내게 그런 걸 해내칠 만한 솜씨가 없는 건 아니다. 월급쟁이 예펜네? 그깟것들이 대체 뭐냐. 나두 분 바르구 머리 지지면 그깟년들은 당해낸다. 전방에 서방하구 갈라 앉어서, 제법 이것 끊고 저것 재고 하는 장사치의 계집? 그깟 것들이 대체 뭐냐. 상판때기 하나 된 것 있다더냐. 내 발고락만두 못환 년들! 그렇다. 나는 그깟 년들 열 개를 당하구두 남을 자신이 있다. 그러나 그런 것 다 바라지 않고 너한테 시집 왔던 내가 아니냐. 몸은 튼튼하고, 일은 사나이 몫의친 해내치고, 그래, 내가 어데 내놓으니 꿀린단 말가. 나는 부지런히 일해왔다. 너를 극진히 섬기고 모셔왔다. 나는 너를 믿고 일신을 의탁해 오눌까지 살아왔다.
그런데 이게 무슨 일이냐. 너는 내게는 말 한마디 않고, 미련하게 제 칼에 넘어져 뻐드러져버렸구나. 인제 너는 가버려서 그만이지만, 남아 있는 나는 누구를 믿구 살아가란 말이냐.
진정 네 혼넋이 있거들랑, 내 말을 들어봐라. 그날, 나는 해가 산허리에서 너웃할 무렵, 저녁을 지어야겠다구, 너보다 앞서서 밭을 나오지 않았느냐. 산모퉁이를 돌아 국수당을 넘어서, 바로 저, 선앙제터에 이르렀을때, 땅거미는 이미 풀숲을 덮었는데, 나는 저녁이 늦는다고 고된 몸두 돌보지 않고 종종걸음을 치고 있었다. 머리를 수긋하고 손을 휑휑 내저으며, 수수밭과 조밭 사이로 난 길을 걸어가는데, 갑자기 짜르릉 하는 자행거 종소리가 나고, 이어서 내가 머리를 들을 때엔, 내 앞에 고을 양복쟁이 하나가, 덥뻑 안장에서 내려서고 있었다. 그는 내가 길을 비끼는데도 불구하고, 차를 우뚝 세우고 멍청하니 서 있었다. 어인 영문을 몰라 머리를 들었을 때에 나는 비로소 그의 표정을 보았다. 이때에 밖에서 송관순이와 그의 안해가 들어서는 바람에 보비는 곡성을 높이고 지저귄다.

여보 아주바니, 그래 이게 웬일이란 말이요. 왜 아침엔 함께 고을로 나가더니 혼자만 돌아오다니, 그런 변이 어데 있단 말요.

그놈한테 칼루 맞어 넘어가는 걸 옆에서 멍청하니 보고만 섰드란 말이요.

아니 뭐요? 날 경찰서에서 부르다니, 내가 무슨 상관이 있다고?

네 시체는 그깟 것 이제 찾아와 무엇하겠수. 그 참혹한 걸, 시형이 어련히 찾아갈라구.

아니 뭐요? 나두 조사할 게 있다구? 내가 무슨 죄루, 그러나 오라면 가지요. 인제 오늘밤으루래두 가겠어요. 가구말구요. 가는 길에, 내 그놈두 마저 해보구 올테예요, 아이고 ―.

― 다시 느껴운다.

무당의 입을 빌려 서두성이가 하는 이야기

소 의술 김종칠이한테 만신창이 되어 거꾸러진 것은 물론 틀림없는 나이지만, 그가 살인죄를 쓴다면 그건 억울한 일일 게다. 지금 나는 명백히 단언해두려니와 그가 나를 죽인 것은 정당 방위였다. 법률이 그를 어떻게 판단할는지는 알 바 아니나, 죽이고저 하는 살의를 가졌던 것은 김종칠이가 아니고 틀림 없는 나였다. 혹시 두 사람의 육체를 찌르고 째고 가르고 한 식도가, 나의 소유가 아니었다 하여, 말썽이 있을지 모르나, 그 칼은 김종칠이가 자행거를 타고 우전으로 향하여 내려오는 것을 내가 장터에서 보고, 이어 화장수한테서 1원 50전을 주고 산 물건이다.

그러므로 나는 지금도, 그가 나를 죽인 데 대하여는 아무런 원한도 품고 있지 아니하다. 죽이려던 것도 나요, 또 나에게 김종칠이를 이길 만한 힘이 있었는가 그랬다면 으레히 나는 살고 그는 죽었을 것이다. 그러므로 그가 나의 몸을 한 군데도 아니요 세 군데 네 군데씩 무찌르고 파헤치고 했다 쳐도, 나는 그를 원망치 아니한다.

그러나 나의 혼이 이렇게 싱싱하게 떠돌아다닐 수 있는 한, 역시 나는 잊을 수 없고, 그러므로 그대로 풀어버릴 수 없는 두 가지의 울분이 남아 있다. 그 울분은 때로는 원통함이 되었고, 때로는 쓸쓸함이 되었고, 때로는 한없는 미움이 되었다. 하나는 김종칠이에 대한 것이요, 또 하나는 그것과 밀접한 관계에 얽혀 있는 것이지만, 내 안해 보비에 대한 것이다. 말을 뚝 끊고 잠시 고요히 생각한다.

잊혀지지도 않는 그날, 우리집 조는 아직 덜 익어서, 양지 바른 데 심은 콩부터 대강 추수를 해치우느라고, 우리 부처는 아침부터 국수당 너머 콩밭에서 콩가지를 베고 있었다. 그날은 마침 아랫마을 최장의네 소가 탈이 났다고 법썩을 대던 날이었다.

나는 종일토록 밭에서 일을 보느라고, 적지 않이 몸이 고되었으나, 묶던 콩단이 얼마 남지 않았으므로, 저녁을 지어야겠다고 밭을 나서는 안해를 따라 나서지 않고, 그럼 먼저 가서 밥을 짓게, 그리구 오늘 저녁엔 뒷울타리에 열린 호박을 따서 호박장이나 지지게, ― 이렇게 당부하고 다시 하던 일을 계속하였던 것이다. 그러니까 내가 묶던 콩단을 전부 말끔하니 묶어 치우고서, 밭에서 허리를 편 때엔 벌써 해는 산밑으로 뚝 떨어졌었고, 밭에서 나와 집을 향하여 길 위에 올라섰을 때는, 안해가 먼즘 간지 한 반시간도 더 지냈을 시각이었다.

나는 피곤하였으나, 집에 가면 안해가 밥을 지어놓고 있을 것과, 팥 든 조밥에 호박을 고추장에 지진 것이 얼마나 맛이 날 것을 생각하고, 그리고 아침에도 아직 날배추 냄새와 소금냄새가 덜 가시었던 풋김치가, 지금쯤엔 알맞게 새큼하니 입맛을 돋울 것을 생각하고, 코로 흥얼흥얼 수심가까지 부를 수 있었다. 나는 국수당 있는 고개턱에 올라서서 마주 불어오는 바람에 푸우 숨을 내쉬었다. 얼마 높지 않은 고개턱이지만, 이곳서는 밑으로 외줄기 길이 선앙제터 옆을 거처 수수밭과 조밭 가운데를 일직선으로 달리다가, 얼마 가서 고을로 들어가는 큰 길과 잇닿는 어귀까지, 손 안에 든 것처럼 빤히 내려다 보였다.

해는 넘어가버려, 맞은 산 위에는 주홍빛으로 노을이 한때 비껴 있을 뿐이었으나, 아직 길과 밭 위엔 또렷이 내려다 보일 만한 투명한 공기가 검은 땅거미와 다투고 있었다.

그러니까, 내가 단 5분, 아니 눈 하나 깜빡할 동안만 늦게 이 고개턱을 넘었더라면 나는 아무 일 없이 그대로 무사할 수 있었을 것이다. 그러나 운명은 매정하였다. 나는 고갯마루턱에 올라서서 눈앞에 벌어지는 들과 길을 바라다보았고 그리고 내 두 눈은 아직도 그리 어둡지 않은 길 위에서 쉽사리 내 안해를 발견하여버렸다.

안해는 맨 처음은 내 시야에 들지 않았다. 처음은 그대로 일직선으로 달린 길뿐이었다. 그러나 길 옆 수수밭 속에서 안해는 길 위에 나섰다. 나는 처음 무슨 영문을 몰랐다. 무엇하러 남의 수수밭엘 들어갔었던가, 오줌이 마려워서, - 어째서 또 여적 집에도 안 가고, 그러나 그건 모두 객쩍은 근심이었다. 안해는 길 위에서 잠깐 누구를 기다리듯 서 있었다. 그때에 나는 그가 왼팔을 올려놓은 것이 길 위에 세운 자행거 안장인 것을 보았다.

나는 그때 머리칼이 곤두 섰는지, 잔등께에 소름이 돋쳤는지, 눈앞이 아찔했는지, 가슴이 뚱 물러앉았는지 - 아무 것두 느끼지 못하였다. 아니 이러한 모든 것을 아마 같은 순간에 겪어버렸을 것이다. 밭 가운데서 사나이가 따라 나오는 것을 본 뒤에도, 나는 자리에서 발을 옮겨놓지는 못하였다. 서로 인사를 하고, 그리고 년은 그대로 곧은 길을, 놈은 획하니 자행거에 올라타고 두어 번 저어서 이쪽으로 오다가 고을 가는 신작로로 없어진 뒤에야, 나는 미친놈 모양으로 고개턱을 줄달음처 내려오고 있었다.

- 또다시 잠시 동안 침묵.

안해는 천연하였다. 아무 것도 겪지 않은 것처럼, 물을 한 잔 들이켠 것보다두 더 단순하게. 나는 그걸 보고 그만 맥을 잃어버렸다. 저녁이 왜 늦었느냐고 물을 필요도 없었고, 그 이상 무슨 말을 비쳐볼 아무 기운도 나에겐 없었다. 그 표정, 그 행동, 그것은 사람의 것이 아니었다. 나는 부엌에서 돌아가는 계집을 여우는 아닌가 하고 의심스러울 지경이었다.

달려들어서 꺼덩이를 낚아채고, 실컨 매질이라도 하려든 처음 생각은, 안해의 이러한 행동과 표정 앞에 부딪처서, 그때엔 내 몸에서 약기운처럼 사라져버리고, 나는 그만 외잉산에 가서 넝청하니 소만 바라보고 섰었다.

나는 내 눈을 의심해도 보았다. 동네 사람들의 소문에도 귀를 기울여보려 애썼다. 이렇게 맹물을 한 잔 마시는 것보다도 단순하게, 안해는 여태껏 여러 사람과 대하였을까 - 하는 생각에 나는 잠을 이룰 수가 없었다. 그러나 나는 그에게 입을 열어 물어보지는 않았다. 아아 사랑하던 계집, 소중히 다

루던 내 계집에게, 어떻게 그걸 물어볼 수 있다는 말이냐. 나는 아무말도 건네지 않았다. 그리고 나는 멀리 내 안해의 옆을 떠나버리려 하였다. 안해의 꿈결 같은 얼굴을 가슴에 안은 채.……

<나의 어머니>
백신애

1

ＸＸ청년회 회관을 건축하기 위하여 회원끼리 소인극(素人劇)을 하게 되었다. 문예부(文藝部)에 책임을 지고 있는 나는 이번 연극에도 물론 책임을 지지 않을 수가 없게 되었다.

시골인 만큼 여배우(女俳優)가 끼면 인기를 많이 끌 수가 있다고들 생각한 청년회 간부들은 여자인 내가 연극에 대한 책임을 질 것 같으면 다른 여자들 끌어내기가 편리하다고 기어이 나에게 전 책임을 맡기고야 만다. 그러니 나의 소임은 출연할 여배우를 꾀어 들이는 것이 가장 중한 것이었다.

그러나 아직 '트레머리'가 사—오인에 불과하는 이 시골이라 아무리 끌어내어도 남자들과 같이 연극을 하기는 죽기보담 더 부끄러워서 못하겠다는 둥, 또는 해도 관계없지만 부모가 야단을 하는 까닭에 못하겠다는 등 온갖 이유가 다 — 많아서 결국은 여자라고는 아 — 무도 출연(出演)할 사람이 없이 되고 부득이 남자들끼리 하는 수밖에 없었다. 그래서 우리들은 밤마다 밤마다 ＸＸ학교 빈 교실을 빌려서 연극 연습을 시작하게 되었다.

연습을 시키고 있는 나는 아직 예전 그대로의 완고한 시골인 만큼 '일반에게 비난을 받지나 않을까……?' 하는 여러 가지로 완고한 시골에서 신여성(新女性)들의 취하기 어려운 행동에 대한 고려를 하지 않을 수 없어서 다른 위원들과 같이 여러 번 토론도 하여 보았으나 내가 없으면 연극을 하지 못하게 되는 수밖에 없다는 다른 위원들의 간청도 있어서 나는 끝까지 주저하면서도 끝까지 일을 보는 수밖에 없었다.

오늘은 그 공연(公演)을 이틀 앞둔 날이다. 학교 사무실 시계가 열한 시를 치는 소리를 듣고야 우리는 연습을 그쳤다.

딸자식은 의례히 시집갈 때까지 친정에서 먹여주는 것이 예부터 해오던 습관이라면 나도 아직 시집가지 않은 어머니의 한낱 딸이니 놀고 먹어도 아무렇지도 않을 것이언마는 오빠 ＸＸ 사건으로 감옥에 들어가고 보통 학교 교원으로 있던 내가 여자 청년회를 조직하였다는 이유로 학교 당국으로부터 일조에 권고사직(勸告辭職)을 당하고 나서는 그대로 할 일이 없으니 부득이 놀 수밖에 없이 되었다. 그래서 날마다 먹고는 식구가 단촐한 얼마 안 되는 집안 일이 끝나면 우리 어머니의 말씀마따나 빈둥빈둥 놀아댄다. 어떤 때는 회관에도 나가고 또 어떤 때는 가까운 곳으로 다니며 여성단체(女性團體)를 조직하기에 애를 쓰기도 하고 그렇지 않으면 하루 종일 또는 밤이 새도록 책상 앞에서 책과 씨름을 하는 것 뿐이다. 한 푼도 벌어들이지는 못하지마는 어쩐지 나는 나대로 조금도 놀지 않는 것 같기도 하였다. 그러나 우리 어머니는 종종

"아까운 재주를 놀리기만 하면 어쩌느냐!"

고 벌이 없는 것을 한탄하시기도 한다. 벌이를 하지 않으면 아까운 재주가 쓸데없는 것이라는 것이 우리 어머니의 생각이다. 그러면 나는

"아이구 바빠 죽겠는데……."

하고 딴청을 들이댄다.

"쓸데없이 남의 일만 하고 다니면서 바쁘기는 무엇이 바빠!"

하며 나를 빈정대신다.

내가 밤낮 남의 일만 하고 다니는지 또는 내 할 일을 내가 하고 다니는지 그것은 둘째로 하고라도 나의 거동(擧動)은 언제든지 놀고 있는 것 같아 보이는 것도 무리가 아니라고 생각되었다.

오늘은 ＸＸ 에서

'여자ＸＸ 회를 발기(發起)하니 와서 도와다오……'

하니 거절할 수 없고 ― 또 오늘은 또 ＸＸ 가 저의 집이 조용하다니 그곳에도 가서 하려던 얘기를 해 주어야겠고 ― 오늘은 또 ＸＸ 회로 모이는 날이니, 내가 빠지면 아니 될 것 ―, 동무가 보내준 책이 몇 권이나 있는데 그것도 읽어야겠고 ― 여러 곳에서 편지가 왔으니 꼭 답을 해 주어야겠고, 이것이 모두 나에게는 못 견딜 만치 바쁘고 모두가 해야만 할 일같이 생각된다. 그러나 남의 눈에는 한 푼도 수입이 없으니 나는 날마다 놀기만 하는 것 같이 보이는 것이 무리가 아니다. 더욱이 우리 어머니 어머니에게는……

2

하루나 이틀이 아니고 몇 해든지 자꾸 나 혼자만 바쁘고 남의 눈에는 아까운 재주를 놀리기만 하면서 먹기가 좀 어색하게 생각되지 않을 수가 없었다.

열일곱 살 때부터 교원으로서 얼마 안 되는 월급이나마 받아서 꼭꼭 어머니 살림에 보태어 드릴 때는 내 마음대로 무슨 일이든지 하고 싶은 대로 했었고 또 마음으로는 하고 싶어도 그만 참고 있으면 어머니가 척척다 ― 해 주시기도 했었다. 말하자면 어머니는 어떻게든지 내 마음에 맞도록 해 주시려고 애를 쓰시던 것이었다.

그러나 이제는 의례 해야 할 말도 하기가 미안하고 아무리 마음에 맞지 않는 것이라도 불평을 말할 수가 없어졌다. 심지어 몸이 아플 때도 어디가 아프다는 말조차 하기가 미안하여진다.

병원! 약갑! 이것이 연상되는 까닭이다. 그리고 때때로
"사람이 오륙인 씩이나 모두 장정의 밥을 먹으면서 일년 내내 한 푼도 벌
이라고는 하는 인간이 없구나!"
하며 어머니의 얼굴이 좋지 않아지면 나는 말할 수 없는 미안스러움과 죄송
스러운 감정에 북받치고 만다. 그러면서도 어머니가 너무 심하게 구시면 어
떤 때는
"아이구 어머니도 내가 벌지 않으면 굶어 죽는가베. 아직은 그래도 먹을
것이 있는데!"
하는 야속스런 생각도 난다. 그러나 이 생각도 감옥에 들어 계시는 오빠를
위하여 차입을 한다. 사식을 댄다, 바득바득 애를 쓰는 어머니 모양을 생각
하면 그만 가슴이 어두워지고 만다.
오늘도 집으로 돌아오는 길에서
"대문이 닫혔으면 어떻게 하나. 어머니가 아직 주무시지 않으시어질까!"
하는 걱정과 함께
"지금 나에게도 무슨 돈이 월급처럼 꼭꼭 나오는 데가 있었으면……."
하는 엉터리 없는 공상을 하기도 하였다. 가라앉지 않는 뒤숭숭한 가슴으로
조심히 대문을 밀었다. 의외로 대문은 소리 없이 열리었다.
"옳다, 되었다."
나는 소리 없이 살며시 — 대문 안에 들어서서 도적놈처럼 안방 동정을 살
피었다. 안방에는 등잔불이 감스릿하게 낮추어 있었다.
"어머니가 벌써 주무시는구나……."
하는 반갑고 안심되는 생각에 갑자기 가벼워진 몸으로 가만히 대문을 잠그
고 들어서려니까 안방 창문에 거무스름한 어머니 그림자가 마치 지나 가는
구름처럼 어른 하더니 재떨이에 담뱃대를 함부로 탁탁 쎄리는 소리와 함께
길 — 게 한숨을 하더니
"아이구 애야, 글쎄 지금이 어느 때냐."
하는 어머니의 꾸지람이라기보다는 앓는 소리가 흘러 나왔다.
'아이구 어머니 아직 안 주무셨구나' 는 생각이 번뜩하자 나도 떨리는 한
숨이 길게 나왔다. 빙문 열고 들어서는 한숨이 아직 이불도 펴지 않고 어미
니는 밀창 앞에 쪼그리고 앉아서 지금까지 애꿎은 담배만 피우며 나를 기다
리신 모양이다.
무겁던 가슴이 뜨끔! 하여졌다. 이러한 경우는 교원을 그만두게 된 후로는
수없이 당하는 것이지만 그래도 그대로 들어가 모르는 척 하고 누워 잘 수
는 없었다.
그렇다고 내 가슴에 받치어 그대로 엉엉 마음 풀릴 때까지 울지도 못할 것
이다.
나는 문턱에 걸치고 들여다보던 반신(半身)을 막 방안에 들여놓으며 어머
니 앞에 털컥 주저앉아서 하하 웃었다. 그러나 그 순간 뒤에 나는 울고 싶
으리만치 괴로웠다. 내가 바라보는 어머니의 표정은 너무도 침울하였던 까
닭이다.
"이런…… 어머니 어디 갔다 오셨어요? 벌써 열 시가 되어 오는데……."
나는 열두 시가 가까워 오는 것을, 다행히 조금이라도 어머니의 노기를 덜
고자 일부러 열 시라고 했다.
물끄러미 등잔만 쳐다보던 거칠어진 어머니의 얼굴에 두 눈이 휘둥그레지
며
"열 시?"

하며 나에게 반문하였다. 나는 또 가슴이 뜨끔하여졌다.

"열 시? 열 시가 무엇이냐? 열 시? 열 시라니! 열한 시 친지가 언제라
고……. 벌써 닭 울 때가 되었단다."

나직하게 목을 빼어 어안이 막힌다는 듯이 나를 바라보며 핀잔을 주기 시
작하였다.

나는 그만 온몸의 피가 뜨거워지는 것 같더니 그 피가 일제히 머리를 향하
여 달음질쳐서 올라오는 것 같아서 진작 입이 떨어지지를 않았다.

"글쎄 지금이 어느 때라고! 네가 미쳤니? 지금까지 어디를 갔다 오노 말
이다."

그 말소리는 어머니다운 애정과 애달픔과 노여움이 한데 엉킨 일종 처참한
음조에 떨리는 그것이었다.

3

어리광으로 어머니의 노기를 풀려고 하하 웃고 시작한 나는 어머니의 이
말소리에 몸을 어떻게 지탱할 수가 없어서 벌떡 일어나 책상에다 머리를 내
어 던지며 주저앉았다.

"남 부끄러운 줄도 어쩌면 그렇게도 모르니? 이 밤중에 어디를 갔다 오
냐 말이다. 네가 지금 몇 살이니? 응 차라리 나를 이 자리에서 당장 죽여나
주든지!"

"가기는 어디를 가요? 연극 연습 한다고 그러지 않았어요? 거기 갔었어
요!"

나의 이 대답에 어머니는 기가 막힌다는 듯이 입을 벌린 그대로 얼굴이 틀
어졌다.

"연극하는 데라니? 아이그 이 애 좀 보게. 그곳이 글쎄 네가 갈 데냐!
아무리 상것의 소생이라도 계집애가 그런 데 가는 것을 본 적이 있니? 모이
는 자식들이란 모두 제 아비 제 어미는 모른다 하고 사회니 지랄이니 하고
쫓아다니는 천하 상놈들만 벅적이는데……."

"어머니 잘못했어요. 남의 말은 하면 무엇해요. 저도 잘 알고 있지 않습
니까! 그만 주무세요."

나는 덮어놓고 어머니를 재우려 했다. 나는 어찌하든지 어머니와는 도무지
말다툼을 하지 않으려 했다. 아무리 설명을 하고 이해를 시켜도 점점 어머
니의 노기만 더할 뿐인 것을 나는 잘 안다. 이따금 어머니가 심심 하실 때
에 이야기를 하라고 하시면 옛 이야기 끝에 성인(聖人)도 시속을 따르란 말
이 있지요."

하며 이야기 꼬리를 멀리 돌려서 나의 입장과 행동을 변명도 하고 될 수 있
는 정도까지 어머니를 깨우려고 애를 쓴다. 그러면 그때는 나에게 감복이나
한 듯이

"너는 어떻게 그런 유식한 것을 다 아느냐."

하고 엄청나게 감복하시며 기특하고도 귀엽다는 듯이 바라보신다. 그때만은
나도 어머니의 따뜻한 사랑 속에서 숨을 쉬이는 듯한 행복을 느낀다.
그러나 그것도 잠깐이다. 나면서부터 완고한 옛 도덕과 인습에 폭 싸인 어
머니이라 그만 씻어 버린 듯이 잊어버리고 다시 자기의 주관으로 들어간다.
그런 까닭에 나는 어머니와는 입다툼은 하지 않는다. 억지로 라도 어머니를
누워 재우려고 겨우 책상에서 머리를 들었다.

"아이그 어머니! 글쎄 그만 주무세요. 정 그렇게 제가 잘못했거든 내일
아침이 또 있지 않아요? 그만 주무세요, 네?"

어머니는 홱 돌아 앉아 담배만 자꾸 피우신다. 그 입술은 여전히 노여움에 떨리고 있었다.

"어머니 잘못했어요. 참 잘못했습니다. 잘못한 것만 야단을 하시면 어떻게 해요. 이제부터 그리지 말라고 하셨으면 그만이지! 에로나! 주무세요. 왜 저를 사내자식으로 낳으시지 않으셨어요. 이렇게 잠도 못 주무시고 하실 것이 있습니까?"

억지로 어리광을 피우는 내 눈에는 눈물이 펜 — 돌았다. 나는 얼른 닦아 감추려 하였으나 차디찬 널빤지 위에서 끝없이 떨고 있을 오빠의 쓰린 생각이 문득 나며 덩달아 솟아오르는 눈물을 걷잡을 수가 없었다.

"어머니! 참 우스워 죽을 뻔 했어요. 이 주사 아들이 여자가 되어서 꼭 여자처럼 어떻게 잘하는지 우스워서 뱃살이 곧을 뻔 했어요. 모레부터는 돈 받고 연극을 합니다. 그때는 저녁마다 어머니는 공구경을 시켜 드리겠습니다. 참 잘해요."

아무리 나는 애를 써도 어머니의 노기는 풀리지도 않았다. 오히려 점점 노기가 높아가는 것 같았다.

4
어머니 무릎에 손을 걸었다.

"글쎄 왜 이러느냐 내야 잘 때 되면 어련히 잘라구…… 보기 싫다. 내 눈 앞에서 없어져라. 계집아이가 무슨 이유로 남자들과 같이 야단이냐. 이런 기막힐 창피한 꼴이 또 어디 있어."

어머니가 어디까든지 늦게 온 나를 이상하게 의심하여 자기 마음대로 기막힌 상상을 하여 가며 나를 더럽게 말하는 것이 말할 수 없이 가슴이 터져 오르나 그래도 이를 바득바득 갈면서

"어머니 잡시다!"

하고 떨치는 손을 다시 어머니의 무릎에 걸었다.

"내 팔자가 사나우려니까 천하 제일이라고 칭찬이 비 오듯 하던 자식들이……. 아이구 내 팔자도…… 너 보는데 좋다 좋다 하니 내내 그러는 줄 아니? 그래도 제 집에 돌아가면 다 욕한단다. 네 오라비도 그렇게 열이 나게들 쫓아다니고 어쩌고 하더니 한번 잡혀간 뒤로는 그만이더구나. 너도 또 추켜내다가 네 오라비처럼 감옥 속에나 보내지 별 수 있을 줄 아니?"

나는 그만 도로 책상에 엎드렸다. 자신의 편함과 혈육(血肉)을 사랑하는 것밖에 아무것도 모르고 도덕과 인습에 사무친 저 어머니의 자기의 생명 같이 키워 놓은 단 두 오누이(男妹[남매])로 말미암아 오늘에 받는 그 고통을 생각할 때 나는 가슴이 다시금 찌들하고 쓰러졌다.

"저 어머니가 무엇을 알리? 차라리 꾸지람이라도 실컷 들어두자."

하는 가엾은 생각에 죽은 듯이 엎드려 있었다.

방안에 공기가 쌀쌀하게도 움직이더니 납을 녹여 붓듯이 무겁게 가라 앉는다.

"이애 밥 안 먹겠니?"

어머니의 노기는 한없이 올라가다가도 풀리기도 잘한다. 그것은 마음이 약하신 어머니는 모든 짜증과 괴롬에 문득 속이 상하시다가도 그 속풀이를 하는 곳이 언제든지 얼토당토 않은데 마주치고 만 것을 스스로 깨달으면 곧 눈물로 변해서 사라지고 만다.

언제든지 밤참을 꼭꼭 잡수시는 어머니다. 내가 돌아오기를 기다려 지금까지 잡숫지 않은 모양이다. 나는 새삼스럽게 가슴이 차게 놀랐다. 갑자기 어떻게 대답을 해야 좋을지를 몰랐다.

"안 먹겠어요."

연극연습을 하던 때는 어느 정도까지 시장함을 느꼈었으나 지금은 모가지까지 무엇이 꼭 찬 것 같았다. 뒤미처

"먹지 않어? 왜 안 먹어!"

어머니는 조금 불쾌한 어조로 다시 권하셨다. 잇따라 숟가락이 놋쇠 그릇에 칼칼스럽게 마주치는 소리가 났다. 얼마 후에 또다시

"이애 밥 먹어라. 네 오라비는 저렇게 떨고 있으련마는 그래도 나는 이렇게, 나는 먹는다. 저 나오는 것을 보고 죽을려고……."

목 메인 한숨과 함께 숟가락을 집어 던진다. 나는 지금까지 참았던 울음이 와락 치받쳐 전신이 흔들렸다.

이윽고 다시 담배를 넣기 시작하시던 어머니가 지금까지의 것은 모두 잊어버린 것 같은 부드러운 말소리로 다시 권하셨다.

"배고프지! 좀 먹으렴."

나는 감격에 받쳐 다시 가슴 찌르르 하여졌다. 나 까닭에 썩는 속을 오빠를 생각하여 눌러버리고 오빠를 생각하여 애끓는 장을 그나마 조금 편히 곁에 앉힌 나를 위하여 억제하려는 가슴은, 어머니 나는 그 어머니의 가슴을 잘 안다. 그 괴로움을 숨길 때마다 느낀다.

기어이 몸은 일으켜 다만 한 숟가락이라도 먹어 보이고 싶으리만치 내 감정은 서글펐다.

천천히 마루로 나가시는 어머니가 얼마 후에 손에 식혜 한 그릇을 떠 가지고 들어오셔서 내 옆에 갖다 놓으시며

"밥 먹기 싫거든 이거나 좀 먹어라."

나는 가슴이 터져라! 하고 큰소리로 외치고 싶었다.

가엾은 어머니! 가엾은 딸! 담배 한 대를 또 피우고 난 어머니는 허리를 재이며 자리로 누우셨다. 내가 이 식혜를 먹지 않으면 어머니 속이 얼마나 아프시랴! 오빠 생각에 넘어가지 않는 음식이라 또 내가 먹지 않을까 해서 일부러 많이 먹는 척 하시는 가엾은 어머니가 얼마나 슬퍼하실까?

나는 한 입에다 그 감주를 죄다 삼켜 버리고 크게 웃어서 어머니를 안심하시게 하고 싶은 감정에 꽉 찼으나 전신은 물과 같이 여물어졌다.

석유(石油)가 닳을까 하여 잔불을 끄고 자리에 누웠다. 이웃집 시계가 새로 한 시를 땡! 쳤다.

어머니가 후 — 한숨을 쉬셨다.

"아! 어머니! 가엾은 어머니. 어머니의 속을 알지 못하고 야속한 어머니로만 여기는 줄 아시고 그다지 괴로워하십니까. 이 몸을 어머니가 말씀하신 그 김(金)가에게 바치어 기뻐하는 어머니의 얼굴을 잠시라도 보고싶을 만치 이 딸의 가슴은 죄송함에 떨고 있습니다. 어떻게 하면 이 세상 에서 어머니를 마음 편케 모실 수가 있을까요! 내가 사랑하는 장래 나의 남편이 되기를 어머니 모르게 허락한 X X —. 그도 나와 같은 울음을 우는 불행과 저주에 헤매는 가난한 신세이외다. 그러면 나는 무엇으로 어머니를 편케 할까요! 그러나 나의 어머니여 나는 어머니가 좋아하시는 김가에게도 이 몸을 바치지 않을 것입니다. 또 내일 밤도 빠지지 않고 가야 합니다.

"가엾은 나의 어머니여."

<공상 구락부>
이효석

"자네들 무얼 바라구들 사나."

"살아가자면 한 번쯤은 수두 생기겠지."

"나이 삼십이 되는 오늘까지 속아오면서 그래두 진저리가 안 나서 그 무엇을 바란단 말인가."

"그 무엇을 바라지 않고야 어떻게 살아간단 말인가. 말하자면 꿈이네. 꿈 꿀 힘없는 사람은 살아갈 힘이 없거든."

"꿈이라는 것이 중세기적에 소속되는 것이지 오늘에 대체 무슨 꿈이 있단 말인가. 다다가 몇 백만 원의 유산이 굴러온단 말인가. 옛날의 기사에게 같이 아닌 때 절세의 귀부인이 차례질 텐가. 다 옛날애기지 오늘엔 벌써 꿈이 말라버렸어."

"그럼 자넨 왜 살아가나. 무얼 바라구."

"그렇게 물으면 내게두 실상 대답이 없네만. 역시 내일을 바라구 산다고 할 수밖엔. 그러나 내 내일은 틀림없는 내일이라네."

"사주쟁이가 그렇게 말하던가. 관상쟁이가 장담하던가."

"솔직하게 말하면—

"어서 사주쟁이 말이든 무어두 믿게나, 무얼 믿든 간에 내일을 생각하는 마음이야 일반 아닌가. 결국 그것 없이는 살아갈 수 없는 게니까. 악착한 현실에서 버둥버둥 허덕이지 말구 유유한 마음으로 찬란하게 내일이나 꿈꾸구 지내는 것이 한층 보람 있는 방법이야. 실상이야 아무렇게 되든 간에 꿈조차 꾸지 말라는 법이야 있겠나."

"그렇구말구. 꿈이나 실컷 꾸면서 지내세 그려. 공상이나 실컷 하면서 지내세 그려."

"꿈이다. 공상이다."

이렇게 해서 좌중에 공상이란 말이 시작되었고 거듭 모이는 동안에 지은 법 없이 공상구락부라는 명칭까지 붙게 되었다.

구락부라고 해야 모이는 집이 따로 있는 것도 아니오, 부원이 많은 것도 아니오, 하는 일이 또렷한 것도 아닌—친한 동무 몇 사람이 닥치는 대로 모여서는 차나 마시고 잡담이나 하고 하는 정도의 것이었다. 다시 말하면 직업 없는 실직자들이 모여서 하는 일 없는 날마다의 무한한 시간과 무료한 여가를 공상과 쓸데없는 농담으로 지우게 된 것에 지나지 않는다. 공상구락부란 사실 허물없는 이름이었고 대개는 하루의 대부분의 시간을 찻집에 들어가서 식어 가는 커피잔을 앞에 놓고 음악소리를 들어가면서 언제까지든지 우두커니들 앉아 있는 꼴들은—좌중의 어느 얼굴을 살펴보아도 사실 부질없는 공상의 안개가 흐릿한 눈동자 안에 서리서리 서리우지 않을 때가 없었다. 꿈이란 눈앞에 지천으로 놓인 값없는 선물이어서 각각 얼마든지 그것을 집어먹든 시비하는 사람은 없는 것이다. 그 허름한 양식으로 배를 채우려고 한잔의 차와 음악을 구해서는 차례차례로 거리의 찻집을 순례하는 것이다. 솔솔 피어오르는 커피의 김을 바라볼 제 그 김 속에 나타나는 꿈으로 얼굴을 우뚤이 아름답게 빛내이는 것은 유독 총중에서 얼굴이 가장 뛰어나고 문학을 숭상하는 청해군 뿐만이 아니었다. 어느 때부터인지 코 아래에 수염을 까마잡잡하게 기르기 시작한 천마군도 그랬고 비행사 되기를 원하는 유난히 콧대가 엉크런 백구군도 그랬고 총중에서 가장 몸이 유들유들한 운심도 또한 그랬던 것이다. 꿈이라면 남에게 질 것 없다는 듯이 일당백의 의기를 다 각각 가슴 속에 간직하고 의자에 깊숙이 몸을 잠그고 앉아서 음악에 귀를 기울이고 있는 네 사람의 자태를 그 어느 날 그 어느 찻집에서나 발견하지 못하는 때는 없었다.

"남양의 음악을 들으면 난 조그만 섬에 가서 추장노릇을 하고 싶은 생각이 버쩍 생긴단 말야."

그 추장노릇의 준비 행동으로 코 아래 수염을 기르는 것일까. 총중에서 누구보다도 가장 추장의 자격이 있다면 있을 천마는 음악에 잠기면서 꿈의 계획을 피력하는 것이다.

"—세상에서 가장 이상적인 부락을 맨들겠네. 섬에는 물론 새 문화를 수입해서 각 부문에 전부 근대적 시설을 베풀고 한편으로는 농업을 힘써서 그 농업 면에도 근대화의 치장을 시키고 농업 면과 공업 면이 잘 조화해서 조금도 어긋나고 모순되지 않도록 즉 부락민은 농사에 종사하면서도 도회면서 살 수 있도록—그리구 물론 누구나가 다 일해야 하구 일과 생활이 예술적으로 합치되도록 그렇게 섬을 다스려보겠네. 노동이 있을 뿐 아니라 예술이 있고 음악이 있고 음악에 맞춰서 일이 즐겁고 수월하게 되는 부락—그 부락의 추장노릇을 하고 싶은 것이 평생 원이야."

"그럴 법하긴 하나 원두 자네답게 왜 하필 추장노릇이란 말인가. 이왕 꿈이구 공상이라면 좀더 사치하고 시원스런 것이 없나. 공중을 훨훨 날아 본다든지 하는 비행가가 되기가 내겐 천상 원인 듯하네. 꿈이 아니라 가장 가능한 일인 것을 시기를 놓쳐 버리고 나니 별수없이 공상이 되구 말았으나."

백구는 천마를 핀잔주듯이 말하면서 은연중에 공상을 늘어놓는 셈이었다.

"추장이니 비행기니 공상들두 왜 그리 어린애다운가. 어른은 어른답게 어른의 공상을 해야 하잖나."

청해의 차례이다. 다른 동무들과 달리 그다지 부자유롭지 않은 처지에서 반드시 취직 걱정도 할 것 없이 안온하게 지내 가는 그가 문학서를 많이 읽고 생활의 기쁨이라는 것을 유달리 느껴 오는 탓일까. 그렇지 않으면 남보다 뛰어난 얼굴값을 하자는 수작일까. 하필 하는 소리가.

"두구 보지. 내 이십세기 클레오파트라를 찾아내지 않고 두는가. 세기의 미인 만대의 절색—그 한 사람을 위해서는 천리 길을 걸어도 좋고 만리 길을 걸어도 좋은—그의 분부라면 그 당장에서 이 내 목숨 하나 바쳐도 좋은—그런 절색 내 언제나 구해 내구야 말걸. 이 목숨이 진할 때까지라도." 하는 것이다.

"찾아내선 어쩌잔 말인가. 지금 왜 절색이 없어서 걱정인가. 할리우드만 가보게, 클레오파트라 아니라 그 이상 몇몇 곱절의 이십세기의 일색들이 어항 속의 금붕어 새끼들같이 시글시글 끓을 테니 가르보나 셔어러는 왜 클레오파트라만 못하단 말인가. 디이트리히나 콜베엘두 몇 대 만에 태어나는 인물이겠구 아이린·단이나 로저스두 천 사람 만 사람 가운데의 한 사람인 인물이네. 요새 유명한 다니엘 다류는 어떤가. 미인이 아니래서 한인가. 미인이 없는 것이 아니라 자네 차례에 안가서 걱정이라네. 이 철딱서니없는 동양의 돈 환 같으니."

천마의 핀잔에 청해는 가만있지 않는다.

"다류나 로저스를 누가 미인이래서. 그까짓 할리우드의 여배우라면 자네같이 사족을 못쓰는 줄 아나. 이 통속적인 친구 같으니. 참된 미인은 스크린 위에 있는 것이 아니라 더 다른 숨은 곳에 있는 것이라네."

"황당하게 꿈속의 미인만을 찾지 말구 가까이 눈앞에서부터—자네 대체 미모사의 민자는 그만하면 벌써 후리게 됐나 어쨌나. 민자쯤을 하나 후리지 못하는 주제에 부질없이 미인타령은 무어야."

운심의 공격에 청해도 얼굴을 붉히면서 할말을 모르는 것을 보면 미모사의 민자는 아직 엄두도 못낸 눈치였다.

"어서 나와 같이 세계일주 계획이나 하게. 이것이야말로 공상이 아니라 계획이네. 세계를 일주해봐야 자네의 원인 절색두 찾아낼 수 있지 찻집 이 한구석에 가만히 앉아서야 이십세기의 일색을 외친들 다따가 코앞에 굴러 떨어지겠다. 내 뜻을 이루게 되면 그까짓 세계일주쯤이 무엇이겠다. 자네두 그때엔 한몫 끼여 주리. 자네 비위에 맞는 미인을 얼마든지 구할 수 있도록. 자네뿐이겠나 천마군의 추장의 꿈두 백구군의 비행가의 공상두 그때엔 다 실현하게 되리. 내 성공하는 날들만을 빌구 기다리구들 있게."

운심의 뜻이니 성공이니 하는 것은 그가 오래 전부터 '꿈' 꾸고 생각해 오던 광산의 일건이었다. 고향이 충청도인 그는 특수광지대인 고향 일대에 남달리 항상 착안해서 엉뚱하게도 광맥에 대한 욕망을 품고 있어 온지 오래였다. 물론 당초부터 광산을 공부한 것도 아니오, 전문적 지식을 갖추고 있는 것도 아니오, 다만 막연히 상식적으로 언제부터인지 그런 야심을 가지게 되었던 것이다. 서울에서 공부를 마치고는 그대로 눌러서 날을 지우게 된 그로서 공상구락부에서 꾸는 그의 꿈은 언제나 광산에 대한 애착이요 공상이었다.

그러나 세상에 기적이라는 것이 있듯이 공상도 간간이 가다가 공상의 굴레를 벗어나서 실현의 실마리를 찾는 것인 듯하다. 아마도 사람에게 공상이라는 것을 준 조물주의 농간이라면 농간이 아닐까. 운심은 다행인지 불행인지 그 조물주의 농간을 입어 그의 공상의 현실과의 접촉점을 우연히도 찾게 되었던 것이다. 이때부터 그의 공상은 참으로 공상 아닌 현실의 성질을 띠이

215

고 나타나게 되었고 그뿐 아니라 동무인 세 사람에게도 그것이 영향이 되어 그들은 벌써 공상만이 아니라 공상을 넘어서의 찬란한 계획을 차차로 생각하게 되었던 것이다. 신기한 일이었다.

고향을 다녀온 운심의 손에 이상한 것이 들려 있었다. 알고 보면 그 일 때문에 일부터 시골 있는 동무에게서 편지를 받고 내려갔던 것이나 근처 산에서 희귀한 광석을 주워 가지고 온 것이다. 여전히 공상의 안개가 솔솔 피어오르는 찻집 좌석에서 운심은 주머니 속 봉투에서 집어낸 그 광석을 내보이면서 설명하는 것이었다.

"돌멩이 속 틈 틈에 거무스름한 납덩어리가 보이잖아. 손톱자리가 쑥쑥 들어가는 이것이 휘수연(輝水鉛)이라는 것이네. 모립덴이라구 해서 경금 속으로 요새 광물계에서 떠들썩하는 것인데 가볍기 때문에 비행기 제조에 쓰이게 되어 군수품으로 들어가거든. 시세가 버쩍 올라 한 톤의 시가가 육천원을 넘는다네. 광석채로 판다구 해두 퍼센티지에 따라서 팔수록에 그만큼의 이익은 솟을 것이네. 고향에서 한 삼십 리 들어간 산속에서 발견한 것인데 늘 유의하고 있던 동무가 내게 알려준 것이네. 한 가지 천운으로 생각되는 것은 실상은 들어본즉 애초에 어떤 사람이 그 산을 발견해 가지고 일을 시작했다가 성적이 좋지 못하다고 단념하구 산을 버렸다는 것인데 아마도 그 사람은 휘수연의 광산이라는 것을 몰랐던 모양이구 알았어두 그때엔 시세도 없었던 모양인데. 버린 것을 줍지 말라는 법이야 있겠나. 별반 수고도 하지 않고 남이 발견한 것을 차지한 셈인데 꼭 맞힐 듯한 예감이 솟네. 희생을 당하더래두 집안을 홀두드려 파는 한이 있더래두 이 산만은 꼭 손을 대보구야 말겠네. 공상구락부의 명예에 걸어서래두 성공해 보겠네. 맞혀만 보게, 자네들 꿈쯤은 하루아침에 다 이루게 될 테니."

좌중은 멍하니들 앉아서 찬란한 그의 이야기에 흔들을 뽑히우고 있었다. 금시에 천지가 바뀌고 해가 서쪽에서 뜨게 된 듯도 한 현혹한 생각들을 금할 수 없었고 운심이란 위인을 늘 보던 한 사람의 평범한 동무를 새삼스럽게 신기한 것으로들 바라보는 것이었다. 오돌진 그의 육체 속에 그런 화려한 복이 숨어 있었던가 하고 눈이 부실 지경이었다.

그렇게 되고 보니 운심은 제법 틀이 생기고 태도조차 의젓해져서 거리를 분주하게 휘돌아치는 꼴조차 그 어디인지 유유한 데가 보였다. 우선 사사로운 몇 군데 광무소를 찾아 감정을 해보고 마지막으로 식산국 선광 연구소에서 결정적 판단을 얻기가 바쁘게 지도와 인지를 붙여서 그 자리로 출원해 버렸다. 당분간 시굴을 해볼 필요조차 없이 곧 본격적으로 채굴을 시작하려고 즉일로 고향을 내려갔다. 땅마지기나 좋이 팔아서 천원 돈을 만들자마자 부랴부랴 올라와서 속허원을 내서 광업권 설정을 하고 일년분 광구세까지 타산해 놓고 앞으로 일주일이면 당장에 일을 시작하게까지 재빠르게 서둘러 놓았던 것이다.

동무들은 그의 활동력에 놀라면서 그가 다시 고향으로 떠나려는 전날 밤 송별연을 겸해 모였을 때에 그의 초인적 활동을 칭찬하고 성공을 빌면서 새로운 인격의 탄생인 듯이도 그를 찬양하였던 것이다. 지금까지의 공상들이 더한층 현실성과 생색을 띠우고 아름답게 빛났던 것은 물론이다. 백구는 그 자리에서 금시 한 사람의 비행가나 된 듯 비행기의 설화를 시작하는 것이다.

"속력이 무척 빠르고 원거리로 날 수 있는 것은 물론 군용기에 지나는 것이 없으나 민간에서 쓸 수 있는 특수기로라면 영국의 데 • 하비란드 • 코오멧 장거리 비행기 같은 것이 가장 튼튼한 것인데 사백사십팔 마력 최고속도 한

216

시간에 삼백칠십육 킬로—이만하면 세계일주두 편히 되지. 이런 장거리라 비행기가 아니라면 차라리 조그만 걸 가지구 가까운 곳에서 장난하기 좋은 데 가령 불란서서 시작한 부우•드•쉘이란 것이 있지 않은가. 그것도 속력이 한 시간에 백 킬로는 되거든."

"염려할 것이 있나 무엇이든지 뜻대로지."

운심은 얼근한 김에 술잔을 들고는 동무를 응원하는 것이다.

"세계일주를 하거든 같이 맞서서나 그려, 자네는 비행기로. 난 배로. 비행기로 일주일 동안에 세계를 일주한 기록이 천구백삼십삼년에 서지 않았나 왜. 그러나 난 그런 급스런 일주는 뜻이 적은 것이라구 생각하네. 불란서 어떤 시인은 팔십 일 동안에 세계를 유람했구 세계일주 관광선이란 것두 넉 달만에 한 바퀴 유람들을 하구 하지만 그런 것은 재미가 덜할 것 같어. 이상적 세계일주로는 역시 그 시조인 십육세기 마젤란의 격식이 옳을 듯하네. 삼년 동안이 걸리지 않았나. 그는 고생하노라고 삼년이나 지웠지만 나는 그 삼년 동안을 각지에서 적당히 살면서 다니자는 것이네. 시절을 가려 적당한 곳을 골라서는 몇 달씩 혹은 한철을 거기서 살고는 다음 목적지로 향하는 것이네. 그렇게 각지의 인정, 풍속과 충분히 사귀고 생활을 즐기면서 다니는 곳에 참된 유람의 뜻이 있지 않나 하네. 가령 봄 한철은 파리에서 지내고 여름은 상모리츠에서 지내고 가을은 티롤에서 겨울은 하와이에서 다시 부에노스아이레스에서 다음에 서전에서—이렇게 해서 세계를 모조리 맛보자는 것이네."

"그 길에 제발 나두 동행하세나. 이십세기의 절색을 찬찬히 구해보게."

청해의 농담도 벌써 농담은 아닌 듯 또렷한 환영이 눈앞에 보여 와서 그는 눈동자를 빛내면서 술잔을 거듭 들었다.

"어떻든 내 자네들 구세주되리, 공상구락부의 명예를 위해서래두. 그것이 동무의 보람이란 것이 아닌가."

운심은 어느덧 곤드레만드레 취해서 나중에는 혀조차 꼬부라지는 판이었으나 그래도 이튿날에는 말끔한 정신과 개운한 몸으로 동무들의 전송을 받으면서 늠름하게 출발의 첫걸음을 띠어 놓았다. 고향에 내리기가 바쁘게 사람들을 모아 일을 시작하고 있다는 소식을 며칠 안 가 동무들은 듣게 되었다. 운심이 시골로 간 후 그에게서 소식은 자주 듣는다고 해도 아무래도 무료한 마음들을 금할 수 없었고 공상의 불꽃도 전과 같이 활활 붙지는 못했다. 세 사람이 찻집에 모여들 보아도 좌중의 공기가 운심이 있을 때같이 활발하지 못했고 생활의 경우가 갈린 이상 마음들도 서로 떨어지는 것 같아서 서먹서먹한 속에서 공상구락부의 명칭조차 그림자가 엷어 가는 듯한 기색이었다. 그러는 중에 생긴 한 가지의 큰 변동은 천마와 백구가 뒤를 이어 차례차례로 직업을 얻게 된 것이었다. 물론 다따가 돌연히 된 것이 아니라 어차피 무엇이든지 일을 가져야 하겠기에 두 사람 다 은연중에 자리를 구해는 오던 중이었다. 그것이 공교롭게도 바로 이때 두 사람이 전후해서 천마는 신문사에 백구는 회사에 각각 자리를 얻게 되었던 것이다. 근무시간을 가진 두 사람은 낮 동안 온전히 매어 지내는 속에서 자유로이 시간을 가지지 못하고 밤에 들어서야 겨우 박쥐같이 거리로 활개를 펴고 날았으나 피곤한 몸과 마음에 꿈을 꾸고 공상을 먹을 여가조차 줄어가던 것이다. 결국 세 사람을 잃은 청해 혼자만이 자유로운 몸으로 허구한 날 미모사에 나타나 민자를 노리면서 날을 지우게 되었다. 공상구락부란 대체 그만 없어지고 만 것일까 하는 생각은 세 사람의 가슴속에 다 각각 문득 솟는 때가 있었다.

하루는 청해가 역시 미모사에서 차 한잔을 앞에 놓고 우두커니 앉아 있으

려니 별안간 눈앞에 나타난 것이 의외에도 운심이었다. 놀라서 멍하니 바라
보고 있는 동안에 운심은 막 시골에서 올라오는 길이네 하고 앞자리에 덜석
주저앉는다. 사실 광산에서 그대로 빠져 나온 듯이도 촌스러운 허름한 차림
이었다.

"자네 내 주머니 속에 지금 돈이 얼마나 들었는지 짐작하겠나."
운심은 빙그레 웃으면서 두두룩한 가슴을 두드려 보았다. 물론 속주머니에
가득 찬 것이 돈이라는 뜻임이 확실하였다.

"이럴 것이 없네. 남은 동무들을 속히 모으게. 취직들 했다는 소리는 들
었네만 오래간만에 얘기두 많어."
그날 밤으로 천마와 백구를 불러 네 사람이 오래간만에 한자리에 모여 편
편하게 가슴을 헤치게 되었다.

"난 지금 운명의 희롱을 받고 있다구 밖엔 생각할 수 없네. 일이라구 시
작은 했으나 이렇게 잘 필 줄은 몰랐구 너무도 어이가 없어 세상에 이런 수
두 있나 이것이 정말일까 하는 생각이 하루에두 몇 차례씩 드네. 파기 시작
한지 얼마 안돼서 소위 부광대(富鑛帶)를 만났는데 하루에도 몇 톤씩 나오
네나 그래. 사람을 조롱하는 셈인지 어쩌는 셈인지 조물주의 조화를 알 수
나 있겠나. 한편 즉시 시장으로 보내군 하는데 벌써 돈 만 원이 거래는 됐
단 말이네. 난 지금 꿈을 꾸고 있는 셈이지 결코 현실 속에 살고 있는 것
같지는 않어. 이렇게 된 바에야 더욱 전력을 들일 수밖에 없는데 번 돈 전
부를 넣어서 위선 완전한 기계장치를 꾸미려고 하네. 이번엔 그 거래 겸 자
네들과 놀 겸 해서 온 것이네만."
당자사인 운심 자신이 놀라는 판에 동무들이 안 놀랄 수는 없었다. 식탁
위 진미보다도 술보다도 눈앞의 명기들보다도 그들은 더 많이 운심의 이야
기에 정신을 뺏긴 것은 사실이었다.

"우리들의 공상두 이제는 정말 실현할 날이 얼마 남지 않았네. 일이 되기
전에는 세계일주니 비행기니 하는 공상이 아무래도 어처구니없는 잠꼬대같
이 들리더니 지금 와서는 차차 현실성을 띠어가는 그 모양이 또 어처구니없
게 생각된단 말이네. 세상에 사람의 일같이 알 수 없는 것이 있겠나. 땅속
의 조화와 같이 사람의 일이란 참으로 알 수 없는 신비야."

"공상 공상 하구 헛소리루 시작된 것이지 사실 누가 이렇게 될 줄야 알았
겠나. 지금 세상 그 어느 다른 구석에 이런 일이 또 한 가지 있으리라고는
도저히 생각할 수두 없네."

"제발 이 일이 마지막까지 참말되어 주기를—운심이 최후까지 성공하기를
동무들의 이름을 모아서 충심으로 비는 바이네."
모두들 달뜬 마음으로 동무를 찬미하고 술을 마시고 밤이 늦도록 기쁨을
다할 수는 없었다. 넘치는 기쁨을 마치 식탁 위에 뻘 새가 없는 술과 같이
도 무진장이었다. 잔치는 하룻밤에 그치는 것이 아니었다. 이틀이 계속되고
사흘로 뻗쳤다. 운심이 모든 준비를 갖추어 가지고 다시 고향인 일터로 떠
났을 때에야 동무들은 비로소 마음을 가라앉히고 공상의 고삐를 죄이고 각
각 맡은 직업으로 나가게 되었다. 공상이 실현될 때는 실현되더라도 그때까
지는 역시 사소한 맡은 일에 마음을 바침이 사람의 직분인 듯도 하다. 물론
직업이 없는 청해는 역시 자기의 맡은 일—미모사에 나가 다시 민자를 바라
보게 되었던 것은 말할 것도 없다.
그러나 세상에 기적이라는 것이 간간이 가다가 생길 수 있는 것이라면 나
타났던 기적이 꺼지는 법도 있을 수 있는 것이 아닐까. 운심은 이번의 자기
의 성공을 설명하기 어려워서 사람의 일이란 알 수 없는 신비라고 탄식했고

자기의 경우를 운명의 희롱이나 아닌가 하고 의심도 했다. 그러나 그 의심과 탄식도 결국은 시간이 해결해 주는 것일 것이며 그 마따나 조물주의 농간에 맡기고 기다리는 수밖에는 없는 것이다.

참으로 사람의 일이 알 수 없는 것임은 두 번째 나타난 운심의 자태를 보지 않고는 모를 일이었다. 운심이 내려간 지 달포나 되었을 때였다. 청해가 여전히 미모사에서 건들거리고 있을 때 오후는 되어서 그의 앞에 두번째 나타난 것이 운심임을 보고 청해는 놀라서 첫번 때와 똑같이 멍하니 앉아 있었다. 그때의 청해의 한 가지의 변화라면 전번과는 달라 달포 동안 진을 치고 있는 동안에 완전히 민자를 함락시켜 그를 수중에 넣고 뜻대로 휘이게 되었던 것이다. 때마침 민자와 마주앉아 단 이야기에 잠겨있던 판이다. 다따가의 동무의 출현에 사실 뜨끔하고 놀랐던 것이다.

"자넨 항상 기적같이 아무 예고두 없이 불쑥불쑥 나타나네 그려. 이번엔 또 무슨 재주를 피우려나."

전번과 똑같은 마치 산속에서 그대로 뛰어나온 길인 듯한 허름한 차림임을 보고 청해는 농담을 계속했다.

"자네 내 주머니 속에 지금 돈이 얼마나 들었는지 짐작하겠나—하고 왜 얼른 묻지 않나. 그 두두룩한 속주머니 속이 이번에두 지전으로 그득 찼겠지. 자넨 아무리 생각해두 보통사람은 아니야. 초인이야. 영웅이야. —아니 수수께끼고 신비야."

그러나 운심은 첫번 때와 같이 빙그레 웃지도 않으면서 동하지 않는 엄숙한 표정을 지닌 채 분부하는 듯 짧게 외쳤을 뿐이었다.

"동무들을 속히 모아주게."

한참이나 동안을 떼었다가 조건까지를 첨부했다.

"요전같이 굉장한 데를 고르지 말구 될 수 있는 대로 간단하구 조촐한 좌석을 잡아두게."

그날 밤 네 사람이 한자리에 모여 앉았을 때에도 물론 전번과 같이 좌중의 공기가 유쾌하지도 즐겁지도 않고 알 수 없이 무겁고 서먹서먹한 것이었다. 물론 운심의 입이 천근같이 무거웠던 것이요, 그의 입이 떨어지기 전에는 아무도 감히 입을 열 수 없었던 까닭이다. 마치 제사의 단앞에나 임한 듯 운심은 음식상을 앞에 놓고 간신히 무거운 입을 열었다.

"난 지금 운명의 희롱을 받구 있다구 밖에 생각할 수 없네."

별 것 아닌 첫 좌석에서 말한 그 한마디언만 그의 심상치 않은 태도에 긴장하고 있던 동무들은 그 말속에서 첫번에 들었던 것과는 다른 뜻을 민첩하게 직각할 수 있었던 것이다.

"자네들의 공상의 책임을 졌던 나는 지금 말할 수 없는 괴롬과 두렴을 느끼고 있는 중이네. 내 운명이라는 것이 이제야말로 참으로 얼마나 무서운 것인가를 느끼게 됐네."

숨들을 죽이고 잠자코만 있는 동무들은 별수없이 그들의 예감이 적중한 셈이어서 더 듣지 않아도 결과를 넉넉히 짐작할 수 있었다. 운심의 그 이상의 말은 다만 자세한 설명으로밖에는 들리지 않았다.

"사람의 일이라는 것이 아무리 생각해두 그렇게 만만하게 잘될 리는 만무한 것이야. 그것을 똑똑히 알게 됐네. 소위 부광대라는 것도 그다지 큰 것이 못돼서 일을 시작하자마자 얼마 안돼서 벌써 광맥이 끊어져 버린 것이네. 원래 휘수연의 광맥은 단층이 져서 찾기 어려운 것이라군 하는데 광맥이 끊어진 위와 아래를 아무리 파가두 줄기를 찾을 수가 없네 그레. 아마도 지각의 변동이 몹시 심했던 것인 듯해서 기술자를 들여 아무리 살펴보아두

219

광맥의 단층이 정단층인지 역단층인지 수직단층인지조차도 알 수 없단 말이야. 괜히 헛 땅만을 파면서 하루에 기계와 인부의 비용이 얼마나 드는 줄아나, 기계장치니 뭐니 해서 거진 수만 원이나 들여놓고 이 지경을 만났으니 일을 중단할 수두 없는 처지요, 그렇다구 막대한 비용을 들여가면서 헛일을 계속할 수두 없는 것이구, 첫째 벌써 그런 비용을 돌려낼 구멍조차 없어져 버렸네. 어쨌으면 좋을는지 밤에 잠 한숨 이을 수 있겠나. 물론 하소연할 곳조차 없는 것이구 이렇게 이런 좌석에서 자네들에게 얘기하는 것이처음이네. 별수없어 운명의 희롱을 받은 셈이지 다른 것 아니야."

긴 설명을 듣고도 동무들은 다따가 대답할 바를 몰랐다. 자기 일들만같이실망과 놀람이 너무도 커서 탄식했으면 좋을는지 동무를 위로했으면 좋을는지 격려했으면 좋을는지 금시에는 정리할 수 없는 얼뻥뻥한 심정이었다.

"사람의 일이란 알 수 없는 것이야. 당초에 그런 산을 발견한 줄도 모른 것이요 발견하자마자 옳게 맞힐 줄도 몰랐다. 그러던 것이 오늘 다따가 맥이 끊어질 줄도 누가 알았겠나. 모두가 땅속의 조화 같이두 알 수 없는 것이야. 혹 앞으로 일을 계속하다가 다시 또 풍성한 광맥을 찾을는지도 모를일이지만 아무리 애써 봐두 벌써 일은 더 계속할 처지는 못되는 것이네. 불가불 내일부터래두 모든 것을 던져 버려야 하는데—지금의 마음속 도저히 걷잡을 수는 없어."

"자네 일은 말할 수 없이 섭섭하고 가여운 것이어서 어떻다 위로할 수도 없으나—지금까지의 호의가 마음속에 배어서 고맙기 한량없네."

동무를 위로하는 천마의 가장껏의 말이 이것이었다.

"공상이란 물거품과도 같이 부서지기 쉬운 것! 사람의 힘으로나 어찌 눈에 안 보이는 일을 헤아릴 수 있겠나. 부서지는 공상 깨지는 꿈—난 웬일인지 이 자리에서 엉엉 울고 싶네. 자네 자태가 너무도 안타깝게 보여서."

사실 백구의 표정은 금시 그 자리에서 울 것도 같은 기색이었다. 기생의 자태가 그의 옆에 없었던들 탄할 것 없이 목소리를 놓았을는지도 모른다.

"민자를 후리기를 잘했지. 어차피 미인탐구의 세계일주의 길을 못 떠나게 될 바에는."

애수의 장면을 건지려는 듯이 청해는 모든 것을 농담으로 돌렸으나 그러나그의 마음속도 따져 보면 쓸쓸하지 않은 것이 아니었다.

"어떻든 오늘밤 모임이 공상구락부로서는 최후의 모임 같은 느낌이 자꾸만 드네. 화려한 꿈이 여지없이 부서져 버린 것이네."

운심의 그 한마디부터가 마지막 한마디인 듯한 생각이 나면서 비장한 최후의 만찬을 대하고 있는 듯도 한 감상이 동무들의 가슴속을 흐리게 해서 모처럼의 별미의 식탁도 그날 밤만은 흥이 없고 쓸쓸하였다.

그날 밤의 그 쓸쓸한 기억을 남겨 놓고 운심은 다음날 또다시 구름같이 사라져 버렸다. 고향으로 간 것은 틀림없는 것이나 사업을 계속하는지 어쩌는지는 물론 알 바도 없었다. 구만리의 푸른 창공으로 찬란한 생각을 보내며 아름답게 피어오르는 구름을 잠깐 동안 잡았던 동무들은 순식간에 그 구름을 놓치고 하염없이 비인 허공을 바라보는 격이 되었다. 천마는 분주한 편집실 책상 앞에 앉았다가는 그 어느 서슬에 문득 운심을 생각하고는 사라진 추장의 옛 꿈을 번개같이 추억하다가는 별안간 책상 위에 요란히 울리는 전화의 종소리로 인해 꿈에서 놀라 깨어 가는 것이었고 백구 또한 무료한 회사의 책상 앞에 우두커니 앉아서는 까마아득하게 사라진 비행기의 꿈을 황소같이 입안에 되씹고 곱씹고 하는 것이었다. 청해 역시 잡았던 등불이나 잃어버린 듯 집에서 책을 읽는 때에나 미모사에서 차를 마실 때에나 운심을

220

생각하고는 풀이 없어지며 인생의 적막을 느끼곤 했다. 혹 가다가 토요일 밤 같은 때 세 사람이 찻집에서 만나게 되어도 그들은 생각과 일에 지쳐서 벌써 전과 같이 아름다운 공상의 잡담을 건너는 법도 없이 우울한 표정으로 찻집을 바라보면서 마음속으로는 인생의 답답함을 탄식하고 원망하였다.

"운심이 요새 어떻게 하구 지낼까."

"뉘 알겠나. 그렇게 되면 벌써 사람 일이 아니구 하늘 일에 속하는 것을. 하늘 일을 뉘 알겠나."

"우리 맘이 이럴 제야 운심의 심중은 어떻겠나. 꿈이라는 것이 구름같이 항상 나타났다가는 꺼져 버리는 것이기에 한층 아름다운 것이긴 하나 운심의 경우만은 너무두 그것이 어처구니없구 짧았단 말이네."

"꿈이라는 것이 원래 사람을 실망시키기 위해서 장만된 것이 아닐까. 우리가 조물주의 뜻을 일일이 다 안다면야 웬 살 자미가 있구 꿈이 마련됐겠나."

쓸데없는 회화로 각각 답답한 심경을 말하고 그 무슨 목표를 잡으려고들 애쓰는 그들이었으나 날이 지나고 달이 지나도 종시 이렇다 하는 생활의 표식을 찾을 수는 없었던 것이다. 다만 나날의 판에 박은 듯도 한 일정한 생활의 범위와 지리한 되풀이가 있을 뿐이었다. 그러는 중에서도 은연중에 운심의 뒷일을 궁금히 여기는 그들에게 하루는 우연히도 한 장의 소식이 날아 들었다.

뜻밖에 운심에게서 오는 한 장의 엽서를 받고 청해는 사연을 전할 겸 천마와 백구를 찾았던 것이다. 물론 기쁜 편지가 아니었고 궁금히 여기는 그의 곡절을 결정적으로 알렸을 뿐이었다. 내용은 간단했다.

일을 더 계속해 보았으나 이제는 완전히 실패임을 알고 모든 것을 던져 버렸네. 그 동안의 손해로 해서 얻은 것을 다 넣었을 뿐 아니라 되려 수만금의 빚으로 지금엔 벌써 목조차 돌리지 못하게 되었네. 이 자리로 세상을 하직하고 죽어야 옳을지 살아야 옳을지 지금 기로에 헤매고 있네. 수척한 내 꼴을 보면 모두들 놀라리. 아무래도 일을 다시 계속해 볼 계책은 서지 않네. 두 번째의 기적이 일어나기를 또 누가 바라겠나. 잘들 있게. 다시 못 만나게 될지 혹은 만나게 될지 지금 헤아릴 수 없네.—

세 사람이 엽서를 낭독하고는 그 채 묵묵하니 말들이 없었다. 결국 기다리던 마지막 소식이 왔구나 세상이 끝났구나 하는 생각이 각 사람의 가슴속에 서리어 있을 뿐이었다. 가엾구나 측은하구나 하는 감상의 여유조차 없는 그 이전의 절박한 심경이었다.

"운심은 죽을까 살까."

이어서 일어나는 감정이 이것이었다. 이 크고 엄숙한 예측 앞에서 동무들은 한 결심을 하지 않으면 안되었다.

"죽어서는 안돼. 전보래두 치세나."

세 사람은 황겁지겁 각각 전보도 치고 편지도 쓰고 하면서 그 절박한 순간에 있어서 문득 운심은 죽을 위인이 아니야 두고 보지 반드시 또 한 번 일어나서 그 광산으로 성공하지 않는가. 편지 속에서 그것이 약간 암시되어 있지 않은가. 두 번째 기적을 또 누가 바라겠나 한 속에 은근히 기적을 바라는 심정이 나타난 것이며 만나게 되는지 못 만나게 되는지 한 속에도 역시 만나게 될 희망이 은연중에 번역되어 있지 않은가. 운심은 죽을 위인이 아니야. 보통사람 아닌 초인적인 성격이 반드시 그의 피 속에 맥치고 있어 —하는 생각이 들면서 얼마간 기운들을 회복하고 마음을 놓게 된 것이었다.

"운심은 사네. 다시 광산을 시작해서 이번에야말로 크게 성공해서—우리

221

들의 공상도 다시 소생돼서 실현될 날이 반드시 있으리.”
절박한 속에서의 이 한 줄기의 광명을 얻어 가지고는 세 사람은 그 자리에
서 희망을 회복하고 그 한 줄기를 더듬어서 지난 꿈의 실마리를 다시 풀기
시작하면서 운심의 뒷일을 한결같이 빌고 축복하는 것이었다. 흐렸던 세 사
람의 얼굴에 평화로운 기색이 내돌며 거리를 걸어가는 그들의 발자취 또한
개운한 것이었다.

＜광나루＞
지하련

특(特)히 여자(女子)들의 사귐이란 흔히 그 처지(處地)가 같다든지 처지가 같지 않다 하드라도 서로의 처지(處地)를 이해(理解)하고 공감(共感)할 수 있을 때 쉽게 매저지나 보다. K P 이 두 부인(夫人)과 내가 알게 되기는 작년(昨年) 겨울이다. 전부터 밖으로 가까우신 분들이었기에 노상 한번 뵈인다고는 하면서도 피차간 딱이 겨를치 못하였든 것인데. 지난 가을, 어떤 뜻하지 않은 사건(事件)으로 해서 두 부인(夫人)과 및 내가 함께 불행(不幸)을 맞이하였을 적에 우리는 별로 누구의 지시(指示)도 없이 그냥 쉬웁게 가까워질 수가 있었다. K부인(夫人)은 나보다 훨신 연장(年長)인, 내가 평소부터도 퍽 존경(尊敬)해 온 분이지만 상상(想像)했든 것보다도 뵈오니 더 좋은 분이었다. 몹시 허약(虛弱)해 보이는 조용한 분인데 잠잖고 앉아, 바라보고 있노라면 무었인지 대단 까다로운 것을 느끼게 하면서도 이상하게 순(純)된 인상(印象)을 주는 분이다.
인해 나는 이분과 맛나면 마음이 평안(平安)하고 또 자유(自由)로울 수가 있었다. — 사귐에 있어 아무런 세속적(世俗的)인 수속(手續)이 필요(必要)치 않은 분이었다,
이와 반대(反對)로 P부인(夫人)은 나와 동년배(同年輩)일 뿐 아니라 나이 비등하니만치 일즉이 서울에 친지(親知)가 별로 없는 나로 하여금 때로 막연(莫然) 흥미(興味)와 관심(關心)을 갖게 한 부인(夫人)이다.
P부인(夫人) 역시(亦是) 맛나 더욱 흥미(興味)를 끄는 분이었다. — 얼핏 보아 몹시 체소(體小)한 분이어서 저렇게 약한 분이 어찌 자녀(子女)의 어

머니일까 부냐고 바라보는 편의 기운이 되려 조상(阻傷) 할 것 같은 데도
찬찬히 보면 어딘지 정력적(精力的)이요 장히 강강한 데가 있어 가령 어떠
한 불행(不幸)이나 고난(苦難)이 닥치드래도 닥어서 멱살이라도 잡음직한
의기(意氣)를 가진 분이다. 또한 K부인(夫人)과는 달리 사람을 사귀고 세상
(世上)판을 대하는데 반드시 어떤 절차(節次)와 수속(手續)을 밟는 분이었
다. 슬플 때 결코 슬퍼하지 않는 분이었다. 나는 이분과 맛나면 다소(多少)
피곤(疲困)했다. 때로 공연한 역정이 나려고 해서 죄송(罪悚)했지만 허나
이분과 함께 거리에 나서기만 하면 아주 마음이 놓이고 믿어지고 무서운 것
이 없었다.
P부인(夫人)은 곳잘 나를 향(向)하여 너무 세상을 모른다고 웃지만 나는
부인(夫人)이 너무 세상(世上)을 아는 데 아픔을 느낄 때가 있었다.
하루는 부인(夫人)이 아드님을 다리고 나 있는 곳에 들려 주섯다.
키가 크고 얼굴이 히며 침착(沈着)한 인상(印象)을 주어 많이 아버지를 닮
은 것 같은 소년(少年)에게 과일을 권하며 나는 여러 차례 부인(夫人)과의
대화(對話)에 마음이 언잔었다.
이제 부인(夫人)은 아주 먼 곳으로 떠나야 하겠다는 의론이신데 사태(事
態)는 가시기도 어렵고 그냥 계시기도 어려운 형편이었다.
듣는 나도 안타까웟다. 어떻게 해서라도 빨리 무사(無事)히 가실 수가 있
다면 얼마나 다행(多幸)하랴 싶었다. 그러면서도 마음 한편 이렇게 나누이
면 다시는 뵈올 길이 없으려니 싶어 위로웠다.
끝으로 우리는 서울서 견듸다 못하여 백모(伯母)님 댁(宅)으로 옮겨간 P부
인(夫人)의 이야기를 하고 쉬 한번 방문하기로 약속하였으나 얼마 후 나는
약속을 어기고 혼자 「광나루」로 나가는 차(車)에 오르게 되었다.
차창(車窓) 밖에는 순한 배차밭이 쉴새없이 지나갔다. 어느 결에 폭이마다
알이 담윽차 있었다. 문듯 — 이제 머지않어 김장철이 오고 어름이 얼고 눈
이 오고 — 생각이 이런 데로 미치자 점점 마음이 어두어졌다.
차(車)에서 내린 나는, 부인(夫人)이 일러 준대로 지서(支署)를 지나 논뚝
길로 꼬불꼬불 올라가다가 외인편으로 동산을 낀 허수룩하나 제법 큰 대문
안으로 들어섰다.
그러나 조금 후 뜻하지 않은 장면(場面)에 나는 놀라지 않을 수 없었다.
이불보통이 고리짝 추렁크, 이런 것들이 함부로 놓여진 방(房)에서 다섯 자
녀(子女)와 두 동생과 부인(夫人)이 경황없이 앉아 식사(食事)를 하고 있었
다. — 그날로 이사(移徙)를 나가려던 문(門)안집과의 약속(約束)이 어긋나
시방 꾸럿든 짐을 도루 푸러 놓느라고 하면서 부인(夫人)은 소리를 내어 우
섰다.
저녁 때 손님인 나를 대접하느라고 우리는 뒷산(山)으로 올라가게 되었다.
부인(夫人)은 잔디가 곱은 비탈에 아무렇게나 앉아 나를 도라보며 말하기를
— 저 유유(悠悠)한 강(江)물석건 얼마나 경치(景致)가 좋은가 고, 아츰이
면 꼬마들이 어느새 추위 달달 떨며 차(車)를 노칠까바 서두루는 꼴들이란
또한 가관(可觀)이라고 — 하면서 역시(亦是) 소리를 내어 웃었다.
나는 이때 부인(夫人)이 자랑한 바 그 유유(悠悠)한 강(江)물의 경치(景
致)를 보고 있었으나, 웃는 분의 그 크다란 눈에 눈물을 보는 듯 느껴젓다.
저녁에 부인(夫人)의 배웅으로 나는 서울 들어오는 막차(車)에 올났다.
마음이 몹시 언잖었다 — 어디 만치, 왔을까 — 저무는 강반(江畔)에 어지
러히 널려 있는 "광나루"는 외롭고 쓸쓸한 곳이었다.
어디라 의지할 곳 없는 — 그것은 아무리 보아도 적막(寂寞)한 마을이었다.

뒤를 이어 유난히 큰 부인(夫人)의 눈이 나타나고 웃던 얼굴이 떠오르고 나는 가슴이 뭉클하며 콧날이 찌릿했다.

나도 부인(夫人)을 배워 이런 경우에 웃어 보리라, 마음먹어 보았으나 쉽게 웃어지지는 않았다.

차차 서울이 가까워 올스록 불빛이 낮처럼 밝았다. 얕고 높은 지대(地帶)에 주택(住宅)들이 누각(樓閣)처럼 휘황(輝煌)했다.

낙엽(落葉)을 모라오든 바람이 연상 얼골에 몬지를 끼언고 지나갔다. ― 산란(散亂)한 거리였다.

잠잫고 길을 겆고 있노라니, 핏득 저 숟한 흘륭한 집에는 대체 어떤 사람들이 살고 있나 싶었다.

과연 어떤 사람들이 살고 있는 것인지 나도 도시 잘 알 수가 없었다.

(《조선춘추》, 1947. 12)

<진달래꽃 필때>
최병화

봄이 되니깐 재작년에 돌아가신 아버지 무덤 앞에 진분홍빛이 도는 진달래꽃이 또 피었습니다. 경남이는 그 꽃을 보니깐 바로 작년 이맘때 이곳을 떠나가신 어머님 생각이 더 한층 떠올랐습니다. 경남이 어머니께서는 아버지 소상을 마치시자 즉시 경남이를 이 쓸쓸한 첩
첩산중에 있는 범어사 어느 암자 중에게 맡기고 서울 어느 부잣집 침모(*남의 바느질일을 해 주는 여자)로 가시었습니다. 그때가 마치 지금과 같이 진분홍 진달래꽃이 피는 봄이었습니다. 어머니가 이곳을 떠나시던 전날 경남이 아버지 성묘 가서 아버지 무덤 앞에서 경남이 머리를 쓰다듬으면서, "경남아! 어머니는 내일 서울 가지만 내년 이맘때가 되면 꼭 돌아올 터이니
깐 울지 말고 주인아저씨 말씀 잘 들으며 나 돌아오길 기다리고 있거라. 그러면 어머니는 너 좋아하는 장난감과 색연필을 많이 사다 줄게. 응, 알았지!"
하고 타일렀습니다. 경남이는 어머님 말씀을 들을 때 금방 눈물이 핑 돌았습니다. 그러나 전부
터 어머니께로부터, "사내자식은 어떠한 고통이 닥치더라도 우는 것이 아니다."
하고 훈계하신 것이 불현듯 머리에 떠올라서 설움을 푹 참고 그리고 태연하게, "어머니, 대사아저씨 말씀 잘 듣고 기다리고 있겠수."
하고 대답을 하였습니다. "참! 경남이는 기특하다. 그러면 내년 이맘때 진달래꽃이 피면 어머니가 돌

226

아올 것을 생각하고 기다리고 있거라."

"그러면 저, 어머니. 순동이 같은 책가방 하나 사다 주어야 하우, 응!"

"그래라. 사다 주고말고. 그리고 또 무엇이 갖고 싶으냐?"

"저! 그리고 열두 가지 색 들은 크레용......."

"참! 너는 그림을 그리기 좋아하니깐 크레용은 서울 가는 대로 곧 사서 부쳐 주마. 그 대신 어머니가 없더라도 울지는 말아라. 내가 늘 너에게 말한 거와 같이 사내자식은 마음이 단단하니깐 울어서는 안 된다."

"울지 않을게요. 어머니가 보고 싶으면 아버지 무덤에 와서 놀겠어요."

"아버지의 혼령은 너를 지켜 주실 것이다. 내년이면 네 나이가 열한 살이 되는구나."

이렇게 경남이는 아버지 무덤 앞에서 어머니와 이별을 하고 말았습니다. 그리고 그 후부터 이 절에서 쓸쓸하고 외로운 일 년을 보낸 것입니다. 그 사이에는 슬픈 일도, 울고 싶은 일도 많이 있었습니다. 그러나 눈치 빠른 경남이는 여기가 남의 집이니깐 울어서는 안 될 것을 잘 알고 어머님 말씀을 지키느라고 결코 울지는 아니하였습니다. 그리고 오직 작년과 같이 진달래꽃이 어서어서 피기만 기다리고 진달래꽃이 피면 날마다 아버지 무덤 앞에 와서는 어머니가 돌아오시는가 하고 기다리고 있습니다. 어느 비 오는 날, 경남이는 학교서 파해서 돌아오자마자 또 뒷산 아버지 무덤 앞으로 갔습니다. 그리고 아버지 무덤 앞에 피어 있는 진달래꽃을 바라보면서 "곧 돌아오마." 하시던 어머니를 그리워하고 있었습니다. 그러자 오늘 학교서 동무가 한 이야기가 가슴속에 떠올랐습니다. "무엇? 책가방을 사다 준다고. 거짓말이시다. 우리 아버지까지 그러시는데 너의 어머니께서는 이제 아주 안 돌아오신다고 그러시더라. 그러니깐 너는 얼마 안 가서 중이 된다고......."

경남이는 그 말을 들을 때 어린 마음에도 그런 참혹한 말씀을 하신 동무의 아버지가 몹시도 원망스러웠습니다. "무엇? 어쩌고 어째?"

하고 동무의 팔을 붙잡고 시비를 하려고 하였습니다. 그러나 경남이는 그렇게 하면서도 지금 동무가 한 말이 정말 같기도 해서 팔에 힘이 하나도 없어 슬그머니 나와 버리고 말았습니다.

'어머니는 정말 안 돌아오실까?'

경남이는 고만 외로움과 쓸쓸한 한 해 동안 참고 참았던 설움이 일시에 복받쳐 나왔습니다. 그리하여 고만 아버지 무덤 앞에가 쓰러져서 실컷 울었습니다. 그러나 한참 울고 나서 무릎 앞에 다부룩 핀 진달래꽃을 보면 경남이는 어머니가 아니 돌아오실 리는 없으시리라고 생각이 들기도 하였습니다. "어머니는 꼭 돌아오신다. 거짓말하시고 나를 아주 따내시지는 않으신다."

경남이는 이렇게 어머니를 믿었습니다. 그리하여 해가 어느덧 넘어간 것도 잊어버리고 앉아서 지금 곧 눈앞에 어머니가 나타나서는 것같이만 생각이 키워집니다.

'아, 얼마나 좋을까. 어머니가 돌아오시면...... 어머니 품에 안겨 어리광도 부려 보고 그러고 동무에게 분풀이도 하고......' 이렇게 경남이가 꿈을 꾸듯이 멀리 해운대를 바라볼 때에 별안간 뒤로부터, "경남아!"

하고 부르는 여자의 고운 소리가 들렸습니다. 그 소리에 얼른 꿈속에서 깨어서 뒤를 돌아보며, "아, 어머니!"

하고 소리 나는 쪽으로 갔습니다. "경남아! 해가 넘어가기까지 무엇 하고 있니?"

다시 똑똑히 쳐다본즉 그 여자는 어머니가 아니시고 암자에 있는 묘봉이라
고 부르는 여승이었습니다. 경남이는 이 여승을 마치 친누나같이 따르고 있
었습니다. 여승도 경남이의 처지를 가엾이 생각하여 친동생같이 사랑하고 의
지하고 길렀습니다. "경남이는 또 어머니 생각을 하고 있구나."
묘봉 누나는 자기 가슴에다가 고개를 파묻던 경남이의 등을 두들기면서 부
드럽게 말하여 주었습니다. "오! 누나!"
경남이는 울고 싶은 것을 억지로 참고서, "어머니께서는 암만 해도 안 돌아
오시는 게야?"
"무얼 안 돌아오실 리가 있나. 이제 곧 돌아오실걸."
"이제 곧이라니. 밤낮 이제 곧이면 언제란 말이요?"
묘봉 누나도 그 말에는 대답하기가 어리벙벙한지 한참 묵묵히 있다가, "저
어, 이 진달래꽃이 질 때......."
하고 진달래꽃을 가리켰습니다. "정말요, 누나?"
"암, 그럼 정말이지. 그러니깐 좀 더 기다려 보아야지. 자, 이제 내려가자. 해
도 다 졌으니......."
그런 일이 있은 지 대엿새가 지난 어느 날 해 저물 때. 경남이는 무엇을 잘
못하였는지 대사 아저씨에게 몹시 꾸중을 듣고 구석방에 가두어졌습니다. 묘
봉 누나가 이것을 알고 깜짝 놀라서 대사 아저씨에게 까닭을 물은즉 대사
아저씨는 화가 아직 덜 풀린 말씨로, "셋이나 네 살 된 철모르는 어린애도 아
닌데 일껏 모종내다 심은 진달래꽃
을 한 송이도 안 남기고 모조리 따서 냇물에 흘려보내니 어린애 장난도 분
수가 있지. 그게 무슨 악착한 짓이란 말이냐."
묘봉 누나는 그 말을 듣자 가슴이 뜨끔하였습니다. 경남이는 저번 날 묘봉
누나가, "진달래꽃이 지면 꼭 어머니가 돌아오신다."
하는 소리를 곧이듣고 어린애 마음에 고만 진달래꽃을 따서 버린 것입니다.
꼭 진달래꽃이 져야 어머니가 돌아오시리라고 생각하고 믿었던 까닭입니다.
그날 밤에 묘봉 누나는 대사 아저씨가 주무심을 기다려서 경남이를 구석방
에서 꺼내 놓았습니다. 그리고, "경남아! 너 그렇게까지 어머니가 뵙고 싶더
냐?"
하고 경남이를 꼭 껴안았습니다. 그리고 뜨거운 눈물이 쉴 새 없이 경남이
의 머리에 떨어졌습니다.

<이익상>
다시는 안보겠소

영배(榮培)의 아내가 해산을 마치고, 산파도 아이를 목욕시켜놓은 뒤에 다른 데로 또 해산을 보러 갔다. 집안은 난리를 치른 뒤처럼 허청했다. 영배는 마루에서 부채를 부치고 앉았다. 그 아내는 방에 모기장을 치고 갓난아이를 곁에 누이고 드러누웠다. 해는 떨어지려면 아직도 두 시간이나 남았다. 그러나 모기장을 벌써 친 것은 파리가 너무나 꼬인 까닭에, 그것을 막으려는 것이었다.

영배는 그 안날 아침부터 오늘 낮까지 하루 동안 지낸 일이 꿈결 같았다. 그의 아내가 아이를 밴 뒤로부터 칠팔 개월 동안을 두고, 그는 매일처럼 여자의 해산에 대하여 호기심과 공포심을 아니 품은 적은 없었다. 여러 가지로 상상할 수 있는 데까지 상상해보았다. 자기가 자기를 의식하고, 자기 역시 어머니의 태반을 떠나올 때의 여러 가지를 상상할 때에는 언제든지 어떠한 신비를 느끼었다. 그래서 자기의 처가 해산할 때에는 기어이 한 번 실지로 보고 싶다고 생각하였었다. 그리하여 자기의 상상과 얼마나 틀리는지, 또는 맞는지 그것을 알고자 하는 호기심은 아내의 배가 달이 차서 불러가는 그 미테로 지리왔었다. 물론 이러한 호기심을 가지고 해산하는 것을 상상할 때에 여러 가지 나쁜 결과까지 아니 생각한 것도 아니었다. 그는 난산으로 그대로 영영 죽어버린 여러 사람의 일까지라도 아니 생각한 적은 없었다. 반드시 그런 위험을 느끼었었다. 그러면서도 해산이란 어떠한 것인지 보고 싶었었다.

그러나 자기가 소원하던 바와 같이 해산하는 것을 보고 난 뒤로는 보고 싶은 생각은 그만두고, 해산이란 말만 들어도 지긋지긋한 생각이 났다. 그 안날 아침에 아내가 커다란 배를 내밀고 괴로운 듯이 숨을 쉬어가며 뒷간에서 나오더니, 방 안에 들어와서는 배를 부딪고 그대로 드러누웠다. 영배는 가장 눈치나 빠른 듯 곁으로 가까이 가서

"여보, 기미가 있소?"

하고 물었다. 오랫동안 두고 벼르고 기다리던 것이 비로소 실현하게 된 것을 기뻐하였던 것이다. 그러나 아내의 얼굴에는 불안한 빛이 보였었다. 이때뿐이 아니라, 그 전날에도 그 아내가 조금 몸이 불편하여 눕게 되기만 하여도

"인제 해산을 하게 되나 봐?"

하고 덮어놓고 물었다. 그러나 대개는 영배의 기대가 미끄러져버리고 말았다. 이러할 때마다 그는 속으로 '낳려면 얼른 낳아버리지, 왜 사람의 마음을 졸이게 해?' 하고 중얼댄 일도 있었다.

그 아내도 역시 몸이 고달픈 때이면 입버릇처럼

"이왕에 낳을 것이면 얼핏 해산을 해야 몸이 좀 가벼워질 터인데……."

하고, 영배의 속 노래에 장단을 맞추던 일이 없지 않았다. 이렇게 늘 내려오던 터이었다. 그러다가 오늘 아침에야 해산을 하게 되었다.

마루에 앉은 영배는 무엇인지 한참 생각하다가

"여보! 이 다음 당신이 해산을 또 할 때는 나는 어디로 도망질을 치겠소."

불쑥 말하고는 입을 다문다.

모기장 안에서 그의 아내는 곁에 누운 갓난아이의 명주실처럼 보드라운 새카만 머리를 조심스럽게 쓰다듬고 있다가, 남편의 하는 말에 귀가 번쩍 뜨인 듯 쓰다듬던 손도 멈추고 핏대가 선 눈으로 슬쩍 한 번 남편을 흘겨본다.

영배의 얼굴은 피로의 엷은 베일로 한 꺼풀 싼 것같이 보였다. 입을 한 번 딱 벌리고 선하품을 한 번 하였다. 잠이 가득한 눈에는 하품이 끝나자 눈물이 반사적으로 빙그레 돌았다. 그러나 물론 슬픈 눈물은 아니었다. 티가 들어가서 흐르는 것과 마찬가지였다. 그는 하품 섞인 소리로 말하였다.

"생각해봐요. 누가 이 가엾은 것을 보고 있겠소? 아이구, 지긋지긋해……."

"누가 해산구완을 해달랬어요? 당신이 그러고 싶어서 그래놓고는……."

하고, 아내는 아랫목 벽을 안고 홱 돌아눕는다.

영배는 괜히 이런 말을 불쑥 내놓았다고 생각하였다. 기왕 말을 하려면 차라리 우스운 말이나 농담 비슷하게 하는 것이 좋았다고 뉘우쳤다. 그 아내의 홱 토라져서 돌아눕는 것을 보매, 자기의 하는 말이 너무나 진정으로 나왔던 것을 짐작할 수 있었다.

어쨌든 막 해산한 산모의 정신을 흥분시키는 것이 좋지 못한 일이라 그는 생각하였다. 더욱이 산후에 몸을 함부로 움직이게 하는 것은 영배 자신도 좋지 못한 주로 알고 있던 터이었다. 아내가 한편으로 홱 돌아누울 때에 그의 머리에는 아이가 들어 있던 배의 휑하게 빈 부분에 자른 장부(臟腑)의 피가 우르륵우르륵 하고 몰려 들어가는 듯한 생각이 났다. 그리하여 그는 깜짝 놀라며 부르짖었다.

"가만히 누웠구려. 그러지 말고……."

그 아내는 아무 말도 없이 다시 반듯이 몸을 전과 같은 위치로 돌리고 드러누웠다. 한참 있다가 그 아내는 무엇을 생각한 것처럼 이마에다 손을 얹

으며 말하였다.

"염려 마세요. 이 다음에는 다시 해산 같은 것은 않을 터이니까……."

"마음대로?"

"아이구, 지긋지긋해요."

하고, 아내는 얼굴을 찌푸리고 한숨을 내신다.

"그렇지만 여자는 그것이 천직이니까 하는 수 없어요."

하고, 영배는 아내의 찌푸린 얼굴을 바라보았다.

"아이구, 천직? 다 그만두어요. 귀찮은 천직……."

이렇게 말하고 아내는 힘없는 손으로 다시 갓난아이의 머리를 쓰다듬는다.

"당신을 그렇게 고생시킨 아이지만, 그래도 어여쁜 생각이 나서 머리는 쓰다듬는 모양이요그려……."

하고, 영배는 벌떡 일어나서 모기장 안으로 들어갔다.

모기장 안에 들어가자 그는 숨이 콱 막힐 듯이 갑갑한 생각이 났다.

"여보! 모기장이나 걷어버립시다."

말하고 싶었으나 파리 처리가 문제이었다. 그리고 방 안에서 피비린내에 젖은 그의 코에도 오히려 구역을 느낄 만한 괴상한 냄새가 물컥물컥 났다. 그러나 영배는 차마 코도 씰룩거리지 못하였다. 그 아내가 또 흥분을 해 가지고 무엇이라 중얼댈까 염려가 된 까닭이다.

영배는 강보에 쌓인 그대로 쌔근쌔근 숨을 쉬고 자는 갓난아이의 곁에 바짝 쪼그리고 앉아서 찬찬히 내려다보았다. 아무리 하여도 사람같이 보이지 않았다.

"여보! 이게 어디 사람 같소? 꼭 원숭이 새끼 같구려."

"누구든지 첨에는 다 그러겠지요. 이렇게 자랐으니까 큰소리를 하지……."

이렇게 말하는 아내의 맘은 어느덧 누그러진 듯하였다. 영배는 적이 마음이 놓였다.

"인제야 풀리셨군."

속으로 중얼대며 두 손가락으로 갓난아이의 볼을 한 번 짚어보았다.

아내는 깜짝 놀라며,

"말아요. 자는 걸……."

하고, 손을 잡아뗀다.

영배는 못 이기는 체하고 손을 움츠리었다.

"여보, 그러나 큰일 났소. 식구는 이렇게 늘어가는 데 먹을 것이 있어야 하지요."

"그런 걱정은 그만두구려. 저 먹을 것은 제가 다 타 가지고 나오니까 쓸데없는 소리는 그만두고 어서 저 방으로 가서 못 잔 잠이나 주무시구려. 나도 인제 잠을 좀 자야 할 터이니까요……."

아내는 이렇게 말하고 눈을 스르륵 감으려고 한다.

"어쨌든 걱정이야……. 이걸 다 키워내자면……."

영배는 혼잣말처럼 중얼거리었다.

"글쎄, 걱정 밀고 어서 자지요. 멫이나 되어서 걱정이요?"

하고, 아내는 감았던 눈을 다시 뜨고 아니꼽게 바라보며 힘없이 애원하듯 말하였다.

영배는 모기장 밖으로 다시 나왔다.

그의 이마에는 땀이 흘렀다. 그리고 저고리가 젖어서 등에 붙었다. 마루로 나오자 그는 겨우 정신이 차려지는 듯하였다. 여름날에 방에 불을 넣고 모기장을 치고 드러누운 아내와 애기의 땀 한 점 아니 흘리는 것이 기적처럼 생각이 났다. 그들은 인간이란 지경 밖에서 홀로 사는 딴 종류의 동물이나 아닌가 하는 의심조차 없지 않았다. 또한 여자는 그런 데에도 넉넉히 견딜 수 있다 하는, 또는 그리하여야만 한다는 운명을 타 가지고 나온 것이나 아닌가 하는 생각이 났다. 그는 뜰에서 불어오는 바람결에 겨우 정신을 차렸다. 그러고도 부족한 듯 다시 부채를 들었다.

영배가 방 바깥으로 나온 지 얼마 아니 되어 모기장 안에서는 곤히 잠든 듯한 산모와 갓난아이의 숨소리가 가늘게 들리었다. 그는 다시 모기장 안을 들여다보았다. 어느덧 산모는 잠이 들고 말았다. 그는 잠이 그렇게 쉽게 들까 하고 부러운 생각이 났다.

잠자는 아내의 얼굴을 그는 한참 동안 유심하게 바라보았다. 초록빛 모기장을 통하여 바라보이는 얼굴빛은 그 본 얼굴빛보다도 더 희푸르러 보였다. 그는 해산하기 전까지의 본 얼굴 — 그보다 더 일찍이 아이 배기 전까지의 얼굴을 상상하였다. 그의 얼굴은 지금 모기장 안에서 창백하게 보이는 저러한 얼굴은 아니었다. 좀 더 생기가 있고, 핏빛이 돌고 순결을 가진 귀염성 있는 얼굴이었다. 잉태한 뒤에 아내는 가끔 거울을 보고는,

"여편네는 아이를 나면 그만이에요, 온 얼굴이 버듬 천지예요. 그리고 광대뼈가 요새는 불쑥 나왔어……."

하고, 다른 사람의 귀에는 아니 들릴 만큼 가만히 한숨을 내쉬는 때도 있었다. 이러할 때마다 영배는

"여자는 별것 근심을 다하는군. 얼굴이 야위어가는 것이 그다지 걱정이 되나!"

하고, 속으로 생각만 하고 아무 말을 아니하였다. 그러나 역시 아내의 미(美)가 점점 파괴되어간다고 생각할 때에, 역시 마음의 한편 구석에서 손에 쥐었던 물건을 앉았던 자리에 떨어뜨리고 그대로 일어설 때에 느끼는 바와 같은 섭섭한 생각도 없지 않았다.

오늘 해산한 뒤의 잠자는 얼굴을 바라볼 때에, 영영 다시 찾을 수 없이 잃어버린 물건을 생각하는 것과 같은 섭섭한 느낌이 있다. 아내의 얼굴에는 누른빛이 떠돌았고, 그리고 얼굴과 수족까지 모두 보삭보삭 부었다. 현저히 나타나 보이는 것은 그의 눈뚜껑이었다. 그리고 더욱 불쾌를 느끼게 하는 것은 해산할 때에 헤매던 그 아내의 모든 태도이었다.

"아이구머니!"

하고 발작적으로 소리를 지르며, 두 손에 젖 먹던 힘까지 다 올리어 자기의 팔을 잡고 충혈된 눈으로 바라보는 그의 형용은 다시 눈앞에 현연히 나타났다. 그리고 조금만 떨어져 나가려고 할 때에, 원망하는 듯 흘겨보던 그 눈초리는 아직도 그 모기장 안에서 솟아나오는 듯하였다. 그리고

"나는 인제 죽나 봐요. 아이구머니!"

거의 죽어가는 소리로 부르짖던 소리도 아직 귀에 그대로 담기어 있는 듯하였다. 그리고 더욱 영배의 간장을 서늘하게 한 것은 해산이 너무나 늦은 것이었다. 산파는 아내의 곁에 앉아서 위로도 해주며, 모든 것을 수영하여 주면서도 얼굴에 수심이 떠올랐었다. 그리고 가끔은 아내의 배를 만져보기도 하고, 또는 청진기를 배에다 대고 듣기도 하였다. 그러고는

"인제 얼마 아니 가면 해산하겠으니, 조금만 참으세요."

하고 위로는 하여주었으나, 이 "조금만" 이란 시간이 한정이 없이 길었다. 초산이면 대개 십여 시간 만에 해산을 하게 된다는 것이 해산 기미가 있은 뒤로 거의 일주야가 되도록 아무 소식이 없었다.

232

이러한 시간의 관념이 머리에 떠오를 때마다, 그는 아내와 자식을 한 상여에 떠메어내게 되지나 아니할까 하는 공포가 초조한 그때에 얼음물을 끼얹은 것같이 선뜩 놀라게 하였었다. 그렇게야 되지 않겠지 하고 스스로 위로하였다. 역시 그러한 공포는 차례차례로 그의 머릿속에 뜬구름처럼 지나갔었다.

"여보시오. 정 이럴 것 같으면 산과 의사를 좀 청할까요?"

하고, 영배는 산파더러 물어보기도 하였다. 이렇게 물어본 것은 뒤에 어떻게 될 것이며, 또는 자기 현재 호주머니 계산 같은 것은 물론 초월한 것이었다.

"의사가 오셔도 좋겠지만, 조금만 더 기다려보세요. 이 해산이란 것은 어디까지든지 자연의 힘을 빌어야 됩니다. 인공으로 억지로 할 것이 아니에요……."

산파는 이렇게 말하고 아내의 배를 만지기도 하고, 맥을 짚어보기도 하고, 눈뚜껑을 뒤집어보기도 하였다.

산파가 있는 것이 어디까지든지 영배의 약한 마음에 힘을 주었으나, 암만해도 그는 이번에 아내와 자식을 잃는가 보다 하는 의구의 의식을 씻을 수는 없었다.

영배는 평일에 해산할 때에 포도주 같은 것을 조금 산모에게 먹이면 순산한다는 것을 들은 까닭에, 달이 차던 얼마 전에 포도주 한 병을 사다둔 일이 있었다.

"여보시오. 아마 기운이 지친 모양이니 포도주를 좀 먹이는 게 어때요?"

하고, 영배는 아내의 머리맡에서 산파에게 물었다.

"조금은 괜찮겠지요. 그렇지만 많이는 안 됩니다. 신경을 마취시키면 도리어 좋지 못해요……."

산파는 이렇게 대답하고 영배가 벽장에서 내놓은 포도주를 반 컵쯤 먹이었다. 아내는 목이 마른 끝에 꿀떡 한숨에 삼켜버렸었다. 못 먹는 술을 반 컵이나 마신 그의 얼굴은 더욱 화끈화끈해졌었다. 이마에 짚은 영배의 손은 흐듯흐듯한 촉감을 느끼었었다.

이렇게 온 집안 식구가 야단법석을 하는 동안에 행낭어멈은 물을 끓이었다. 온 집안 식구라 하여도 영배 내외간뿐이었다.

어쨌든 이와 같이 오래 두고 뺐었던 아이를 무사히 낳은 것이 큰 짐을 영배의 마음에서 벗기어 내렸다. 그러나 이런 것이 이삼 년 뒤에 또다시 반복하며 올 것을 생각하매, 그는 정이 떨어졌다.

그리고 더욱이 애기가 응아 하고 첫소리를 이 세상에 내보내던 그 찰나, 또는 산파의 손이 피투성이가 되고 산모가 거의 혼도하던 순간, 이러한 것을 일부러 보고자 하던 자기의 호기심 모두가 참혹과 잔학의 덩어리로밖에 아니 생각되었다.

영배는 이 다음에는 어떻게 할까 하는 생각이 들 때에, 다시는 안 본다 하고 그는 마음으로 맹세하였다.

<별선곤>, 1926년 12월

<광염소나타>
김동인

독자는 이제 내가 쓰려는 이야기를, 유럽의 어떤 곳에 생긴 일이라고 생각하여도 좋다. 혹은 사십 오십 년 뒤에 조선을 무대로 생겨날 이야기라고 생각하여도 좋다. 다만, 이 지구상의 어떠한 곳에 이러한 일이 있었는지도 모르겠다, 있는지도 모르겠다, 혹은 있을지도 모르겠다, 가능성뿐은 있다---이만치 알아두면 그만이다.

그런지라, 내가 여기 쓰려는 이야기의 주인공 되는 백성수(白性洙)를 혹은 알벨트라 생각하여도 좋을 것이요 짐이라 생각하여도 좋을 것이요 또는 호모(胡某)나 기무라모(木村某)로 생각하여도 괜찮다. 다만 사람이라 하는 동물을 주인공삼아 가지고 사람의 세상에서 생겨난 일인 줄만 알면······.

이러한 전제로써, 자 그러면 내 이야기를 시작하자.

*

"기회(찬스)라 하는 것이 사람을 망하게도 하고 흥하게도 하는 것을 아시오?"

"네, 새삼스러이 연구할 문제도 아닐걸요."

"자, 여기 어떤 상점이 있다 합시다. 그런데 마침 주인도 없고 사환도 없고 온통 비었을 적에 우연히 그 앞을 지나가던 신사가---그 신사는 재산도 있고 명망도 있는 점잖은 사람인데---그 신사가 빈 상점을 들여다보고 혹은 이렇게 생각할 수도 있지 않아요? 통 비었으니깐 도적놈이라도 넉넉히 들어 갈 게다, 들어가서 훔치면 아무도 모를 테다, 집을 왜 이렇게 비워 둔담······ 이런 생각 끝에 혹은 그 그 뭐랄까 그 돌발적 변태심리로써 조그만 물건 하나

234

(변변치도 않고 욕심도 안 나는)를 집어서 주머니에 넣는 경우가 있을지도 모르지않겠습니까?"

"글쎄요."

"있습니다, 있어요."

어떤 여름날 저녁이었었다. 도회를 떠난 교외 어떤 강변에 두 노인이 앉아서 이런 이야기를 하고 있었다. 그 기회론을 주장하는 사람은 유명한 음악비평가 K씨였었다. 듣는 사람은
사회 교화자의 모씨였었다.

"글쎄 있을까요?"

"있어요. 좌우간 있다 가정하고 그러한 경우에는 그 책임은 어디 있습니까?"

"동양 속담말에 외밭서는 신끈도 다시 매지 말랬으니 그 신사가 책임을 질까요?"

"그래 버리면 그뿐이지만 그 신사는 점잖은 사람으로서 그런 절대적 기묘한 찬스만 아니더라면 그런 마음은커녕 염도 내지도 않을 사람이라 생각하면 어찌 됩니까?"

"……"

"말하자면 죄는 '기회'에 있는데 '기회'라는 무형물은 벌은 할 수가 없으니깐 그 신사를 가해자로 인정할 수밖에는 지금은 없지요."

"그렇습니다."

"또 한 가지———사람의 천재라 하는 것도 경우에 따라서는 어떤 '기회'가 없으면 영구히 안 나타나고 마는 일이 있는데, 그 '기회'란 것이 어떤 사람에게서 그 사람의 '천재'와 '범죄본능'을 한꺼번에 끄을어내었다면 우리는 그 '기회'를 저주하여야겠습니까 축복하여야겠습니까?"

"글쎄요."

"선생은 백성수라는 사람을 아시오?"

"백성수? 자, 기억이 없는데요."

"작곡가로서 그———"

"네, 생각납니다. 유명한 '광염(狂炎) 소나타'의 작가 말씀이지요?"

"네, 그 사람이 지금 어디 있는지 아십니까?"

"모릅니다. 뭐 발광했단 말이 있었는데———"

"네, 지금 ××정신병원에 감금돼 있는데 그 사람의 일대기를 이야기 할게 들으시고 사회교화자로서의 의견을 말씀해 주십쇼."

*

내가 이제 이야기하려는 백성수의 아버지도 또한 천분 많은 음악가였습니다. 나와는 동창생이었는데 학생시대부터 벌써 그의 천분은 넉넉히 볼 수가 있었습니다. 그는 작곡과를 전공하였는데 때때로 스스로 작곡을 하여서는 밤중에 혼자서 피아노를 두드리고 하여서 우리들로 하여금 뜻하지 않고 일어나게 하고 하였습니다. 그리고 우리는 그 밤중에 울리어오는 야성적 선율에 몸을 소스라치고 하였습니다. 그는 야인(野人)이었습니다. 광포스런 야성은 때때로 미움에 틀리면 선생을 두든기기가 예사이며 우리 학교 근처의 술집이며 모든 상점 주인들은 그에게 맞대거나 안 얻어맞은 사람이 없었습니다. 그러한 야성은 그의 음악 속에 풍부히 잠겨 있어서 오히려 그 야성적 힘이 그의 예술을 더 빛나게 하는 것이었습니다.

그러나 그가 학교를 졸업하고 난 뒤에는 그 야성은 다른 곳으로 발전되고 말았습니다. 술!

235

술! 무서운 술이었습니다. 아침부터 저녁까지, 저녁부터 아침까지, 술잔이 그의 입에서 떠나지를 않았습니다. 그리고 술을 먹고는 여편네들에게 행패를 하고, 경찰서에 구류를 당하고, 나와서는 또 같은 일을 하고……

작품? 작품이 다 무엇이외까. 술을 먹은 뒤에 취흥에 겨워 때때로 피아노에 앉아서 즉흥으로 탄주를 하고 하였는데 지금 생각하면 그 귀기(鬼氣)가 사람을 엄습하는 힘과 야성 (베토벤 이래로 근대 음악가에서 발견할 수 없던) 그런 보물이라 하여도 좋을 것이 많았지만 우리들은 각각 제 길 닦기에 바쁜 사람이라 주정꾼의 즉흥악을 일일이 베껴 둔다든가 그런 일은 꿈에도 생각하지 않았습니다.

우리들은 그의 장래를 생각하여 때때로 술을 삼가기를 권고하였지만 그런 야인에게 친구의 권고가 무슨 소용이 있겠습니까.

"술? 술은 음악이다!"

하고는 하하하하 웃어 버리고 다시 술집으로 달아나고 합니다.

그러한 지 칠팔 년이 지난 뒤에 그는 아주 폐인이 되고 말았습니다. 술이 안 들어가면 그의 손은 떨렸습니다. 눈에는 눈곱이 꼈습니다. 그리고 술이 들어가면, 술이 들어가면 그는 그 광포성을 발휘하였습니다. 누구를 물론하고 붙잡고는 입에 술을 부어 넣어 주었습니다. 그러다가는 장소를 불문하고 아무 데나 누워서 잡니다.

사실 아까운 천재였습니다. 우리들 새에는 때때로 그의 천분을 생각하고 아깝게 여기는 한숨이 있었지만 세상에서는 그 '장래가 무서운 한 천재'가 있었다는 것은 몰랐었습니다.

그러는 동안에는 그는 어떤 양가의 처녀를 어떻게 관계를 맺어서 애까지 뱄습니다. 그러나 그 애의 출생을 보지 못하고 아깝게도 심장마비로 죽어 버리고 말았습니다.

그 유복자로 세상에 나온 것이 백성수였습니다.

그러나 우리는 백성수가 세상에 출생되었다는 풍문만 들었지, 그 애 아버지가 죽은 뒤부터는 그 애의 소식이며 그 애 어머니의 소식은 일절 몰랐습니다. 아니, 몰랐다는 것보다, 그집안의 일은 우리의 머리에서 온전히 잊어버리고 말았습니다.

*

삼십 년이라는 세월이 흘렀습니다.

십 년이면 산천도 변한다 하는데 삼십 년 새의 변천을 어찌 이루 다 말하겠습니까. 좌우간 그 동안에 나는 내 이름을 닦아 놓았습니다. 아시다시피 지금 K라 하면 이 나라에서 첫 손가락을 꼽는 음악비평가가 아닙니까. 견실한 지도적 비평가 K라면 이 나라의 음악계의 권위며, 이 나의 한마디는 음악가의 가치를 결정하는 판결문이라 하여도 좋을 만치 되었습니다. 많은 음악가가 내 손 아래서 자랐으며 많은 음악가가 내 지도로써 이름을 날렸습니다.

*

재작년 이른 봄 어떤 날이었습니다.

그때 나는 조용한 밤중의 몇 시간씩을 ○○예배당에 가서 명상으로 시간을 보내는 것이 습관이 되어 있었습니다. 언덕 위에 홀로 서 있는 집으로서 조용한 밤중에 혼자 앉아 있노라면 때때로 들보에서 놀라 깬 비둘기의 날개 소리와 간간이 기둥에서 뚝뚝 하는 소리밖에는아무 소리도 들리지 않는, 말하자면 나 같은 괴상한 성미를 가진 사람이 아니면 돈을 주면서 들어가래도 들어가지 않을 음침한 집이었습니다. 그러나 나 같은 명상을 즐기는 사람에게는 다른 데서 구하기 힘들도록 온갖 것을 가진 집이었습니다. 외따로고 조용하고 음침하며 간간이 알지 못할 신비한 소리까지 들리며 멀리서는 때때로 놀란 듯한 기적(汽笛) 소리도 들리는…… 이것뿐으로도 상당한데, 게다가 이 예배당에는 피아노도 한 대 있었습니다.

예배당에는 오르간은 있을지나 피아노가 있는 곳은 쉽지 않은 것으로서 무슨 흥이나 날 때에는 피아노에 가서 한 곡조 두드리는 재미도 또한 괜찮았습니다. 그날 밤도 (아마 두시는 지났을걸요) 그 예배당에서 혼자서 눈을 감고 조용한 맛을 즐기고 있노라는데, 갑자기 저편 아래에서 재재 하는 소리가 납디다. 그래서 눈을 번쩍 뜨니까 화광이 충천하였는데, 내다보니까 언덕 아래 어떤 집이 불이 붙으며 사람들이 왔다갔다 야단이었습니다.

이렇게 말하면 어떨지 모르지만 그다지 멀지 않은 곳에서 불붙는 것을 바라보는 맛도 괜찮은 것이었습니다. 일어서는 불길이며 퍼져 나가는 연기, 불씨의 날아나는 양, 그 가운데 거뭇거뭇 보이는 기둥, 집의 송장, 재재거리는 사람의 무리, 이런 것은 어떻게 생각하면 과연 시도 될지며 음악도 될 것이었습니다. 옛날에 네로가 로마의 불붙는 것을 바라보면서, 자기는 비파를 들고 노래를 하였다는 것도 음악가의 견지로 보면 그다지 나무랄 것이 아니었습니다. 나도 그때에 그 불을 보고 차차 흥이 났습니다.

……네로를 본받아서 나도 즉흥으로 한 곡조 두드려 볼까. 어렴풋이 이런 생각을 하며 나는 그 불을 정신없이 바라보고 있었습니다.

그때였습니다. 갑자기 덜컥덜컥 하는 소리가 들리더니 예배당 문이 열리며 웬 젊은 사람이 하나 낭패한 듯이 뛰어들어왔습니다. 그리고 무엇에 놀란 사람같이 두리번두리번 사면을 살피더니 그래도 내가 있는 것은 못 보았는지 저편에 있는 창 안에 가서 숨어 서서 아래서 붙는 불을 내다봅니다.

나도 꼼짝을 못 하였습니다. 좌우간 심상스런 사람은 아니요 방화범이나 도적으로밖에는 인정할 수 없지 않겠습니까? 그래서 꼼짝을 못 하고 서 있노라니까 그 사람은 한숨을 쉽니다. 그리고 맥없이 두 팔을 늘이고 도로 나가려고 발을 떼려다가 자기 곁에 피아노가 놓인 것을 보더니 교의를 끌어다 놓고 피아노 앞에 주저앉고 말겠지요. 나도 거기는 그만 직업적 흥미에 끌렸습니다. 그래서 무엇을 하나 보자 하고 있노라니까 뚜껑을 열더니 한 번 뚱하고 시험을 해보아요. 그리고 조금 있더니 다시 뚱뚱 하고 시험을 해보겠지요.

이때부터 그의 숨소리가 차차 높아 가기 시작했습니다. 씩씩거리며 몹시 흥분된 사람같이 몸을 떨다가 벼락같이 양 손을 키 위에 갖다가 덮었습니다. 그 다음 순간으로 C샤프 단음계의 알레그로가 시작되었습니다.

처음에는 다만 흥미로써 그의 모양을 엿보고 있던 나는 그 알레그로가 울리어 나오는 순간 마음은 끝까지 긴장되고 흥분되었습니다.

그것은 순전한 야성적 음향이었습니다. 음악이라 하기에는 너무 힘있고 무기교(無技巧)이었습니다. 그러나 음악이 아니라기에는 거기는 너무 괴롭고도 무겁고 힘있는 '감정'이 들어 있었습니다. 그것은 마치 야반의 종소리와도 같이 사람의 마음을 무겁고 음침하게 하는 음향인 동시에 맹수의 부르짖음과 같이 사람으로 하여금 소름 돋치게 하는 무서운 감정의 발현이었습니다. 아아 그 야성적 힘과 남성적 부르짖음, 그 아래 감추어 있는 침통한 주림과 아픔, 순박하고도 아무 기교가 없는 그 표현!

나는 덜석 그 자리에 주저앉고 말았습니다. 그리고 음악가의 본능으로써 뜻하지 않고 주머니에서 오선지와 연필을 꺼내었습니다. 피아노의 울리어 나아가는 소리에 따라서 나의 연필은 오선지 위에서 뛰놀았습니다.

좀 급속도로 시작된 빈곤, 거기 연하여 주림, 꺼져 가는 불꽃과 같은 목숨, 그러한 것을 지나서 한참 연속되는 완서조(緩徐調)의 압축된 감정, 갑자기 튀어

237

져 나오는 광포. 거기 연한쾌미(快味) 홍소(哄笑)--- 이리하여 주화조(主和調)로서 탄주는 끝이 났습니다. 더구나 그 속에 나타나 있는 압축된 감정이며 주림 또는 맹렬한 불길 등이 사람의 마음에 주는 그 처참함이며 광포성은 나로 하여금 아직 '문명'이라 하는 것의 은택에 목욕하여 보지 못한 야인(野人)을 연상케 하였습니다.

탄주가 다 끝이 난 뒤에도 나는 정신을 못 차리고 망연히 앉아 있었습니다. 물론 조금이라도 음악의 소양이 있는 사람일 것 같으면 이제 그 소나타를 음악에 대하여 정통으로 아무러한 수양도 받지 못한 사람이 다만 자기의 천재적 즉흥뿐으로 탄주한 것임을 알 것입니다. 해결이 없이 감칠도 화현(減七度和絃)이며 증육도 화현(增六度和絃)을 범벅으로 섞어놓았으며 금칙(禁則)인 병행 오팔도(竝行五八度)까지 집어넣은 것으로서, 더구나 스케르초는 온전히 뽑아 먹은, 대담하다면 대담하고 무식하다면 무식하달 수도 있는 방분 자유한 소나타였습니다.

이때에 문득 내 머리에 떠오른 것은 삼십 년 전에 심장마비로 죽은 백○○였습니다. 그의 음악으로서 만약 정통적 훈련만 뽑고 거기다가 야성을 더 집어넣으면 지금 내 눈앞에 있는 그 음악가의 것과 같은 것이 될 것이었습니다. 귀기가 사람을 엄습하는 듯한 그 힘과 방분스런 표현과 야성--- 이것은 근대 음악가에게 구하기 힘든 보물이었습니다.

그 소나타에 취하여 한참 정신이 어리둥절히 앉았던 나는 고즈넉이 일어서서, 그 피아노앞에 가서 그의 어깨에 가만히 손을 얹었습니다. 한 곡조를 타고 나서 아주 곤한 듯이 정신이 없이 앉아 있던 그는 펄떡 놀라며 일어서서 내 얼굴을 보았습니다.

"자네 몇 살 났나?"

나는 그에게 이렇게 첫 말을 물었습니다. 가슴이 답답한 나로서는 이런 말밖에는 갑자기 다른 말이 생각 안 났습니다. 그는 높은 창에서 들어오는 달빛을 받고 있는 내 얼굴을 한순간 쳐다보고 머리를 돌이키고 말았습니다.

"배고프나?"

나는 두 번째 그에게 물었습니다.

그는 시끄러운 듯이 벌떡 일어섰습니다. 그리고 달빛이 비친 내 얼굴을 정면으로 바라보다가,

"아, K선생님 아니세요?"

하면서 나를 붙들었습니다. 그래서 그렇노라고 하니깐,

"사진으로는 늘 봤습니다마는……."

하면서 다시 맥없이 나를 놓으며 머리를 돌렸습니다.

그 순간, 그가 머리를 돌이키는 순간 달빛에 얼핏, 나는 그의 얼굴을 처음으로 보았습니다.

그리고 나는 거기서 뜻밖에 삼십 년 전에 죽은 벗 백○○의 모습을 발견하였습니다.

"자, 자네 이름이 뭔가?"

"백성수……."

"백성수? 그 백○○의 아들이 아닌가. 삼십 년 전에, 자네가 나오기 전에 세상 떠난……."

그는 머리를 번쩍 들었습니다.

"네? 선생님 어떻게 아세요?"

"백○○의 아들인가? 같이두 생겼다. 내가 자네의 아버지와 동창이네. 아아, 역시 그 애비의 아들이다."

그는 한숨을 길게 쉬며 머리를 수그려 버렸습니다.

*

나는 그날 밤 그 백성수를 데리고 집으로 돌아왔습니다. 그리고 비록 작곡상 온갖 법칙에는 어그러진다 하나 그만치 힘과 정열과 야성으로 찬 소나타를 거저 버리기가 아까워서 다시 한번 피아노에 올라앉기를 명하였습니다. 아까 예배당에서 내가 베낀 것은 알레그로가거의 끝난 곳부터였으므로 그 전 것을 베끼기 위해서였습니다.

그는 피아노를 향하여 앉아서 머리를 기울였습니다. 몇 번 손으로 키를 두드려 보다가는 다시 머리를 기울이고 생각하고 하였습니다. 그러나 다섯 번 여섯 번을 다시 하여 보았으나 아무 효과도 없었습니다. 피아노에서 울려 나오는 음향은 규칙 없고 되지 않은 한낱 소음(騷音)에 지나지 못하였습니다. 야성? 힘? 귀기? 그런 것은 없었습니다. 감정의 재뿐이 있었습니다.

"선생님 잘 안 됩니다."

그는 부끄러운 듯이 연하여 고개를 기울이며 이렇게 말하였습니다.

"두 시간도 못 되어서 벌써 잊어버린담?"

나는 그를 밀어 놓고 내가 대신하여 피아노 앞에 앉아서 아까 베낀 그 음보를 펴놓았습니다. 그리고 내가 베낀 곳부터 다시 시작하였습니다.

화염! 화염! 빈곤, 주림, 야성적 힘, 기괴한 감금당한 감정! 음보를 보면서 타던 나는 스스로 흥분이 되었습니다. 미상불 그때는 내 눈은 미친 사람같이 번득였으며 얼굴은 흥분으로 새빨갛게 되었을 것이었습니다.

즉 그때에 그가 갑자기 달려들더니 나를 떠밀쳐 버렸습니다. 그리고 자기가 대신하여 앉았습니다.

의자에서 떨어진 나는 너무 흥분되어 다시 일어날 힘도 없이 그 자리에 앉은 대로 그의 양을 쳐다보았습니다. 그는 나를 밀쳐 버린 다음에 그 음보를 들고서 읽기 시작하였습니다.

아아 그의 얼굴! 그의 숨소리가 차차 높아지면서 눈은 미친 사람과 같이 빛을 내기 시작하였습니다. 그러더니 그 음보를 홱 내어던지며 문득 벼락같이 그의 두 손은 피아노 위에 덧업혔습니다.

'C샤프 단음계'의 광포스런 '소나타'는 다시 시작되었습니다. 폭풍우같이 또는 무서운 물결같이 사람으로 하여금 숨막히게 하는 그 힘, 그것은 베토벤 이래로 근대 음악가에서 보지 못하던 광포스런 야성이었습니다. 무섭고도 참담스런 주림, 빈곤, 압축된 감정, 거기서튀어져 나온 맹염(猛炎), 공포, 홍소--- 아아 나는 너무 숨이 답답하여 뜻하지 않고 두손을 홰홰 내저었습니다.

*

그날 밤이 새도록, 그는 흥분이 되어서 자기의 과거를 일일이 다 이야기하였습니다. 그 이야기에 의지하면 대략 그의 경력이 이러하였습니다.

그의 어머니는 그를 밴 뒤에 곧 자기의 친정에서 쫓겨 나왔습니다.

그때부터 그의 가난함은 시작되었습니다.

그러나 교양이 있고 어진 그의 어머니는 품팔이를 할지언정 성수는 곱게 길렀습니다. 변변치는 않으나마 오르간 하나를 준비하여 두고, 그가 잠자려 때에는 슈베르트의 '자장가'로써 그의 잠을 도왔으며 아침에 깰 때는 하루 종일 유쾌히 지내게 하기 위하여 도 랜드의 '세컨드 왈츠'로써 그의 원기를 돋우었습니다.

그는 세 살 났을 적에 어머니의 품에 안겨서 오르간을 장난하여 보았습니다. 이 오르간을 장난하는 것을 본 어머니는 근근이 돈을 모아서 그가 여섯 살 나는 해에 피아노를 하나 샀습니다.

아침에는 새소리, 바람에 버석거리는 포플러잎, 어머니의 사랑, 부엌에서 국 끓는 소리, 이러한 모든 것이 이 소년에게는 신비스럽고도 다정스러워 그는 피아노에 향하여 앉아서 생각나는 대로 키를 두드리고 하였습니다.

이러한 가운데 고이 소학과 중학도 마치었습니다. 그러는 동안에 음악에 대한 동경은 그의가슴에 터질 듯이 쌓였습니다.

중학을 졸업한 뒤에는 인젠 어머니를 위하여 그는 학업을 중지하지 않을 수 가 없었습니다.

그는 어떤 공장의 직공이 되었습니다. 그러나 어진 어머니의 교육 아래서 길 러난 그는 비록 직공은 되었다 하나 아주 온량한 사람이었습니다.

그리고 음악에 대한 집착은 조금도 줄지 않았습니다. 비록 돈이 없어서 정식 으로 음악교육은 못 받을망정 거리에서 손님을 끄느라고 틀어 놓은 유성기 앞이며 또는 일요일날 예배당에서 찬양대의 노래에 젊은 가슴을 뛰놀리던 그 이었습니다. 집에서는 피아노 앞을 떠나 본 일이 없었습니다.

때때로 비상한 감흥으로 오선지를 내어놓고 음보를 그려 본 적도 한두 번이 아니었습니다.

그러나 이상한 것은 그만치 뛰놀던 열정과 터질 듯한 감격도 음보로 그려 놓 으면 아무 긴장도 없는 싱거운 음계가 되어 버리고 하였습니다. 왜? 그만치 천분이 있고 그만치 열정이었던 그에게서 왜 그런 재와 같은 음악만 나왔느 냐고 물으실 테지요. 거기 대하여서는 이따가 설명하리다.

감격과 불만 열정과 재, 비상한 흥분과 그 흥분에 대한 반비례되는 시원치 않 은 결과 이러한 불만의 십 년이 지났습니다.

*

그의 어머니는 문득 몹쓸 병에 걸렸습니다.

자양과 약값, 그의 몇 해를 근근이 모았던 돈은 차차 줄기 시작하였습니다. 조 금이라도 안락한 생활이 되기만 하면 정식으로 음악에 대한 교육을 받으려고 모아 두었던 저금은 그의 어머니의 병에 다 들어갔습니다. 그러나 그의 어머 니의 병은 차도가 보이지 않았습니다.

그리하여, 그와 내가 그 예배당에서 만나기 전 해 여름 어떤 날, 그의 어머니 는 도저히 회복할 가망이 없는 중태에까지 빠지게 되었습니다. 그러나 그때는 벌써 그에게는 돈이라고는 다 떨어진 때였습니다.

그날 아침, 그는 위독한 어머니를 버려 두고 역시 공장을 갔습니다. 그러나 아무리 하여도 마음이 놓이지 않아서 일을 중도에 그만두고 집으로 돌아왔습 니다. 그때는 어머니는 벌써 혼수상태에 빠져 있었습니다. 가슴이 덜컥 내려 앉은 그는 황급히 다시 뛰어나갔습니다.

그러나 어디로? 무얼 하러? 뜻없이 뛰어나와서 한참 달음박질하다가, 그는 문 득 정신을 차리고 의사라도 청할 양으로 히끈 돌아섰습니다.

그때였습니다. 아까 내가 말한 바 '기회' 라는 것이 그때에 그의 앞에 나타 났습니다. 그것은 조그만 담뱃가게 앞이었는데 가게와 안방과의 새의 문은 닫 겨 있고 안에는 미상불 사람이 있을지나 가게를 보는 사람은 눈에 안 띄었습 니다. 그리고 그 담배 상자 위에는 오십 전짜리 은전 한 닢과 동전 몇 닢이 놓 여 있었습니다.

그는 자기로도 무엇을 하는지 몰랐습니다. 의사를 청하여 오려면, 다만 몇십 전이라도 돈이 있어야겠단 어렴풋한 생각만 가지고 있던 그는, 한번 사면을 살핀 뒤에 벼락같이 그 돈을 쥐고 달아났습니다.

그러나 그는 이십 간도 뛰지 못하여 따라오는 그 집 사람에게 붙들렸습니다.

그는 몇 번을 사정하였습니다. 마지막에는 자기의 어머니가 명재경각이니, 한 시간만 놓아주면 의사를 어머니에게 보내고 다시 오마고까지 하여 보았습니다. 그러나, 그런 말은 모두 헛소리로 돌아가고, 그는 마침내 경찰서로 가게 되었습니다.

경찰서에서 재판소로 재판소에서 감옥으로--- 이러한 여섯 달 동안에 그는 이를 갈면서 분해하였습니다. 자기 어머니의 운명이 어찌 되었나. 그는 손과 발을 동동 구르면서 안타까워했습니다. 만약 세상을 떠났다 하면 떠나는 순간에 얼마나 자기를 찾았겠습니까. 임종에도 물 한 잔 떠넣어 줄 사람이 없는 어머니였습니다. 애타는 그 모양, 목말라하는 그모양을 생각하고는 그 어머니에게 지지 않게 자기도 애타고 목말라했습니다.

반 년 뒤에 겨우 광명한 세상에 나와서 자기의 오막살이를 찾아가매 거기는 벌써 다른 사람이 들어 있었으며 그의 어머니는 반 년 전에 아들을 찾으며 길에까지 기어나와서 죽었다 합니다.

공동묘지를 가보았으나 분묘조차 발견할 수가 없었습니다.

이리하여 갈 곳이 없이 헤매던 그는 그날도 역시 잘 곳을 찾으러 헤매다가 그 예배당(나하고 만난)까지 뛰쳐 들어온 것이었습니다.

*

여기까지 이야기해 오던 K씨는 문득 말을 끊었다. 그리고 마도로스 파이프를 꺼내어 담배를 피워 가지고 빨면서 모씨에게 향하였다.

"선생은 이제 내가 이야기한 가운데 모순된 점을 발견 못 하셨습니까?"

"글쎄요."

"그럼 내가 대신 물으리다. 백성수는 그만치 천분이 많은 음악가였는데 왜 그 광염 소나타(그날 밤의 소나타를 '광염 소나타'라고 그랬습니다)를 짓기 전에는 그만치 흥분되고 긴장되었다가도 일단 음보로 만들어 놓으면 아주 힘없는 것이 되어 버리고 했겠습니까?"

"그게야 미상불 그때의 흥분이 '광염 소나타'를 지을 때의 흥분만 못한 연고겠지요."

"그렇게 해석하세요? 듣고 보니 그것은 한 해석이 되기는 합니다. 그러나 나는 그렇게 해

석 안 하는데요."

"그럼 K씨는 어떻게 해석하십니까?"

"나는, 아니, 내 해석을 말하는 것보다 그 백성수한테서 내게로 온 편지가 한 장 있는데, 그것을 보여 드리리다. 선생은 오늘 바쁘시지 않으세요?"

"일은 없습니다."

"그러면 우리집까지 잠깐 같이 가보실까요?"

"가지요."

두 노인은 일어섰다.

도회와 교외의 경계에 달린 K씨의 집까지 두 노인이 이른 때는 오후 너덧 시가 된 때였었다.

두 노인은 K씨의 서재에 마주앉았다.

"이것이 이삼 일 전에 백성수한테서 내게로 온 편지인데 읽어 보세요."

K씨는 서랍에서 기다란 편지 뭉치를 꺼내어 모씨에게 주었다. 모씨는 받아서 폈다.

"가만, 여기서부터 보세요. 그 전에는 쓸데없는 인사이니까."

*

……(중략) 그리하여 그날도 또한 이제 밤을 지낼 집을 구하느라고 돌아다니

던 저는 우연히 그 집, 제가 전에 돈 오십여 전을 훔친 집 앞에까지 이르렀습니다. 깊은 밤 사면은 고요한데 그 집 앞에서 잘 곳을 구하느라고 헤매던 저는 문득 마음속에 무서운 복수의 생각이 일어났습니다. 이 집만 아니었던면, 이 집 주인이 조금만 인정이라는 것을 알았던면, 저는 그 불쌍한 제 어머니로서 길에까지 기어나와서 세상을 떠나게 하지는 않았겠습니다. 분묘가 어디인지조차 알지 못하여 꽃 한 번 갖다가 꽂아 보지 못한 이러한 불효도 이 집 때문이외다. 이러한 생각에 참지를 못하여, 그 집 앞에 가려 있는 볏짚에다가 불을 놓았습니다.

그리고 거기 서서 불이 집으로 옮아 가는 것을 다 본 뒤에 갑자기 무서운 생각이 나서 달아났습니다.

좀 달아나다 보매 아래서는 벌써 사람이 꾀어들기 시작한 모양인데 이때에 저의 머리에 타오르는 생각은 통쾌하다는 생각과 달아나려는 생각뿐이었습니다. 그리하여 저는 몸을 숨기기 위하여 앞에 보이는 예배당 안으로 뛰어들어갔습니다.

거기서 불이 다 꺼지도록 구경을 한 뒤에 나오려다가 피아노를 보고…….

*

"이 보세요."

K씨는 편지를 보는 모씨를 찾았다.

"비상한 열정과 감격은 있어두 그것이 그대로 표현 안 된 것이 그것 때문이었습니다. 즉 성수의 어머니는 몹시 어진 사람으로서 어렸을 때부터 성수의 교육을 몹시 힘을 들여서 착한사람이 되도록, 이렇게 길렀습니다그려. 그 어진 교육 때문에 그가 하늘에서 타고난 광포성과 야성이 표면상에 나타나지를 못하였습니다. 그 타오르는 야성적 열정과 힘이 음보(音譜)로 그려 놓으면 아주 힘없는, 말하자면 김빠진 술과 같이 되고 하는 것이 모두 그 때문이었습니다그려. 점잖고 어진 교훈이, 그의 천분을 못 발휘하게 한 셈이지요."

"흠."

"그것이, 그 사람 성수가, 감옥생활을 할 동안에 한 번 씻기기는 하였으나, 그러나 사람의 교양이라 하는 것은 온전히 씻지는 못하는 것이외다. 그러다가, 그 '원수'의 집 앞에서 갑자기, 말하자면 돌발적으로 야성과 광포성이 나타나서 불을 놓고 예배당 안에 숨어 서서 그 야성적 광포적 쾌미를 한껏 즐긴 다음에, 그에게서 폭발하여 나온 것이 그 '광염 소나타'였구려. 일어서는 불길, 사람의 비명, 온갖 것을 무시하고 퍼져 나가는 불의 세력―― 이런 것은 사실 야성적 쾌미 가운데 으뜸이 되는 것이니깐요."

"……"

"아셨습니까. 그러면 그 다음에 그 편지의 여기부터 또 보세요."

*

……(중략) 저는 그날의 일이 아직 눈앞에 어리는 듯하외다. 선생님이 저를 세상에 소개하시기 위하여 늙으신 몸이 몸소 피아노에 앉으셔서 초대한 여러 음악가들 앞에서 제 '광염소나타'를 탄주하시던 그 광경은 지금 생각하여도 제 눈에서 눈물이 나오려 합니다. 그때에 그 손님 가운데 부인 손님 두 분이 기절을 한 것은 결코 '광염 소나타'의 힘뿐이 아니고 선생의 그 탄주의 힘이 많이 섞인 것을 뉘라서 부인하겠습니까. 그 뒤에 여러 사람 앞에 저를 내어세우고,

"이 사람이 '광염 소나타'의 작자이며 삼십 년 전에 우리를 버려 두고 혼자 간 일대의 귀재백○○의 아들이외다."

고 소개를 하여 주신 그때의 그 감격은 제 일생에 어찌 잊사오리까.

그 뒤에 선생님께서 저를 위하여 꾸며 주신 방도 또한 제 마음에 가장 맞는 방이었습니다.

널따란 북향 방에 동남쪽 귀에 든든한 참나무 침대가 하나, 서북쪽 귀에 아무 장식 없는 참나무 책상과 의자, 피아노가 하나씩, 그 밖에는 방 안에 장식이라고는 서남쪽 벽에 커다란 거울이 하나 있을 뿐, 덩더렇게 넓은 방은 사실 밤에 전등 아래 앉아 있노라면 저절로 소름이 끼치도록 무시무시한 방이었습니다. 게다가 방 안은 모두 꺼먼 칠을 하고, 창 밖에는 늙은 홰나무의 고목이 한 그루 서 있는 것도 과연 귀기가 돌았습니다. 이러한 가운데서 선생님은 저로 하여금 방분스러운 음악을 낳도록 애써 주셨습니다.

저도 그런 환경 아래서 좋은 음악을 낳아 보려고 얼마나 애를 썼겠습니까. 어떤 날 선생님께 작곡에 대한 계통적 훈련을 원할 때에 선생님은 이렇게 대답하셨습니다.

"자네게는 그러한 교육이 필요가 없어. 마음대로 나오는 대로 하게. 자네 같은 사람에게 계통적 훈련이 들어가면 자네의 음악은 기계화해 버리고 말아. 마음대로 온갖 규칙과 규범을 무시하고 가슴에서 터져 나오는 대로……."

저는 이 말씀의 뜻을 똑똑히는 몰랐습니다. 그러나 대략한 의미뿐은 통하였습니다. 그리하여 저는 마음대로 한껏 자유스러운 음악의 경지를 개척하려 하였습니다.

그러나 그 동안에 제가 산출한 음악은 모두 이상히도 저의 이전(제 어머니가 아직 살아 계실 때)의 것과 마찬가지로 아무러한 힘도 없는 음향의 유희에 지나지 못하였습니다.

저는 얼마나 초조하였겠습니까. 때때로 선생님께서 채근 비슷이 하시는 말씀은 저로 하여금 더욱 초조하게 하였습니다. 그리고 마음이 초조하면 초조할수록 제게서 생겨나는 음악은 더욱 나약한 것이 되었습니다.

저는 때때로 그 불붙던 광경을 생각하여 보았습니다. 그리고 그때에 통쾌하던 감정을 되풀이하여 보려 하였습니다. 그러나 그것 역시 실패에 돌아갔습니다. 때때로 비상한 열정으로 음보를 그려 놓은 뒤에 몇 시간을 지나서 다시 한번 읽어 보면 거기는 아무 힘이 없는 개념만 있고 하였습니다.

저의 마음은 차차 무거워지기 시작하였습니다. 그리고 큰 기대를 가지고 계신 선생님께도 미안하기가 짝이 없었습니다.

"음악은 공예품과 달라서 마음대로 만들고 싶은 때에 되는 것이 아니니 마음놓고 천천히 감흥이 생긴 때에……."

이러한 선생님의 위로의 말씀이 듣기가 제 살을 깎아 먹는 듯하였습니다. 그러나 제 마음상은 인제는 제게서 다시 힘있는 음악이 나올 기회가 없는 것같이만 생각되었습니다.

이러는 동안에 무위의 몇 달이 지났습니다.

어떤 날 밤중, 가슴이 너무 무겁고 가슴속에 무엇이 가득 찬 것같이 거북하여서, 저는 산보를 나섰습니다. 무거운 머리와 무거운 가슴과 무거운 다리를 지향없이 옮기면서 돌아다니다가 저는 어떤 곳에서 커다란 볏짚 낟가리를 발견하였습니다.

이때의 저의 심리를 어떻게 형용하였으면 좋을지 저는 모르겠습니다. 저는 무슨 무서운 적(敵)을 만난 것같이 긴장되고 흥분되었습니다. 저는 사면을 한번 살펴보고, 그 낟가리에 달려가서 불을 그어서 놓았습니다. 그리고 갑자기 무서움증이 생겨서 돌아서서 달아나다가,

멀찌가니까지 달아나서 돌아보니까, 불길은 벌써 하늘을 찌를 듯이 일어났습

니다. 와, 와,

까, 까, 사람들이 부르짖는 소리도 들렸습니다. 저는 다시 그곳까지 가서, 그 무서운 불길에 날아 올라가는 볏짚이며, 그 낟가리에 연달아 있는 집을 헐어 내는 광경을 구경하다가 문득 흥분되어서 집으로 돌아왔습니다.

그날 밤에 된 것이 '성난 파도' 이었습니다.

그 뒤에 이 도회에서 일어난, 알지 못할 몇 가지의 불은, 모두 제가 질러 놓은 것이었습니다. 그리고, 불이 있던 날 밤마다 저는 한 가지의 음악을 얻었습니다. 며칠을 연하여 가슴이 몹시 무겁다가 그것이 마침내 식체와 같이 거북하고 답답하게 되는 때는 저는 뜻없이 거리를 나갑니다. 그리고 그러한 날은 한 가지의 방화사건이 생겨나며 그날 밤에는 한 곡의 음악이 생겨났습니다.

*

그러나 그것도 번수가 차차 많아 갈 동안, 저의, 그 불에 대한 흥분은 반비례로 줄어졌습니다. 온갖 것을 용서하지 않는 불꽃의 잔혹함도, 그다지 제 마음을 긴장시키지 못하였습니다.

"차차, 힘이 적어져 가네."

선생님께서 제 음악을 보시고 이렇게 말씀하신 것이 그러한 때였습니다.

그러나, 저는 게서 더할 도리가 없었습니다. 하는 수 없이 저는 한동안 음악을 온전히 잊어버린 듯이 내버려두었습니다.

*

모씨가 성수의 마지막 편지를 여기까지 읽었을 때에, K씨가 찾았다.

"재작년 봄에서 가을에 걸쳐서, 원인 모를 불이 많지 않았습니까. 그것이 죄 성수의 장난이었습니다그려."

"K씨는 그것을 온전히 모르셨습니까?"

"나요? 몰랐지요. 그런데, 그 어떤 날 밤이구려. 성수는 기대에 반해서, 우리 집으로 온 지 여러 달이 됐지만, 한 번도 힘있는 것을 지어 본 일이 없겠지요. 그래서, 저 사람에게 무슨 흥분될 재료를 줄 수가 없나 하고 혼자 생각하며 있더랬는데, 그때에 저편"

K씨는 손을 들어 남편 쪽 창을 가리켰다.

"저편 꽤 멀리서 불붙는 것이 눈에 뜨입디다그려. 그래서 저것을 성수에게 보이면, 혹 그때의 감정(그때는, 나는 그 담배 장수네 집에 불이 일어난 것도 성수의 장난인 줄은 꿈에도 생각 안 했구료)을 부활시킬지도 모르겠다, 이렇게 생각하구 성수의 방으로 올라가려는데, 문득 성수의 방에서 피아노 소리가 울려 나옵니다그려. 나는 올라가려던 발을 부지중 멈추고 말았지요. 역시 C샤프 단음계로서, 제일곡은 뽑아 먹고, 아다지오에서 시작되는데, 고 요하고 잔잔한 바다, 수평선 위로 넘어가려는 저녁 해, 이러한 온화한 것이 차차 스케르초로 들어가서는 소낙비, 풍랑, 번개질, 무서운 바람 소리, 우레질, 전복되는 배, 곤해서 물에 떨어지는 갈매기, 한번 뒤집어지면서 해일에 쓸려 나가는 동네 사람의 부르짖음 --- 흥

분에서 흥분, 광포에서 광포, 야성에서 야성, 온갖 공포와 포학한 광경이 눈앞에 어릿거리는데, 이 늙은 내가 그만 흥분에 못 견디어, 뜻하지 않고 '그만두어 달라'고 고함친 것만으로도 짐작하시겠지요. 그리고 올라가서 보니깐, 그는 탄주를 끝내고 피곤한 듯이 피아노에 기대고 앉아 있고, 이제 탄주한 것은 벌써 '성난 파도'라는 제목 아래 음보로 되어 있습디다."

"그러면 성수는 불을 두 번 놓고, 두 음악을 얻었다는 말씀이지요?"

"그렇지요. 그리고, 그 뒤부터는 한 십여 일 건너서는 하나씩 지었는데, 그것이 지금 보면, 한 가지의 방화사건이 생길 때마다 생겨난 것이었습니다. 그러

나, 그의 편지마따나, 얼마지나서부터는 차차 그 힘과 야성이 적어지기 시작했지요. 그래서———"

"가만계십쇼. 그 사람이 그 다음에도 '피의 선율'이나 그 밖에 유명한 곡조를 여러 개 만들지 않았습니까?"

"글쎄 말이외다. 거기 대한 설명은 그 편지를 또 보십쇼. 여기서부터 또 보시면 알리다."

*

……(중략) ××다리 아래로서 나오려는데, 무엇이 발길에 채는 것이 있었습니다. 성냥을그어 가지고 보니깐, 그것은 웬 늙은이의 송장이었습니다. 저는 그것이 무서워서 달아나려다가, 돌아서려던 발을 다시 돌이켰습니다. 그리고, 선생님은 이제 제가 쓰는 일을 이해하여 주실는지요. 그것은 너무도 기괴한 일이라 저로서도 믿어지지 않는 일이었습니다. 그 송장을 타고 앉았습니다. 그리고 그 송장의 옷을 모두 찢어서 사면으로 내어던진 뒤에, 그 벌거벗은 송장을, (제 힘이라 생각되지 않는) 무서운 힘으로써 높이 쳐들어서, 저편으로 내어던졌습니다. 그런 뒤에는, 마치 고양이가 알을 가지고 놀 듯, 다시 뛰어가서 그 송장을 들어서, 도로 이편으로 던졌습니다. 이렇게 몇 번을 하여 머리가 깨지고, 배가 터지고——— 그 송장은 보기에도 참혹스러이 되었습니다. 그리하여 그 송장을 다시 만질 곳이 없이 된 뒤에, 저는 그만 곤하여 그 자리에 앉아서 쉬려다가 갑자기 마음이 긴장되고 흥분되어서, 집으로 달려왔습니다. 그날 밤에 된 것이 '피의 선율'이었습니다.

*

"선생은 이러한 심리를 아시겠습니까?"

"글쎄요."

"아마, 모르실걸요, 그러나 예술가로서는 능히 머리를 끄덕일 수 있는 심리외다. 그리고 또

여기를 읽어 보십시오."

*

……(중략) 그 여자가 죽었다는 것은 제게는 사실 뜻밖이었습니다. 저는, 그날 밤 혼자 몰래 그 여자의 무덤을 찾아갔습니다. 그리고 칠팔 시간 전에 묻어 놓은 그의 무덤의 흙을 다시 파서 그의 시체를 꺼내어 놓았습니다. 푸르른 달빛 아래 누워 있는 아름다운 그의 모양은 과연 선녀와 같았습니다. 가볍게 눈을 닫고 있는 창백한 얼굴, 곧은 콧날, 풀어헤친 검은 머리——— 아무 표정도 없는 고요한 얼굴은 더욱 처염함을 도왔습니다. 이것을 정신이 없이 들여다보고 있던 저는 갑자기 흥분이되어, 아아, 선생님 저는 이 아래를 쓸 용기가 없습니다. 재판소의 조서를 보시면 저절로 아실 것이올시다. 그날 밤에 된 것이 '사령(死靈)'이었습니다.

*

"어떻습니까?"

"……"

"네?"

"……"

"언어도단이에요? 선생의 눈으로는 그렇게 뵈시리다. 또 여기를 읽어 보십쇼."

*

……(중략) 이리하여 저는 마침내 사람을 죽인다 하는 경우에까지 이르렀습니다. 그리고

245

한 사람이 죽을 때마다 한 개의 음악이 생겨났습니다. 그 뒤부터 제가 지은 그 모든 것은 모두 다 한 사람씩의 생명을 대표하는 것이었습니다.
*
"인전 더 보실 것이 없습니다. 그런데 그만큼 보셨으면 성수에 대한 대략한 일은 아셨을 터인데, 거기 대한 의견이 어떻습니까?"
"……"
"네?"
"어떤 의견 말씀이오니까?"
"어떤 '기회'라는 것이 어떤 사람에게서, 그 사람의 가지고 있는 천재와 함께, '범죄 본능'
까지 끄을어내었다 하면, 우리는 그 '기회'를 저주하여야겠습니까 혹은 축복하여야겠습니까? 이 성수의 일로 말하자면 방화, 사체 모욕, 시간, 살인, 온갖 죄를 다 범했어요. 우리 예술가협회에서 별로 수단을 다 써서 정부에 탄원하고 재판소에 탄원하고 해서 겨우 성수를정신병자라 하는 명목 아래 정신병원에 감금했지, 그렇지 않으면 당장에 사형이 아닙니까.
그런데 이제 그 편지를 보셔도 짐작하시겠지만 통상시에는 그 사람은 아주 명민하고 점잖고 온화한 청년입니다. 그러나, 때때로 그, 뭐랄까, 그 흥분 때문에 눈이 아득하여져서 무서운 죄를 범하고 그 죄를 범한 다음에는 훌륭한 예술을 하나씩 산출합니다. 이런 경우에 우리는 그 죄를 밉게 보아야 합니까, 혹은 그 범죄 때문에 생겨난 예술을 보아서 죄를 용서하여야 합니까?"
"그게야 죄를 범치 않고 예술을 만들어 냈으면 더 좋지 않습니까?"
"물론이지요. 그러나 이 성수 같은 사람도 있는 것이니깐 이런 경우엔 어떻게 해결하렵니까?"
"죄를 벌해야지요. 죄악이 성하는 것을 그냥 볼 수는 없습니다."
K씨는 머리를 끄덕였다.
"그렇겠습니다. 그러나 우리 예술가의 견지로는 또 이렇게 볼 수도 있습니다. 베토벤 이후로는 음악이라 하는 것이 차차 힘이 빠져 가서 꽃이나 계집이나 찬미할 줄 알고 연애나 칭송할 줄 알아서 선이 굵은 것은 볼 수가 없이 되었습니다. 게다가 엄정한 작곡법이 있어서 그것은 마치 수학의 방정식과 같이 작곡에 대한 온갖 자유스런 경지를 제한해 놓았으니깐 이후에 생겨나는 음악은 새로운 길을 개척하기 전에는 한 기술이 될 것이지 예술이 될 수는 없습니다. 예술가에게는 이것이 쓸쓸해요. 힘있는 예술, 선이 굵은 예술, 야성으로 충일된 예술---는 이것을 기다린 지 오랬습니다. 그럴 때에, 백성수가 나타났습니다. 사실 말이지 백성수의 그새의 예술은 그 하나하나가 모두 우리의 문화를 영구히 빛낼 보물입니다.
우리의 문화의 기념탑입니다. 방화? 살인? 변변치 않은 집개, 변변치 않은 사람개는 그의 예술의 하나가 산출되는 데 희생하라면 결코 아깝지 않습니다. 천 년에 한 번, 만 년에 한번 날지 못 날지 모르는 큰 천재를, 몇 개의 변변치 않은 범죄를 구실로 이 세상에서 없이하여 버린다 하는 것은 더 큰 죄악이 아닐까요. 적어도 우리 예술가에게는 그렇게 생각됩니다."
K씨는 마주앉은 노인에게서 편지를 받아서 서랍에 집어넣었다. 새빨간 저녁 해에 비치어서 그의 늙은 눈에는 눈물이 반득였다.

출전:중외일보(1929.1.1~12)

Printed in Great Britain
by Amazon

40319238R00142